Wolf Wetzel

Tödliche Schüsse

UNRAST

Am 2.11.2007 jährte sich ein Ereignis, das als Novum in die Geschichte sozialer Bewegungen eingehen sollte: Im Verlauf einer Nachtaktion am Frankfurter Flughafen, an der sich ca. 400 StartbahngegnerInnen beteiligten, wurden tödliche Schüsse auf Polizeibeamte abgegeben.

Was ist tatsächlich passiert? Wie weit war man bereits gegangen? Wie weit wollte man gehen?

Die dokumentarische Erzählung basiert auf über fünfzehn Interviews mit damals Beteiligten. Die LeserInnen begleiten die ProtagonistInnen durch den Wald, an die Startbahn, zurück nach Hause, ins Polizeigewahrsam, zum Verhör – eingeholt von Ereignissen, die ihr bisheriges Leben grundsätzlich ins Wanken gebracht hatten (Hüttendorfräumung/1981, Tod von Günther Saré/1985, Tschernobyl/1986, Strommastaktionen/1986, Demonstration gegen die Plutoniumfabriken Alken-Nukem in Hanau/1986).

Das Buch verweigert sich absichtsvoll der ›68er‹-Literatur glücklich Gescheiterter. Weder die Protagonisten noch der Autor brauchen eine Erinnerungsliteratur, die mehr über die Gegenwart der Angepasstheit aussagt als über das damals Erlebte und Gewagte. Umso wichtiger ist es, nicht der Umarmung des ›Damals war alles ganz...‹, der Mystifizierung der 80er Jahre zu erliegen.

Wolf Wetzel

Tödliche Schüsse

Eine dokumentarische Erzählung

UNRAST

Bibliographische Information Der Deutschen Bibliothek
Die Deutsche Bibliothek verzeichnet diese Publikation in der Deutschen Nationalbibliografie; detaillierte bibliographische Daten sind im Internet über http://dnb.ddb.de abrufbar.

Wolf Wetzel - Tödliche Schüsse
1. Auflage, April 2008
ISBN 978-3-89771-649-0

Postfach 8020, 48043 Münster - Tel. (0251) 66 62 93
info@unrast-verlag.de
www.unrast-verlag.de
Mitglied in der *assoziation Linker Verlage* (aLiVe)

Umschlag: Online Design GmbH, Bad Kreuznach
Montage unter Verwendung der Fotos:
Einschuss in Glasscheibe, © Volkmar Koch
Startbahneinweihung 1984, © Wolf Wetzel
Skizze von Demoroute/grafische Gestaltung, © Kristina Otersen
Satz: ImPrint Verlagsservice, Jörn Essiig-Gutschmidt, Münster
Druck: Interpress, Budapest

Inhalt

Tödliche Schüsse

Sybille zuckte zusammen. Kurz hintereinander knallte es. Sie konnte sich das Geräusch nicht erklären. Ihre Augen tränten. Vor ihr brannte eine Barrikade, die den Weg versperrte, der direkt auf das Tor an der Stirnseite der Startbahn West führte. Braune Rauchschwaden stiegen auf und erschwerten ihr die Sicht auf das, was sich dahinter abspielte. Signalmunition zischte über die Barrikade hinweg. Bis diese erlosch, tauchte sie die Szenerie in gelb-rötliches Licht. Minuten zuvor war das Tor aufgegangen und Bereitschaftspolizisten mit Schildern, Helmen und Knüppeln waren herausgestürmt, auf die Barrikade zu. Sybille hatte Mühe, die Übersicht zu bewahren. Demonstranten strömten an ihr vorbei. Ein Signalhorn ertönte. Ein kleiner Teil der Zurückströmenden nahm den Weg, den sie vom Hinweg kannte, den Knüppeldamm. Ein größerer Teil drängte sich an ihr vorbei, in Richtung Wiese. Sie konnte sich nicht entscheiden und schaute sich nach allen Seiten um. Wo war Willi? Mit ihm zusammen war sie vor drei Wochen nach Frankfurt gezogen. Zwar waren sie schon öfters bei ›Sonntagsspaziergängen‹ an der Startbahn dabei gewesen, doch in der Dunkelheit sah alles ganz anders aus. Sie drehte sich noch einmal um, in Richtung Wiese. Links und rechts des Weges brannten Strohballen. Sie strengte sich an, die Leute zu erkennen, die zwischen den lodernden Strohballen hindurchgingen. Wohin führte der Weg durch die Wiese?
»Komm jetzt, hier lang, schnell.«
Die Stimme kannte sie nicht. Dann wurde ihr schwarz vor Augen.

Einführung in die Flughafenregion
(Nicht nur für Flugreisende)

Du suchst 'ne Wohnung, nicht zu teuer,
ziehst auch in' uraltes Gemäuer.
Du suchst und suchst
und find'st nichts mehr
und überall steh'n Büros leer

Du gehst in' Park und Bank sei Dank
findest du noch 'ne freie Bank,
doch auf dem Schild steht:
›Gestiftet von der Deutschen Bank‹.

Bankfurt, Bankfort,
ich wollt' es wär hier jede Bank fort,
es geh'n so viele von dir krank fort,
bald fegt den ganzen Mist der Punk fort.

Straßenjungs, Wir ham ne Party, 1979

Auch wenn der Rhein-Main-Flughafen umstandslos Frankfurt zugeschlagen wird, so liegt dieser doch knapp 15 Kilometer außerhalb der Finanzmetropole Deutschlands. Inmitten einer Region, die vom ›Standort Frankfurt‹ aus betrachtet, zu seinen Naherholungsgebieten zählt.
Für Flugreisende sind diese Besonderheiten völlig unerheblich. Seit mehr als 30 Jahren wird alles unternommen, um diese geografische Randständigkeit des Frankfurter Flughafens durch seine komplette Erschließung zu kompensieren. Ein dichtes Netz aus Autobahnen, Zubringern, S-Bahn-Linien, Zugverbindungen und einem ICE-Bahnhof garantieren, dass die Anreise zum Frankfurter Airport ›wie im Flug‹ vergeht. Auf diese Weise verlieren Sie weder kostbare Zeit, noch müssen Sie einen Meter zu viel gehen.
Dennoch möchte ich Sie zum Aussteigen ermuntern. Schließlich spielt sich die Geschichte im Wesentlichen dort ab, wo der hastige Fluggast nicht hinkommt, abseits der gewohnten Flug- und Lebensrouten.
Frankfurt, so wird immer wieder behauptet, sei eine Mischung aus lauschiger Dörflichkeit und pulsierender Megametropole. Ein Kulturmix aus verqualmten Äppelwoi-Kneipen und hippen After-Work-Locations. Lässt man das einmal so gelten, ließen sich ähnliche Paradoxien für die Flughafenregion finden. In

atemberaubender Geschwindigkeit wechseln sich letzte Lebensräume für Tiere und Pflanzen und blank polierte Erlebniswelten, Vielfalt und Dominanz, Verarmung und Veredelung, störrische Lokalität und unaufhaltsame Globalisierung, beschauliche Stille und ohrenbetäubender Lärm, unerwartete Verborgenheiten und maximale Kontrolle ab. Sie werden Orten begegnen, an denen der Zeitgeist scheinbar spurlos vorbeigegangen ist und Locations entdecken, deren Eigentümer fest davon überzeugt sind, ihrer Zeit weit voraus zu sein. Ein Schmelztiegel aus generöser Weitläufigkeit und extremer Verdichtung, Schrumpfung und Wachstum, Romantik und Postmoderne, geschützten Oasen und entfesselter Expansion. Lassen Sie sich also durch eine Region führen, die Lifestyle-Architekten mit dialektischer Leichtigkeit für die ›Harmonie der Gegensätze‹ halten.

Lage

Die Flughafenregion, einschließlich der Gemeinden, die durch An- und Abflugrouten bei steigenden Flugbewegungen verlärmt sind, liegt im Dreieck zwischen Frankfurt a.M., Darmstadt und Wiesbaden. Der Flughafen Frankfurt am Main grenzt nördlich an Kelsterbach und in südlicher Richtung an Walldorf-Mörfelden. Ein Katzensprung von gerade einmal 2.000 Metern trennt die ersten Häuser Mörfeldens von der Startbahn 18 West.

Die 1984 in Betrieb genommene Startbahn 18 West führt mitten durch den Flörsheimer-, Bischofsheimer- und Rüsselsheimer Stadtwald. Unter den abhebenden Flugzeugen erstreckt sich die Mönchbruchwiese, die in Teilen bereits seit 1981 unter Naturschutz steht. Das 1995 erweiterte und zusammengeführte Naturschutzgebiet ›Mönchbruch von Mörfelden-Walldorf und Rüsselsheim‹ reicht bis an die Stirnseite der Startbahn 18 West heran. Das Naturschutzgebiet, das nun auch den kosmopolitischen Namen ›Natura 2000‹ trägt, liegt im wahrsten Sinne des Wortes dem Flughafen zu Füßen.

Geschichte

Die Flughafenregion kann auf eine bewegte Geschichte zurückblicken. 1934 wurde der Lufthafen Frankfurt vom Rebstock (heutiges Messegelände) in den Stadtwald verlegt, nahe dem damals ersten Autobahnknotenpunkt, dem Frankfurter Kreuz. Unter der Leitung der NS-Organisation Todt (OT) wurde das erste Teilstück des Reichsautobahnprogramms von Frankfurt nach Darmstadt gebaut und am 19. Mai 1935 eingeweiht. Die Hallen und Pisten entstanden in einem bis dahin relativ unberührten, geschlossenen Waldgebiet.

Um die Ausbaupläne des Lufthafens Frankfurt zu forcieren und Kriegsschäden schnell zu beseitigen, wurden Baufirmen wie ›Hochtief‹ und ›Züblin‹ mit Arbeitssklaven versorgt:
»Das Strafgefangenenlager Rodgau I, das am 21. April 1938 in Dieburg eingerichtet worden war, hatte im (Außen-)Lager Walldorf ab dem 2. November 1943 ein Arbeitskommando mit 95 Strafgefangenen für die Firma Hochtief. Vom 22. August bis zum 24. November 1944 war das Lager eine Außenstelle des Konzentrationslagers Natzweiler-Struthof. 1700 jüdische Ungarinnen wurden von der Organisation Todt (OT) auf dem Flugplatz Rhein-Main als Zwangsarbeiterinnen ›zur Erledigung kriegsentscheidender Bauvorhaben eingesetzt‹.«[1]
Die jüdischen Gefangenen wurden überwiegend der Firma Züblin ›überstellt‹, die diese werktags von 7 bis 18 Uhr ausbeutete – samstags und sonntags bis 15 Uhr. Die Bedeutung und Funktion des Frankfurter Flughafens im Rahmen nationalsozialistischer Kriegsführung war eng mit dem systematischen Einsatz von ZwangsarbeiterInnen verbunden: »Das System der Zwangsarbeit hatte viele Bezeichnungen für seine Lager: Arbeitslager, Arbeitserziehungslager, Erziehungslager bei Firmen, Strafgefangenenlager, Konzentrationslager, Kriegsgefangenenlager und viele mehr.(...) In den Konzentrationslagern wurde durch die Auswahl der arbeitsfähigen Menschen – oft bereits bei der Ankunft im Lager – über Weiterleben oder Tod der Gefangenen entschieden. (...) Über die grausame Behandlung der Opfer in den Konzentrationslagern gibt es unzählige Zeugnisse. Der oft vertretenen Meinung, dass die Grausamkeit nur Auswüchse des persönlichen Sadismus des Wachpersonals gewesen seien, muss entschieden widersprochen werden. Sie war Bestandteil und gewolltes Mittel für das gesamte System. Das System der Zwangsarbeit verfolgte zwei Ziele: Vernichtung und Ausbeutung der Menschen. Die beiden Begriffe ›Vernichtung durch Arbeit‹ und ›Verwertung der Menschen‹ erhielten unvorstellbare Dimensionen.«[2]
Die meisten Spuren und Beweise für das enge Zusammenwirken des kriegswichtigen ›Lufthafen Frankfurt‹, der daran beteiligten Firmen und dem deutschen Faschismus wurden beseitigt. Die Aufarbeitung der NS-Vergangenheit war weder ein Anliegen der daran beteiligten Firmen, der Flughafenbetreiber noch anderer staatlicher Stellen. Man konzentrierte sich ganz auf den Bau der Nordbahn (1949), den Ausbau der Fracht- und Empfangsanlagen (1956) und neue Kriegsschauplätze. Ein Teil des Frankfurter Flughafens wurde der US-Air-Force zur Nutzung überlassen (1959). Erst ein Zufall durchbrach das System aus Verdrängung und Verleugnung, ›Stunde Null‹ und Wirtschaftswunder:
»1972 machten drei Jugendliche aus Walldorf im Alter von 15 bis 23 Jahren eine Studienfahrt ins KZ Buchenwald. Dort sahen sie eine Übersichtskarte der KZs und deren Außenstellen. (...) Zu ihrer großen Überraschung fanden sie für ihren Heimatort den Eintrag eines Lagers als KZ-Außenstelle. Wieder zu

Hause begannen sie nachzufragen und fanden ältere Mitbürger, die sich an das Lager erinnerten. Eine jahrelange Spurensuche begann.«[3]
Heute erinnert ein 1980 eingeweihter Gedenkstein und ein Lehrpfad an der Stelle des ehemaligen KZ-Außenlagers an die Allianz von Luftfahrt und Kriegsverbrechen.

Landschaften a la ›Natura 2000‹

Ungeachtet der Nähe zum Ballungsraum Rhein-Main zählt der Mönchbruch, am südlichen Rand des Frankfurter Flughafens gelegen, zu den hochwertigen Naherholungsgebieten dieser Region. Eine Oase der Stille – wenn nicht im Minutenabstand Flugzeuge, die Donnervögel der Moderne, von der Startbahn 18 West abheben würden.
»Erste Erwähnung fand der Mönchbruch im Jahre 1128, als er als Geschenk des Kaisers an seine Vasallen, die Herren von Hagen-Arnsburg-Münzenberg, ging. Bereits im Jahr 1211 wurden große Teile des Mönchbruches an die Mönche des Klosters Eberbach verkauft. Im Jahre 1608 erhielt der Darmstädter Landgraf Ludwig V. durch Tausch und Kauf Eigentum am Mönchbruch.«[4]
Heute befindet sich der Mönchbruch mit seinen einzigartigen Feuchtgebieten und Waldflächen, zu denen auch uralte Eichen- und Erlenbaumbestände zählen, im Besitz des Land Hessens und ist in Gänze als Naturschutzgebiet ausgewiesen. Sie werden dort besonders geschützten Arten wie Bechsteinfledermäusen, Kammmolchen, Veilchenblauer Wurzelhalsschnellkäfern, Tüpfelsumpfhühnern und dem hochgradig bestandsbedrohten Moorfrosch, dem Wappentier für den Mönchbruch, begegnen können.
Genau so wenig unerwähnt bleiben darf der Stadtwald, der sich rund um den Flughafen erstreckt, ein Refugium unbeschwerten Wanderns. Man nennt ihn auch die ›grüne Lunge‹ der Rhein-Main-Metropole, selbst wenn sie reichlich Kerosin spuckt. Auch wenn der ›Grüngürtel‹ enger geschnallt werden muss, so zählt der Stadtwald doch unwiderruflich zu den Naherholungsgebieten des Main-Rhein-Gebietes.
Besonders möchte ich Ihnen den höchstwahrscheinlich letzten Spaziergang durch den Kelsterbacher Wald ans Herz legen. Nachdem die hessische Landesregierung den Bau einer vierten Piste und eines zusätzlichen Terminals im Dezember 2007 abgesegnet hat, steht der Abholzung des Kelsterbacher Waldes nichts mehr im Wege. Nutzen Sie also die Zeit.
Je weniger Wald es geben wird, desto kostbarer ist die Erinnerung daran – und um diese kümmert sich die Fraport. Im September letzten Jahres veranstaltete sie unter dem Motto »Waldleben anno dazumal« sogenannte Köhlertage: Unter fachkundiger Anleitung der Flughafen-Försterin Petra Habeck fanden wald-

pädagogische Exkursionen für Schulklassen und kreative Spiele statt, bei denen Kinder und Jugendliche das Waldleben vor 200 Jahren und das alte Köhler-Handwerk kennen lernen konnten.
Mit Sicherheit wird dieses Highlight auch in kommenden Jahren wiederholt. Achten Sie deshalb auf diesbezügliche Anzeigen.

Verkehrsverbindungen

Das Straßennetz der Flughafenregion ist ausgezeichnet erschlossen. Die Autobahn A 3 stellt die Ost-West-, die Autobahn A 5 die Nord-Süd-Verbindung zum Flughafen her. Außerdem führen mehrspurige Bundesstraßen zum Flughafen.
Alle von mir empfohlenen Touren können also bequem mit dem Auto erreicht werden. Parkplätze und Parkhäuser stehen in ausreichender Zahl bereit. Auch mit den öffentlichen Verkehrsmitteln erreichen Sie Ihre Ziele problemlos und ohne große Wartezeiten. Mehrere S-Bahn-Linien verbinden im Minutentakt die Flughafenregion mit dem Ballungsgebiet Rhein-Main.

Beste Jahreszeit

Dank der allumfassenden Erschlossenheit und der vielseitigen Angebote ist die Flughafenregion zu jeder Jahreszeit eine Reise wert.

Ausrüstung

Bitte halten Sie sich an die ausgewiesenen Wege, um Fauna und Flora die Ruhe zu gönnen, die sie verdienen. Die Wege sind breit, gut unterhalten, leicht begehbar, die Touren ohne jeden Schwierigkeitsgrad. Dennoch sollten Sie nicht auf leichte Wanderkleidung verzichten.
Alle Wege sind markiert und ausgeschildert. Ebenso verhält es sich mit den ausgezeichnet präparierten Routen der verschiedenen ehrenamtlich arbeitenden Wanderklubs. Entsprechend problemlos ist die Orientierung.
Auch für meinen dritten Tourenvorschlag, das ›Chaoteneck‹, brauchen Sie keine besondere Ausrüstung. Selbst wenn Sie noch Bilder von vermummten Startbahngegnern, Wasserwerfern und Schlagstockeinsätzen der Polizei in Erinnerung haben, so gehört all dies seit Anfang der 90er Jahre der Vergangenheit an.

Tourenvorschläge

Um die Flughafenregion aus ganz unterschiedlichen Perspektiven zu erleben, erlaube ich mir, Ihnen drei Touren vorzuschlagen. Sie lassen sich ohne große Anstrengung als Tagestouren ausführen.

Tour I – Das ›Gaffereck‹

Diese Tour ist ein Klassiker für Freunde des Auto-Walkings. Von Frankfurt kommend fahren Sie mit Ihrem Auto immer den Airportring entlang, vorbei an der ›Sky Line‹, eine voll automatisierte S-Bahn, die Terminal I und II miteinander verbindet, vorbei an Flugzeughallen und Frachtanlagen und der lang gezogenen Schallschutzmauer. Der Airportring macht schließlich eine Linkskurve. Nach knapp 500 Metern, kurz vor dem Tunnel, der unter der Startbahn 18 West hindurchführt, befindet sich ein Parkplatz. Wenn dieser belegt ist, können Sie Ihr Auto auch am Straßenrand parken. Die Polizei drückt in aller Regel ein Auge zu. Nun ist die Aussichtsplattform nicht mehr zu verfehlen. An Wochenenden herrscht dort großer Andrang. Haben Sie sich einen guten Aussichtspunkt ergattert, können Sie von der Aussichtsplattform die Flugbewegungen sowohl auf der Startbahn 18 West, als auch auf den beiden Parallelbahnen (Nord- und Südpiste) verfolgen. Im Minutentakt landen und starten Flugzeuge. Es ist höllisch laut, oft versteht man sein eigenes Wort nicht. Aber was ist schon ein gesprochenes Wort gegen ein Flugzeug, das die Gesetze der Schwerkraft aufhebt? Was andere fliehen lässt, schweißt hier zusammen. Denn, wie ein Fraport-Sprecher so treffend sagte: »Eine leise Industriegesellschaft gibt es nicht.« Hier können Sie ungedrosselt und ungebremst Ihrer Leidenschaft für Technik und Fortschritt frönen. Sie sind in guter, getunter Gesellschaft. Sie werden dort reichlich Gelegenheit haben zu fachsimpeln. Sie können das Kind im Manne wachrufen, das sich an PS, Schubkraft, Frachtraum, Turbinenleistung und Slots begeistert. Meist finden sich unter den vielen Zuschauern Gleichgesinnte, ausgewiesene Technik-Befürworter, für die Hightech kein Schimpfwort ist, sondern der Inbegriff der Beherrschbarkeit, die Enträtselung, die Entschlüsselung der Natur. Teilen Sie diese Faszination. Sie liegt nicht im Geheimnis, sondern in der Machbarkeit.

Tour II – Der Mönchbruch

Von Frankfurt kommend nehmen Sie die Bundesstraße 44. Rechter Hand liegt das Frankfurter Waldstadion. Dann folgen Sie der Frankfurter Straße, die Sie direkt an Walldorf vorbeiführt, bis Mörfelden und biegen dort rechts in die Rüsselsheimer Straße, B 486, ein. Sobald Sie Mörfelden hinter sich gelassen haben, schneidet die B 486 den Staatsforst Schlicht und Mörfelden. Bereits nach drei Kilometern sehen Sie zu Ihrer Rechten den Mönchbruch. Auf der Höhe des ›Biergarten‹, einem beliebten Ausflugsziel, finden Sie zwei große Parkplätze. Auf dem Weg in die Mönchbruchwiese liegt rechter Hand das ehemalige Jagdschloss des Landgrafen Ludwig V. Wenn Sie die Holzbrücke über den Gundbach passiert haben, folgen Sie der Mönchbruchallee: »An schönen Frühlingstagen werden hier mehrere zehntausend Besucher gezählt. Und dies, obschon aufgrund der Nähe zur Startbahn 18 West der Flugzeuglärm mitunter unerträglich ist. Die großflächigen Feuchtwiesenareale und alten Eichenwälder bieten Lebensraum für viele seltene Tier- und Pflanzenarten. Über Jahrtausende hinweg hat der Mönchbruch seinen eigenen Reiz bis heute bewahren können. Seit Anfang der 30er Jahre des letzten Jahrhunderts gab es erste Bestrebungen zur Unterschutzstellung von Waldarealen im Bereich des ›Schlangenloches‹ und der ›Dachnau‹. Uralte Eichen, offene Wasserstellen, Erlenbruchwälder, Großseggensümpfe und Röhrichte beherrschen dort das Landschaftsbild.... Das dem Regierungspräsidium Darmstadt im August 1994 zur Erweiterung des NSG (Naturschutzgesetz) vorgelegte Schutzwürdigkeitsgutachten dokumentiert über 540 wild wachsende Pflanzenarten, die in den ausgedehnten Wäldern und Wiesen des Mönchbruches vorkommen. Eine solch große Pflanzenvielfalt wird nur in ganz wenigen Naturschutzgebieten in Hessen erreicht. Das gilt auch für die Tierwelt. Viele Fuß- und Radwege, eine Wildbeobachtungshütte sowie eine Aussichtsplattform ermöglichen den zahllosen Erholungssuchenden ausgezeichnete Einblicke in die Natur. 65 Informationstafeln und die Naturschutzwacht geben Auskunft über die Besonderheiten des Gebietes.«[5]

Für all diejenigen, denen die Zeit der Stille zwischen den pausenlosen Starts von Flugzeugen zu kurz ist, ein Geheimtipp für Nachtschwärmer: Zwischen ein und vier Uhr morgens gilt ein Landeverbot. Starts sind davon nicht betroffen. Mit ein wenig Glück und Geduld werden Sie in diesen Stunden auch Dammwild beobachten können. Als fürstliche und adlige Jagdgesellschaften den Mönchbruch unter sich aufteilten, hatten sie mit dem einheimischen Wild so ihre Probleme: Sie trafen zu oft daneben. Daraufhin wurde Dammwild importiert. Dieses hatte gegenüber dem einheimischen Wild einen entscheidenden Vorteil. Aufgrund seiner weißen Markierung war es leicht zu erschießen.

Tour III – ›Das Chaoteneck‹

Von Frankfurt kommend nehmen Sie die Bundesstraße 43/44, biegen in den Kreisel, nehmen die Ausfahrt Richtung Walldorf und folgen der Frankfurter

Straße. Nach sieben Kilometern kommt rechts eine Brücke, die die A 5 kreuzt. Folgen Sie der Aschaffenburger Straße, die in den Nordring mündet. Die Straße führt verkehrsberuhigt an kleinen Ein- und Zwei-Familienhäusern vorbei, bis sie auf die Okrifteler Straße stößt, der Sie links folgen. Hinter der Fußball- und Tennisanlage biegen Sie rechts ab. Vor dem Vereinshaus der SKG finden sich ausreichende Parkmöglichkeiten.

Mit dieser Tour nehmen Sie die Spur des ›Sonntagsspazierganges‹ auf, zu dem die Bürgerinitiative/BI gegen die Flughafenerweiterung im Februar 1982 erstmals aufgerufen hatte. Zu diesem Zeitpunkt war der Wald bereits gerodet, das Gelände von Mauer und Stacheldraht umgeben. Es gab kein Hüttendorf mehr. Mit dem Vorschlag der Mörfelden-Walldorfer ›Küchenbrigade‹, einen Kuchenstand an der Stirnseite der Startbahn einzurichten, wollte man wieder einen gemeinsamen Treffpunkt schaffen. Die Idee kam gut an. Die Küchenbrigade backte Kuchen, machte Kaffee und Tee. Zusammen mit Hunderten von Gleichgesinnten ging es um 14 Uhr, vom SKG-Heim aus, an die Startbahn.

Der Weg schlängelt sich durch den Wald. Folgen Sie ihm bis zum Gundbach, der die natürliche Grenze zwischen Wald und Mönchbruchwiesen bildet. Über diesen führt eine Holzbrücke. Rechts sehen Sie einen künstlich angelegten Anglerteich wie aus dem Lehrbuch eines Landschaftsarchitekten. Links erstrecken sich die Mönchbruchwiesen. Folgen Sie dem Weg halb links, der wieder in den Wald führt. Nach 200 Metern biegen Sie links in die Dürrbruchschneise ein. Sie führt kerzengerade durch den Wald und endet direkt an der Ostseite der Startbahn 18 West.

Sobald Sie aus dem Wald heraustreten, stehen Sie vor einer vier Kilometer langen Betonmauer, der die Startbahngegner den Namen ›Schandmauer‹ gegeben haben – in Anspielung auf die Mauer, die bis 1989 West- und Ostberlin voneinander trennte.

Selten war eine Mauer so umstritten und umkämpft. Für die Befürworter der Startbahn 18 West wurde sie notwendig, weil sich die Gegner mit der juristischen Niederlage nicht abfanden. Für die Gegner ist sie zum Symbol einer neuzeitlichen Siedler- und Eroberungsgeschichte geworden. Es ist keine Übertreibung zu sagen, dass die Startbahn 18 West Meter für Meter vorangetrieben werden musste. Sobald absehbar war, dass auch der Bau der Startbahn auf heftigen Widerstand stoßen würde, wurde das gesamte dafür vorgesehene Waldstück in drei Abschnitte (Baulos I – III) unterteilt. Man wollte und musste die Kräfte einteilen. Jede Etappe war generalstabsmäßig geplant: Räumen, schützen, roden, sichern, betonieren. Den Anfang machten Hundertschaften der Polizei, die das ausgewiesene Terrain zu räumen hatten. Mehrmals mussten dafür Hüttendörfer beseitigt werden, die sich auf den verschiedenen Abschnitten in den Weg stellten. Danach machten sich sofort Holzfäller an die Arbeit. Nicht selten wurden die Bäume im letzten Augenblick vernagelt und verzögerten so die Rodungsarbeiten, die sich tage- und wochenlang hinzogen. Ein martialisches Aufgebot an Polizei schützte Tag und Nacht die Landnahme. Zur provisorischen Sicherung der Baustelle wurden kilometerlange Natodrahtrollen quer durch den Wald verlegt. Gleichzeitig begann die Frankfurter Flughafen AG/FAG die uniformierten Schutzschilder durch eine drei Meter hohe Betonmauer zu ersetzen. War man sich des Geländegewinns sicher, wurde von dort die nächste Phase in Angriff genommen. Fast über ein Jahr zog sich diese innere Landnahme hin, bis das gesamte Gelände gerodet war und eingenommen werden konnte.

Der Wald war verloren, die Fakten also geschaffen. Dennoch ebbte der Widerstand nicht ab. Die Inbetriebnahme der Startbahn 18 West, die für 1984 vorgesehen war, war alles andere als ›in trockenen Tüchern‹. Nicht nur die wöchentlichen Sonntagsspaziergänge, auch die vielen Nachtaktionen, die sich gegen Betreiber, Baufirmen und Infrastruktureinrichtungen des Flughafens richteten, zwangen zur Nachrüstung. Entlang der Mauer wurde ein 1,50 Meter breiter Graben gezogen, der das Herausbrechen von Betonstreben erschweren sollte. Zusätzliche Ausfalltore wurden in die Mauer integriert, damit Einsatzkräfte der Polizei schneller auf Attacken der StartbahngegnerInnen reagieren konnten. Ein zweiter Sicherheitszaun auf der Innenseite des Startbahngeländes wurde gezogen. Selbst ausgediente Gangways kamen zum Einsatz, wurden in Beobachtungsposten umfunktioniert und entlang der Mauer aufgestellt.

Um zum ›Kuchenstand‹ zu gelangen, folgen Sie der Mauer in südlicher Richtung. Die Geschichte dieser Kämpfe hat Spuren hinterlassen, die noch gut erhalten sind. Kaum ein Mauersegment blieb in diesen über acht Jahre währenden Auseinandersetzungen unbeschädigt. Mittlerweile ersetzen Rost befallene Stahlträger die Betonstreben, die mit Baumstämmen herausgehebelt worden waren. Trotz der zum Teil erbittert geführten Kämpfe blieben Ironie und Witz nicht auf der Strecke. Manche Inschriften zeugen heute noch davon: *Unser Gewissen ist rein. Wir benutzen es nie*. Wer damit gemeint ist, wurde mithilfe einer Schablone daneben gesprüht: Der Hessenlöwe, das Landeswappen Hessens, mit einem Helm und blutigem Polizeiknüppel nachgerüstet. Doch nicht nur die Gegnerschaft zur Polizei findet sich auf der Mauer dokumentiert. Auch der Streit innerhalb der Startbahnbewegung wurde öffentlich ausgetragen: *Die 5 Prozent Hürde*. Neben der Parole weist ein Pfeil über die drei Meter hohe Mauer. Eine sarkastische Anspielung auf die grün-alternativen Versuche, den Protest in die Parlamente zu tragen.

Haben Sie die Süd-West-Ecke der Startbahn erreicht, sind Sie am Ziel angekommen. ›Chaoteneck‹ nannte die Polizei diesen in Beschlag genommenen

Ort. Tatsächlich ging es um einiges ordentlicher zu. Die Frauen der Küchenbrigade, alle über 50 Jahre alt, stellten einen Campingtisch auf, packten den Fahrradanhänger aus und bereiteten sich auf den Andrang vor. Es dauerte seine Zeit, bis sich die Schlange vor dem Kuchenstand aufgelöst hatte und alle versorgt waren.

Sicherlich - viele, die sich dort draußen versammelten, waren für die Polizei keine Unbekannten. Mal wurden sie gewaltbereite Startbahngegner, Störer, mal harter Kern und Autonome oder summa summarum Chaoten genannt. Aufgrund ihres Alters, ihrer Kleidung und ihres Umganges erschien es der Polizei leicht, sie ein- und zuzuordnen: »Aus dem Funksprechgerät eines Beamten war gestern über die Zusammensetzung der Marschierer zu hören: ›15 Prozent erste Garnitur, 25 Prozent zweite Garnitur, der Rest Vorzeigebürger‹.«[6]

Es war der hessische Innenminister Grieß, dessen Verständnis für die berechtigten Sorgen seiner Bürger 1981 in schwere Apathie umschlug und dafür das Wort vom »Vorzeigebürger« prägte. Ähnlich schwer tat sich die Polizei mit dem »Rest«, der immerhin 60 Prozent ausmachte. Er blieb ein schwer zu beschreibendes Phänomen: »Ein gewisser Teil teils älterer Bürger, die sich vorwiegend an den Wochenenden zum Baugelände begeben, (spielt seit geraumer Zeit) eine zwielichtige Rolle. Obwohl von diesen Leuten bei jeder sich bietenden Gelegenheit betont wird, dass sie sich ausschließlich friedlich und gewaltlos am Baugelände aufhalten, wird immer wieder beobachtet, wie gerade sie den unmittelbar am Bauzaunbereich auftretenden Straftätern Deckung bieten und sie bei Festnahmeversuchen vor der Polizei abschirmen beziehungsweise die Polizei behindern. (...) Von diesen Personen wird vieles zur Straftatbegehung begleitendes getan, nur nicht die sachgerechte Wahrnehmung des Demonstrationsrechtes.«[7]

Prolog

Die Neue Welt liegt mitten in Walldorf. Ein griechisches Ehepaar hatte diese Gaststätte Mitte der 80er Jahre übernommen. Wie die meisten Kleinstädte wirkt auch Walldorf auf den ersten Blick verschlafen, gepflegt und mittelständisch. Doch als die hessische Landesregierung ihre Pläne bekannt gab, den Flughafen um eine weitere Startbahn zu erweitern, änderte sich alles. Was bis dahin für die meisten Einwohner normal war oder für normal gehalten wurde, wurde auf den Kopf gestellt. Anstatt sich aus der ›großen Politik‹ herauszuhalten, sie den Politikern zu überlassen, mischten sie sich ein. Auch wenn eine Mehrheit ihre Stimme weiterhin der CDU, FDP und SPD gab, in puncto Startbahn verweigerte sie ihre Gefolgschaft. Eine überwältigende Mehrheit in Mörfelden-Walldorf stellte sich gegen die Ausbaupläne. Das mussten bald auch die Lokalvertreter von CDU, FDP und SPD einsehen, wollten sie noch länger in Amt und Würden bleiben. Sie scherten aus der Parteidisziplin aus und gründeten 1979 zusammen mit der DKP/Deutsche Kommunistische Partei das bis dato einmalige »Parteienbündnis gegen die geplante Startbahn 18 West«. Christdemokraten und Kommunisten, Hand in Hand?!
Als 1981 das Hüttendorf gewaltsam geräumt wurde, Zehntausende in Mörfelden-Walldorf, in Frankfurt und in der gesamten Rhein-Main-Region auf die Straße gingen, ging unter den Politikern das Gespenst von der »Unregierbarkeit einer ganzer Region« um: »›Unsere Bundesrepublik befindet sich in der ernstesten innenpolitischen Situation ihrer Geschichte.‹ Mit diesen Worten beendete Stadtverordnetenvorsteher Dr. Hans-Jürgen Hellwig (...) eine Grundsatzrede im Rahmen einer Debatte, in der das Stadtparlament über die jüngsten Ereignisse im Zusammenhang mit dem Bau der Startbahn West diskutierte.«[8]
Einige malten ›Weimarer Verhältnisse‹ an die Wand. Der Frankfurter CDU-Stadtverordnetenvorsteher wusste, wie man dorthin kommt: »Hellwig (...) regte (...) an, ob angesichts der jüngsten Vorkommnisse nicht die Mehrheit der friedlichen Startbahngegner vorübergehend auf die Ausübung dieser Grundrechte verzichten sollte.«[9]
Der Zorn wuchs, der Glaube an die Demokratie schwand. Mörfelden-Walldorf verwandelte sich in ein gallisches Dorf und erlangte bundesweite Berühmtheit.
Die Neue Welt war alles andere als besonders attraktiv. Die Küche war gutbürgerlich und griechisch, die Einrichtung hässlich: Massives dunkelbraunes Holz, ein viel zu großer Tresen, eng gestellte Tische mit unbequemen Holzstühlen. Die neuen Pächter hatten aus finanziellen Gründen alles vom Vorgänger übernommen, mit ein paar Allerweltsfotos griechischer Sehenswürdigkeiten ver-

schmückt. Der Reiz der Neuen Welt liegt woanders: Sie besitzt einen großen Nebenraum, in dem man sich ungestört treffen kann. Das war auch der Grund, am 25.10.1987 das letzte Vorbereitungstreffen zum 6. Jahrestag der Hüttendorfräumung dort abzuhalten.

Dieses Treffen war von mehreren Ereignissen überschattet, die Streit, individuelle Rückzüge und persönliche Zerwürfnisse zur Folge hatten. Auch wenn niemand Lust hatte, diese Konflikte offen anzusprechen, so waren sie dennoch präsent: Die mit Benzin angesteckte Wiese vor dem Startbahngelände während eines Sonntagsspazierganges Ostern 1986. Ein Molotow-Cocktail, der auf einen Mannschaftswagen der Polizei geworfen wurde, in dem Bereitschaftspolizisten saßen. Absprachen bei gemeinsamen Aktionen, die nicht eingehalten wurden. Diese Ereignisse lösten zwar immer wieder hitzig geführte Diskussionen aus. Doch meist wurden die Konflikte im kleinen Kreis ausgetragen und gelangten nur auf informellem Wege nach außen. Dennoch hatten sich über die Jahre Regeln herausgebildet, die im Großen und Ganzen unbestritten waren: Der Zweck heiligt nicht die Mittel. Das Vorgehen von Einzelnen und Gruppen muss sich an dem orientieren, was auf Treffen beschlossen wurde. Entscheidend ist nicht, was sich Wenige zutrauen, sondern was möglichst Viele zu tragen bereit sind. Wie verpflichtend diese Übereinkünfte waren, wie man ihre Einhaltung durchsetzen sollte, blieb unbeantwortet.

In diese heikle Phase der Startbahnbewegung fiel ein weiteres Ereignis, das anfangs nur Rätsel aufgab, später massive Auseinandersetzungen unter StartbahngegnerInnen auslöste. Zeitungsberichten zufolge wurde eine schwerverletzte Frau in der Nacht vom 25. zum 26. August 1986 bei ›polizeibekannten‹ StartbahngegnerInnen abgelegt, die diese in die nahe gelegene Universitätsklinik fuhren. Die Polizei brachte die schweren Verbrennungen mit einer in derselben Nacht verübten Strommastaktion nahe Offenthal in Verbindung. Die kurz darauf festgenommenen StartbahngegnerInnen erklärten gegenüber der Polizei, dass sie weder die Personen kannten, die Uschi James in ihrem Hof zurückgelassen hatten, noch eine Erklärung dafür hatten, wie diese Verletzungen zustande gekommen sein könnten. Diese Version war auch für die allermeisten StartbahngegnerInnen Stand der Dinge. Die Befürchtung jedoch, dass Uschi tatsächlich in Folge einer Strommastaktion schwer verletzt wurde, teilten viele. Der Versuch, genaueres von den ›polizeibekannten‹ StartbahngegnerInnen zu erfahren, scheiterte jedoch. Sie ließen alle wissen, dass sie sich vorerst zurückziehen und keinerlei weitere Erklärungen abgeben werden. Dieser demonstrative Rückzug löste weitere heftige Spekulationen aus: Wurden die beiden StartbahngegnerInnen überrumpelt? War ihr Rückzug ein Ergebnis massiver Enttäuschung? Wurde Uschi einfach ›abgelegt‹? Waren die Beteiligten dieser Strommastaktion bereit, das Leben von Uschi aufs Spiel zu setzen, um ihr eigenes in Sicherheit zu bringen?

Wochen später lag - während eines Sonntagsspazierganges - eine Erklärung der Beteiligten aus. In dieser bedauerten die Verfasser dieses unvorhergesehene Ereignis. Der Strommast sei nicht in die vorgesehene Richtung gestürzt. Dabei habe Uschi schwere Verbrennungen erlitten. Man habe alles getan, was man in einer solchen Situation tun konnte und bat um Vertrauen. Mehr könnte man hier und jetzt nicht sagen, um die Beteiligten und Uschi nicht zusätzlich zu gefährden...

Nach ein paar Stunden verschwand diese ›interne‹ Stellungnahme und vielen blieb nur der sachliche, nüchterne Stil in Erinnerung - der die Unverantwortlichkeit derer zu unterstreichen schien, die diese Strommastaktion geplant und durchgeführt hatten.

Aber nicht nur Fragen der Gewalt, der Moral, der Militanz zehrten an den Nerven. Der Jahrestag der Hüttendorfräumung selbst wurde zu einem Problem. Wie kann man sich erinnern, ohne in der Vergangenheit zu verharren? Wie kann man für eine Überraschung sorgen, wenn Ort und Zeitpunkt feststehen? Die Ratlosigkeit überwog. Das Pulver an Ideen schien verschossen.

Im Jahr zuvor konnte eine pfiffige Idee die Tendenz zu Erstarrung noch aufhalten und wenden. Mit einem Fackelzug ging's zum Startbahngelände. Dort verweilte dieser eine Viertelstunde und nahm dann denselben Weg zurück. Die Polizei registrierte diesen Rückzug zufrieden -

und ließ die bereitstehenden Hundertschaften ›aufsitzen‹. Tatsächlich kehrte dieselbe Anzahl an Fackeln zurück - aber nur die Hälfte der FackelträgerInnen. Die andere Hälfte nutzte die Entspannung, um unerkannt an verschiedene Stellen der Mauer zu gelangen. Bevor die Polizei die Finte realisiert hatte, wurden zahlreiche Streben geknackt und einige in Wachposten umgebaute Gangways in Brand gesteckt.

Das Treffen war für 19 Uhr angesetzt. Langsam füllte sich der Nebenraum. Einige kamen vom Sonntagsspaziergang, andere kamen direkt dorthin. Fast allen waren die geringe Begeisterung und die Erschöpfung der letzten Monate ins Gesicht geschrieben. Bereits auf einem Treffen zuvor war der grobe Rahmen abgesteckt worden. Von wirklicher Angriffslust konnte man wahrlich nicht reden. Das Beste am beschlossenen Konzept war der gemeinsam organisierte Rückzug. Um Aktionen auf eigene Faust möglichst auszuschließen, wurden explizit auch Personen und Gruppen für dieses letzte Treffen angesprochen, die in der Regel solchen Vorbereitungstreffen fern blieben. Tatsächlich nahmen sie diese Einladung an und setzten sich demonstrativ in die zweite Reihe.

»Lasst uns die Tische zusammenschieben, damit alle Platz haben«, warf Leo in die Runde. Ein Versuch, die Kluft zwischen denen, die ›doch nur reden‹ und denen, die ›zur Sache gehen‹ zumindest symbolisch zu verringern. Als Leo das

Ergebnis des letzten Treffens zusammenfasste, waren knapp 25 StartbahngegnerInnen im Nebenraum versammelt.
Ihre Zusammensetzung spiegelte die Veränderungen der letzten Jahre wieder. Von den vielen BI-Ortsgruppen und übergeordneten Delegiertenstrukturen blieb nur noch ein Rumpf übrig. Viele Ortgruppen lösten sich, die meisten BI-Vertreter zogen sich spätestens mit der Einweihung der Startbahn West 1984 zurück, einige schlossen sich der grünen Partei an. Zur gleichen Zeit rückten zahlreiche autonome Gruppierungen aus dem Rhein-Main-Gebiet nach. Aber auch dazwischen gab es noch einige starke, basisorientierte Gruppen, die sich von Anfang an für eine aktive Beteiligung innerhalb der BI-Strukturen stark machten. Außerdem existierten noch einige ›Waldgruppen‹, die aus dem Startbahnkonflikt selbst hervorgegangen waren. Vielleicht so etwas wie die zweite Startbahngeneration.
Als Leo mit der Zusammenfassung fertig war, gab es keinen Widerspruch – auch nicht von denen, die Entschiedenheit für sich reklamierten. Ihr Schweigen bedeutete jedoch keineswegs Zustimmung. Einige Male stand es nur für eine Haltung, die sich nicht an gemeinsame Beschlüsse gebunden fühlte. Anstatt Absprachen öffentlich zu kritisieren bzw. abzulehnen, zog man einfach sein Ding durch. Dieses Mal wollte man sich nicht damit abfinden. Denn Militanz ist mehr als eine Kraft- und Mutprobe einiger weniger.
»Gut, das ist das verabschiedete Konzept. Könnt ihr sagen, was *ihr* vorhabt?«
Alle wussten, wer damit gemeint war und Leo unterstrich dies demonstrativ mit seinen Blicken. Daraufhin folgte erst betretenes, dann peinliches Schweigen. Auf den Tischen lagen blau-weiße Papierservietten verstreut, auf denen griechische Worte ins Deutsche übersetzt wurden:
›*kalhmera, cairete ...*‹ Guten Tag, seien Sie gegrüßt, Höflichkeitsfloskeln. Leo schnappte sich eine und zerknüllte sie ersatzweise.
Die Situation bekam etwas Komisches, Vorhersehbares, als Til doch noch das Wort ergriff, der Einzige, der sich immer wieder diesen Auseinandersetzungen stellte, als Mentor, als Sprecher, als Vermittler. Was davon wirklich zutraf, blieb bewusst unklar.
»Na schön, dass ihr alles schon abgesprochen habt.«
Ein Raunen ging durch den Raum. In die Rolle der Ausgeschlossenen und Übergangenen zu schlüpfen, war allzu offensichtlich. Dann besann sich Til doch noch der eingespielten Rollenverteilung.
»Und habt ihr euch überlegt, wie ihr die Bullen *wirklich* aufhalten wollt?«
Spieglein, Spieglein, an der Wand, wer ist der Militanteste im ganzen Land...
Mit dieser mehr provokativen als ernst gemeinten Frage legte Til die Lunte ans Pulverfass. Bevor sich andere darauf einließen, mit auf den Feldherrenhügel zu steigen, machte Leo einen Vorschlag.

»Na ja, ihr seid doch die Experten im Contra geben. Wie wär's denn, wenn ihr den Rückzug deckt und die Barrikaden so lange wie möglich haltet?«
Til schaute sich vergewissernd um und bevor er etwas anderes sagen konnte, fasste Leo das Nicht-Gesagte gewagt zusammen.
»Dann ist doch alles bestens...«
Leo schaute Til an, der weder zustimmend nickte, noch den Kopf schüttelte.
»Also gut, lasst uns jetzt noch die Aufgabenverteilung durchgehen, ob es bei den Zusagen bleibt.«
Niemand war wirklich zufrieden, aber alle froh darüber, dass man den Konflikt irgendwie auf Eis gelegt hatte. Doch das Eis war dünn. Dieses Mal brach es an einer anderen Stelle ein.
»Tut mir leid, dass ich jetzt alles über den Haufen werfe. Wir hatten ja zugesagt, die Notbrücke zu übernehmen. Aber in meiner Gruppe wurde beschlossen, dass wir das nur machen, wenn Anton nicht bei den Sicherungsgruppen ist.«
Anton war äußerst selten auf Vorbereitungstreffen, auf diesem auch nicht. Anton zählte gleichzeitig zu denen, für die Til sprach oder vermeintlich sprach. Damit war klar, dass Anton dabei sein würde, wenn es um die Deckung des Rückzuges gehen würde. Die Frage, ob man einem Einzelnen etwas vorhalten kann, was auch einen Ausschluss rechtfertigen könnte, stand drohend im Raum. Auch dieses heiße Eisen wollte niemand - und jetzt schon gar nicht - anfassen. Das Schweigen wurde noch betretender, der Pragmatismus geriet an seine Grenze. Leo bemühte sich, auch diese Kuh vom Eis zu ziehen.
»Ihr wisst alle, dass wir diese Frage heute nicht beantworten, nicht lösen können... Gibt es eine Gruppe, die die Notbrücke übernimmt?«
Die meisten Gruppen hatten bereits Aufgaben übernommen. Das war schnell allen Anwesenden klar. Die Blicke richteten sich notgedrungen, flüchtig und verstohlen auf Sabeth. Sie gehörte zu einer Frauengruppe, die seit Jahren in der Startbahnbewegung aktiv war und immer wieder u.a. das mackerhafte, militaristische Auftreten und Denken einiger Startbahngegner kritisierte. Alle spürten, dass eine ausgesprochene, direkte Anfrage die Verrücktheiten dieses Abends auf die Spitze getrieben hätte. So stand das stille Ansinnen minutenlang im Raum.
»Ich hoffe, dass ich jetzt nicht zu viel verspreche. Ich gehe mal davon aus, dass unsere Gruppe die Notbrücke übernimmt, auch wenn wir nur noch eine Woche Zeit dafür haben.«
Es war Sabeth.
Wenn die vielen Unausgesprochenheiten eine Stimme gehabt hätten, man hätte sie an diesem Abend schreien hören.

2.11.1987 – 6. Jahrestag der Hüttendorfräumung

10.00 Uhr

Anton hat sich heute freigenommen, was aufgrund seines Überstundenkontos kein Problem ist. Er arbeitet seit Jahren als Werbegrafiker in einer großen Firma, die Dachfenster herstellt. Sein Chef schätzt ihn für seine Präzision und Gewissenhaftigkeit. Er ist da, wenn man ihn braucht, er ist bereit Überstunden zu machen, wenn es die Auftragslage verlangt, er ist selten krank. Er ist einfach zuverlässig. Und er kann selbstständig arbeiten. Es reicht, ihm das neue Produkt, das Marktumfeld und das avisierte Käuferspektrum zu nennen - und Anton setzt diese Koordinaten nicht nur technisch-grafisch, sondern auch in unternehmerischem Sinne hervorragend um. Erst vor Kurzem absolvierte er ein einwöchiges Seminar unter dem Titel: ›Aggressive Werbestrategien in besetzten Märkten‹. Für seine Kollegen ist er eher unscheinbar. Er macht seine Arbeit, er ist freundlich, nicht persönlich und alles andere als gesellig. Außerhalb der Arbeit pflegt Anton keinen Kontakt zu seinen Arbeitskollegen. Ein Mitarbeiter, der nie auffällt und den man leicht vergisst, wenn man aufzählt, mit welchen Kollegen man gerne zusammenarbeitet.
Mit Anna, die am Frankfurter Flughafen arbeitet, ist er seit einem Jahr zusammen. Sie haben sich an der Startbahn kennen gelernt, auf eine wirklich spezielle Weise. Danach ging alles recht schnell und unkompliziert. Nach einem halben Jahr entschieden sich beide für ein Kind und nun steht Anna kurz vor der Geburt. Obwohl auch Anton eine Wohnung in Bornheim hat, verbringen sie die meiste Zeit bei Anna. Ihre Wohnung ist einfach gemütlicher - auch wenn beide genauso viel arbeiten.
Beide sitzen am Tisch in der kleinen Küche und frühstücken.
»Komm lass uns losgehen, damit es nicht zu spät wird.«
Anton hatte Anna kurz vor dem Einschlafen überrascht:
»Ich hab eine Idee. Wir kaufen morgen zusammen ein Lammfell für die Kleine. Was hältst du davon?«
»Wie kommst du denn darauf? Wird das morgen nicht alles zu eng?«
»Das klappt schon.«
Anna schaute Anton an und erwartete noch auf ein bisschen mehr an Erklärung, die aber nicht kommt. Es ist seine Art, die bevorstehende Geburt mitzudenken.
Sie räumen den Küchentisch ab, stellen alles in die Spüle und fahren in die

Stadt. Mit einer großen Einkaufstüte verlassen sie den Kaufhof an der Hauptwache und fahren mit Antons Auto zurück nach Niederrad.
»Ich muss noch ein paar Sachen erledigen und bei mir vorbeifahren. So gegen drei Uhr bin ich zurück. Ist das okay für dich? Brauchst du noch was?«
»Nein, das ist schon in Ordnung.«
Anna steigt ein wenig schwerfällig aus dem Auto, mit dem neuen Lammfell.
»Bis später.«

12.00 Uhr

Im Landeskriminalamt/LKA in Wiesbaden findet eine außerordentliche Dienstbesprechung der ›Sonderkommission/Soko Strom‹ statt. Sie wurde nach dem ersten Anschlag auf einen Strommasten im Rhein-Main-Gebiet 1986 gegründet und hatte die Aufgabe, die Beteiligten zu ermitteln und mögliche weitere Anschläge auf Strommasten zu verhindern. Sie besteht aus zwölf Beamten des LKAs und dem Kriminalhauptkommissar/KHK Timm aus der Staatsschutzabteilung/K 41/42[10] im Polizeipräsidium Frankfurt als Verbindungsbeamten.
KHK Timm ist ein alter Fuchs. Seit den 80er Jahren bewegt er sich im Auftrag der Staatsschutzabteilung des Polizeipräsidiums Frankfurt in der »gewaltbereiten, autonomen Szene« - wie sie in diversen Verfassungsschutzberichten kategorisiert ist. Er hat den Aufstieg der autonomen Bewegung in Frankfurt hautnah verfolgt, im wahrsten Sinne des Wortes: Er war bei fast jeder Hausbesetzung bzw. Räumung dabei, leitete Hausdurchsuchungen und Razzien. Er ließ es sich nicht nehmen, beschlagnahmte Gegenstände persönlich vorbeizubringen, als würde er nur etwas zurückgeben, was jemand zuvor verloren hatte - um dabei über scheinbar Belangloses zu plaudern.
Er ermittelte bei Anschlägen auf Maklerfirmen, Banken und Parteibüros. Anschläge, die der autonomen Szene zugerechnet wurden. Sein besonderes Markenzeichen war, fast immer genau dort zu sein, wo etwas abgeht. Er beobachtete, charakterisierte, legte Profile an. So verschaffte er sich Szenekenntnisse, die manch Beteiligter gern gehabt hätte.
Er ist der Schattenmann der autonomen Szene. Einer, der sich nicht hinter seinem Schreibtisch verschanzt. Einer, der mitten rein geht. Einer, der ›kleine Fische‹ auch mal ins Wasser zurückwirft, damit ihn diese zu den ›Großen‹ führen. Und einer, der das Gesetz nicht so genau nimmt. Die perfekte Vorlage für den Tatort-Kommissar Schimanski. Die Inkarnation des ›gefühlten‹ Rechts, in ausgebeultem Parka und verwaschenen Jeans. Genau das, was Schimanski auch in linken Kreisen beliebt machte.
KHK Timm ist das genaue Gegenteil von seinen Kollegen, die gelernt haben, sich nur auf Anweisung auszuzeichnen. Für sie ist er ein Einzelgänger, wozu

auch seine Ermittlungsmethoden gehören. Im Allgemeinen bewegen sich Staatsschutzbeamte in Zivil - zur Eigensicherung - nicht alleine. Er schon. Er genießt es geradezu, ganz allein an der Ecke einer Kreuzung zu stehen, wenn um ihn herum Scheiben von Banken eingeschlagen werden. Als gehe ihn das alles nichts an. Als ließe sich in seiner Gegenwart in aller Ruhe eine Bank ausrauben, im schlimmsten Fall von der Frage behelligt *Und? Wo geht's noch hin?*, bevor man mit der fetten Beute das Weite sucht.
Auch wenn das ein wenig übertreiben ist, er achtet streng darauf, Observation und direkten Zugriff zu trennen. Festnahmen überlässt er für gewöhnlich anderen. Stattdessen nutzte er ein ums andere Mal eine brenzlige Situation, um sein Image als ›fairer Bulle‹ aufzupolieren. Dafür fällt er als Schutzengel vom Himmel, um im allerletzten Augenblick jemanden aus einer bedrohlichen Situation zu befreien, die seine Kollegen zuvor geschaffen hatten.

1981 kam seine große Stunde:
»Es war klug durchdacht! Ein Riesenaufgebot von Polizisten rückte an. Alle glaubten, es gehe ausschließlich um das besetzte Bundesbahnwerk in Nied. Während die Räumung begann, führten Anti-Terror-Spezialisten einen Schlag gegen mutmaßliche ›RAF-Helfer‹ - gegen den ›Schwarzen Block‹. 1000 Beamte waren unterwegs. Sie durchkämmten (auf richterlichen Beschluss) 40 Wohnungen im Rhein-Main-Gebiet. Ihr Auftraggeber: Generalbundesanwalt Rebmann.«[11]
Was man für eine makabre Szene aus einem Seyfried-Comic halten könnte, war der Startschuss für die größte Repressionswelle nach dem ›Deutschen Herbst‹ im Rhein-Main-Gebiet. Zur Tarnung dieser generalstaatsanwaltschaftlichen Gewalt- und Verschwörungsfantasie präsentierte man den angeblichen Kronzeugen Walter Loos. Er wurde als TOP-Insider, mit Zutritt zum harten Kern vorgeführt. Seine Aussagen sollten bezeugen, dass die Häuserkampfbewegung in Frankfurt kein diffuser Haufen war, sondern eine stramm organisierte, terroristische Vereinigung. Dazu gehörten Rädelsführer, Mitglieder, Spezialisten und eine Zentrale in Rosbach bei Frankfurt - und auf jeden Fall auch ein, zwei Waffendepots. Und wie jedem gut geführten Unternehmen wurde auch diesem ein knalliges, eingängiges Firmenlogo verpasst: *Schwarzer Block*.
Diese behördlich verordnete Zwangsvereinigung aus Häuserkampf und RAF machte KHK Timm mit seinen detaillierten Kenntnissen vor Ort zu einem gefragten Mann. Er führte Vernehmungen durch, befragte Zeugen zuhause oder am Arbeitsplatz. Die Absicht, einen wahrlich chaotischen und manchmal wilden Haufen in eine Terrorzelle der RAF zu verwandeln, hatte über 50 Hausdurchsuchungen und zahlreiche Haftbefehle zur Folge. Diejenigen, die sich jenseits der halluzinierten Kommandozentrale ein bisschen mehr Verbindlichkeit gewünscht hatten, nahmen es mit schwarzem Humor:

Jamaica, den 29.7.1981

Schwarzer Block

Urlaubsadresse:
Black Beach
Jamaica
Black box 883

Sehr geehrter Herr **General** $_{\text{Bundesanwalt}}$ *Dr. Rebmann,*

wir waren bis heute in bester Laune
wir machten Urlaub mit fetziger Reggaemucke
bei strahlender Sonne
und wären fast
schwarz *geworden*

Nun haben Sie also
in unserer Abwesenheit zum großen Schlag
ins Wasser
ausgeholt

Sie haben eine Führungszentrale in Rosbach ausgehoben
Das Grundstück nach Waffendepots umgegraben
Eine Bombenwerkstatt gesucht
Das besetzte Gelände ›Intercity Nied‹ durchkämmt
Die schwarze Nadel im Heuhaufen gesucht

Sie haben mächtig auf die Kacke gehauen
vier zu Terroristen erklärt
und in den Knast geworfen
Echt starke Geste

Nun
alles der Reihe nach
Das Jagdschloss in Rosbach
Wir haben es uns in der Zeitung angeschaut
echt übersehen
gefällt uns
Wir brauchen zwar keine Zentrale
Aber so ein schönes Haus in idyllischer Lage
mit zentraler Verkehrsanbindung
suchen wir schon lange

Zum Zweiten:
Sie habens auf den Punkt gebracht
was unter uns (gesagt)
seit Jahr und Tag ungelöst ist:
Wer sind wir?
Was verbindet uns?
Was unterscheidet uns?

Respekt, Respekt,
Sie haben des Rätsels Lösung:
Der Schwarze Block ist **schwarz**
weil **schwarz**
er ist ein Block
weil geschlossen

Ein bischen grob
aber einfach zu merken

Apropos politischer Farben- und Mengenlehre:
Könnten Sie uns die Adressen vom
Schwarzen Freitag
Schwarzen September
und von
Black Panther
zukommen lassen?
Danke

Bei allem schwarzen Humor
Eines haben wir überhaupt nicht verstanden
Sie werfen uns vor
mit der RAF eine oder gemeinsame Sache zu machen
Mal unter uns:
Rote . . . . *Armee Fraktion*
Schwarzer . . . . *Block*

Beißen sich da nicht die Farben?

Wollen Sie das wirklich?

In Feuer und Flamme   *Ihr Schwarzer Block*[12]

Vier Beschuldigte saßen über mehrere Monate in Untersuchungshaft. Obwohl KHK Timm seine ganze Erfahrung in diese Gespensterschlacht warf, endete der vermeintlich große Schlag gegen den »Linksterrorismus« kläglich. Der Kronzeuge widerrief in einem Interview mit der Offenbach Post seine Aussagen und erklärte, dass er von der Polizei genötigt und zu diesen Aussagen gezwungen worden war. Die Anschuldigungen mussten fallen gelassen, die Inhaftierten freigelassen werden - mit einer lächerlich geringen Haftentschädigung, als wäre alles nur ein Versehen gewesen.
Selbstverständlich hätte ein solch eklatanter Angriff auf die Grund- und Schutzrechte in Verfahren gegen die Verantwortlichen münden müssen - gegen die Generalbundesanwaltschaft, gegen das BKA. Tatsächlich musste am Ende ein ganz anderer seinen Kopf hinhalten: KHK Timm. Eigentlich hatte er sich eine Beförderung ausgerechnet, für gewöhnlich ins LKA nach Wiesbaden. Doch daraus wurde nichts. Er blieb sitzen, im K 42.

KHK Timm hat das Treffen der ›Soko Strom‹ angeregt. Im Gegensatz zur Polizeiführung in Frankfurt ist er zu einer ganz anderen Auswertung der abgehörten Telefonate gekommen. Das liegt neben seiner Tendenz zur Querulanz an den besonderen Kenntnissen, die er sich über die Szene erworben hat. Seine Nähe zum Feind lässt ihn spüren, was der vorhat, wie er reagiert, welcher nächste Schritt folgen könnte. Von diesen Vorahnungen ist zumindest er absolut überzeugt, im Gegensatz zu den meisten seiner Kollegen, die sein Auftreten, seine Art für arrogant und selbstherrlich halten - was oft nur noch auf die Nerven geht.
Der Konferenzraum im ersten Stock des LKA-Gebäudes füllt sich, die Mitglieder der ›Soko Strom‹ nehmen an dem ovalen Tisch Platz. Das Konterfei des Bundespräsidenten hinter dem Leiter der ›Soko Strom‹ unterstreicht ganz zart die Rangordnung. Nachdem sie vollständig sind, eröffnet der Leiter der Soko Strom die außergewöhnliche Sitzung:
»Wie Sie wissen, hat unser Kollege Timm dieses Treffen angeregt. Ich möchte ihm jetzt das Wort erteilen.«
KHK Timm legt sich noch einmal seine Unterlagen zurecht.
»Sie kennen alle den augenblicklichen Sachstand. Die Auswertung der abgehörten Telefonate scheint keine eindeutigen Hinweise zu liefern, was heute Abend genau passieren wird. Auch die punktuellen Observationen führten zu keinen besonderen Erkenntnissen. Beides ist nicht sonderlich verwunderlich, schließlich ist der abgehörte Personenkreis in konspirativem Umgang geübt. Ich bin die abgehörten Telefonate und die Observationsprotokolle noch einmal genau durchgegangen. Dabei bin ich auf eine interessante Auffälligkeit gestoßen. Die von uns überwachten ZPs[13] trafen sich in den letzten Tagen unge-

wöhnlich häufig mit Personen, die wir dem militanten Startbahnspektrum zuordnen. Alle Personen, die wir als potenzielle Beteiligte an Strommastaktionen im Visier haben, sind darin involviert. Die einzige Ausnahme bildet Frau James, die aufgrund ihrer schweren Verletzungen für eine weitere Teilnahme an solchen Aktionen ausgeschlossen werden kann. Nun zu meiner Vermutung: Es spricht einiges dafür, dass sich die vielen Hinweise, die wir bezüglich angelegter Depots haben, nicht auf die Demonstration selbst beziehen, sondern auf eine Aktion, die im Windschatten dieser verbotenen Veranstaltung geplant ist. Ich halte es deshalb für möglich, dass die uns bekannte Personengruppe mit weiteren Personen aus dem Startbahnumfeld eine Strommastaktion geplant hat. Warum ich darauf komme, möchte ich Ihnen jetzt anhand der Karte zeigen, auf der auch die RWE-Stromtrasse eingezeichnet ist, die mit dem Bau der Startbahn West verlegt werden musste.«
KHK Timm nimmt die Folie vom Tisch, geht zum Overheadprojektor und legt sie auf die Glasscheibe. Auf der Leinwand, die nun den Bundespräsidenten verdeckt, ist eine Karte zu erkennen. »Hier sehen Sie, dass die Stromtrasse direkt an der Stirnseite in einem großen Bogen an der Westseite des Startbahngeländes vorbeigeführt wird.«
Mit einem Zeichenstab fährt er die Stromtrasse ab.
»Stellen Sie sich dazu folgendes Szenario vor: Wie Sie wissen, ist der Sammelpunkt für heute Abend das Schlichter Tor in Mörfelden. Von dort aus geht es durch den Wald über die Knüppeldammbrücke. An diesem Punkt hier kreuzt die Demonstration die verlegte RWE-Trasse.«
KHK Timm zeigt mit dem Zeichenstock auf den Neuwegsdamm, der sich durch die Mönchbruchwiese schlängelt.
»Ich halte es für möglich, dass die Demonstration dem Knüppeldamm folgt, während eine Gruppe unbemerkt ausschert, um zur Stromtrasse zu gelangen, die links an der Startbahn vorbeiführt. Vorausgesetzt, diese Annahme ist richtig, hat die Demonstration das Ziel, unsere Polizeikräfte zu täuschen und zu binden, während an einer anderen Stelle ein Strommast gefällt wird. In letzter Konsequenz hieße das, dass sich sechs Hundertschaften die Zeit mit dem üblichen Katz-Maus-Spiel vertreiben, während nicht einmal 500 Meter davon entfernt ein Strommast umgesägt wird. Denken Sie bitte in diesem Zusammenhang an das letzte Jahr, als der Fackelzug einen Rückzug vortäuschte und wir darauf reinfielen. Selbstverständlich kann ich Ihnen jetzt nicht versprechen, dass das alles so passieren wird. Aber ich halte es für eine einmalige Chance, unsere Kandidaten auf frischer Tat zu erwischen. Diese Chance sollten wir uns nicht entgehen lassen.«
Einige schauen noch auf die Karte, andere lehnen sich bereits zurück, als sich KHK Timm zurück an seinen Platz begibt und in den Stuhl fallen lässt. Er

blickt zufrieden und gespannt in die Runde. Er weiß, dass an den Überlegungen etwas dran ist, dass seine Schlussfolgerungen schwer von der Hand zu weisen sind. Seit über einem Jahr ermitteln sie, sammeln Fakten, versuchen den Täterkreis einzugrenzen - und halten bis heute nicht mehr als schwache Indizien in den Händen. All das spricht für seinen Vorschlag.

Hätte ein LKA-Beamter den Vorschlag gemacht, wäre er kaum auf Bedenken gestoßen. Aber er kam von einem Mann aus einer untergeordneten Dienststelle, zudem von einem Mann, der schon einmal abgestraft wurde.

»Kollege Timm, das sind ja ganz interessante Gedankengänge, die Sie hier anstellen. Aber glauben Sie im Ernst, dass unsere ZPs einen Strommasten fällen, während fünf Hundertschaften um sie herum sind?«

Ein weiterer LKA-Mitarbeiter meldet sich zu Wort: »Selbstverständlich redet unser Klientel verschlüsselt am Telefon. Das ist niemandem hier im Raum entgangen.«

Er hält inne, länger als nötig und genießt, wie sich die Spitze ins Fleisch bohrt. »Aber Sie können uns keinen einzigen Grund nennen, warum die Telefonüberwachungen und Observationen anders bewertet werden sollten. Alles spricht doch für normale Absprachen im Rahmen der Nachtdemo. Auch Ihre Beobachtung, dass sich alle auf unserer Liste auffällig viel bewegt haben, lässt doch erst einmal nur eine Schlussfolgerung zu: Sie sind alle Startbahngegner und selbstverständlich in die Vorbereitungen für ihre Nachtaktionen eingebunden. Schließlich ist der 2.11. für alle ein symbolträchtiges Datum.«

Der Leiter der Soko Strom schaut in die Runde. Er weiß, dass es nicht nur um stichhaltige Argumente geht. So wenig zwingend die Ausführungen des KHK Timm sind, so wenig zwingend sind die Einwände. Und das stärkste Argument ist ihre bisherige Erfolglosigkeit.

Warum die Chance nicht nutzen? Was vergibt man sich?

»Meine Herren, ich weiß nicht wie groß die Wahrscheinlichkeit ist. Aber denken Sie bitte daran, dass bereits einiges an der Startbahn passiert ist, was wir alle für unmöglich hielten. Erinnern Sie sich noch an den so genannten 100. Sonntagsspaziergang?«

Er schaut in die verblüffte Runde.

»Damals zogen 50 oder 100 Startbahngegner am helllichten Tag einen halb fertigen Mast um. Zuzutrauen ist ihnen also einiges. Wir werden die Trasse observieren und ich bitte jetzt um genauere Vorschläge.«

Während KHK Timm seinem Vorgesetzten mit einer leichten Kopfbeugung dankt, schwankt die Mimik der Kollegen zwischen Neid und Gehorsam.

Nach einigem Hin und Her einigen sich die Anwesenden darauf, mit acht Beamten die RWE-Trasse zu überwachen, in jenem Abschnitt, der durch den Wald führt und vom Startbahngelände nicht einsehbar ist.

Während alle Blicke noch auf die Leinwand gerichtet sind, überrascht KHK Timm seine Kollegen ein weiteres Mal: »Wie ich bereits ausgeführt habe, ist das Schlichter Tor in Mörfelden der Sammelpunkt. Wenn Sie meiner Überlegung folgen, dass es das Unauffälligste für unsere Kandidaten ist, sich erst einmal der Demonstration anzuschließen, möchte ich folgende Ergänzung anregen: Wir postieren uns zusätzlich mit zwei Mann in der Nähe des Schlichter Tors, um uns an die ZPs zu hängen - sofern das möglich ist. Ich würde diese Aufgabe mit übernehmen.«

Manchen sieht man deutlich an, dass es ihnen jetzt reicht. *Er hat doch seinen Korb gemacht! Warum kann er sich damit nicht zufriedengeben? Muss er immer noch eins draufsetzen?*

Ganz abgesehen davon rührt sein Vorschlag an einem wunden Punkt.

Normalerweise gehört es zu den wesentlichen Aufgaben des LKA, in solche ›Milieus‹ zu infiltrieren, entweder mit eigenen Leuten oder mit Angeworbenen. Genauso zählt zu den Aufgaben des LKA, Beamte in Zivil in Demonstrationen einzuschleusen, um Absprachen mitzubekommen, um Zusammenhänge auszuspähen. Niemand will es an diesem und auch an keinem anderen Tag offen aussprechen: Weder gelang es ihnen, verdeckte Ermittler in die Startbahnszene einzuschleusen, noch Startbahngegner anzuwerben. Nicht minder erfolglos sieht die Bilanz bei öffentlichen Demonstrationen aus. Zu Beginn der Startbahnbewegung wurden mehrmals ›Zivile‹ enttarnt, durch Veröffentlichung ihrer Fotos ›verbrannt‹. Einige musste auch Prügel einstecken. Das letzte Debakel erlebten sie, als zwei Zivile während einer Demonstration in Hanau 1986 von StartbahngegnerInnen enttarnt wurden, wobei einer der eingesetzten Beamten entwaffnet wurde. Auch das LKA verzichtete schließlich völlig auf ›verdeckte Aufklärung‹.

Und nun kommt KHK Timm ausgerechnet mit einem solchen Vorschlag. Das kratzt am Selbstverständnis.

»Der will uns doch nur an die Eier greifen«, flüstert ein Kollege seinem Nachbarn ins Ohr. Beide fixieren KHK Timm, wie kurz vor dem Zugriff. Keiner im Raum hat auch nur die geringste Lust, eine solche Erfahrung noch einmal zu machen. Der Leiter der Soko schaut sich auffordernd um, ohne den Vorschlag zu kommentieren. Die Blicke kreuzen sich.

»Wer meldet sich freiwillig«?

Die meisten tun so, als hätten sie nichts gehört und starren angestrengt auf die Leinwand. Nach einigen Minuten des Schweigens erlöst ein ›Freiwilliger‹ alle anderen von dieser Peinlichkeit.

»Ich werde den Kollegen Timm begleiten.«

14.05 Uhr

»Hallo Anna, Fritz. Ist Anton da?«
»Nein, der ist gerade weg. Er müsste aber bald wieder zurück sein. Soll er dich zurückrufen?«
»Nein, das ist nicht nötig. Richte ihm nur aus, dass er mir das Ladegerät mitbringen soll, das ich ihm ausgeliehen hatte.«
»Okay, das mach ich.«

15.00 Uhr

Da Startbahngegner immer wieder Erddepots nahe dem Startbahngelände anlegten, bekommen Bereitschaftspolizisten den Befehl, die Gegend weiträumig abzusuchen - ohne Erfolg.

16.50 Uhr

Ralf hatte das Depot mit Natodrahtrollen mit angelegt. Diese waren kurz zuvor aus einem Bauhof, der der Fraport gehörte, entwendet worden. Dort befand sich nicht nur der ›Friedhof‹ für nicht mehr reparable Mauersegmente, sondern auch Natodrahtrollen, mit denen das Startbahngelände ›gesichert‹ wurde. Heute sollten sie ausnahmsweise eine Barrikade schützen. Eigentlich weiß er, dass man Details solcher Aktionen nicht am Telefon klärt, schon gar nicht Ort oder Namen nennt. Aber jetzt geht es einfach nicht mehr anders.
»Ja!?«
Ralf erkennt Anton an der Stimme.
»Ich bin's.«
Es fallen keine Namen, was sich jedoch erübrigt, wenn man von zuhause aus anruft.
»Ja, grüß dich.«
»Ich wollt dir nur kurz Bescheid sagen... Mit meinem Fuß, das ist noch nicht besser geworden... «
»Mmh.«
»Ich kann also nicht kommen.«
»Ja, is gut. Äh... «
»Das andere weißt du, wo das ist?«
»Was?«
»Der Weg, den Weg, den hast du ja noch mitgekriegt...«
Anton unterbricht ihn zum ersten Mal.
»Es war ja noch jemand dabei...«
»Ja, genau! Es liegt unmittelbar am Waldrand, vielleicht anderthalb bis zwei Meter...«

Anton unterbricht ihn ein zweites Mal:
»Ich weiß es... ich weiß es.«
»Ihr könnt es gar nicht verfehlen.«
Ralf lässt sich nicht abwürgen und Anton spurt schließlich ein.
»Ist das vom Weg aus nach links?«
»Vom Weg aus nach links in Richtung Mittelweg....«
»Aha.«
Der Versuch, nichts zu verraten und dem anderen alles genau zu erklären, endet in einem heillosen Wirrwarr, nicht nur für die beiden am Telefon.
»Wo die Brücke is... fällt der Groschen?«
»Wo die Spinnbrücke ist.«
»Ja, ja«, antwortet Ralf und gibt auf.
»Aha, o.k.«[14], erwidert Anton endgültig verwirrt.
»Alles klar.«
»Na ja... Machs gut, tschüss.«

Nichts ist o.k., nichts ist klar. Weder hat der Versuch geklappt, Ralf dabei abzuwürgen, den genauen Ort des Depots preiszugeben, noch kann Anton mit den Andeutungen etwas anfangen, die mit jeder Präzisierung diffuser wurden. Eine Spinnbrücke gibt es einfach nicht.

17.45 Uhr

Anton verlässt die Wohnung, während Anna zu Hause bleibt. Er fährt alleine nach Mörfelden, stellt sein Auto im angrenzenden Wohngebiet ab und geht zum Schlichter Tor.

18.10 Uhr

Zwei Autos biegen rechts ab, ihre Scheinwerfer streifen erst den Festplatz, dann gerät das SKG-Heim, eine Sportanlage mit Vereinskneipe, in ihre Lichtkegel. Die beiden Autos werden langsamer und halten auf dem gegenüberliegenden Parkplatz. Das SKG-Heim, am Waldrand von Walldorf gelegen, hat heute Ruhetag. Peter sitzt auf den Eingangstufen und versucht das Kennzeichen und die Insassen auszumachen. Zu peinlich wäre, wenn man auch ›Zivis‹, Polizeibeamte in Zivil, auf den neusten Stand brächte. Offizieller Treffpunkt für den 6. Jahrestag der Hüttendorfräumung ist das SKG-Heim, 18 Uhr. Tatsächlich trifft man sich zwei Kilometer weiter in Mörfelden, am Schlichter Tor. Peter hat die Aufgabe übernommen, die Nichteingeweihten abzufangen und umzuleiten. Das Gros der StartbahngegnerInnen fährt direkt dorthin. Da sich auf der anderen Seite des Schlichter Tors ein Wohngebiet befindet, parken die meisten dort ihre Autos. Das Wildgatter liegt 60 Meter von der Straße zurückversetzt. Direkt dahinter, von der Straße aus nicht mehr einzusehen, ist Treff- und Sammelpunkt.

18.15 Uhr

Die Sondereinsatzkommandos bekommen den Einsatzbefehl, sich im Wald zu »dislozieren«[15], d.h. verdeckt aufzustellen. Sie verlassen das Tor Süd-Ost 3 an der Stirnseite der Startbahn-West und positionieren sich in dem Waldstück hinter dem ›Kuchenstand‹, der seit 1982 Treff- und Ausgangspunkt für die Sonntagsspaziergänge ist.

18.30 Uhr

Allmählich füllt sich der Platz rund um die Weggabelung. Manche kommen gruppenweise, andere stoßen als Einzelpersonen dazu. Man steht herum, begrüßt sich kurz, unterhält sich, vertreibt sich die Zeit, bis alle da sind - bis man denkt, dass alle da sind. Das Wetter ist günstig. Es ist trocken. Kein Nebel behindert die Sicht. Wenn man sich an die Dämmerung gewöhnt hat, kann man sich gut im Wald orientieren, was auch der schlechten Verfassung des verbliebenen Bannwaldes rund um die Startbahn geschuldet ist: Er ist meist licht, ausgeholzt, von Kerosin und anderen Schadstoffen ausgemergelt, durch viele Schonungen, breite Schneisen und Lichtungen geprägt. Auch die Temperaturen sind erträglich. Es ist kühl, aber nicht kalt - gerade richtig, wenn man zügig geht und gegebenenfalls auch rennen muss.

18.45 Uhr

Peter schaut auf die Uhr. Die letzten, die er über die Verlegung informierte, kamen vor zehn Minuten. Es ist still und ruhig am SKG-Heim, auch die Vereinskneipe hat Ruhetag. Nicht einmal Zivile sitzen irgendwo in ihren Autos, um den offiziellen Treffpunkt zu observieren. Offensichtlich zählen auch sie zu den Eingeweihten. Peter steigt auf sein Fahrrad, schaut sich ein letztes Mal um und fährt in den Wald. Der Weg, bei Tage ein Naturlehrpfad, schlängelt sich ein paar Mal und stößt dann auf den Gundbach, ein kleines, höchstens 1,5 Meter breites Bächlein. Eine Holzbrücke, die Fischteichbrücke, führt darüber. Rechts davon liegt der künstlich angelegte Teich für Angler, links davon erstreckt sich die Mönchbruchwiese. Peter vergewissert sich noch einmal: Keine Wanderer, Nachtschwärmer oder Liebespärchen, auch keine Polizei weit und breit. An derselben Stelle, wo er sein Fahrrad versteckt, befindet sich das Depot, das er Tage zuvor angelegt hatte. Er legt es frei und holt eine große Schachtel Zimmermannsnägel, einen Hammer und einen Bolzenschneider aus dem Erddepot. Zügig schlägt er die 15 Zentimeter langen Nägel in die Holzbohlen, in einem engen Abstand von zwei bis drei Zentimetern. Dieses 50 Zentimeter breite Nagelbrett präpariert Peter jeweils am Anfang und am Ende der Holzbrücke. Zum Schluss schneidet er mit einem Bolzenschneider die Köpfe der Nägel ab. Obwohl das Ganze einigen Lärm verursacht hat, kommt ihm nichts verdächtig vor. Peter ist zufrieden: Kein Einsatzfahrzeug wird in den nächsten Stunden mehr über diese Brücke rollen können. Ohne Hektik verstaut Peter alles wieder im Erddepot und macht sich mit dem Fahrrad auf den Weg durch den Wald, um sich dem Demonstrationszug anzuschließen.

19.05 Uhr

Es ist längst dunkel, als sich die Demonstration von ca. 400 StartbahngegnerInnen in Bewegung setzt. Die meisten Farben variieren zwischen einst schwarz, also grau, und kochfestem schwarz, was dem Anliegen, weder aufzufallen, noch erkannt zu werden durchaus entspricht. Viele tragen eingefärbte, ausgemusterte Bundeswehrhosen, die nicht nur billig sind, sondern vor allem strapazierfähig. Diejenigen, die über etwas mehr Geld verfügen, tragen Lederhosen – nicht nur wegen ihrer Festigkeit. Dazwischen liegen schlichte, dunkelfarbige Jeans. Ähnlich verhält es sich mit dem Schuhwerk. Springerstiefel, mit denen auch die Bundeswehr ausgerüstet ist, sind erste Wahl. Sie sind erschwinglich, einigermaßen wasserfest und haben ein gutes Profil. Da es in dieser Nacht nicht nur über Waldwege geht, sondern aller Wahrscheinlichkeit nach auch quer durch sumpfige Wiesen und Gräben, lohnt es sich, auf solche Dinge Wert zu legen. Die um einiges teurere Variante nennt sich ›Redwings‹, wegen des rötlichen Leders. Dass diese Stiefel dem Besitzer auch noch Flügel verleihen sollen, ist höchstwahrscheinlich dem amerikanischen Traum geschuldet.
Ein paar Jahre zuvor hat ein US-Amerikaner in der Frankfurter Innenstadt einen kleinen Schuhladen eröffnet. Seine Spezialität waren Arbeitsstiefel, die er neben den üblichen Größen in drei Breiten anbot. Sein verwendetes Leder war dick und trotzdem weich, fast geschmeidig. Alle Verbindungen waren genäht, die Sohle mit einem starken, festen Profil versehen. Perfekte Handarbeit und ziemlich teuer. Mit der Vorstellung, eine Anschaffung fürs Leben und für eine gute Sache gemacht zu haben, gelangten die ersten Redwings an die Startbahn. Anfangs mussten sie reichlich Spott überstehen, wie alles, was für die Startbahnbewegung neu bzw. anders war. Aber mit der Zeit schlug die süffisante Abfälligkeit in professionell geführte Fachgespräche und beiläufig

geäußertes Interesse um. Nach ein paar Jahren schafften die ›Redwings‹ den Durchbruch an der Startbahn. Fortan wunderte sich der Ladenbesitzer über die unseriöse Klientel und ungewöhnliche Nachfrage.

Eine andere, genau so teure Variante sind ›Doc Martens‹, die sich durch eine luftgepolsterte Sohle und eine Stahlkappe auszeichnen. Sie waren schwer zu beschaffen. Entweder hatte man gute Kontakte nach England, um sich diese von dort mitbringen zu lassen. Oder man kaufte sie in den wenigen Szeneläden, die es vor allem in Hamburg oder Berlin gab. ›Doc Martens‹ war *der* Schuh aus dem Heimatland des Punks. Irgendwann sprach sich jedoch herum, dass er in England den Beinamen ›Pakistani-Kickers‹ bekommen hatte, wegen seiner großen Beliebtheit bei rechten Skins, deren Hass alles trifft, was fremd aussieht, also nicht ins Mutterland der Demokratie gehört. Daraufhin war es nicht mehr astrein, solche Schuhe zu tragen.

Wer Springerstiefel für zu militaristisch hält und für die teuren Varianten nicht genug Geld hat, wählt Zwischenlösungen: Turnschuhe in allen Varianten, wobei die schwarzen ›Pumas‹ eindeutig am beliebtesten waren.

Von dieser Kleiderordnung deutlich abgesetzt bewegen sich die älteren StartbahngegnerInnen aus der Region, die der hessische Ministerpräsident Holger Börner zu »Vorzeigebürgern« erklärt hat. Sie tragen durchweg Wanderkleidung, von halblangen Knickerbockern über jägergrüne Lodenmäntel bis zu Wanderstiefeln. Alles sicherlich nicht weniger praktisch – wenn an all dem nicht der Mief deutscher Wanderglückseeligkeit hinge.

Einige von ihnen haben Fahrräder dabei und betätigen sich als Späher und Kuriere. Sie kennen jeden Winkel im Startbahnwald, sie finden jeden Weg im Schlaf. Mit den Jahren haben sie ein perfektes System entwickelt, Beobachtungen einzusammeln und schnell dorthin zu bringen, wo sie dringend gebraucht werden.

In völliger Unaufgeregtheit stehen die Kuriere zusammen, plaudern noch ein wenig, sprechen sich ab. Bei all dem verlassen sie sich nicht nur auf ihre Augen und Ohren. Jörg, Mitte vierzig, hat immer einen Scanner dabei, mit dem der Polizeifunk abgehört wird. Der biedere Anschein einer Lodenjacke und der Scanner in der geräumigen Innentasche ergänzen sich dabei ausgezeichnet.

Vor ihnen liegt ein drei Meter breiter Waldwirtschaftsweg, der gerade in den Wald führt. Rechts und links des Stillbornweges ist eine Eichen- bzw. Kieferschonung.

Man ist noch weit vom Startbahngelände entfernt. Viele tragen Rucksäcke, die zum Teil schwer wirken. Fast alle tragen Handschuhe bzw. halten sie bereit. Kleinere und größere Gruppen sprechen sich im Laufen ab, ordnen sich allmählich zueinander. Dabei fallen so assoziationsreiche Rufnamen wie ›Pizza‹, ›Belfast‹, ›Durruti‹, ›Planlos‹ und ›Kuba‹.

Pizza ist schon vorne

Diese Sprühparole war jahrelang an der Wand des SKG-Heimes in Walldorf zu lesen. Außenstehende, die sich für Neues aufgeschlossen zeigten, schlossen auf eine pfiffige Werbeaktion eines italienischen Home-Services. Bei eingeweihten StartbahngegnerInnen löste dieser Spruch immer wieder Schmunzeln aus. Es war eine spontane Nachricht an die Nachzügler einer Bonner Gruppe, die bereits ›draußen‹[16] war.

Johan und Fritz traben nebeneinander her, sich leicht schubsend und feixend. Sie pflegen einen Humor, der manchmal mehr als schwarz ist. Johan gehört zu den ›Alten‹, wozu man spätestens dann zählt, wenn man die 30-Jahre-Grenze überschritten hat. Fritz zählt zu den Jüngeren an der Startbahn. Er ist 21 Jahre alt und arbeitet in einem Druckereikollektiv. Die beiden kennen sich über Treffen, viele Sonntagsspaziergänge und einige Demonstrationen. Fritz hat ihn schnell zu den Wichtigen gezählt. Das herauszufinden ist nicht einfach, in einer Bewegung ohne Namensschilder und Dienstgrade – ohne sichtbare Hierarchien. Doch Fritz hat schnell gelernt, auf andere Gradifikationsmerkmale zu achten: Mit wem steht wer zusammen? Wer hört wem zu? Wer strukturiert Treffen? Wer formuliert das Gemeinsam-mögliche? Wer spricht heikle Themen an? Wer bekommt dabei Rückendeckung? Obwohl Fritz ihn zu den Wichtigen zählt, mag er ihn. Fritz spielt den völlig Ahnungslosen:
»Was machst denn du hier? Du warst doch nicht einmal im Hüttendorf!«
»Hey, mach mal halblang. Ich war bestimmt ... zweimal draußen.«
»Das war für euch doch nur Hippie-Scheiß, stimmt doch?«
»Mehr oder weniger, ja. Zu viele Peaceniks und Körnerfresser und ... zu viele Spießer, die ihren deutschen Wald verteidigen wollten. Außerdem wäre ich im Leben nicht darauf gekommen, wochen-, monatelang an einer Hütte rumzubasteln, die sie in fünf Minuten plattmachen. Ganz davon abgesehen: Ich habe mit Natur wirklich nicht viel am Hut, außer im Urlaub.«
»Ich war damals 15 Jahre alt. Ich hatte von der Schule die Schnauze voll. Genauso von meinen Eltern. Durch Zufall hat mir jemand von diesem Hüttendorf erzählt. Alles, was ich damals wusste, war sehr ungefähr. Ja, dass es um eine neue Startbahn geht, das wusste ich schon. Aber warum man dagegen ist, war mir im Detail nicht klar. Das war für mich auch nicht das Wichtigste. Ich hatte nicht viel Ahnung von Politik, ich interessierte mich auch nicht dafür. Mich zog etwas anderes ins Hüttendorf. Ich wollte weg, aus der Schule, weg von Schindern und Arschlöchern.«
»Und dann?«
»Lach nicht, es wurde mein erstes richtiges Zuhause.«

Rückblende: Leben im Hüttendorf 1980/81

Zerstörung des Hüttendorfes am 3.11.1981 © Klaus Malorny

Startbahn-West-Blues

Kommt ein Börner geflogen
Setzt sich nieder auf mein Fuß
hat 'nen Zettel im Schnabel
von der FAG einen Gruß
Wenn die West Startbahn da ist,
geht's uns besser denn je
und immer mehr Maschinen
steigen in die Höh'

Drum protestiert nicht
weil sie sich nicht verhindern läßt
Seid schön lieb und
akzeptiert die Startbahn West...

Melodie: Hoochy Coochy Man,
Text: A. Schlossarek, 1981

Das Hüttendorf

Die Idee, eine Waldhütte auf dem als Baulos I ausgewiesenen Gelände der geplanten Startbahn 18 West zu errichten, geisterte schon seit längerem durch die Reihen der BIs. Im Januar 1979 hatte eine BI-Arbeitsgruppe diesen Vorschlag zu Papier gebracht, fünf Monate später wurde er vom BI-Plenum aufgegriffen und in die Tat umgesetzt. Das Ganze entbehrte nicht einer gewisser Komik: Eine Gruppe sollte einen entsprechenden Bauantrag ausarbeiten und ihn dann von der Stadt Flörsheim genehmigen lassen. Streng legalistisch und naiv, also absehbar erfolglos. Diese Einschätzung musste auch das BI-Plenum vom 17.5.1979 geteilt haben, als es demselben Beschluss hinzufügte, dass nach dem 1.9.1979 auch ohne Genehmigung gebaut werden sollte. Die Drohung mit Ungehorsam war innerhalb des breiten BI-Spektrums nicht unumstritten: »Als deutlich wurde, dass ein legaler Bau kaum zu erreichen war, entbrannte eine heftige Diskussion, ob man einen illegalen Bau durchführen sollte. Die Minderheit, die einen illegalen Bau ablehnte, verweigerte sogar zeitweise die weitere Mitarbeit, konnte jedoch nach längeren Gesprächen umgestimmt werden. Nach einer taktisch bestimmten Verschiebung und längerer diskreter technischer Vorarbeit wurden in der Nacht vom 2. auf den 3. Mai 1980 das vorgefertigte Material in den Wald geschafft...«[17]

Ausgestattet mit einem Bauplan, geschnittenem Holz und vorgefertigten Teilen trafen sich gegen fünf Uhr morgens an die 80 Startbahngegnerinnen aus dem Umfeld der BI Mörfelden-Walldorf am Waldrand in Walldorf: »Von halb sechs Uhr Baubeginn bis halb Zehn standen die zwölf Pfeiler und der Mittelpfosten. Und das ist die härteste Arbeit gewesen; da sind die Erdlöcher von 1,20 Meter schon wieder zugebuddelt gewesen und die Pfeiler standen fest. Da hatten wir das erste Mal so Mut: Also, wenn die jetzt kommen, so einfach ist das nicht mehr wegzumachen.... Es ist dann so zwischen 14 und 14.30 Uhr gewesen, wo die Polizei das erste Mal aufgetaucht ist – und es war eine wahnsinnige Freude für uns festzustellen, dass die da wirklich das erste Mal etwas davon erfahren hatten... Und es sind Politiker aus Walldorf und Mörfelden da gewesen und die haben auch gesagt, es sei klar, dass es illegal wäre, aber es müsste ein Zeichen gesetzt werden – und sie würden hinter diesem Zeichen stehen.«[18]

Die BI-Hütte stand und nach und nach schossen weitere Hütten wie Pilze aus der Erde. Am Ende waren es mehr als 50 Hütten, Baumhäuser, Türme und Erdwohnungen. Sie trugen so phantastische Namen wie ›Ikarus‹, ›Niederräder Zornegickel‹, ›Darmstädter Kampfwagen‹, ›Roter Stern‹, ›Feste Trotzkopp‹, ›Villa Kratzberscht‹, ›Turmpalast‹, ›Null-Bock‹, ›Mond‹ und ›Wächter der Freiheit‹. Selbst eine Kirche und ein ›Neubauviertel‹ sollten dort nicht fehlen.

We don't need no education
We don't need no thought control
No dark sarcasm in the classroom
Teachers leave the kids alone
Hey! Teachers! Leave us kids alone!
All in all it's just another brick in the wall.
All in all you're just another brick in the wall.

Pink Floyd, Another brick in the wall/part two, 1979

Es war alles andere als eine heile Welt, die sich dort schätzen, respektieren, achten und lieben lernte. Genau so oft überwarf man sich, stritt man sich - bis aufs Blut, bis an die Grenzen des Aushaltbaren. Vieles war eben nicht so wie in jeder normalen Familie. Alle erdenklichen Biographien, Berufe, Vorstellungen und Hoffnungen prallten dort aufeinander. Alles, was normalerweise in Schulen und Heimen, Fabriken und Universitäten, Psychiatrien und Elternhäuser, sozialen Brennpunkten und besseren Stadtvierteln voneinander getrennt war, musste nun miteinander auskommen. Vieles, viel zu vieles musste neu ausgehandelt werden. Was bisher für normal gehalten wurde, musste sich begründen und erklären. Was ganz anders sein und werden sollte, hatte das »so haben wir es immer gemacht« gegen sich - und die enorme Anstrengung, das ganz Andere selbst zu leben. Ordnungs- und Sauberkeitssinn stießen auf Schmutzphasen, akzeptierter Alkoholismus auf nicht legale Drogengenüsse, Überlegenheitsgefühle auf Minderwertigkeiten, Elternautoritäten auf rebellierende Jugendliche, spießige Vorurteile auf moralische Superlative, Eigenheim gesteuertes Lebensglück auf gescheiterte, vagabundierende Lebensentwürfe, nie diskutierte Selbstverständlichkeiten auf grundsätzliche, ins Bodenlose gehende Infragestellungen. Es gab kaum ein Schmerz, eine Verletzung, ein Trauma, das im Hüttendorf nicht Raum bekam und Schutz suchte: Missbrauchte Kinder, psychiatrisierte Jugendliche, TrebegängerInnen, abgeschriebene Erwachsene und Menschen, die von einem Tag auf den anderen ihr ganzes altes Leben zurückließen...

Das Hüttendorf war mehr als ein Symbol des Widerstandes gegen den Bau der Startbahn18 West. Für viele BewohnerInnen des Hüttendorfes war es auch ein Laboratorium für eine (andere) Welt, in der problematische, nicht-angepasste, nicht mehr erziehbare, unheilbar-kranke, aufsässige, delinquente Menschen nicht weggeschlossen werden, sondern Teil des (Hüttendorf-)Lebens wurden. Für die, die an der heilen Welt verzweifelten, kaputt zu gehen, verrückt zu werden drohten, war das Hüttendorf auch ein neues Zuhause.

Für die BI Mörfelden-Walldorf war das Hüttendorf das ›Schmückstück‹, das ›Schaufenster‹ des gewaltfreien Protestes. Viele dort organisierte BürgerInnen

waren nicht auf der Suche nach einem anderen Leben. Sie wollten das ihrige verteidigen - ohne (Flug-)Lärm, ohne Kerosin, mit viel Wald drum herum.
In den anderthalb Jahren Hüttendorfleben wurde die Welt nicht auf den Kopf gestellt und auch nicht neu erfunden. Aber die scheinbar klaren Frontverläufe verschoben sich, bekamen Risse, wurden durchlässiger. Manche Bürgerin, mancher Bürger aus Mörfelden-Walldorf kehrte nicht mehr in das Leben zurück, das sie anfangs nur verteidigen wollten. Und manch' ein Hüttendorf-Bewohner lebte Jahre später genau das, was er an den ›anderen‹ so hasste.

Der Konflikt zwischen dem, was normal ist und ganz anders werden sollte, war weder gelöst noch beendet, als am 2.11.1981 die Ankündigung des hessischen Innenministers Ekkehard Gries, die Dorfbewohner »wegzublasen«[19], wahr gemacht wurde.
Bereits Wochen zuvor wurden »starke Polizeikräfte unter Zugrundelegung tatsächlicher und Vorschieben fingierter Lagen«[20] bereitgestellt. Hinter diesem verharmlosenden Amtsdeutsch steckte nichts anderes als eine wochenlange Zermürbungstaktik: Immer wieder wurden Räumungen vorgetäuscht, um die Dorfbewohner aus dem Schlaf zu reißen, um die Menschen zu ermüden, die durch die ausgelösten Alarmketten in den Wald mobilisiert wurden. Gleichzeitig nutzte man diese selbst inszenierten Vorfälle dazu, die tatsächliche Räumung zu legitimieren und immer mehr Polizeikräfte heranzuführen - so auch Sondereinsatzkommandos/SEK, die handstreichartig strategische Punkte besetzen sollten.
»Völlig überraschend riegelt gegen neun Uhr die Polizei das Gelände um das Dorf ab, nahm gezielt Schlüsselpositionen (Funkturm, KO-Hütte, etc.) ein und ließ den Bewohnern Zeit, ihre persönlichen Dinge mitzunehmen. Bis Mittag setzten sich die Beamten in unseren Stellungen, den Wällen und Gräben rund um das Dorf fest und zogen Verbindungswege zum Flughafengelände. Es dauerte Stunden, bis wir zu Tausenden im Wald waren. Er war abgeriegelt und die Polizei verstärkte laufend ihre Einheiten. Trotzdem waren ca. 10.000 Menschen aus dem gesamten Bundesgebiet gekommen. Schon nachmittags machte die Polizei brutale Ausfälle aus dem Dorfgelände, schlug wahllos auf Demonstranten (auch Journalisten) ein und vernebelte den Forst mit Gasgranaten und ›Pepperfog‹[21]. Die Szenen im Wald glichen Bürgerkriegsauseinandersetzungen.«[22]
Stunde um Stunde eskalierte die Situation: »Sondereinsatzkommandos in Gruppen von circa 20 Mann ohne Schilder und mit extra langen Hartholzknüppeln (stürmten) aus der Absperrung und schlugen jeden, den sie antrafen, nieder. Nach weiteren ähnlichen Ausfällen und einem Schlagstockangriff auf das Sanitätszelt der Bürgerinitiative, wobei teilweise Verletzte von den Tragen ge-

prügelt wurden, nebelte die Polizei schließlich das gesamte Waldstück mit Tränengas ein. Der letzte Satz des Berichts in der Hessenschau vom gleichen Abend lautete: ›Die Bilanz des Tages: Über einhundert zum Teil schwerverletzte Demonstranten, kein verletzter Polizist.‹«[23]
Anstatt den Protest in den Boden gestampft, niedergeknüppelt zu haben, löste die Räumung eine Protestwelle aus, die weit über das Rhein-Main-Gebiet hinausreichte: In vielen Städten der gesamten Bundesrepublik kam es zu Demonstrationen, in Hamburg, Berlin, Heidelberg, Freiburg, Göttingen, Bremen, Stuttgart, Marburg, Tübingen, München... Noch am selben Tag bzw. tags darauf wurden Bahnhöfe, Straßentunnel, Kreuzungen besetzt. In Frankfurt wurde für über eine Stunde der Zugverkehr im Hauptbahnhof lahm gelegt. Im Laufe der Woche fanden Streiks an mehreren Schulen im Kreisgebiet statt, die Schülerinnen des Prälat-Diehl-Gymnasiums in Groß-Gerau blockierten für Stunden die Gleise des Bahnhofs Groß-Gerau-Dornberg, die Stadtverwaltung von Groß-Gerau wurde von Startbahngegnerinnen besetzt...

19.08 Uhr

Fast eine Dreiviertelstunde ist Klaus mit seinem alten Fahrrad, von Frankfurt-Niederrad aus, quer durch den Stadtwald, unterwegs gewesen. Das macht Klaus seit Jahren, zu jeder Jahreszeit, bei jedem Wetter. Er fühlt sich so sicherer, beweglicher, zumal er den Weg dorthin und zurück immer wieder ändern kann – falls nötig. Klaus begrüßt die Gruppe der Kuriere.

»Und Jörg, wie sieht's aus?«

Klaus Augen fixieren die Brusttasche.

»Eigentlich das Übliche. Nur ein Funkname war dieses Mal neu. ›Blume‹. Offensichtlich keine normale Hundertschaft. Danach herrschte Funkstille.«

»Und, noch was?«

»Irgendjemand sprach von dislotzieren oder so ähnlich, und dann wurde noch ein Planquadrat genannt.«

»Das Geheimnis mit den Planquadraten kann ich lösen.«

Beide schauen zu Hans, der meist das ganze Gelände vorher abfährt.

»Die hat sich in der Nähe des Kuchenstandes aufgebaut. Keine normale jedenfalls. Ich hab's schon weitergeben.«

»Konntest du erkennen, wie viele?«

»Nicht genau. Aber ich schätze, es sind mindestens dreißig. Aber da kann ich mich auch vertun.«

Klaus nimmt seine Brille ab und putzt die Gläser. Eigentlich hatte er die Episode vom Vortag schon längst vergessen – aber jetzt bekommt sie möglicherweise einen Sinn. Es wurde der 300. Sonntagsspaziergang ›begangen‹. Er führte vom SKG-Heim in Walldorf zum Tor 31 an der Okrifteler Straße und richtete sich gegen weitere Ausbaupläne der hessischen Landesregierung. Für diese war das hoch und heilig verkündete Versprechen: »Es wird keine weiteren Ausbau geben« bereits Schnee von gestern. Knapp 200 Menschen beteiligten sich an diesem Demonstrationszug. Auch Klaus mit seiner Kamera war dabei.

Als sie am Tor 31 angelangten, hatten bereits zwei Hundertschaften der Bereitschaftspolizei Aufstellung genommen. Der Einsatzleiter an diesem Sonntag war Hundertschaftsführer Klaus Eichhöfer: Er machte sich durch sein rabiates Vorgehen einen Namen – unter StartbahngegnerInnen. Mit den Jahren entwickelte sich eine vertraute Feindschaft, auch zwischen Klaus und Polizeihauptkommissar/ PHK Eichhöfer. Ohne ersichtlichen Grund ging dieser auf Klaus zu und baute sich vor ihm auf. Es platzte schier aus ihm heraus:

»Morgen ziehen wir euch die Hammelbeine lang und Dir ganz besonders.«

Klaus war noch dabei, dieses tierische Bild einzuordnen, da war Eichhöfer schon wieder weg.

19.10 Uhr

Til erkennt Anton von hinten und holt ihn ein. Nach einer kurzen Begrüßung zeigt Anton auf seinen Rucksack:
»Ich hab' sie dabei.«
Til denkt sofort an die Signalpistolen, auf die sie sich in der Vorbereitung geeinigt hatten und erwidert:
»Ich hab' sie auch.«
Dann verlieren sie sich aus den Augen.

19.15 Uhr

Fritz ist ausgebildeter Sanitäter. Mit drei weiteren bildet er die letzte verbliebene ›Sanigruppe‹[24] an der Startbahn. Vor ein paar Jahren waren es noch drei große Sanigruppen, mit denen sie sich die Aufgaben teilten. Doch sie schrumpften mit der Startbahnbewegung mit. Im Gehen kontrolliert Lothar noch einmal, ob er alles dabei hat. Er zieht den Rucksack vom Rücken und wühlt darin herum.
»Hat jemand von euch das Bergetuch mitgenommen?«
Einer nach dem anderen schüttelt den Kopf.
»Dumm aber auch. Ich hab's auch vergessen.«
»Ist doch nicht so wild...«
Fritz bleibt stehen und überlegt kurz.
»Doch«, fällt er Tom ins Wort.
»Ich gehe zurück zum Auto. Geht schon weiter, ich hol' euch wieder ein.«

19.20 Uhr

Als Fritz wieder am Schlichter Tor ist, das Gatter hinter ihm zufällt, passiert er die Weggabelung, an der sich alle versammelt hatten. Er hält kurz an, um das Bergetuch im Rucksack zu verstauen. Links aus dem Waldweg hört er sich entfernende Schritte. In ca. 30 Meter Entfernung sieht er gerade noch, wie zwei Personen in die Dunkelheit tauchen. Obwohl er nur Konturen ausmachen kann, ist ihm klar, dass es sich weder um Spaziergänger noch um zwei einsame Bereitschaftspolizisten handeln kann. *Scheiße, das sind Zivis, was sonst*. Er bleibt stehen, hält die Luft an und fixiert die Stelle, an der die Schatten in den Wald gehuscht sind. Er kann nichts ausmachen, kein sich bewegender Schatten, kein Geräusch. Er überlegt kurz. *In den Weg reingehen? Wahrscheinlich nicht das Klügste, ganz allein!* Er verwirft den investigativen Gedanken. Stattdessen versucht Fritz mit schnellen Schritten den Demonstrationszug einzuholen. Dieser ist bereits über den Stillbornweg im Wald verschwunden. Auf der Höhe einer Schutzhütte schließt Fritz auf. Kurz dahinter ist eine größere Kreuzung.

19.25 Uhr

KHK Timm und sein Kollege haben sich hinter zwei Bäumen versteckt und blicken sich prüfend an.

»Er ist weitergegangen. Ich schau' noch mal vorsichtshalber nach. Warte hier.«

KHK Timm tastet sich behutsam durchs Geäst und erreicht den Wegrand. Er kann keine Person mehr auf der Weggabelung ausmachen. Kurze Zeit später winkt er seinen Kollegen zu sich.

»Das war knapp. Vielleicht ruft er Verstärkung. Was meinst du?«

KHK Timm geht auf ›wenn‹ und ›wäre‹ nicht ein.

»Es sind fast alle da, so wie ich's vermutet habe. Jetzt müssen wir sie nur noch einsacken.«

»Ja«, schallt es, ein bisschen zu zackig, zurück, »wenn sich alle an deine Vorgaben halten.«

KHK Timm geht auf diese Provokation nicht ein und holt sein Funkgerät aus der Innentasche.

»Bevor wir losgehen, rufe ich noch die letzten Informationen ab. Vielleicht gibt's noch Neuigkeiten.«

Während sein Kollege wieder den Waldweg verlässt und in der Dunkelheit Schutz sucht, geht Timm ruhigen Schrittes den Waldweg entlang und stellt die Verbindung nach Wiesbaden her.

»Hat sich zwischenzeitlich noch etwas ergeben?«

»Ja, das kann man sagen. Wir haben noch mehrere Telefonate ausgewertet, die heute Nachmittag geführt wurden. Da sind auch unsere ZPs dabei. Vieles spricht dafür, dass sich alles in die besprochene Richtung bewegt.«

»Das habe ich auch nicht anders erwartet«, gibt Timm als Antwort zurück.

»Ja, ja... Etwas anderes noch: Wir haben die Anweisung erteilt, alle Personen auf unserer Liste durch verdeckte Observationen ihrer Meldeadressen überwachen zu lassen. Es kann ja sein, dass ihr da draußen...«

»Ich verstehe schon«, unterbricht ihn KHK Timm.

»Der Abend ist ja noch lang. Ende.«

Timm verstaut sein Funkgerät und gibt seinem Kollegen ein Zeichen, dass es jetzt losgeht.

19.30 Uhr

Der Demonstrationszug biegt halb rechts in die Hochschneise. Nach ungefähr 300 Metern macht der Weg eine leichte Linkskurve. Rechts gibt der Wald den Blick auf die Birkenseewiese frei. Danach überquert man einen der vielen Entwässerungsgräben. Nach weiteren 300 Metern stößt der Demonstrationszug auf den Gundweg. Dort kommt er zum Stehen. Man wartet darauf, dass Melder Bescheid geben, ob die Knüppeldammbrücke frei ist. Vor Jahren hatten sich dort Polizeitrupps positioniert. Das ist zwar lange her, aber man weiß ja nie. Links kann man gerade noch schemenhaft eine Informationstafel erkennen, mit der Wanderer und Naturfreunde damit gequält werden, was von der Natur noch übrig geblieben ist. Eine Schautafel mit Tieren, die trotz Kerosin, Schadstoffen und ohrenbetäubendem Lärm noch nicht das Weite gesucht haben.

Das schrappende Geräusch eines Polizeihubschraubers ist von Weitem zu hören. Kurze Zeit später sieht man ihn. Er fliegt, leicht nach vorne gekippt, über die Wiese. Seine beiden Scheinwerfer bilden für Augenblicke Lichtkegel auf der Wiese. Als der Hubschrauber den Waldrand erreicht, nimmt er noch einmal Höhe auf und leuchtet mit seinen Scheinwerfern in die Schneise. Schließlich hat er die Menschenmenge ausgemacht und bleibt stehen - hoch genug, um nicht von Zwillen oder Leuchtspur getroffen zu werden. Dennoch wird Leuchtspur in Richtung Hubschrauber geschossen.

Elke steht mit Jost Heck, einem DKP-Stadtverordneten aus Mörfelden, zusammen. Gemeinsam blicken sie nach oben.

»Hallo Elke!«

Elke dreht sich zur Seite und wird von einer ungewöhnlich herzlichen Umarmung Antons überrascht.

»Hallo Anton, du bist heute aber gut drauf.«

Anton lacht und schaut dann düster nach oben.

»Den müsste man runterholen.«

»Ja, mach mal«, schalt es von der anderen Seite. Dabei klopft Jost auf Antons Schultern, wie einem Kind, das seinem Vater gerade mit größtmöglichstem Ernst verkündet hat, morgen auf den Mond zu fliegen.

Elke erspart sich eine Antwort. Ihr ist der Spaß an Antons Vollmundigkeit bereits vergangen. Sie wechselt das Thema.

»Und, wie geht es Anna?«

»Rausgehen wollte sie nicht. Aber ansonsten ist alles in Ordnung, denke ich. Ich seh' sie ja nachher.«

»Grüß sie von mir. Sie soll sich mal wieder melden.«

19.35 Uhr

Clara blickt nach oben und dann zu Johan:
»Hast Du auch mitgekriegt, dass BESI-Einheiten[25] im Wald sein sollen?«
»Ja, das hat ein Fahrradkurier gesagt.«
»Hat der gesagt, wo?«
»Als er vor einer knappen Stunde das Gelände abfuhr, hat er sie in der Nähe des Kuchenstandes gesehen. Aber das heißt natürlich nicht, dass sie dort noch stehen. Wer weiß, ob das alles ist?«
»Ich habe heute ein ganz komisches Gefühl.«
Clara macht eine Faust und stößt zu, als ob sie ein Messer in der Hand hätte. Johan zieht den Bauch ein, wie nach einem Messerstich.
»Komm, jetzt mal nicht so schwarz. Es ist eh dunkel.«
Johan zieht Clara zu sich heran, die ihre Arme um ihn schlingt. Für Augenblicke schließt sie die Augen.

Rückblende: Knüppelgasse in der Rohrbachstraße am 3.11.1981

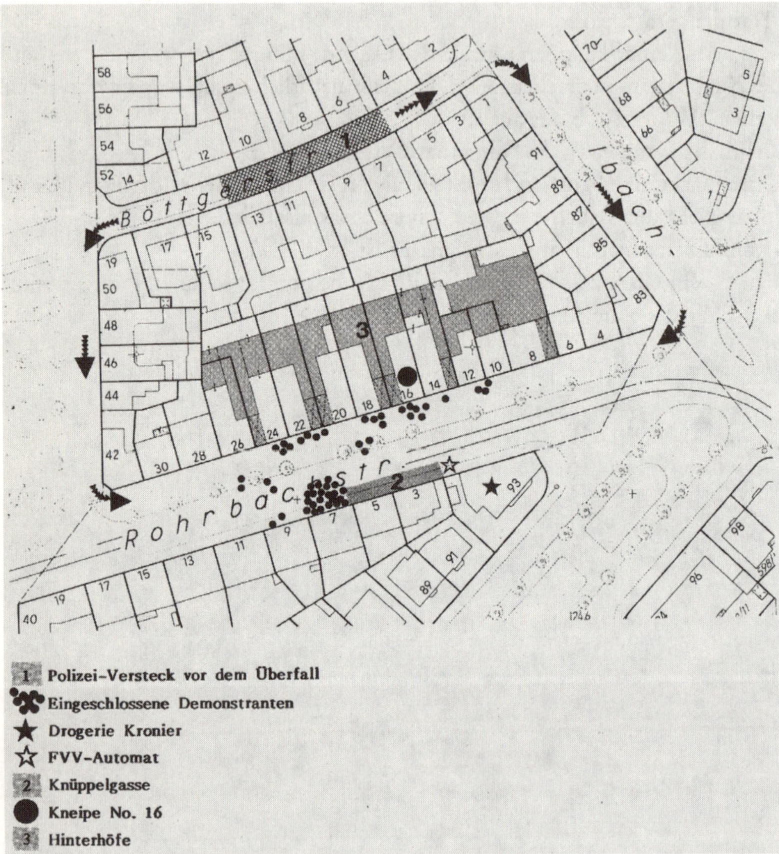

Polizeiüberfall in der Rohrbachstraße 1981 © Jutta Ditfurth/AG Rohrbachstraße

Polizisten fahren stets zu zweit um dunkle Ecken durch die Nacht.
Polizisten müssen wissen
wer bei Nacht was Kriminelles macht.
Polizisten müssen wissen
was zu tun ist
denn sie haben Funkverkehr.
Polizisten schießen
wenn sie wissen
daß sie müssen
und aus Maschinengegenwehr.

Polizisten haben viele Pflichten
eine Frau und zwei Kinder.
Sie haben Angst vor Terroristen
denn sie ziehen oft nicht schnell genug.
Wenn sie von der Nachtschicht kommen haben ihre Augen dunkle Ränder.
Sie rauchen Milde Sorte
weil - das Leben ist doch hart genug.

Tag und Nacht wird sie bei dir sein
Tag und Nacht wird sie bei dir sein - die Polizei.

Extrabreit, Polizisten, 1981

Den ganzen Tag über strömten Tausende in den Startbahn-Wald, an die Stelle, wo noch tags zuvor das Hüttendorf stand. Als wollten, als müssten sich alle noch einmal vergewissern, was tags zuvor passiert war. Ein riesiges Polizeiaufgebot sicherte das mit Natodrahtrollen abgesperrte Terrain. Einzig Räumfahrzeuge, Bagger und Überreste von Hütten und Baumhäusern erinnerten an das, was dort in anderthalb Jahren entstanden war. Noch war es Fassungslosigkeit, mit der viele den Polizeiketten gegenüber standen. Der Schock über die Brutalität, mit der Sondereinsatzkommandos mit der Mentalität angeheuerter Schlägertrupps auf alles einschlugen, was ihnen im Weg stand, saß noch tief. Bis dahin hatten noch viele geglaubt, dass man die Befürworter der Flughafenerweiterung erreichen, umstimmen könnte, mit besseren Argumenten. Man müsste ihnen nur klar machen, dass sie nicht im Namen, sondern gegen die Mehrheit handelten, um sie zum Einlenken zu bewegen. Wer die Mehrheit in diesem Konflikt auf seiner Seite hatte, blieb bislang Spekulation. Auch das war ein Grund gewesen, ein Volksbegehren zu initiieren, um der unbefragten Vereinnahmung ein Ende zu bereiten. Für den 14. November wurde eine große Demonstration in Wiesbaden geplant, bei der die über 200.000 gesammelten Unterschriften übergeben werden sollten. Anstatt den Ausgang dieses Bürgerbegehrens abzuwarten, hatten Flughafenbetreiber und Startbahnparteien vollendete Tatsachen geschaffen. Es waren nicht nur die Hütten, Türme und Baumhäuser, die sie mit dieser Politik zerstörten.

Die Bürgerinitiativen riefen für den Abend zu einem Protestmarsch durch Mörfelden auf. Es dämmerte bereits, als sich der Fackelzug in Bewegung setzte, die größte Demonstration, die das Städtchen jemals erlebt hatte. Über zehntausend StartbahngegnerInnen beteiligten sich daran. Durch die schmalen Straßen schlängelte sich ein nicht enden wollender Demonstrationszug. Diejenigen, die nicht an der Demonstration teilnahmen, standen - anders als üblich - nicht hinter zugezogenen Gardinen, sondern am Straßenrand. Ihre Gesichter waren weder verschlossen noch feindselig. Die Arme wurden nicht demonstrativ vor dem Bauch verschränkt, mit einer Gestik, die es kaum noch aussprechen musste: ›Geht doch rüber‹.

Was früher nur Musik- und Feuerwehrkorps vorbehalten blieb, galt nun dem Protest und Widerstand gegen die Startbahn 18 West. Auch wenn man nicht daran teilnahm, so hatte man doch Sympathie, zumindest Respekt, auch und gerade dann, wenn man zu den vielen zählte, die rund um den Flughafen beschäftigt waren. Das beeindruckte auch Johan, der weder viel von der Liebe zur Natur hielt noch von der idyllischen Enge des Dorflebens.

Die gallische Verschworenheit beeindruckte auch die Polizei. Die Gewissheit, für die schweigende Mehrheit aufzuräumen, war ins Wanken geraten. Ein ganzes Dorf, die Mehrheit der Bevölkerung gegen sich zu haben, verunsicherte maßlos. Normalerweise demonstrierte die Polizei bei solchen Gelegenheiten ihr Gewaltmonopol, ›begleitete‹, schloss eine Demonstration ein. An diesem Abend war sie einfach nicht zu sehen. Es war kurz nach 21 Uhr, als auf der Abschlusskundgebung zu einer Demonstration in Frankfurt aufgerufen wurde, für 23 Uhr am Friedberger Platz.

Zu Hause angekommen haderte Johan mit sich, ob er wirklich zur Demonstration gehen sollte. Seit zwei Tagen war er von morgens bis abends, bis spät in die Nacht hinein auf den Beinen. Raus an die Startbahn, zurück nach Hause, Kleider wechseln, etwas essen, zur nächsten Demonstration in die Stadt und irgendwann todmüde ins Bett fallen. Für bezahlte Berufspolitiker der Inbegriff des ›Berufsdemonstranten‹. Doch Johan war keine Erfindung, sondern geschafft.

Der ohne jede Begeisterungsfähigkeit unternommene Versuch, jemanden aus seiner Wohngemeinschaft dafür zu gewinnen, mit ihm zu kommen, scheiterte. Was ihn dennoch auf die Straße trieb, wusste er nicht. Vielleicht nur, um mit der Wut nicht alleine zu bleiben, mit ihr nicht ins Bett zu gehen. Er hatte es

zum Friedberger Platz nicht weit, er wohnte um die Ecke. Auf dem Weg dorthin schossen ihm Bilder der letzten Tage durch den Kopf: Die Bagger, die das Hüttendorf platt gewalzt hatten, die SEK-Trupps mit ihren blutigen Ausfällen, die große Demonstration am selben Abend in Frankfurt mit über 4.000 Menschen, der Fackelzug, der keine Niederlage besiegelte. Irgendetwas an der Allmacht des Staatsapparats bröckelte, erodierte. Wie ein Leck geschlagener Panzerkreuzer, der aus allen Rohren wild um sich schoss.
Die Demonstration am Vortag in Frankfurt markierte einen Wendepunkt. Vom Paulsplatz aus waren sie durch die Innenstadt, ins Bahnhofsviertel bis vor den Hauptbahnhof gezogen. Niemand hatte sie aufgefordert, niemand hatte einen Plan. Die Demonstration kam einfach nicht zum Stehen und zog selbst an Lenins Spott ›*Wenn Deutsche einen Bahnhof stürmen, kaufen sie sich zuerst eine Bahnsteigkarte*‹ ... vorbei. Hunderte strömten in die Bahnhofshalle, blockierten die Gleise und brachten auch dort den Fahrplan der Ordnung durcheinander. Züge verspäteten sich, auch die Polizei, die erst mehrere Hundertschaften in Stellung bringen musste, bevor sie mit gehöriger Brutalität die Ordnung wiederherstellte. Als die Polizei vor dem Bahnhof versuchte, hunderte von DemonstrantInnen einzukesseln, entlud sich die Wut. *Nicht mehr wegrennen, nicht mehr fliehen, nichts mehr hinnehmen - stehen bleiben, die Vorzeichen umkehren, die Richtung ändern.* Es kam zu schweren Auseinandersetzungen - mit vielen Verletzten, vor allem auf Seiten der StartbahngegnerInnen.

Auf der Straße begegnete Johan nur noch wenigen Menschen. Das Gefühl, alleine zu sein und die Dunkelheit nicht unbedingt auf seiner Seite zu wissen, löste sich erst am Friedberger Platz. Dort waren bereits über dreihundert Demonstranten versammelt. Immer wieder stiegen Gruppen von TeilnehmerInnen aus der Straßenbahn, die ihre Haltestelle dort hatte. Die Stimmung war schwer zu fassen. Frankfurt war nicht Mörfelden und die Ereignisse rund um die Besetzung des Hauptbahnhofes zeigten in wechselnde Richtungen. Wird sich die Polizei rächen? Läuft man ins offene Messer, mitten in der Nacht, ohne jede Öffentlichkeit? Die Befürchtung, viel zu wenige zu sein, wich mit der Zeit. Als sich die Demonstration in Bewegung setzte, waren es über sechshundert. Ein Hauch von Mörfelden zog an der Demonstration vorbei, als die rhythmischen Rufe »Hopp, hopp, hopp, Startbahn Stopp« vom Straßenbahnfahrer mit Hupen untermalt wurden. Fenster entlang der Demonstrationsroute wurden geöffnet - und statt Blumentöpfe hinunter zu werfen, wurden Plakate hinausgehalten, die sich gegen den Bau der Startbahn West wandten. Trommeln begleiteten die skandierten Rufe, einige hatten Rasseln und Gitarren dabei. Immer wieder kamen Leute aus den Haustüren und schlossen sich spontan dem Demonstrationszug an, der mit der Zeit auf über achthundert Menschen anschwoll. Johans skeptische Stimmung wich. Auch die Musik aus dem Lautsprecherwagen vollzog diesen Schwenk. Es wurde heiter bis wolkig.

Keine Atempause
Geschichte wird gemacht
Es geht voran
Spacelabs fallen auf Inseln
Vergessen macht sich breit
Es geht voran
Berge explodieren
Schuld der Präsident
Es geht voran...

Fehlfarben, Monarchie und Alltag, 1980

Es waren keine Polizeisirenen zu hören, es war kein Blaulicht zu sehen, als mehrere Mannschaftswagen in die Hartmann-Ibach-Straße einbogen, bevor auch die Demonstration sie erreichte. Die Mannschaftswagen bogen sofort wieder links ab und parkten in einer kleinen Parallelstraße zur Rohrbachstraße. Sie waren bemüht, keinen Lärm zu machen, als sie ihre Mannschaftswagen verließen und Aufstellung nahmen.
»Die Schilder brauchen wir heute nicht«, rief der Einsatzleiter seinen Beamten zu, und teilte sie in zwei Gruppen ein. Alle waren mit überlangen, blanken Eschenholzknüppeln ausgerüstet, mit denen man beidseitig schlagen und stoßen konnte. Alle Beamte hatten Spezialhelme auf, Helme mit verstärktem Visier.

Der Demonstrationszug erreichte die Hartmann-Ibach-Straße. Johan wusste, dass bald eine heikle Stelle kommen würde. Vielleicht noch 300 Meter von ihnen entfernt befand sich der Nazi-Buchladen ›Volk und Kosmos‹, der seit knapp zwei Jahren in den Schlagzeilen war. Die (Rechts-)Politiker der Stadt sahen sich außerstande, den Nazi-Buchladen zu schließen und behaupteten, dass ihnen juristisch die Hände gebunden seien. Antifaschistische Gruppen und Organisationen machten hingegen keine plötzliche Staats-Ohnmacht aus, sondern politische Opportunitätserwägungen und ideologische Nähen – man denke nur an die ›Stahlhelmfraktion‹ innerhalb der CDU.
Als Johan mit der Spitze der Demonstration an dem Nazi-Buchladens vorbei ging, wurden ein paar Parolen gerufen. Er war froh, dass es dabei blieb. Ihm war gerade überhaupt nicht nach Scherben, Krach und Ungewissheit zumute.

Clara ging es genau umgekehrt. Sie schaute sich immer wieder nervös um – wie einige andere auch, die dasselbe dachten. Noch vielleicht 20 Meter – und immer noch keine Polizei und keine Infos darüber, dass sie möglicherweise irgendwo versteckt lauern könnte. In dem Block, in dem auch Clara lief, konnte man sie förmlich spüren, die Anspannung.
»Es bleibt dabei.«
Bernd gab dieses Startsignal an die hinter ihm laufende Kette, nachdem er sich vergewissert hatte, dass auch im Polizeifunk keine besonderen ›Bewegungen‹ angeordnet wurden. Der innere Count-down lief. Die Nachricht wurde schnell durch die hinteren Reihen gereicht. Man kannte sich zumindest so gut, dass man wusste, wie weit die Nachricht gehen sollte. Aber auch ohne diese Information spürte man, dass etwas in der Luft lag. Auf der Höhe des Nazi-Buchladens scherte plötzlich ein Pulk aus. Einige packten Spraydosen aus und schrieben Parolen an die Hauswand und auf den heruntergelassenen Rollladen. Eine andere Gruppe drängelte sich vor den Ladeneingang und deckte Bernd, der ein Stemmeisen unter der langen Jacke herauszog und es zwischen Rahmen und Tür ansetzte. Während er hebelte, traten andere auf die Tür ein. Clara stand mittendrin. Panik mischte sich unter ihre Entschlossenheit.
Im Jahr davor wollte sie mit fünfzehn anderen zusammen einen Stand der ›Volkssozialistischen Bewegung Deutschlands/Partei der Arbeit‹ (VSBD/PdA), einer neonazistischen Organisation, verhindern. Er war auf dem Liebfrauenberg aufgebaut, mitten in Frankfurts Innenstadt. Flugblätter und andere Nazi-Propaganda waren auf dem Tisch ausgebreitet, vielleicht vier Neonazis standen dahinter. Als sich die Gruppe dem Infostand näherte, stürzte sich eine Trupp von Neonazis auf sie. Sie hielten sich hinter einem Bauwagen versteckt. Davon völlig überrascht, stoben sie instinktiv in alle Richtungen auseinander. Die Neonazis, mit Baseballschlägern und anderen Schlagwerkzeugen bewaffnet, schlugen sofort auf sie ein. Clara glaubte, sich in Sicherheit gebracht zu haben, als sie kurz stehen blieb und sich umdrehte. Einer aus der Gruppe der Neonazis rannte direkt auf sie zu. Ein Koloss. Sein militärisches Outfit, Kampfanzug, seine kurz geschorenen Haare, die Springerstiefel flößten zusätzlich Angst ein. Es ging alles viel zu schnell. Das Gesicht erkannte sie noch. Es war Frank Schubert, der Anführer der Ortsgruppe Frankfurt, der durch mehrere brutale Auftritte hervorstach. Der Stiefel traf Clara im Bauch. Sie sackte sofort zusammen. An mehr konnte sie sich nicht erinnern.
Der Rahmen splitterte, als ein letzter Tritt die Tür aufbrach. Warteten Neonazis im Buchladen auf sie? Rechneten sie mit einem solchen Angriff? Diese Befürchtungen erwiesen sich als unbegründet. Der Raum war menschenleer und voll mit Nazi-Propaganda.
»Schmeißt alles auf die Straße und beeilt euch.«

Clara griff ins Bücherregal, presste so viele Bücher wie möglich zwischen ihre Hände, drängelte sich damit durch den Laden auf die Straße. Direkt vor dem Nazi-Buchladens entstand eine Lücke. Die Demonstration blieb zehn Meter weiter, in Sichtweite, stehen. Das kollektive Bewusstsein schwankte zwischen Sympathie und fehlendem Zusammenhang. Nachdem Clara ihre Last auf die Straße geworfen hatte, rannte sie sofort wieder rein, um das nächste Regal zu leeren. In Minutenschnelle war der gesamte Laden ausgeräumt, Broschüren und Flugblätter vom ›nationalen Widerstand‹, Bücher über die ›Auschwitzlüge‹ und ›Unsere tapferen Wehrmachtsoldaten‹ lagen verstreut auf der Straße.
»Clara, komm jetzt, wir müssen raus hier!«
Bernd sah Clara mitten im leergeräumten Nazi-Buchladens stehen und schaute sich hektisch, scheinbar ziellos um.
»Gleich.«
Bernd, an der Eingangstür stehend, schüttelte den Kopf, den Blick nervös nach draußen gerichtet. Er konnte es nicht leiden, wenn man kein Ende fand, wenn man alles bis zum Letzten ausreizte ...und damit unnötig gefährdete.
Claras Blicke streiften durch den Nazi-Buchladens.
»Gleich«, wiederholte Clara wahrheitswidrig und stürzte sich auf das Waschbecken. Mit beiden Händen zog und rüttelte sie an dem Waschbecken, bis sie den Versuch aufgab, es aus der Verankerung zu reißen.
»Das darf doch nicht wahr sein. Deutsche Wertarbeit.«
Sie wischte sich den Schweiß von der Stirn, ging ein Schritt zurück und hatte die Lösung, den Schwachpunkt: Das Abflussrohr. Mit beiden Händen öffnete sie den Flansch vom Abflussrohr und bog es zur Seite. Dann sprang sie von den Knien auf und öffnete den Wasserhahn. Das Wasser sprudelte heraus und Clara machte einen Satz zur Seite.
Bernd musste laut lachen, als er sah, wie Clara dastand und zuschaute, wie sich das Wasser einen Weg bahnte.
»Willst Du warten, bis der Nazi-Buchladens ganz unter Wasser steht? Komm jetzt, verdammt noch mal!«
Clara drehte sich mit strahlenden Augen um und drängte sich an Bernd vorbei, nach draußen.

Die Demonstration folgte der Hartmann-Ibach-Straße noch ein paar Meter und bog dann links in die Rohrbachstraße ein. Die kurze Anspannung machte wieder der heiteren Stimmung Platz. Auch wenn Johan diese Stimmung nicht teilte, so war er doch froh, dass es bald vorbei sein würde. Er hatte es nicht mehr weit nach Hause.
»Wir biegen vorne zum Friedberger Platz ab und beenden dort die Demo«, rief jemand durch das Megafon, als der Einsatzleiter, eine Parallelstraße weiter,

den Befehl zum Abmarsch gab. Eine Gruppe bog in die Hartmann-Ibach-Straße ab, um der Demonstration in den Rücken zu fallen und ihr jede Fluchtmöglichkeit zu rauben. Die andere Gruppe sollte von vorne kommen, bevor die Demonstration die nächste Querstraße erreichen konnte.
Johan war weder wachsam noch in Gedanken bei der Demonstration, als der SEK-Trupp links in die Rohrbachstraße einbog und wie aus heiterem Himmel vor der Spitze der Demonstration auftauchte. Niemand rechnete damit, niemand war darauf vorbereitet. Der SEK-Trupp von 30 Mann stürmte auf die ersten Reihen. Mit ihren langen Knüppeln schlugen sie sofort zu. Ohne jede Gegenwehr prasselten die Schläge auf Köpfe, Schultern und Arme. Die ersten fielen zu Boden, wurden von weiteren Knüppelschlägen und Fußtritten erwischt, während die anderen versuchten, nach hinten auszuweichen, irgendwie davonzukommen. Das war jedoch weder beabsichtigt noch möglich. Johan versuchte, von der Straße herunterzukommen, auf den Bürgersteig zu gelangen. Doch das versuchten alle. Sie stürzten übereinander. Direkt vor Johan stolperte jemand. Er versuchte ihm aufzuhelfen, ihn mitzuschleppen, ihn zur Seite zu ziehen, als er einen dumpfen Schlag in der Nierengegend verspürte. Ein Schmerz, der wie ein Blitz in die Beine schoss. Sie sackten einfach weg. Tränen flossen über sein Gesicht. Johan versuchte wieder auf die Beine zu kommen. Einfach nur weg, ohne jede Orientierung. Johan taumelte, als ihn jemand am Arm packte. Er ließ sich hochziehen.
»Los, komm hier runter.«
Der Arm drückte ihn wieder zu Boden und zog ihn unter ein parkendes Auto.
»Noch ein Stück, schnell.«
Johan robbte noch ein paar Zentimeter weiter in die Mitte des Autos.
»Wo hat es Dich erwischt?«
»An den Nieren.«
Johan drehte den Kopf zur Seite. Er kannte die Frau vom Sehen und fügte leise, mühsam hinzu:
»Ich kann kaum atmen.«
Um sie herum gingen die Schläge, die Schmerzensschreie, die Hilferufe weiter. Von dort unten konnten sie nur die Stiefel der Polizisten erkennen und wenn jemand zu Boden fiel bzw. geprügelt wurde. Im Gegensatz zu Clara sah Johan alles nur verschwommen, schemenhaft. Was er von dort unten aus sah, gelangte nicht mehr in sein Bewusstsein. Die Bedeutung wurde verschluckt – wie von einem Schalldämpfer.
»Die sind pervers, diese Schweine. Man müsste sie umbringen.«
Sie hätte es am liebsten herausgeschrien, aber Clara sagte es leise. Auf ihrer Seite sah sie eine Person auf dem Boden kauern, zusammengekrümmt. Sie

machte sich so klein wie möglich. Genug, um auf sie einzuschlagen. Drei Paar Polizeistiefel sah Clara vor dem Häufchen Mensch. Sie hörte nur die Schreie, sie konnte nicht sehen, wie die Polizisten immer und immer wieder weit ausholten und auf sie eindroschen, als wäre die gestörte Ordnung erst wiederhergestellt, wenn sie tot ist. Sie schrie nicht mehr um ihr Leben. Von oben kam die Antwort: »Die fickt nicht mehr.«[26]

Clara drehte sich zu Johan, der am ganzen Körper zitterte. Sie berührte seinen Arm, für mehr war kein Platz. Sie lagen eine Ewigkeit unter dem Auto, bis keine Schritte, keine Rufe, keine Befehle mehr zu hören waren – bis die Polizei genug hatte, die Flüchtenden rennen ließ, von den Verletzten ab- und die regungslos am Boden Liegenden mit den Versteckten alleine ließ.

Clara robbte sich an den Rand des Autos und streckte den Kopf hinaus. Der SEK-Trupp war verschwunden. Clara zupfte an Johans Arm.

»Wir sollten es jetzt versuchen. Lass uns gehen.«

Wie zwei Komparsen eines Splatterfilms, die nicht mehr gebraucht werden, krochen sie aus ihrem Versteck. An manchen Stellen bildeten sich Trauben von Menschen. Mehrere Sirenen von Krankenwagen waren in der Ferne zu hören. Clara schaute auf die Uhr. Es war 1.15 Uhr. In vielen Wohnungen brannte Licht. Aus den Fenstern riefen einige etwas hinunter. Kurze Zeit später gingen die Haustüren auf. Bewohner, zum Teil im Schlafanzug bzw. Bademantel betraten die Straße. Aus manchen Hauseingängen kamen zehn, zwanzig Menschen, die das Glück hatten, sich dort in Sicherheit gebracht zu haben.

Johan hielt sich die Niere und atmete so flach wie möglich.

»Ist der Schmerz noch schlimm?«

»Ja, nein, die Füße wollen immer noch nicht so recht«, antwortete Johan stockend, »und schwindlig ist es mir. Ich will nach Hause. Ich hab's ja nicht mehr weit.«

»Ich komm mit.«

Clara schaute sich noch ein paar Mal um, aber sie konnte niemanden ausmachen, den sie kannte, dem sie Bescheid geben konnte. Sie überquerten die Kreuzung und kurz darauf bogen sie in seine Straße ab.

»Sind bei dir welche zuhause?«

»Ja, bestimmt, die wollten alle nicht mehr mitkommen.«

Clara blieb unschlüssig vor seiner Haustür stehen, während Johan nach dem Schlüssel kramte.

»Meinst du wirklich, es geht?«

»Ja, bestimmt, den Rest schaffe ich.«

»Wenn du meinst? Ich geb' dir meine Telefonnummer. Wenn du willst, kannst du mich ja in den nächsten Tagen anrufen.«

»Ja, warum nicht. Danke.«

Clara blieb stehen, bis das Licht im Hausflur ausging. Sie überlegte noch kurz, ob sie zurückgehen sollte. Dann machte sie sich auf den Weg nachhause.

Sie hatte Mühe, den Schlüssel ins Schloss zu stecken. Sie stieß die Wohnungstür auf und stolperte als erstes über ein Paar Schuhe, das mitten im Flur lag.
»Verdammte Scheiße.«
Mit dem Fuß kickte sie die Schuhe durch die Gegend. Und die Wohnungstür ließ sie auch nicht gerade leise ins Schloss fallen.
»Hey, Clara, bist du schlecht drauf?«
Die Stimme kam aus der Küche, in der noch Licht brannte.
Clara kochte, als sie Christiane am Küchentisch sitzen sah. Vor ihr lag ein aufgeschlagenes Buch, daneben stand ein halbvolles Glas Rotwein. Zu allem Überfluss brannte noch eine Kerze. Wie romantisch.
»Was ist denn los?«
Clara schaute durch die Küche. In der Spüle stapelte sich das Geschirr. Ein weiterer Grund. Ihr Blick schwankte zwischen Verächtlichkeit und Abwesenheit.
»Clara, jetzt komm mal runter und setz dich erstmal.«
Sie ließ sich auf den Stuhl fallen.
»Du warst auf der Demo?«
Clara nickte.
»Und wie war's?«
»Es waren mehr als erwartet. Das war prima.«
Ihre Stimme blieb schneidend, ihr Blick hatte nichts Einladendes, nichts Versöhnliches.
»Ich konnte nicht, ich wollte nicht mehr zur Demo gehen. Ich musste mal abschalten.«
»So meinte ich es nicht.«
Clara stützte die Ellenbogen auf den Tisch und ließ den Kopf in ihre Hände fallen.
»Mir geht's gleich wieder besser. Entschuldigung.«
Christiane stand auf und holte ein frisches Glas aus dem Regal.
»Komm, jetzt trink erst mal ein Glas Rotwein, okay?«
Clara nickte, ohne aufzuschauen.
»Und wie war die Demo?«
Clara nahm einen Schluck Rotwein, stellte das Glas auf den Tisch und ging zum Fenster.
»Wir haben den Nazi-Buchladens ausgeräumt.«
Sie starrte in die Dunkelheit und lag wieder unter dem Auto, hörte die Schreie, die Schläge, bis sie Christiane spürte, die von hinten ihre Arme um sie schlang. Clara schluchzte leise, ihr Körper fing unwillkürlich an zu vibrieren.

»Ich habe so etwas noch nicht erlebt, weißt du.«
»Wie, das mit dem Nazi-Buchladens?«
»Nein, das war ganz am Anfang, später.«
»Ich versteh' dich nicht. Was war später?«
»Als wir in die Rohrbachstraße einbogen, dachte ich schon, es ist alles vorbei. Dann fing es an. Die Bullen haben vorne und hinten zugemacht. Es gab kein Entkommen.«
»Und wie bist du da rausgekommen?«
Christiane konnte keine Verletzungen sehen.
»Sie schlugen auf alles ein, selbst dann noch, als sich niemand mehr bewegte. Die waren bereit, uns umzubringen.«
Christiane drehte Clara zu sich um. Clara hatte verquollene Augen, aber sonst konnte man nichts sehen.
»Aber du bist doch heile.«
Clara blickte durch Christiane hindurch.
»Ja, schon. Johan hat etwas abbekommen. Ich glaube, du kennst ihn auch, von den Startbahntreffen. Wir hatten uns unter einem Auto versteckt. Glück im Unglück, sagt man wohl.«
»Weißt Du, wie es den anderen erging?«
»Nein, ich hab sie verloren.«
Ihr liefen wieder Tränen über das Gesicht. Noch eine ganze Weile standen sie schweigend hintereinander.
»Ich muss ins Bett, sei mir nicht böse.«
Clara gab Christiane einen flüchtigen, mehr angedeuteten Kuss auf die Wange und drückte sich an ihr vorbei.
»Meinst du, du kannst jetzt schlafen?«
»Ja, ich versuch's. Gute Nacht.«
Clara ging in ihr Zimmer, zog sich aus und warf sich aufs Bett. Mit beiden Bettdecken übereinander schlief sie ein.

Johan ging zum Telefon, das im Flur seiner WG stand. Er nahm den Hörer ab, schaute auf den Zettel, den Clara ihm gegeben hatte und wählte die Nummer. Mittendrin brach er ab, starrte den aufgelegten Hörer an und atmete dabei schwer durch.
Verdammt, ich weiß es nicht, stieß Johan aus und stapfte, mit sich kämpfend in sein Zimmer. Mit Schwung warf er sich rücklings aufs Bett, wie ein Boxer, der einem Schlag ausweicht, indem er sich in die Seile fallen lässt.
Wovor habe ich eigentlich Angst? Warum kann ich nicht einfach mal etwas machen, ohne gleich mit hunderten von Wenn und Abers alles zu zerstückeln?

Johan hätte sich für diese Zerrissenheit ohrfeigen können.
Ich ruf' Clara einfach an, frag sie, ob sie Lust hat, mit mir ein Kaffee zu trinken. Wenn ja, dann liegt es an uns beiden, was daraus wird. Wenn nein, dann haben sich alle anderen Überlegungen erledigt. So einfach ist das! So schön einfach könnte es sein. Johan zündete sich eine Zigarette an. Er kannte diese Art von Überredungskünsten. Sie hielten nie länger als ein paar Sekunden. *Geht es wirklich um Clara? Will ich wirklich etwas von ihr? Oder geht es eigentlich um Renate, um mich, darum, von ihr loszukommen, mich von ihr zu trennen?*
Mit Renate war Johan seit über acht Jahren zusammen. Sie waren ein wirklich gutes, eingespieltes Team. Irgendwann fiel das Wort Lebensgefährtin. Eine treffende Beschreibung für diese Beziehung. Jahrelang war sie genau das Richtige. Beide gingen nie an ihre Grenze, nie darüber hinaus. Sie bohrten nicht, sie löcherten sich nicht gegenseitig, sie drangen nicht ins Innere. Sie bewegten sich auf den Mittelstreifen ihrer Leben, und das war gut so. Beide wollten an dieser Begrenzung nicht rütteln und waren sich darin nahe, sicher. Es gab genug gefährliche Situationen, genug anderen Nervenkitzel.
Johan zündete sich eine weitere Zigarette an und stieß den Rauch nach oben. *Mann, jetzt mach' keinen Staatsakt daraus. Einfach mal gucken. Einen Schritt machen. Alles andere wird man sehen.* Johan musste über seinen Versuch der Kurzsichtigkeit lachen. Mit der Lust, alles in Frage zu stellen, mit der Phantasie, alles ganz anders zu machen, kam immer die Angst. Die Angst, zurückgewiesen zu werden, sich verletzlich, angreifbar zu machen. Die Angst, etwas aufs Spiel zu setzen, das zu verlieren, was er an der Beziehung mit Renate hatte. Johan zog an der Zigarette und fuchtelte mit der Hand durch die Luft, den Zigarettenqualm, die wirren Gefühle verscheuchend.
›*Wer sich nicht in Gefahr begibt, kommt in ihr um*.‹ Johan sprang auf, drückte die Zigarette so fest in den Aschenbecher, bis auch die letzte Glut erlosch und ging zum Telefon. Er wählte die Nummer und hörte das Freizeichen.
»Ja, Clara.«
»Hallo Clara, ich bin's, Johan, weißt du noch?«
»Natürlich.«
»Ich wollte dich fragen, ob du Lust hast, mit mir einen Kaffee zu trinken.«
Für Augenblicke war es still auf der anderen Seite. Johan nutzte sofort diese Gelegenheit und verfluchte sich dafür, angerufen zu haben.
»Ja, gerne. Was schlägst du vor?«
»Heute Nachmittag, wenn's dir passt.«
»Und wo?« fragte Clara.
»Was hältst du vom Strandcafé? Das ist für uns beide das Nächste, oder?«
»Einverstanden. Sagen wir um vier?«

»Ja, schön. Ja ... dann bis gleich.«
»Ja, tschüss.«
Johan legte sofort auf, als könnte etwas nachkommen - und diese Abredung für null und nichtig erklären.

Clara pfiff durch die Zähne, als sie den Telefonhörer zurücklegte. Im Bauch flimmerte es. Sie legte den Kopf in den Nacken und schloss die Augen.
»Na, was ist denn mit dir los?«
Christiane stellte sich vor Clara und schaute sie von oben bis unten an.
»Johan hat angerufen. Wir gehen gleich einen Kaffee zusammen trinken.«
Es sollte ausgesprochen lapidar klingen.
»So, einen Kaffee zusammen trinken.«
Christiane wiederholte ihren Satz ganz lang gezogen.
»Und weiter?«
»Nichts weiter. Was denkst denn du?«
Es sollte schroff klingen, aber Christianes Schmunzeln unterlief Claras Deckung, und beide mussten unwillkürlich lachen.
»Dasselbe wie du... Findest du etwas an Johan?«
»Na ja, wenn man zusammen unter einem Auto liegen kann, dann kann man ja vielleicht auch andere Sachen ganz gut... zusammen«, frotzelte Clara.
»Jetzt mal im Ernst. Ich kenne ja Johan nur vom Sehen, von ein paar Startbahn-Treffen. Aber da hat er mir schon gefallen. Und außerdem habe ich Lust, die Dinge auf mich zukommen zu lassen.«
»Na, dann mal viel Spaß. Das kann ja noch heiter werden.«
Christiane drückte Clara und flüsterte ihr dabei ins Ohr:
»Ich denke, das ist der richtige Zeitpunkt, mach es.«

Johan vertrieb die Aufregung und die Nervosität mit Aufräumen, Dinge zurechtzulegen. Wenigstens das sollte alles an seinem Platz bleiben. Als er losging, musste er sich sputen. Johan kam fast immer zu spät. Die wohlwollende freudianische Deutung dazu war, dass er sich nicht lösen konnte, in jeder Beziehung. Die davon Genervten waren sich sicher, dass Johan nur wollte, dass alle auf ihn warten mussten. Clara ging zehn Minuten früher als nötig aus dem Haus. Sie hasste es, sich zu beeilen, in unnötige Hektik zu geraten. Das Standcafé gehörte zu den ersten Errungenschaften der sich langsam entwickelnden Alternativszene. Nach dem Zusammenbruch des Häuserkampfes in Frankfurt 1970-1973, mit der bleiernen Stimmung, die der Deutsche Herbst 1976/77 zurückgelassen hatte, fingen einige an, Freiräume zu entdecken, zu nutzen und auszugestalten. Die Hoffnung war, im Bestehenden Alternativen zu entwickeln, den Zwang, Geld zu verdienen, mit der Idee zu verknüpfen,

anders, ohne Chef, bei gleichem Lohn, zu arbeiten. Irgendwann erfanden Wissenschaftler und Forscher dafür den Begriff der moralischen Ökonomie. So entstanden überall in der Republik Druckereien, Werkstätten, Schreinereien, Cafés, Tagungshäuser und Zentren.
Dabei ging es den ›Spontis‹ in Frankfurt nicht anders als den vielen anderen politischen Gruppierungen in der Republik. Ein Netz von Alternativprojekten entstand: Die Szenezeitung *Pflasterstrand*, das Kulturzentrum Batschkapp und eben das Strandcafé im Nordend. Da für gewöhnlich Cafés immer noch die Miefigkeit und angestrengte Gepflegtheit der 50er und 60er Jahre kultivierten, zog Clara dieses Café allen anderen vor. In dieser Hinsicht stand das Standcafé zweifelsfrei auf der anderen Seite. Die Stühle passten nicht zusammen und drohten aus dem Leim zu gehen. Die Tische waren so unterschiedlich stillos, wie man sie auf dem Sperrmüll fand. Der Boden war dreckig, die Bedienung alles andere als servil und zuvorkommend. Wenn es dem Kollektiv passte, konnte man Stunden warten, bis man etwas bekam. So ungewiss die Bedienung war, so ungewiss war die Qualität. Manchmal schmeckte es ausgezeichnet, das nächste Mal fragte man sich, wofür man Geld bezahlen sollte. Das war sympathisch und nervig.
Clara setzte sich an einen leeren Tisch, an einem großen Fenster, mit Blick zur Straße. Ein paar Pflanzen standen auf dem Fenstersims. Obwohl die meisten Kakteen waren, machten sie einen jämmerlichen Eindruck. Sie schaute sich um, nach irgendjemandem, der sie vielleicht bedienen könnte. Einige der Besucher kannte sie. Die meisten waren ›Spontis‹, die sie nicht wirklich zu ihren Freunden zählte. Im Gegenteil: Der Teil der Spontis, der sich hier traf, versuchte eine neue politische Partei zu gründen bzw. darin die Hegemonie zu erlangen: Die Grünen. Dieser Parlamentarisierungsversuch spaltete nicht nur die Startbahnbewegung. Der Riss ging auch durch die Sponti-Szene selbst.
Clara schaute in den matten Spiegel, der ungeputzt neben ihr an der Wand hing. Sie liebte es, ihre schwarzen, buschigen Augenbraunen mit einem schwarzen Kajal zu unterstreichen. Sie gefiel sich gerade, als sie im Spiegel Johan durch die Tür kommen sah.
Johan schaute sich kurz um und erkannte Clara sofort.
»Hallo Clara!«
»Hallo.«
Johan setzte sich schräg zu ihr an den Tisch. Die beiden schauten sich stumm an, erst auf der Suche nach den passenden Worten, dann aus Verlegenheit, und schließlich war es ihre Art, ihn zu fixieren, die Johans Blicke in den Raum flüchten ließen.
»Und wie geht es dir?«
Clara schmunzelte über seinen Rückgewinnungsversuch.

»Weißt du, als ich da unten, unter dem Auto lag, hatte ich an den Nazi-Buchladen gedacht, an meine vollen Hände. Ich hab ständig zurückgespult, bin immer wieder in den Nazi-Buchladen zurückgegangen, um ihn auszuräumen. Das war meine Medizin gegen das miese Gefühl, da unten.«
»Und die reichte?«
»Nein, eigentlich nicht.«
Claras schaute durchs Fenster, die Leichtigkeit war verschwunden. Johan folgte ihr - unters Auto. Eine Weile schwiegen sie zusammen.
»Und wie geht's dir?«
»Mir? Die Schmerzen sind so gut wie weg. Das geht schon wieder. Nur das Scheiß-Gefühl.... Ich hätte vielleicht auch den Nazi-Buchladen ausräumen sollen.«
»Weißt du übrigens, unter was für einem Auto wir lagen?«
»Nein, der Blick für Details war mir vergangen.«
Johan schaute Clara leicht neckisch an.
»Unter einem fetten Benz.«
»Ein Klasse-Versteck.«
Johan streckte den Antagonismus in die Länge.
»Ja, das war das einzig Richtige. Die Bullen hatten nicht nur auf uns eingeprügelt, sondern auch zig Autos demoliert. Bei aller Blindwütigkeit, die teuren Autos haben sie verschont. Das nennt man autoritäres Klassenbewusstsein.«
»Und Glück, wenn man drunter liegt«, komplettierte Johan.
»Hast du dir überlegt, ob du Anzeige erstattest?«
»Gegen die Bullen?«
»Ja, auch. Die Grünen haben bereits Strafanzeige gegen den Einsatzleiter, gegen den Polizeipräsidenten und den Innenminister gestellt.«
»Ja, ich hab's gelesen. Über 130 Zeugen sollen sich bis jetzt gemeldet haben.«
»Das ist doch gut oder nicht?«
»Ja, ja, der Rechtsstaat wird siegen. Wir zeigen alle an, ziehen sie zur Rechenschaft. Die Staatsanwaltschaft ermittelt, die Bullen verwickeln sich in Widersprüche und als Happy End verurteilt ein Gericht den Einsatzleiter und und und... Glaubst du an einen solchen Blödsinn?«
»Nein.«
»Bestraft werden vielleicht Bullen, die's übertrieben haben. Was in der Rohrbachstraße jedoch passierte, war geplant, abgesprochen. Das war kein spontaner Exzess, das hat sich kein durchgeknallter Einsatzleiter ausgedacht!«
»Nein, ganz bestimmt nicht.«
»Hast du mitbekommen, dass das LKA die Ermittlungen übernimmt, gegen seine eigenen Bullen! Wenn das nicht absolute Neutralität verspricht! Was soll

das also alles... Hast du übrigens den Kommentar in der FAZ vor ein paar Tagen gelesen?«
»Nein, ich lese die FAZ nicht.«
Johan wühlte aufgeregt in seinem Rucksack und holte den Zeitungsartikel heraus.
»Andy aus meiner WG nennt das Feindstudium, ganz wichtig, bevor man sich den Kopf darüber zerbricht, was mit dieser Gewaltorgie gemeint sein könnte. Das muss man sich auf der Zunge zergehen lassen.«

Blicken wir mal für einen Moment ins Archiv: Da gab es den ebenfalls elf Jahre währenden Streit um den neuen Großflughafen Narita bei Tokio. Mit einer Flut von Meldungen und Berichten, mit Gewalt, Hass, Zerstörungen, Straßenschlachten und sechs Toten. Im Mai 1979 ging der Flughafen in Betrieb; es folgten noch ein paar Sabotageakte. Seither ist das Thema aus den Faszikeln verschwunden. Es existiert nicht mehr. Eine beherzigenswerte Lehre – auch für den Minister Gries.[27]

»Wenn das kein Aufruf zum Mord ist!«
»Und was willst du damit sagen?«
»Dass ich mich nicht an einer Farce beteiligen werde. Hier geht es nicht um einen sogenannten Übergriff, sondern um Systematik – und die bekämpft man nicht mit dem Rechtstaat.«
»Hey, muss ich mich jetzt verteidigen, Johan? Ich finde es erst einmal gut, dass wir uns damit nicht abfinden, als wäre es das normalste auf der Welt, Leute durch eine Knüppelgasse zu treiben und halbtot zu schlagen. Mehr habe ich nicht gesagt.«
»Pardon, ich meine nicht dich. Aber es macht doch keinen Sinn, den Rechtstaat gegen den Rechtstaat in Stellung zu bringen.«
»Doch, es kommt auf die Perspektive an. Wenn jemand meint, an den Rechtstaat appellieren zu können, dann hast du Recht. Aber darum geht es nicht. Fritz Teufel hat das, ich glaube vor Gericht sogar, auf den Punkt gebracht: *Ich kann Sie, meine Herren, nicht dazu zwingen die Wahrheit zu sagen, aber immer unverschämter zu lügen*.«
»Meinst du, sie lügen nicht schon genug?«
»Doch. Es kommt aber nicht darauf an, dass wir das wissen. Den Glauben an den Rechtsstaat verliert man nicht im Kopf, sondern aufgrund von Erfahrungen, Enttäuschungen.«
»Gut, spinnen wir deinen Gedanken zu Ende. Was versprichst du dir also von Strafanzeigen gegen den Frankfurter Polizeipräsidenten, gegen den hessischen Innenminister?«

»Wir können hundert Mal behaupten, dass die Justiz nicht unabhängig ist. Wir können tausend Mal anprangern, dass sie die Politik der Stadt nicht kontrolliert, sondern exekutiert. Erst wenn diese Erfahrung viele machen, bewegt sich etwas, werden wir mehr.«
»Das klingt nicht sehr verlockend, mit viel Energie und Aufwand gegen die Wand fahren. Findest du nicht?«
Johan deutete mit seinen beiden Fäusten einen Aufprall an.
»Man muss dabei ja nicht Gas geben und auf die Mauer starren.«
»Sondern?«
»Etwas mehr in der Hand haben als eine radikale Staatskritik.«
»Hoppla, jetzt aber raus damit.«
»Also gut. Desillusionierung eröffnet immer zwei Wege. Der eine führt zur Resignation, der andere zur Selbstermächtigung.«
»Könnten Sie Ihre These an einem Beispiel verifizieren, Frau Professorin?«
Johan schaute sie dabei wie ein wissbegieriger Student im zweiten Semester an - augenzwinkernd.
»Mir fällt die Geschichte des Hüttendorfes dazu ein. Zuerst wurde das Mitspracherecht im Rahmen der Planfeststellungsverfahren ausgeschöpft. Dann wurden Einsprüche vor Gericht erhoben und abgeschmettert. Dann wurde an das Gewissen der Politiker appelliert...«
»Dazu fällt mir die Parole an der Startbahnmauer ein: *Das Gewissen der Politiker ist rein - sie benutzen es nie*.«
»Genau, eine fröhliche Form der Desillusionierung. Und bevor über das Volksbegehren entschieden werden könnte, wurde das Hüttendorf dem Erdboden gleichgemacht. Ich denke nicht, dass Resignation das letzte Wort sein wird, sondern eine ganz andere Sichtweise.«
»Und die wäre?«
»Sich ungeniert ins Unrecht zu setzen, auf das Recht zu pfeifen. Und deshalb bin ich für diese Strafanzeigen..., um die Kurve zum Ausgangspunkt zu kriegen.«
»Darf ich Sie um ein Fazit bitten?«
»Diesen Weg einzuschlagen, meine Damen und Herren, bedeutet dann eben nicht, den Glauben an das bürgerliche Recht zu stärken, sondern die Illusion daran zu zerstören. Denn die Frage von Legalität und Legitimität ist keine Frage des besseren, elitären Bewusstseins, sondern ein praktischer Prozess von und mit vielen.«
»Fertig?«
Johan schaute sie aus sicherer Entfernung mit übertrieben großen Augen an.
»Du solltest dich als Professorin für autonome Theorie bewerben. Deine Antrittsrede ist zwar umstritten...«, Johan wog seinen Kopf dabei professoral hin und her, »... aber ein bisschen frischer Wind kann ja nicht schaden.«

»Wirst du mein Berater?«
Clara beugte den Oberkörper über den Tisch, den Abstand des Wortgefechtes verringernd, und schaute ihn wieder ohne Deckung an.
Johan wechselte auch die Ebene und beugte sich nahe zu ihr vor. Zwischen ihre Köpfe passte nicht viel.
Ein Kuss, jetzt! Jetzt?
Er wich leicht zurück. Mit seiner Doppeldeutigkeit blieb er dran.
»Ich weiß nicht, ob du mich bezahlen kannst?«
Clara schaute ihn lustvoll taxierend an.
»Über den Preis müssen wir noch reden, aber nicht mehr heute.«
Sie schaute auf ihre Uhr.
»Oh, es ist schon spät. Ich muss jetzt gehen, ich habe noch einen Termin.«
»Na, mit der Professur haben wir ja auch noch ein bisschen Zeit.«
Johan ließ sich in seinen Stuhl zurückfallen. Das ging ihm jetzt zu schnell. Er legte sich ein paar Worte zurecht, nicht zu viel, nicht zu wenig. *Ich find's schön, wenn wir uns wiedersehen.* Ein blöder Satz. *Mir hat's mit dir gefallen.* Zu viel.
»Ich will dich wiedersehen.«
Der Satz kam von Clara.

19.45 Uhr

Bevor Unruhe unter den Wartenden aufkommen kann, sickert die Nachricht durch, dass die Brücke ohne Probleme zu passieren ist. Der Demonstrationszug setzt sich wieder in Bewegung und biegt links in den Gundweg ein, der dem Gundbach, einem zwei Meter breiten Bach, in einem Abstand von 30 Metern folgt. Zwischen dem Weg und dem Gundbach liegt ein lichter Wald. Wenn man sich an die Dunkelheit gewöhnt hat, kann man die Wiese erkennen, die hinter dem Gundbach beginnt und bis an das Startbahngelände heranreicht.

Knapp 80 Meter von der Demonstrationsspitze entfernt, wartet Til. Hinter ihm liegt die Notbrücke. Als die ersten an ihm vorbeiziehen, gibt er immer wieder die Information durch:

»Die Sicherungsgruppen biegen hier ab. Dort, wo ihr die Fackel seht, ist die Notbrücke.«

Der Demonstrationszug teilt sich. Knapp 150 Personen biegen rechts ab und gehen über die Notbrücke. Der Rest zieht weiter, bis die Knüppeldammbrücke in Umrissen zu erkennen ist. Einige haben Fackeln dabei und sollen den Polizeihubschrauber auf sich lenken. Ein halbherziger Versuch, das Täuschungsmanöver des letzten Jahres zu wiederholen. Erfahrungsgemäß klappt so etwas nur einmal. Wenn man nur die Geräusche und das gelegentliche Gelächter im Ohr hat, könnte man den Eindruck haben, es handele sich hier um eine große Wandergruppe. Doch als die Menge die Brücke überquert und links und rechts des Weges die Wiese vor ihr liegt, verringert sich der Geräuschpegel schlagartig. Die Leichtigkeit schwindet, die Anspannung steigt. Die, die schon seit Jahren dabei sind, wissen, dass man jetzt das ›Spielfeld‹ betritt. Der Knüppeldamm schlängelt sich in leichten Kurven in Richtung Startbahngelände und trifft nach 800 Metern auf die Wegspinne, die imaginäre Mittellinie, mit der Barrikade als Anstoßpunkt.

Rückblende: Beton brennt doch... 1982

Der Anschein trügt © Wolf Wetzel

Clara und Johan hatten eine Decke ausgebreitet und es sich darauf gemütlich gemacht. Wie bei einem Picknickausflug.
»Komm, mach die Sektflasche auf und lass uns anstoßen.«
Johan löste vorsichtig den Drahtverschluss und drückte die Hand auf den Korken. Er wollte keinen Lärm machen. Vorsichtig füllte er beide Sektgläser.
»Prost, auf alles, was noch kommen wird.«
Ohne das übliche Klirren berührten sich ihre Sektgläser - und was darüber hinausging. Es war dunkel um sie herum. Sie lagen zwischen Bäumen, die zusammen genommen einen Mischwald ergaben. Von ihrem lauschigen Plätzchen schauten sie auf eine Szenerie, die es mit jedem Thriller hätte aufnehmen können.
Eine mehrere Kilometer lange Betonmauer begrenzte den Horizont. Das leichte Blitzen der Natodrahtrollen ersetzte den Sternenhimmel. Über die Mauer ragten im Abstand von 100 Metern Lichtmasten, die das Gelände in gelbliches Licht tauchten. Entlang der Mauer zog sich ein 1,50 Meter breiter Graben, der nicht sonderlich tief war. Davor wurde ein Weg aufgeschüttet, der breit und fest genug war, damit ihn auch Fahrzeuge benutzen konnten. Auch hinter der Mauer wurde ein Weg angelegt, der im Gegensatz zu dem Waldweg asphaltiert war. Zwischen Mauer und Asphalt waren nochmals Natodrahtrollen ausgelegt. Obwohl alles hell erleuchtet war, tat sich nichts. Kein Mensch war zu sehen, kein Fahrzeug fuhr durchs Bild. Es war Nacht, taghell und still. Ab 23 Uhr gilt das Nachtflugverbot.
Seit einer knappen Stunde lagen Clara und Johan auf ihrer Decke und starrten in die hell erleuchtete Bewegungslosigkeit. Und wie so oft trog der erste Eindruck: Sicherheitskräfte der Flughafen AG und Polizei teilten sich den ›Projektschutz‹. Innerhalb des Geländes patrouillierte ein privater Wachschutz, im Außenbereich die Polizei. Zu oft wurden in den letzten Jahren die Mauer, Lichtmasten und der Bauhof der FAG, auf dem Baumaschinen geparkt waren, angegriffen, vor allem nachts.
Es war eine wunderschöne laue Juninacht. Kein Grund zum Frieren. Und auch ihr Vorhaben war nicht besonders gefährlich: Sie wollten herausbekommen, in welchem zeitlichen Abstand die Kontrollfahrten durchgeführt wurden. Die Aufregung kam mehr von innen. Beide lagen auf dem Bauch, die Köpfe auf die Hände gestützt, mit Blick zur Mauer.
Johan richtete sich auf und schaute auf seine Uhr.
»Seit einer Stunde keine Streife. Das müsste uns reichen.«
»Vielleicht ist es auch Zufall?«
»Ich glaube, wenn man sich in Deutschland auf etwas verlassen kann, dann ist es Pünktlichkeit.«
Johan streifte mit den Augen durch das Gelände und blieb an Claras Hintern hängen.

»Wohin schaust du denn, wenn Du einen Typ toll findest«, fragte Johan in einem Anflug von Übermut. Conny schaute ihn prüfend an, wie eine Füchsin vor einer Falle, Witterung aufnehmend. Mit ihr hatte Johan eine wunderbare Affäre, bis das Wunderbare der festen Beziehung weichen musste.
»Jetzt sag mir bloß nicht, du siehst auf seine inneren Werte.«
»Du sprichst mir aus der Seele.«
Conny wollte ernst dabei bleiben und musste schließlich doch lachen.
»Also, wo schaust du hin, auf die Füße vielleicht?«
»Auf den Arsch, wenn du's genau wissen willst.«
»Hmmm, du reduzierst also Männer auf ihren Arsch?«
»Nein, mein Liebster, ich konzentriere mich.«
»Ich rekapituliere: Wenn ein Mann dir auf den Arsch schaut, dann reduziert er dich auf deinen Körper, noch schlimmer, auf ein Teil davon. Wenn du, also eine Frau, das macht, dann konzentriert sie sich. Richtig?«
»Im Großen und Ganzen ja. Wenn da nicht dein ironischer Unterton wäre.«
Conny gab ihm einen Kuss, bevor sie die Demarkationslinie nachzog:
»Du weißt das doch... Es ist einfach nicht dasselbe, wenn ein Mann oder eine Frau auf dasselbe, einen tollen Arsch, guckt.«

Glücklicherweise war es dunkel, als sich Johan ganz auf Claras Hintern konzentrierte. Clara spähte mit dem Fernglas durch die Mauerstreben, um die Straße dahinter nach FAG-Wagen abzusuchen.
»Wir warten noch, bis wir die nächste FAG- und Bullenstreife abgepasst haben, dann gehen wir. Okay?«
»Ja, wir haben es ja nicht eilig... und schön ist es auch hier.«
»Gefällt er dir?«
Johan zuckte zusammen und löste seinen Blick ins Allgemeine, während Clara den ihren fokussierte und weiter durchs Fernglas schaute.
»Wie..., was meinst du?«
»Meinen Arsch.«
Clara legte das Fernglas zur Seite und drehte sich zu Johan, dessen Gefühle zwischen schuldig und nichtschuldig pendelten.
»Ja, er, du bist schön.«
»Bleib bei *er*, das ist ein guter Anfang.«
Zwei Scheinwerferlichter tauchten hinter der Mauer auf. Beide legten sich wieder flach auf den Boden. Kurze Zeit später passierte ein FAG-Wagen ihren Abschnitt.
»Na, die lassen sich aber Zeit!«
»Na komm, du hast sie doch gut genutzt, oder?«
»Ich will nicht klagen.«

Eine knappe halbe Stunde später folgte ein Streifenwagen, der mit abgeblendetem Licht langsam den Weg vor der Mauer abfuhr.
Danach packten Clara und Johan ihre Decke zusammen, verstauten Sektflasche und Gläser und traten den Heimweg an. Sie hatten den Streifenplan, das Wichtigste, um den nächsten Schritt anzugehen.

Es war einer der vielen Sonntage, draußen an der Startbahn, als Clara, Johan, Bernhard, Detlef und einige andere zusammensaßen, in die Sonne blinzelten, Kuchen aßen und so vor sich hinträumten. Es war also ein Startbahn-Sonntag, wie viele andere auch. Nette und gehässige Episoden, Gerüchte und politische Einschätzungen mischten sich mit Absprachen und vielen Terminen. Ideen wurden angerissen und lösten sich in Luft auf. Johan warf einen Köder in die Runde.
»Was haltet ihr davon, wenn wir als nächstes keine kleinen Brötchen backen..., sondern ein ganzes Mauersegment verschwinden lassen?«
Bernhard biss an - nicht gerade hungrig.
»Und wie soll das gehen? Wir haben das doch schon einmal probiert - mit einem Seil. Wir zogen und zogen und das blöde Teil wollte nicht aus der Anordnung fallen.«
»Ja, ich weiß. Mit ein bisschen mehr Technik ginge es aber. Das Ganze würde so funktionieren: Wir spannen ein Stahlseil um das Mauersegment und einen Baum, der noch was hermacht. Anfang und Ende des Stahlseiles wird an einen Kettenzug gehängt, der genug Zugkraft hat, einen 20 Tonnen-Brummi zu ziehen. Dann wird das Seil mit dem Kettenzug gespannt, bis das Mauersegment nachgibt - wenn der Baum nicht vorher umfällt.«
Bernhard wurde ein klein wenig optimistischer.
»Alles ganz schön und gut. Und wie kommen wir an diese Wunderwaffe?«
»Wir haben sie.«
Johan drehte den Kopf zu Andy, der eingeweiht war und still zustimmend nickte.
»Und was machen wir, wenn das Mauersegment draußen ist?«
»Also, jetzt macht mal halblang. Erst einmal ist da ein Riesenloch. Was glaubst Du, mit welch' großen Augen FAG und Bullen da durchschauen werden?«
Erfahrungsgemäß ist eine Idee angenommen, wenn nicht mehr an ihrer Verunmöglichung, sondern an ihrer Verfeinerung gearbeitet wird. Und das war an diesem Sonntag der Fall. Die Gedanken kreisten nun um das Loch, um die Lücke.
»Ich hab's«, warf Detlef in die Runde, Schreiner von Beruf.
»Wir ersetzen das Mauersegment durch eine Attrappe. Das Ganze machen wir in der Nacht zum Sonntag. Und im Rahmen des Sonntagsspazierganges starten wir dann den Coup.«

Die Idee mit der Attrappe war das I-Tüpfelchen.
Man ging mit der Zusicherung auseinander, noch andere in den Plan einzuweihen und Leute anzusprechen, die sich damit auskannten, Routine hatten.

Johan wohnte in einer WG mit zwei Männern zusammen, die Ahnung hatten - auch davon. Detlef arbeitete in einem Schreinerei-Kollektiv, das sich auf alle Varianten von Hochbetten und ausgefallene Treppenkonstruktionen spezialisiert hatte. Sie konnten davon leben, denn es war die Zeit der Hochbetten. Der praktische Grund bestand darin, dass in einer WG jedes Mitglied nur ein Zimmer hatte und damit Platzprobleme. Ein anderer Grund war die Möglichkeit, das Bett - also das was dort passiert - aus dem Blickfeld derer zu nehmen, die immer wieder ins Zimmer stolperten - ohne anzuklopfen, versteht sich. Das machte man so wenig, wie die Tür abzuschließen.
Andy hatte die Schule abgebrochen und war fortan ›Schrauber‹. Durchs Zusehen und Helfen mauserte er sich zum Kfz-Mechaniker und reparierte Autos »aller Fabrikate«. Mit zwei anderen zusammen hatten sie im Hinterhof der Siesmayer Straße 6-8, einem ehemals von Spontis besetzten Haus, eine Garage in eine Werkstatt umfunktioniert, die selbstverständlich nicht angemeldet war. Mit der Zeit machte er sich auch als Schweißer einen Namen. Da die meisten Autos, die die Szene fuhr, alt, viel zu alt waren, waren durchgerostete Bodenbleche und Radkästen, aber auch verrottete Auspuffanlagen ziemlich normal und häufig. Diese wieder zusammenzuschweißen, ohne dass der TÜV Schweiß- und Blecharbeiten reklamierte, war eine Kunst, die Andy beherrschte.
Beide hatten also Ahnung, genau das, was man für die Aktion brauchte.
Das lag neben biografischen Gründen auch an der Zeit. Die Ära der großen theoretischen, ideologischen und strategischen Debatten war vorbei. Man könnte auch sagen, es war dafür zu spät. Der Makel, zu viel über Entfremdung, Verblendungszusammenhänge und Befreiungstheorien geredet zu haben, haftete den 68ern an. Sie hatten alle drei Bände ›Kapital‹ von Marx gelesen, kannten sich mit »fixem« und »variablem« Kapital, mit dem »tendenziellen Fall der Profitrate« aus, aber hatten keinen blassen Schimmer von Strom, Materialkunde und Chemie, von Versicherungsbetrug und Diebstahl. Diese Distanz zu unverständlichen und abgehobenen Theorieschlachten wurde den 80ern schnell als Theoriefeindlichkeit ausgelegt, die in nichts anderem als blindem Aktionismus münde. Der ›Pflasterstand‹, die Zeitung der ›Spontis‹, die den antiautoritären Teil der 68er in Frankfurt beerbten, prägte dafür den Satz: »Der Stein bestimmt ihr Bewusstsein.«
Johan war nicht theoriefeindlich, vorausgesetzt, sie bewies sich in der Veränderung des Bestehenden. Es ging um Praxis, nicht darüber reden, wie es besser aussehen könnte, wenn..., sondern machen, jetzt und anders!

»Die Philosophen haben bisher nur die Welt interpretiert. Es kommt darauf an, sie zu verändern.«
Dieser Satz von Karl Marx galt für viele im Umfeld von Johan. Niemand wollte sich mehr anhören, wie schlecht die Welt, wie schlimm alles sei. Sie waren geprägt von linken und rechten Verelendungstheorien, ökologischen Untergangsszenarien und Faschismustheorien. Von diesen düsteren und aussichtslosen Prognosen gab es genug, stapelweise. Dass es nicht bergauf ging, wussten alle. Der ›Deutsche Herbst‹ 1976/77 war eine Zäsur in der Geschichte der radikalen Linken gewesen. Die tödliche (Hetz-)Jagd auf die RAF sollte an Wenigen ein Exempel statuieren, um Viele zu ›erziehen‹. All die, die zum geistigen, politischen, moralischen, intellektuellen und persönlichen Umfeld gerechnet wurden, also alle, die sich nicht auf Franz Josef Strauss/CSU bis Helmut Schmidt/SPD berufen konnten und wollten. Der Deutsche Herbst wirkte nach, als Erzählung, als Geschichte, vor allem als Warnung und Drohung. Was bei den meisten Angst und Ohnmacht auslöste und Anpassung bewirkte, hatte jedoch eine ungewollte Nebenwirkung: Es war egal, ob man durch einen friedlichen GAU, eine Atombombe, durch verseuchtes Wasser oder einen »gezielten Todesschuss« ums Leben kam. Gleichzeitig hinterließen die verschiedenen apokalyptischen Szenarien ein neues, tickendes Zeitgefühl. Die Utopie lag nicht mehr in der Zukunft, sondern im Hier und Jetzt...
»Tanz auf dem Vulkan«.
Folglich machte es keinen Sinn zu warten, auf die Anderen, auf eine Mehrheit, auf eine Revolution. Und es ging nicht darum, andere geduldig zu überzeugen, Schritt für Schritt, vom Nachdenken, übers kritische Bewusstsein, zum Ungehorsam, zum.... Worauf es ankam, war, selbst anders zu leben. Subito. Und dazu gehörte vor allem, kein normales, geregeltes, angespartes Leben zu führen.
Über Detlefs Bett hing ein Plakat der Gruppe Cure: ›Boys don't cry‹. Dabei ging es um ein altes Männerbild und mehr: Keine Träne mehr vergießen für das, was war und nie sein wird.

Andy nahm die Masse des Mauersegmentes zur Grundlage und schweißte eine zweirädrige Karre aus L-Profilen zusammen, die stabil genug war, die Attrappe herauszubugsieren und das demontierte, viel schwerere Mauerteil wegzuschaffen.
Detlef baute nach Vorlage ein Mauersegment aus Kiefernholz nach, vier Meter breit, drei Meter hoch. Anschließend wurde die Attrappe mit Zementfarbe gestrichen, dem Einheitsgrau der Betonmauer. Beide machten ihre Arbeit hervorragend, und so ging es auch weiter.

Samstagnacht war es dann soweit. Insgesamt drei Gruppen waren in die Aktion eingebunden. Die erste übernahm die Aufgabe, die Attrappe in Einzelteilen herauszuschaffen und vor Ort zusammenzubauen, bevor sie auf dem Karren in den Wald transportiert wurde. Auf der Westseite der Startbahnmauer wurde sie zwischengelagert. Eine zweite Gruppe schaffte das Stahlseil und den Kettenzug an die verabredete Stelle und löste die Muttern und Halterungen für die Natodrahtrollen auf der Mauerkrone. Eine dritte Gruppe übernahm den Schutz der Aktion, um auch vor Überraschungen geschützt zu sein, die jenseits des ausgemachten Streifenplans lagen. Nachdem sie sich alle über Funk kurz abgesprochen hatten, trat die zweite Gruppe in Aktion. Sie legte dem Mauersegment die Schlinge um den Hals und zog das andere Ende des Stahlseiles um einen recht kräftig wirkenden Baum. Dann hängte Bernhard die beiden Schleifenenden in den Kettenzug und fing an, das Seil zu spannen. Beton oder Natur. Der Beton bröselte und das Seil schnitt sich in die Baumrinde. Einige Ratschenzüge tat sich gar nichts und dann machte es einen Schlag: Das Mauerteil kippte. Am längsten dauerte es, das Mauersegment über den Graben zu ziehen und auf den Karren zu wuchten. Dann kam der schönste und aufregendste Teil der Aktion: Die Attrappe wurde aus ihrem Versteck geholt und in die Lücke eingefügt. Sie passte, wie angegossen. Alles zusammen dauerte nicht länger als 45 Minuten. Sie hatten also noch genug Zeit, sich das Werk anzuschauen. Dank der Lichtmasten wurde das Kunststück so gut ausgeleuchtet, dass ein Irrtum nicht möglich war.
»Täuschend echt. Klasse, echt klasse.«
Johan klopfte Bernhard auf die Schultern.
»Du glaubst gar nicht, wie ich mich auf morgen freue. Das wird ein Heidenspaß.«
»Also wenn ich nicht wüsste, welches Mauersegment wir rausgenommen haben, ich würde nichts, aber auch gar nichts erkennen. Ich bin mir sicher, die Bullen checken gar nichts.«

london calling to the faraway towns
now that war is declared –
and battle come down london calling
to the underworld come out of the cupboard
all you boys and girls london calling
now don't look at us all
that phoney beatlemania has bitten the dust london calling
see we ain't got no swing
'cept for the ring of that truncheon thing chorus
the ice age is coming, the sun is zooming in engines stop running

and the wheat is growing thin a nuclear error
but i have no fear london is drowning -
and i live by the river london calling to the imitation zone forget it, brother
an' go it alone london calling upon the zombies of death quit holding out -
and take another breath london calling

London Calling, The Clash, 1979

Der Sonntag begann, wie die Nacht aufgehört hatte. Es lief alles wie am Schnürchen. Strahlender Sonnenschein. Sie hatten sich für 14 Uhr am Kuchenstand verabredet. Und tatsächlich waren auch alle zum abgemachten Zeitpunkt da. Sogar Johan verzichtete auf seine üblichen Verspätungen.
»Es müssen ja nicht alle los, um zu sehen, ob alles okay ist.«
Gespielte Empörung war die Antwort.
»Ich mach' einen Vorschlag. Wir lassen Andy und Detlef gehen. Sie haben's sich verdient.«
Der Vorschlag wurde angenommen.
In der Zwischenzeit kam auch die Mörfelden-Walldorfer ›Küchenbrigade‹ an. Sie war gerade dabei, alles aufzubauen, als Andy und Detlef zurückkamen. Andy machte ein düsteres Gesicht. Die anderen schauten ihn auffordernd an.
»Ihr werdet es nicht glauben, aber sie haben es entdeckt. Sie haben unsere Attrappe gegen ein neues Mauersegment ausgetauscht. Dumm gelaufen!«
»Jetzt mach kein Quatsch. Detlef, stimmt das?«
Alle schauten zu Detlef, der mit seiner Mimik Zustimmung signalisierte. Dann platzte er schier vor Lachen.
»Nein, wir haben euch auf den Arm genommen. Es ist alles perfekt, in bester Ordnung. Alles genau so, wie es nicht sein soll.«
Die Gesichter entspannten sich wieder.
»Ich sag Leo Bescheid. Der Rest läuft dann wie abgesprochen.«
Man stellte sich am Kuchenstand an, der an sonnigen Tagen so umlagert war, wie die beste Eisdiele. Nach einer knappen Stunde waren alle mit Kuchen, Kaffee, Tratsch und Informationen versorgt.
»Heute gehen wir auf die Westseite«, rief Leo, mit einer Geste, die zu verstehen gab, dass alle dort etwas erwarten durften. Es dauerte eine Weile, bis dieser Wink in Bewegung umgesetzt wurde. Der Einsatzleiter registrierte das allsonntägliche Ritual und gab zwei Hundertschaften der Bereitschaftspolizei den Befehl, die Demonstration zu begleiten - ohne Polizeikräfte nach draußen zu schicken.

Es waren an diesem Sonntag fast 400 StartbahngegnerInnen, die über die Stirnseite auf die Westseite spazierten. Man unterhielt sich, lief locker und entspannt nebeneinander her. Niemand war besonders wachsam oder gar auf der Hut, als Andy seine Zigarette über den Graben schnickte. Im nächsten Augenblick entzündete sich das Benzin-Gemisch. Erst qualmte es, dann züngelten die ersten Flammen um das Mauerteil. Der Sonntagsspaziergang kam staunend und feixend zum Stehen.

Auf der anderen Seite der Mauer teilte man diese Stimmung nicht.

»Haben Sie gesehen, was hier passiert ist? Wurde ein Molli auf die Mauer geworfen?«

Sein Funkmann schaute in die Flammen, die meterhoch schlugen.

»Nein, das hätten wir doch mitbekommen.«

Der Einsatzleiter wartete noch ein paar Augenblicke, in der Hoffnung, dass sich das Benzingemisch von alleine aufzehrte. Dann griff er zu seinem Funkgerät:

»Mönus 17 an 1.1. Bitte kommen.«

»Mönus 1.1. hört.«

»Wir brauchen einen Wasserwerfer, an der Westseite. Die Mauer brennt.«

»1.1. an Mönus 17. Habe ich Sie richtig aufgenommen? Die Mauer brennt? Das ist hoffentlich ein Witz! Wiederholen Sie das noch einmal.«

»Nein, ja. Ich weiß auch nicht, wie ich Ihnen das erklären kann. Aber die Mauer brennt lichterloh.«

»Mönus 1.1. an Mönus 17. Sie wissen, dass Beton nicht brennt.«

»Ja, natürlich, normalerweise nicht. Sicher. Aber jetzt....«

Der Einsatzleiter wollte seinen Augen nicht trauen. Die ersten Streben fingen wie Holzscheite an zu glühen. Der Beton knisterte und es roch eindeutig nach Holz. Da war er sich ganz sicher, fast.

»Mönus 1.1. an Mönus 17. Geht es Ihnen nicht gut? Würden Sie mir endlich mitteilen, was bei Ihnen los ist?«

Die Demonstranten auf der anderen Seite applaudierten. Der erste Querbalken stürzte brennend zu Boden.

»Mönus 17 an 1.1. Mir geht es gut. Aber die Mauer, also das, was gerade brennt, fällt in sich zusammen, wie ein Scheiterhaufen. Ich weiß auch nicht, wie ich Ihnen das besser erklären kann.«

20.00 Uhr

Die DemonstrantInnen, die den kürzeren Weg über die Notbrücke gewählt hatten, sind bereits an der Wegspinne, wo der Mittel- und der Knüppeldammweg aufeinanderstoßen. Es herrscht hektische Betriebsamkeit: Viele ziehen sich schwarze Motorradmützen über, andere zupfen an ihren Handschuhen. Die Sicherungsgruppen beginnen, die Barrikade zu errichten. Alles geht zügig, Hand in Hand. Zuerst werden die Reifen mit Ketten und Moniereisen im Boden verankert. Dann werden Strohballen aufeinandergeschichtet und mehrere Gaskartuschen dort platziert. Am Schluss werden Natodrahtrollen um das Ganze gespannt.

20.05 Uhr

Paul, Chris und Leo stehen ein wenig abseits von der Barrikade. Jeder von ihnen hat ein Signalhorn dabei.
»Also, wir teilen uns jetzt auf. Paul, du stellst dich an die Süd-West-Seite, Chris, du gehst an die Süd-Ost-Ecke und ich bleibe hier auf der Wegspinne. Wenn ihr irgendwo Bullen seht, trötet ihr einmal. Wenn ich drei Mal kurz hintereinander tröte, ist Rückzug angesagt, wie abgemacht.«
»Ja, Chef« frotzelt Chris und zwinkert ihm dabei, leicht abmildernd, zu.
Chris macht sich in Richtung Kuchenstand auf, während Paul nachsetzt.
»Die Frage von Hierarchie und Geschlecht ist noch nicht abschließend beantwortet. Kann das sein, Chef?«
»Nein, meine Damen und Herren, auch aus den Reihen der Opposition. In dieser Angelegenheit besteht noch Klärungsbedarf. Aber seien Sie sich sicher, wir werden diese Schicksalsfrage noch in dieser Legislaturperiode lösen.«
Nach dieser improvisierten Bundestagsrede schauen beide in Richtung Startbahnmauer.
»Meinst du, wir kommen bis dorthin?«
Leo verlässt das Podest der hohen Politik und dreht sich zu Paul.
»Hoffentlich nicht.«
»Wie meinst du das?«
»Na, dann hätten wir ein dickes Problem! Darauf sind wir doch gar nicht vorbereitet.«

20.10 Uhr

Die Barrikade kann sich sehen lassen, als sich der Fackelzug nähert und sich mit den bereits Wartenden an der Wegspinne vermischt. Von dort aus, leicht erhöht, kann man auf das Startbahngelände schauen: Alles ist hell erleuchtet.

Neben den fest installierten Scheinwerfern, die nur ein paar Meter reichen, wurden zwei zusätzliche mobile Lichtmasten hinter der Mauer postiert. Sie ragen wie zwei Giraffenhälse über die Mauer. Ihr Flutlicht deckt das gesamte Gelände vor der Stirnseite ab und reicht bis zur Wegspinne.

Rückblende:
Eine Nachtaktion bei 20.000 Watt – 1982

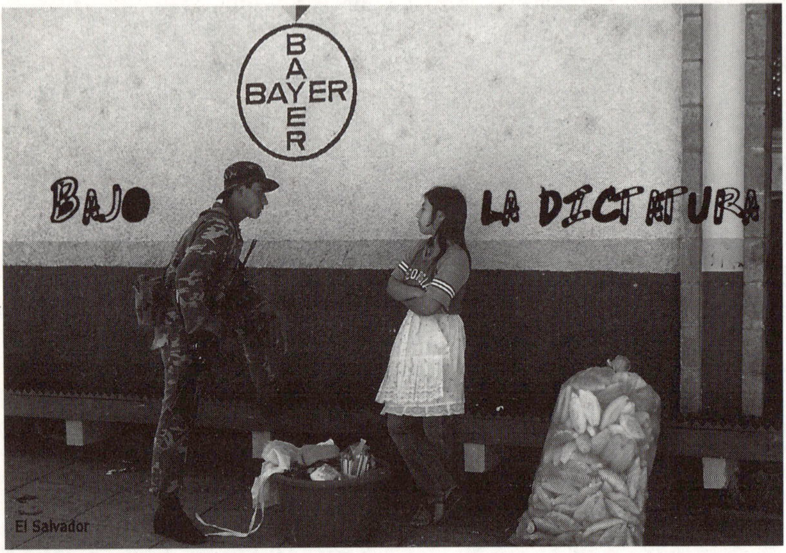

Militärdiktatur in El Salvador © Wolf Wetzel

»Meinst du, Sex schwächt den Widerstand?«
»Ja, Frau Herberger. Sex untergräbt die Kampfmoral.«
Johan rollte sich erschöpft zur Seite und strahlte.
»Also wenn Sex in Watt gemessen werden würde, dann...«
»Blende ich dich?«
Clara hielt die Hände schützend vor ihre Augen.
»Wir werden sehen.«
»Weißt du, ich glaube nicht, dass Askese, Verzicht, ein guter Kampfgefährte ist. Manche denken doch immer, je mehr, je öfter und besser wir leiden, desto mehr Recht auf Widerstand hätten wir. Ich kann diese Opferhaltung nicht leiden.«
Tiefsinniges Wortspiel, dachte sich Johan und kam in Fahrt:
»Wir begründen viel zu viel damit, Opfer zu sein. Als wäre am Opfer-Sein irgendetwas Heiliges, Unschuldiges. Als hätten Opfer irgendetwas Zwingendes, das sie in Opposition zu Herrschaft setzt.«
»Na, jetzt will ich es aber wissen!« Clara lockte, die Decke zwischen ihre Beine klemmend.

»Mal im Ernst«, Johan folgte mit der Hand der zerknüllten Decke, »nicht das Unglück, sondern das Glück«, Johan nahm die Hand wieder weg, »um mal den Sex draußen zu lassen – gibt uns eine Vorstellung davon, was uns vorenthalten wird. Mit Glück meine ich nicht etwas Genügsames, Individuelles...«
»Könntest du deine Hand trotzdem wieder da hinlegen?«
Clara zeigte zwischen ihre Beine und machte ein Zeichen, fortzufahren.
»... sondern etwas Maßloses, Unverschämtes, das Herrschaft nicht aushält, sondern unerträglich macht.«
Clara verdrehte die Augen, Schwindel vortäuschend.
»Das Leid, Opfersein, begründet Widerstand. Es verweist auf das innere Band zwischen Knecht und Herrn, nicht darüber hinaus. Das Letzte ist von Fanon, nicht von mir.«
»Mama Mia, vögeln kann wirklich bewusstseinserweiternd sein!«
Mit diesem sinnlichen Zusammenhang legte sich Clara genüsslich auf den Rücken.
»So könnte man es auch zusammenfassen«, antwortete Johan, wieder landend. Er gab Clara einen Kuss, der in eine unverschämt lange Knutscherei überging.

In der Küche nebenan lief der Fernseher. Bundesliga-Fußball interessant zu finden, samstags ›Sportschau‹ zu sehen oder gar ins Stadion zu gehen, also zur ›Eintracht‹, war Anfang der 80er Jahre jenseits von Gut und Böse, schlichtweg indiskutabel. Dennoch schauten Andy und Detlef regelmäßig Fußball. Man einigte sich darauf, mit einem solchen Widerspruch zu leben, aber bitte nicht so laut. Daneben hatten die Fußballfans auch gute Seiten: Beide waren in einem El Salvador-Solidaritätskomitee engagiert. In El Salvador herrschte eine Militärdiktatur, dagegen kämpfte die El Salvadorianische Befreiungsfront/FMLN[28]. Wie in vielen anderen lateinamerikanischen Ländern ging es nicht nur darum, die postkoloniale Ordnung zu bekämpfen, die die Kolonialmächte zurückgelassen hatten. Die meisten Befreiungsbewegungen wollten mehr als die Beseitigung von Fremdherrschaft. Sie kämpften zugleich für andere Gesellschaftlichkeit, für den Sozialismus.
»Tor, Tor! Klasse, hast du das gesehen? War das ein Dribbling!«
Der Kommentator überschlug sich ebenfalls, doch Clara ließ sich nicht aus dem Konzept bringen. Sie stürzte sich auf Johan, um auf ihre Weise den Torlauf nachzuspielen.

»Komm, sei kein Feigling, stell dich.«
Johan kniff die Beine zusammen, kreuzte die Arme und rief wie nach einem Knock-out:

»Aus, aus«, gedanklich das Handtuch werfend.
Clara überlegte gerade, ob sie seine Aufgabe annehmen konnte und wollte, als Andy die Tür aufstieß, kurz innehielt, als würde er bemerken, dass er gerade völlig unpassend war, um dann loszulegen:
»Ich hab *die* Idee. Ich sag euch, das haut euch um.«
Clara beendete ihren Torlauf, legte eine Zwangspause ein und schaute zu Andy.
»Wir gehen nachts ins Stadion! Was haltet ihr davon?«
»Gar nichts, Sportsfreund, weder tags- noch nachtsüber. Noch was?«
»Meine Güte, nicht zum Fußballspielen oder glotzen...«
»Was dann?«
»Wir ätzen eine riesige Parole in den Rasen...«
»Zum Beispiel: Sport ist Mord. Breitensport ist Völkermord.«
»Nein. Nieder mit der Diktatur!«
»Der Fußballregeln oder was?«
Clara spürte, dass sie es jetzt zu doll trieb und schlug einen versöhnlichen Ton an.
»Also, verrat's uns, ich hör dir jetzt echt zu.«
»In zwei Wochen findet im Waldstadion ein Europacup Spiel zwischen Eintracht Frankfurt und Tottenham statt. Das wird live übertragen. Wenn wir also nachts zuvor den Rasen mit einer Parole verätzen, dann bekommen die das bis zum nächsten Tag nicht mehr geregelt. Die Parole geht dann um die halbe Welt.«
»Geht's etwas genauer?«
»Das Spiel wird wie alle Europacup-Spiele in 60 Länder übertragen, u.a. wird es in El Salvador, aber auch in Guatemala, in Argentinien ausgestrahlt. Stell Dir mal vor, die Leute sitzen am Fernseher...«
»... und verstehen kein Wort.«
»Natürlich nicht in deutsch, sondern in spanisch: Bajo la dictadura oder so ähnlich.«
»Und wie wollen wir da rein kommen, einen Tag vor Spielbeginn? Das Stadion wird doch bestimmt rund um die Uhr bewacht!«
»Warum sollten die den Rasen bewachen? Mich würde es nicht wundern, wenn man da ohne Schwierigkeiten hereinkäme. Aber das könnten wir ja auschecken. Was haltet ihr also davon?«
Clara und Johan hatten Mühe, so schnell auf Politik umzuschalten, auch wenn alles irgendwie zusammenhing. Davon abgesehen, die Idee hatte etwas für sich.
»Also, wenn das Stadion nachts nicht bewacht wird, warum nicht? Ich mache einen Vorschlag: Ihr checkt das in den nächsten Tagen aus und du machst jetzt die Tür wieder zu.«

Johan nickte wie ein Pferd und Andy schloss die Tür.
Der Ball kam ins Rollen. Nachdem Andy die Nachricht verbreitete, dass das Stadion keinen eigenen Wachdienst angestellt hatte, wurde Abbeizlauge, die man normalerweise zur Restaurierung von Möbel verwendet, besorgt. Dazu noch einen großen Kübel Farbe, um zusätzlich die Tartanbahn und die Anzeigetafel mit Parolen zu versehen. Doppelt gemobbelt , hält besser, sagen die Schwaben dazu. Vorsichtshalber wurde noch einmal zwei Tage vor dem Sportereignis das Waldstadion beobachtet. Das Ergebnis war passabel: Im Zweistundenrhythmus wurde das Gelände von einer Polizeistreife abgefahren, genug Zeit also. Auch die Zäune stellten kein Hindernis dar und das Stadion selbst war nachts nicht beleuchtet. Ideale Bedingungen für eine Nachtaktion.
Die Vorbereitungsphase war abgeschlossen und alle standen in den Startlöchern. Es war der 16. März 1982, kurz nach 23 Uhr, als ein geschlossener, alter Ford Transit alle Teilnehmerinnen der Aktion einsammelte und eng zusammengedrängt zum ausgemachten Treffpunkt, einem Parkplatz nahe dem Waldstadion brachte. Eine weitere Gruppe stieß dazu und als alle da waren, ging es los. Mit einer großen ausziehbaren Leiter, einem Zwanzigliterfarbeimer, Pinseln, Rollen und vielen Flaschen Abbeizlauge machten sich ca. 20 Gestalten auf den Weg Richtung Stadion. Es war stockdunkel, der Weg war nicht beleuchtet, als die Gruppe an einem großen Bus vorbei kam, der am Rand des Weges geparkt war.
»Das ist doch merkwürdig. Was soll der Bus da? Ich schau' mal genauer nach, bevor wir weitergehen. Einverstanden?«
Die anderen nickten und Clara ging zurück. Der Bus hatte Vorhänge, die zugezogen waren, es brannte kein Licht im Wageninneren. *Merkwürdig, wer stellt seinen Bus dort ab? Und wozu die Vorhänge?* Plötzlich ging die Tür auf und ein SEK-Trupp stürmte aus seinem Versteck. Mit dieser Vorahnung im Nacken umkreiste sie den Bus, bis sie die Aufschrift auf der Rückseite lesen konnte: Hessisches Fernsehen. *Puh, ein Übertragungswagen.* Clara atmete erleichtert auf, stieß zur Gruppe und gab Entwarnung. Zusammen gingen sie weiter, bis an die Stelle, wo nachts zuvor ein Loch in den Zaun geschnitten worden war. Von dort aus konnte man über die Tribünenränge ins Stadion gelangen. Alles lief - von der erwähnten Überraschung abgesehen - wie geplant, nur eines nicht: In dieser Nacht tauchte die Flutlichtanlage das gesamte Stadion in gleißendes, grelles Licht. Man konnte wirklich alles sehen: Die Ränge, das Fußballfeld, die Tartanbahn, die Ausgänge ... wahrscheinlich hätte man auch eine Maus sehen können, wenn sie aus ihrem Loch geschaut hätte ...
»Das gibt es doch nicht! Was für eine Energieverschwendung?«
Die anderen schauten Clara stumm an, ihnen war nicht nach Energiespartipps zumute.

»Hey, nur nicht den Mut verlieren. Jetzt seht es doch einmal so herum: Nicht nur die können alles sehen, wir auch!«

Johan schaute Clara verständnislos, ohne Bereitschaft zum Perspektivwechsel an.

»Jetzt gibt's nur eins. Ich geh hoch auf die Tribünen, schau mir von dort oben alles genau an. Wenn alles clean ist, legen wir los. Was soll's?«

Einige schauten noch wie hypnotisiert nach oben, in die Flutlichter, als Clara durch das Loch schlüpfte und die Treppen hochstürzte. Kurze Zeit später machte sie mit beiden Armen Zeichen, ihr zu folgen.

»Ihr habt doch gesagt, das soll eine Nachtaktion werden oder nicht?«

»Na ja, jetzt leg nicht alles auf die Goldwaage. Es wird uns schon niemand sehen. Komm jetzt.«

Was eigentlich ein Grund gewesen wäre, die Aktion sofort abzublasen, war jetzt nur ein ungünstiger Umstand, den man ganz schnell vergessen musste. Sie zwängten sich durch den Zaun und stiegen mit mulmigem Gefühl die Treppen zur Tribüne hoch.

Jetzt nur nicht stehen bleiben. Bei Lichte betrachtet... Johan wollte den Satz nicht zu Ende denken und hastete mit den anderen zusammen die Treppen wieder hinunter, ins Stadioninnere.

»In zehn Minuten sammeln wir uns wieder hier, okay?«

Die Beleuchtung war Antrieb genug. Es ging alles rasend schnell. Die erste Gruppe ging mit einer Leiter ausgestattet in Richtung Stadionanzeige, um diese mit einer Parole zu übersprühen. Eine zweite Gruppe fing auf der Höhe der Mittellinie damit an, mit Abbeize große Buchstaben in den satt-grünen Rasen einzugravieren. Die dritte Gruppe versah die rund um den Rasen angelegte Tartanbahn mit weiteren Anmerkungen zum Stand der deutsch-lateinamerikanischen Freundschaft. Allein die Vorstellung, das Tun könnte minutiös von den Kameras aufgezeichnet werden, die ins Stadioninnere gerichtet waren, hatte auch etwas Gutes: Alle hielten sich an die zeitliche Vorgabe. Niemand wollte überziehen. Ohne die üblichen Verzögerungen trat man den Rückzug an. Als alle wieder zusammengezwängt und nass geschwitzt im Ford Transit saßen, wich die Anspannung. Die Vorfreude auf den Abend war riesengroß. Zum ersten und letzten Mal saßen Sportsfreunde und Sportgegner vereint zusammen, vor der Glotze. Die Live-Übertragung begann und alle suchten fieberhaft die Stellen ab, die die Handschrift dieser ›Nacht‹ trugen. Der Fernseher war zwar schlecht, doch das Ergebnis eindeutig. Die Anzeigetafel war gereinigt, die Tartanbahn wurde mit Plastikplanen abgedeckt und ziemlich fassungslos schauten alle - immer und immer wieder - auf das große Stück Rasen, rechts von der Mittellinie: Außer dem Umstand, dass ein Viertel des Spielfelds kein Rasen-, sondern ein Sandplatz war, war nichts zu sehen. Die

Stadionverwaltung hatte kübelweise Sand über die verätzte Rasenfläche geschüttet.
Der Reporter dieses Spieles komplettierte die Enttäuschung. Mit keinem einzigen Wort erklärte er den ZuschauerInnen die Gründe für die skandalösen Bedingungen, unter denen dieses Europa-Cup-Spiel ausgetragen werden musste.
Trotz des Umstandes, dass die Außenwirkung dieser Aktion auf den Kreis der TeilnehmerInnen beschränkt blieb, sollte ein Detail dabei nicht unerwähnt bleiben: Unabgesprochen hatte einer der Beteiligten auch die Bandenwerbung miteinbezogen: Er hatte einen Kreis um ein großes A gesprüht. Das war unentdeckt geblieben!
Keine wirkliche Entschädigung.

20.15 Uhr

Hinter dem Tor stehen 20-30 Einsatzfahrzeuge der Polizei ordentlich in zwei Reihen geparkt. Drei Hundertschaften sind bereits abgestiegen und stehen in Römer-Manier neben den Fahrzeugen. Sie warten nur noch auf ihren Einsatzbefehl.

Eine größere Gruppe an der Wegspinne löst sich aus der Menge und nimmt den Weg, der Richtung Kuchenstand führt. Fast alle haben sich Sturmhauben übergezogen, alle tragen Handschuhe. Auf halber Höhe beginnen sie, auch dort eine Barrikade zu errichten. Die Bewegungen und Absprachen lassen erkennen, dass es sich auch hier um eine feste, gut eingespielte Gruppe handelt. Einige sind mit Zwillen und Leuchtspurpistolen ausgerüstet und decken die Aktivitäten der anderen. Die Signalpistole von Anton fällt besonders auf: Sie hat einen Aufsatz, mit dem man sechs Leuchtspurpatronen abschießen kann, ohne zu laden.

Paula beobachtet Anton. Er gibt ein komisches Bild ab. Er trägt einen dunkelblauen Blouson und eine graue Hose mit seitlich aufgesetzten Taschen. Dazu einen schwarzen Rucksack und schwere, teure Wanderschuhe. Alles wirkt akkurat, steril, viel zu perfekt. Wie ein Modell bei ›Sine‹, dem ersten ›außergewöhnlichen‹ Ausrüster für Outdoor-Kleidung. Nur die schwarze Sturmhauben mit einem roten Rand über seinem Kopf irritiert. Das Einzige, was man von seinem Gesicht sieht, ist eine Brille und ein Oberlippenbart. Auf Paula wirkt das Ganze so, als habe sich die Polizei einen Autonomen ausgedacht, entsprechend eingekleidet und dort abgesetzt. Oder hat sich Seyfried mit dieser Comic-Fighter-Figur einen Scherz erlaubt?

»Gerd, schau doch mal, der Typ da.«

Paul zeigt mit dem Arm in Richtung Barrikade. .

»Wen meinst du genau?«

»Den Typ da, der ständig mit Leuchtspur schießt. Kennst du den?«

»Ach, der... Ja, ich weiß, was du meinst. Ich kenn ihn, Anton. Der gehört zur Frankfurter Gruppe. Also nicht das, was du denkst.«

20.31 Uhr

Über den Lautsprecherwagen, der auf dem Startbahngelände postiert ist, ertönt die Auflösungsverfügung. Der Leiter der Bezirksversammlungsbehörde liest einen vorgefertigten Text ab:» Hier spricht die Polizei. Es handelt sich hier um einen illegalen Aufzug...«

Mehr ist nicht zu hören. Die Verfügung geht in lauten Rufen und Schüssen aus Signalpistolen unter.

Rückblende: Müntzer an der Startbahn 1982 – ein Gastbeitrag

G-3-Abschussgewehre © Wolf Wetzel

Clara kannte Michaela, Bernd, Klaus und Gernot aus ihrer Göttinger Zeit, als sie dort zur Schule ging. Prägender als das Gymnasium war jedoch die Anti-AKW-Bewegung. Göttingen galt damals als eine Anti-AKW-Hochburg. Der Göttinger Block zählte nicht nur zu den stärksten, er war auch sehr gut organisiert. In einer der vielen Anti-AKW-Gruppen lernte Clara die anderen kennen. Sie blieben in Verbindung, auch als Clara nach Frankfurt zog. Das lag neben der Freundschaft auch an der Startbahn West, die zu regelmäßigen Reisen einlud. Zu allen größeren Aktionen an der Startbahn West kamen sie, manchmal zu viert, oft auch in einer größeren Gruppe. Sie waren dabei, als das Hüttendorf auf dem Baulos I gewaltsam geräumt wurde. Sie gehörten zu den unfreiwilligen Statisten des Nackten-Sonntags und beteiligten sich an der Flughafen-Blockade. Als die Räumung des zweiten Hüttendorfes auf Baulos II am 30. Januar 1982 anstand, war für sie klar, an die Startbahn zu fahren. Nicht nur die Göttinger gingen davon aus, dass sich die Startbahnbewegung radikalisieren würde. Dementsprechend vielfältig waren die medialen Aufrufe vonseiten der Startbahnbefürworter, sich geistig, politisch und geografisch von den ›Gewalttätern‹ zu distanzieren. Den Subtext dieser Aufrufe konnten alle StratbahngegenerInnen schnell entschlüsseln: Es stand ein harter, also auch brutaler Polizeieinsatz bevor. Mit dieser Anspannung machten sich auch die Göttinger auf den Weg...

»Wieder fuhren wir einen Tag vor der Demonstration mit mehreren Autos zu Ilse nach Frankfurt. In meinem Auto saßen außer mir Klaus, Gert, Michaela und Gernot. Zwischen Klaus und seiner Freundin Susanne spielte sich gerade ein Beziehungsdrama ab, weshalb sie im Auto meines drei Jahre jüngeren Bruders mitfuhr. Klaus und Susanne waren beide Anfang zwanzig und schon seit der Schule ein Paar.

Mittlerweile absolvierte er eine Lehre als Industriekaufmann und sie eine als Arzthelferin. Ihre Beziehung war seit einiger Zeit am Ende, aber die Trennung zog sich hin. Als sie später auseinandergingen, endete damit gleichzeitig Susannes politisches Engagement, und auch mit Klaus war nicht mehr viel los. Gert war der beste Freund von Klaus und lernte in derselben Firma Industriekaufmann. Michaela hatte gerade ihr Abitur hinter sich und wusste noch nicht so genau, was sie machen sollte. Später hat sie studiert und ist schließlich Redakteurin beim NDR-Fernsehen geworden. Aber da hatten sich unsere Wege längst getrennt. Im Januar 1982 fand ich Michaela sehr attraktiv, ein zusätzlicher Grund, dieser Fahrt gespannt entgegenzusehen.

Dann gab es da noch Gernot, einen etwas merkwürdigen Typen. Als Endzwanziger lebte er immer noch bei seinen Eltern. Mit Frauen hatte er totale Probleme. Sobald sich ihm eine Frau näherte, reagierte er sehr merkwürdig, hilflos und schüchtern. Seine sozialen Mankos kompensierte er durch wissenschaftliche Akribie und Radikalität. Völkerkunde und Politik waren zwei seiner Disziplinen, die er jahrelang in Göttingen studierte. Ein Intellektueller, geschaffen für die geistige Auseinandersetzung, für praktische Dinge war er hingegen kaum zu gebrauchen. Als wir einmal eine Parole anbringen wollten, mussten wir ihm erst erklären, wie eine Sprühdose funktioniert. Über diese und ähnliche Geschichten amüsierten wir uns hinter seinem Rücken. Doch er gehörte zu uns, legte sich in Leserbriefen in den lokalen Zeitungen mit Gott und der Welt an und war immer zur Stelle. Demonstrationen wie die kommende brachten Gernot etwas aus dem Häuschen. Diesmal hatte er die ganze Zeit ein kleines Buch am Wickel.

Nachdem wir in meinem Auto saßen, vertiefte er sich voll und ganz in die Lektüre, blickte nur dann und wann abwesend auf. Sein auffälliges Verhalten ließ mich fragen: ›Gernot, was tust du dir denn da rein?‹

›Thomas Müntzer‹[29], erwiderte er, ›erst jetzt hab ich die revolutionäre Kraft seiner Worte völlig begriffen.‹

›Ah, ja‹, meinte ich und ahnte, was nun kam. Gernot begann, aus den mittelalterlichen Texten zu zitieren: ›Die Herren machen das selber, dass ihnen der arme Mann Feind wird. Die Ursache des Aufruhrs wollen sie nicht wegtun, wie kann das auf die Dauer gut werden? So ich das sage, muss ich aufrührerisch sein, wohlan!‹
›Spürt ihr den Geist, der in den Worten Müntzers liegt?‹, fragte er euphorisch.
›Ja, ja. Gernot, mag ja alles sein, aber lies bitte leiser‹, sagte Klaus genervt. Gernot war völlig im Bann der Müntzertexte und versank ohne ein weiteres Wort tief in seinem Buch...

Die Nachricht von seiner Ankunft verbreitet sich auf der Hauptstraße in Windeseile von Mund zu Mund. Es bildet sich ein Spalier von Menschen, die den Mann willkommen heißen wollen, der die Fürsten herausgefordert hat, alles Leute aus dem Volk und Bauern der umliegenden Gebiete. Ich weine fast vor Rührung. Magister, ich muß dir alles erzählen: wie wir gekämpft haben und wie wir es geschafft haben, heute hier zu sein, um dich zu empfangen, ohne daß ein Büttel unterwegs ist. Sie haben große Angst, sie machen sich in die Hosen; allein sich überhaupt zu zeigen ist für sie ein großes Risiko. Wir sind hier, Magister, und mit dir können wir diese Stadt vom Kopf auf die Füße stellen und den Rat verjagen. Ottilie ist neben mir, ihre Augen strahlen, sie trägt ein schmuckes Kleid, von einem Weiß, das sie aus der Masse heraushebt. Und da ist er! Er taucht aus der Kurve auf, reitet einen Rappen, neben ihm Pfeiffer, der ihm auf der Straße entgegengegangen ist. Zwei Arme wie aus Stahl umfassen mich von hinten und heben mich hoch.
›Elfts!‹
›Mein Freund, jetzt, da er hier ist, machen die vom Rat sich in die Hosen, du wirst sehen!‹
Ein derbes Lachen, auch der rauhe Bergmann kann seine Begeisterung nicht verbergen.
Magister Thomas kommt näher, während sich die Menge hinter ihm schließt und ihm folgt. Er sieht seine Frau und beugt sich vom Pferd hinunter. Eine innige Umarmung und ein geflüstertes Wort, das ich nicht verstehen kann. Dann wendet er sich an mich: ›Sei gegrüßt, mein Freund, ich freue mich, dich gesund und munter an einem Tag wie diesem wiederzusehen.‹
›Selbst wenn ich meine Beine verloren hätte, ich hätte nicht gefehlt, Magister. Der Herr ist mit uns gewesen.‹
›Und mit ihnen ... ‹ Mit einer Handbewegung weist er auf die Menge.
Pfeiffer lächelt. ›Gehen wir, du mußt jetzt in der Kirche sprechen, sie wollen dein Wort hören.‹
Ein Winken. ›Setz dich in Bewegung, du willst doch nicht etwa zurückbleiben?‹

Er reicht Ottilie die Hand und hilft ihr aufs Pferd.
Ich laufe zum Portal der Marienkirche.
Das Schiff ist brechend voll, die Menschen stehen dichtgedrängt bis hinaus auf den Kirchplatz. Von der Kanzel aus läßt der Magister den Blick über dieses Meer aus Augen schweifen und zieht daraus die Kraft des Wortes. Rasch wird es ruhig.
›Der Segen Gottes sinke auf euch hernieder, Brüder und Schwestern, und erlaube es euch, diese Worte mit festem und offenem Herzen zu hören.‹
Atemlose Stille.
›Das Zähnefletschen, das heute in den Palästen und Klöstern gegen uns anhebt, die Beschimpfungen und Flüche, welche die Adligen und Mönche gegen diese Stadt schleudern, mögen sie euren Geist nicht erschüttern. Ich, Thomas Müntzer, grüße in euch, in dieser hier versammelten Menge, das ruhmreiche, endlich erwachte Mühlhausen!‹
Eine Woge der Begeisterung schwappt über die Köpfe hinweg, als das Volk den Gruß erwidert.
›Hört zu. Heute vernehmt ihr überall um euch herum das wirre, gereizte, wütende Geschrei derer, die uns schon seit jeher unterdrücken: die Fürsten, die feisten Äbte, die Bischöfe, die Adligen der Stadt. Hört ihr sie schimpfen, dort draußen, hinter den Mauern? Es ist das Bellen der Hunde, denen man die Reißzähne gezogen hat, Brüder und Schwestern. Ja, die Hunde, die uns mit ihren Soldatenhorden, ihren Steuereintreibern gelehrt haben, was Angst ist, die uns gelehrt haben, immer zu gehorchen, den Kopf vor ihnen zu neigen und ihnen zu huldigen wie Sklaven ihrem Herrn. Diejenigen, die uns Ungewißheit, Hunger, Steuern, Frondienst beschert haben ... Sie alle, meine Brüder, heulen heute vor Wut, weil das Volk von Mühlhausen sich erhoben hat. Wenn ein einzelner von euch sich weigerte, ihnen die Abgaben zu zahlen oder ihnen pflichtgemäß die Ehrerbietung zu bezeigen, konnten sie ihn von ihren Landsknechten auspeitschen lassen, ihn einkerkern und töten. Doch ihr seid heute zu Tausenden hier. Und sie können euch nicht mehr peitschen lassen, denn jetzt habt ihr die Peitsche in der Hand, sie können euch nicht mehr einkerkern, denn ihr habt die Gefängnisse eingenommen und die Türen aufgestoßen, sie können euch nicht mehr töten, und sie können auch dem Herrgott die Hingabe Seines Volkes nicht mehr rauben, denn Sein Volk ist aufgestanden und wendet den Blick Seinem Reich zu. Niemand wird euch mehr sagen können: ›Tu dies, tu jenes‹, denn von heute an lebt ihr in Brüderlichkeit und Gemeinschaft, in der Gott wohlgefälligen Ordnung, und es wird nicht mehr den geben, der das Land bearbeitet, und den, der seine Früchte genießt, denn alle werden das Land bearbeiten und seine Früchte genießen, in Gemeinschaft, als Brüder. Und der Herrgott wird geehrt, denn es wird keine Herren mehr geben!‹

Ein Tosen der Begeisterung hallt in der Apsis wider, wie der Schrei von Zehntausenden.
›Mühlhausen ist der Stein des Anstoßes für die Gottlosen dieser Erde, ist die Weissagung des göttlichen Zorns, der sie fortreißen wird, und deshalb zittern sie wie die Hunde. Doch diese Stadt ist nicht allein. Auf der Straße, die ich gekommen bin, um von Basel hierher zu gelangen, habe ich überall, in jeder Stadt, vom Schwarzwald bis nach Thüringen, die mit ihrem Glauben gewappneten Bauern aufstehen sehen. Hinter euch sammelt sich die Streitmacht des armen Volkes, das die Ketten der Sklaverei abschütteln will. Sie bedürfen eines Zeichens. Ihr müßt die ersten sein. Das tun, was so viele woanders aus Angst noch nicht zu tun wagen. Doch seid gewiß, daß eurem Beispiel andere Städte folgen werden, nah und so fern, daß wir nicht einmal ihre Namen kennen. Ihr müßt den Weg des Herrn bereiten. Niemand kann euch je wieder den Stolz auf diese Tat nehmen. Ich grüße in euch das freie Mühlhausen, die Stadt, auf die Gott Seinen Blick und Seinen Segen gelegt hat, die Stadt des Sieges der Niedrigen über die Gottlosen dieser Erde ! Die Hoffnung der Welt geht von hier aus, Brüder, sie geht von euch aus!‹
Die letzten Worte versinken im Getöse, Magister Thomas muß sie aus Leibeskräften herausschreien. Auch ich springe inmitten dieses Freudentaumels auf: Sie werden uns nie mehr aus irgendeiner Stadt verjagen.[30]

An der Autobahnraststätte Göttingen legten wir einen kurzen Halt ein, um auf ein paar Hannoveraner zu warten. Während wir uns die Füße vertraten, rezitierte Gernot mit gedämpfter Stimme Verse, immer das Buch in der Hand.
›Das musst du hören, das musst du spüren‹, sagte er zu mir.
›Ich hab dafür im Moment wirklich keinen Nerv, vielleicht später‹, hoffte ich, sein Ansinnen abzuwürgen. Leider funktionierte das nicht, und ich hörte mir des lieben Friedens willen einige Zitate an. Für mich war das krauses Zeug, und ich war froh, als endlich die Leute aus Hannover eintrafen.
Im Auto war es unmöglich, ein Gespräch zu führen. Unablässig trachtete Gernot, sich mit Müntzer-Zitaten einzubringen. Kurz vor Kassel schien der Bann gebrochen, Gernot schwieg und unter den übrigen Fahrgästen begann eine lockere Konversation. In einer kurzen Redepause donnerte auf einmal seine laute Stimme:
›Schmiedet pinke-panke auf den Ambossen Nimrods, werfet ihnen den Turm zu Boden!‹
Weiter kam er nicht, mir platzte der Kragen: ›Gernot, halt deine Klappe, wir wollen das nicht hören. Lies, lerne auswendig, aber lass uns in Ruhe. Habe ich mich verständlich ausgedrückt?‹

Das hatte ich wohl, beleidigt schwieg er fortan. Sprach nur noch einmal: ›Ihr wisst nicht, was ihr versäumt.‹
›Das ist auch gut so, wir wollen es gar nicht wissen‹, erwiderte Klaus. Erst bei Ilse fing Gernot wieder mit seinen mittelalterlichen Texten an, aber sie nahm es mit Humor.
Am nächsten Tag ging's zur Startbahn. Wir fuhren im Konvoi zum Sammelpunkt in Mörfelden-Walldorf. Von dort begann der Marsch von 40.000 Menschen in den Wald. Es war ein unfreundlicher Tag. Trübes Tauwetter tauchte die Landschaft in nebelige Dunstschleier. Das große, freie Wiesengelände auf dem Weg zur geplanten Startbahn lag unter einer dünnen Schneedecke und eine eklige, feuchte Kälte kroch durch die Kleidung. Der Boden, insbesondere auf den Waldwegen, verwandelte sich unter den vielen Füßen in schlammigen Morast. Kurz hinter Mörfelden hatte die Polizei eine Containersperre auf eine Brücke gestellt, die von den Demonstranten überquert werden musste. Die Polizisten waren beim Anrücken der Menschenmassen abgezogen. Um einen ungehinderten Demofluss zu gewährleisten, musste die Sperre beseitigt werden. Mit langen Seilen und vereinten Kräften zerrte man die schweren Betongewichte aus den Stahlkästen und räumte die leeren Container anschließend zur Seite.
Viele Leute waren mit Hämmern, Nägeln und ähnlichem Werkzeug ausgerüstet. Zusätzlich gab es Verteilstellen der BI auf dem Anmarschweg. Es war aufgerufen worden, die Bäume auf der geplanten Trasse zu vernageln. Diese Sabotageaktion richtete sich gegen die Kettensägen der Holzfäller.
Auf dem Areal lagen hunderte gefällter Bäume. Teilweise waren die Stämme aufgeschichtet, zumeist lagen sie aber wild durcheinander. Es schien, als hätten die Waldarbeiter vor der Demonstration im Akkord so viele Bäume wie möglich umgesägt.
Tausende von Menschen begannen mit Spitzhacken, Spaten, Beilen und Hämmern ein wüstes Arbeiten im Wald. Nicht jeder vernagelte Bäume, es gab Startbahngegner, die Baumstamm-Barrikaden bauten, um Wege und Straßen unpassierbar zu machten. Die Polizei musste den Barrikadenbau so schnell wie möglich unterbinden. Doch diesmal trafen die anrückenden Hundertscharten nicht auf halbnackte Gewaltfreie, sondern auf den Widerstand von gut vorbereiteten Militanten.
Auseinandersetzungen im Wald hatten eine andere Qualität als in der Stadt. Baumbestand, Gestrüpp und gefällte Bäume brachten einige Schwierigkeiten für die Polizeitaktik mit sich. Zu Beginn der achtziger Jahre stand das Agieren mit kleinen mobilen Einheiten in Ganzkörper-Schutzkleidung und ohne die behindernden Schilde erst am Anfang. Polizeihundertschaften, die darauf trainiert waren, Schild an Schild vorzurücken, verloren viel von ihrer Kühnheit, wenn sie ihre Kette auflösen mussten.

Zudem blieben Fahrzeuge und Wasserwerfer auf Wege angewiesen und Beobachtungen aus Hubschraubern waren nur eingeschränkt möglich.
Auch der Einsatz von Tränengas verlor im Wald an Effektivität. Durch den Bewuchs hatten die Granaten keine freie Flugbahn. Falls man einen Spaten zur Hand hatte, brauchte man nur eine ordentliche Schippe Erde über die Geschosse zu schaufeln und sie büßten ihre Wirkung ein. Außerdem gab es im Wald viele Möglichkeiten, versteckte Depots mit Material für eine Konfrontation anzulegen. Diese Ausgangslage verbesserte die Chancen, der Polizei Paroli zu bieten.
An diesem Tag konnte man davon ausgehen, dass es zu Auseinandersetzungen kommen würde. Viele Menschen hatten deshalb Helme dabei und waren in wasserfester Kleidung erschienen. In den Aufrufen war darauf hingewiesen worden, wie fatal es wäre, bei Minusgraden mitten im Wald von Wasserwerfern nass gespritzt zu werden.
Da im Eifer des Gefechtes immer mal wieder Leute von ihrer Gruppe getrennt wurden, legte man sich für diesen Zweck ein Erkennungswort zu, unseres lautete ›Harzcore‹. Außerdem hatte Gert handgroße Aufkleber mit unserem Emblem angefertigt, die wir uns auf den Rücken klebten. Der Aufkleber war dreieckig und zeigte eine Tanne, die im Comicstil gezeichnet war. Mit dem rechten Fuß zerstampfte sie ein Hakenkreuz und streckte lachend die linke Faust in die Luft. Unten drunter stand fett ›Harz‹. Nicht alle fanden das Erkennungszeichen gelungen. Ich erinnere mich noch genau daran, dass sich mein Bruder weigerte, seine Jacke damit zu bekleben.
In Sichtabstand zu dem mit einer Mauer aus Betonstreben abgesicherten Bereich begannen wir aus schweren Baumstämmen eine Barrikade auf einem Waldweg zu errichten. Am Baugelände waren Polizeikräfte postiert. Weiter weg krachten Feuerwerkskörper und Geschrei war zu hören. Mir fiel auf, dass sich diese Kampfgeräusche im Wald viel dumpfer und hallender anhörten als in der Stadt. Aus dem Lärm glaubte ich die Abschüsse von Tränengasgranaten herauszuhören. Und tatsächlich stiegen weiße Gaswolken im Wald vor uns auf. Menschen fluteten zurück. Wir hingegen kraxelten zwischen gefällten Bäumen dem Kampfgeschehen entgegen. Als ich über einen Baumstamm balancierte rutschte ich aus und stürzte in ein Gewirr von Ästen. Wie ein dicker Käfer hing ich im Gestrüpp. Meine Kombo lachte natürlich über das Missgeschick und ich wurde ärgerlich. Um nicht Zielscheibe ihrer Schadenfreude zu bleiben, sagte ich ihnen, sie sollten schon vorgehen, ich könne mich allein aus den Ästen befreien. Wir hätten besser zusammenbleiben sollen, denn als ich wieder festen Boden unter den Füßen hatte, war meine Gruppe zwischen den Menschenmassen verschwunden. Ich lief einen mächtigen Baumstamm hoch, der schräg aus einem Stapel gefällter Bäume ragte. Von diesem Aussichtspunkt

hoffte ich, sie entdecken zu können. In einiger Entfernung stiegen Tränengaswolken im Wald auf. Zwischen dem Chaos gefällter Bäume wichen Demonstranten zurück. Das geschah nicht in wilder Panik, die Polizei stieß offensichtlich nicht energisch nach. Im Bereich rechts von mir waren die Bäume nicht gefällt, zwischen den Stämmen war die Mauer aus Betonstreben zu erkennen. Hier krachte es überall im Dickicht, Schreie, hin und her strömende Menschen, weiße Tränengaswolken waren zu sehen und Signalmunition zischte durch die Luft. Irgendwo dort musste meine Gruppe stecken. (...)
Die vordersten Reihen der Militanten standen in gelöster Ordnung zwischen den Bäumen, Alle waren maskiert - zumeist mit schwarzen Sturmhauben - und trugen Helme. Jeder handelte eigenverantwortlich, es gab keine Befehlsstrukturen, die Gruppen agierten im Team. Man konnte sich völlig frei bewegen. Auch wenn man die Menschen um sich herum nicht kannte, es war Vertrauen da, einfach so. Ich genoss das erregende, wache Gefühl, ganz vorn zu sein. Alle Sinne richteten sich auf die Polizei. Beleidigungen wurden hinübergerufen, hier und da flog etwas in Richtung Polizeitruppen oder ein Feuerwerkskörper explodierte. Es herrschte eine ungemein gespannte Atmosphäre. Ein Angriff der Polizei stand unmittelbar bevor.
Im Gegensatz zu den Militanten waren die Staatssöldner geballt aufmarschiert. Sie hielten ihre Schilde in die Höhe, um die in unregelmäßigen Abständen auf sie niederprasselnden Wurfgeschosse abzuwehren. Weit hinter ihnen war zwischen den Bäumen schemenhaft die Startbahnmauer zu erkennen.
Und wo waren meine Leute? Ich suchte und suchte, schließlich fand ich sie ungefähr 50 Meter hinter der vordersten Reihe. Sie verschnauften gerade auf einer kleinen Waldlichtung. ›Na, du Penner, wo kommst du denn her, hast das Beste verpasst!‹ begrüßte mich mein Bruder. Sie waren noch beieinander, keiner war verhaftet und niemand verletzt, nur von oben bis unten mit Schlamm bespritzt. Am schlimmsten sah Gernot aus.
Sie berichteten, dass sie vorhin mit von der Partie gewesen waren, als einige Hundertschaften zurückgeworfen wurden. Bei diesen Attacken drangen sie bis an die Mauer vor. Hier hatte Gernot seinen großen Auftritt. Die ganze Zeit hatte er sich mit Müntzer-Sprüchen aufgeputscht. Als sie dann losstürmten war er vorn dabei. In großen Sprüngen jagte er den fliehenden Polizisten über das Matschfeld vor dem Bauplatz hinterher. Da bemerkten die übrigen der Gruppe, dass sie an der Spitze rannten und die Leute hinter ihnen zurückblieben. Sie stoppten sofort, nur Gernot rannte weiter. Alle riefen ›Mann, bleib stehen, stehen bleiben!‹ Zum großen Glück drangen die Worte noch rechtzeitig zu Gernot durch. Er stand schließlich auf freiem Feld genau zwischen Polizei und Autonomen. Als ihm seine Situation wurde, sah er zu, dass er zu seinen Leuten kam. Gernot fand man an diesem Tag stets vorneweg. Ob er

mit den Holzstücken, die er durch die Luft wirbelte, großen Schaden anrichtete, war zweifelhaft. Aber er gab ein Beispiel, das alle mitriss. ›Kein Wunder, dass die damals den Bauernkrieg verloren haben‹, meinte Klaus, ›Gernot war nicht mit dabei!‹

Der Mann, von dem so viel gesprochen wurde, war dem Gespräch nicht gefolgt. Er stand einige Schritte entfernt und diskutierte mit Michaela. Ich schritt auf die beiden zu. Gernot sah mich mit einem Lächeln an, das ich noch nie bei ihm gesehen hatte. Er schien innerlich zu glühen, in seinen Augen lag ein seltsamer Glanz. Mann, der ist ja total drauf, dachte ich im Stillen. In diesem Moment wurde meine Aufmerksamkeit durch ein bekanntes Geräusch abgelenkt. Polizisten trommelten mit ihren Knüppeln auf die Schilde, im Gegenzug Kampfgeschrei der Militanten. Das Getöse explodierender Feuerwerkskörper und Schüsse aus Signalwaffen krachten im Wald. Es ging los!

Gernot wollte der Polizei sofort entgegenziehen, als einige Militante auf unsere Lichtung zurückwichen. Einer lehnte sich völlig außer Atem an einen Baum, vor dem Gernot stand. Der Unbekannte hatte einen Helm auf und war mit einem Tuch maskiert. Er zog das Tuch herunter und rang nach Luft. Gernot ging auf ihn zu, sah ihn mit großen glühenden Augen an, schwang in der Rechten einen Knüppel in Richtung der heranrückenden Hundertschaften und donnerte mit lauter Stimme: ›Dran, dran, dran, lasset das Schwert nicht kalt werden!‹ Und augenblicklich rannte er in Richtung Polizei. Bei diesen Worten und der unglaublichen Erscheinung suchte der Behelmte Halt am Baum hinter sich. Mit offenem Mund und etwas verwirrt blickte er uns an. ›Das hast du wohl nicht erwartet, was? Hier werden noch Rechnungen aus dem Bauernkrieg von 1525 beglichen‹, scherzte Klaus.«[31]

20.32 Uhr

Die Gruppen an der zweiten Barrikade achten nicht auf die Durchsage. Sie kennen das Ritual zur Genüge und wissen, dass jetzt alles ganz schnell gehen kann und sie nicht mehr viel Zeit haben.

20.33 Uhr

Die Polizeileitstelle nimmt Kontakt mit den im Wald postierten BESI-Einheiten auf:
»Eins an 13.1.«
»13.1 hört.«
»Beginnen Sie jetzt mit der Umfassung.«
»Verstanden. Ende.«
Der Einsatzleiter winkt die Gruppenführer zu sich. Die verschiedenen BESI-Einheiten sind im Jahr zuvor neu aufgestellt worden. Sie sollen die Festnahmerate erhöhen und ›beweissicher‹ machen.
»Ich möchte, dass Sie sich so leise wie möglich verhalten, bis Sie den Waldrand erreicht haben. Wenn Sie die Lichtung verlassen, erfolgt der Zugriff, und zwar schnell. Denken Sie daran: Unsere Aufgabe ist nicht, Störer abzudrängen, sondern Festnahmen zu machen.«

20.35 Uhr

Paula und Gerd wuchten zusammen einen Baumstamm zur Barrikade.
»Hörst Du auch Geräusche?«
Gerd spitzt die Ohren: »Ja, du hast recht. Die Geräusche kommen aus dem Wald, oder?«
Beide lassen den Baumstamm in die Barrikade fallen und starren in die Dunkelheit.
»Ich sehe nichts, du?«
»Das Gemeine ist, dass man die Geräusche von echten Schweinen und Bullen nicht unterscheiden kann. Zumindest wir nicht.«
Paula prustet laut über diesen Entkoppelungsversuch.
»Ich meine das überhaupt nicht lustig und auch nicht metaphorisch. Uns ist das Herz tief in die Hose gerutscht, als wir vor ein paar Wochen, nachts an der Startbahn waren und von einem Höllenlärm überrascht wurden. Im ersten Schreck dachten wir alle: Gleich spuckt die Dunkelheit eine Hundertschaft aus, um sich im nächsten Moment auf uns zu stürzen. Wir warfen uns auf den Boden und malten uns das Schlimmste aus, als eine leibhaftige Schweine-Familie den Weg kreuzte. Das war Walt Disney im Startbahn-Wald. Vorneweg der bullige

Eber, dicht gefolgt von der etwas kleineren Muttersau, dahinter lauter kleine, rosa Ferkel. So viel unerwartete Natur zum ungünstigsten Zeitpunkt.«
Gerd will noch etwas sagen - und kommt nicht mehr dazu.
»Verdammte Scheiße, das sind Bullen«, brüllt Anton und zeigt mit dem Arm auf das Waldstück, wo sonntags immer der Kuchenstand aufgebaut wird.
Anton erkennt die BESI-Einheiten sofort. Im Unterschied zu den Bereitschaftspolizisten tragen sie Helme mit einem Stoffüberzug, verzichten auf Schutzschilder und sind größtenteils mit Headsets ausgerüstet, die man nur von Bildern über ›Antiterroreinheiten‹ kennt.
Die Leute aus der Sicherungsgruppe schießen Leuchtspur in Richtung vorpreschender Polizisten. Mehrere Mollis[32] fliegen. Die BESI-Einheiten wirken überrascht und spritzen auseinander.

20.38 Uhr

»13.1 an 1. Bitte kommen.«
»Eins hört.«
»Wir sind auf eine starke Störergruppe gestoßen, die sich hinter einer Barrikade verschanzt. Wussten Sie etwas von dieser Barrikade?«
»Nein, das ist mir auch neu. Bleiben Sie mit Ihren Kräften stehen. Wir werden gleich Verstärkung herausschicken.«
»Verstanden. Ende.«

»Das war knapp. Ein Glück, dass die stehen geblieben sind.«.
Paula und Gerd schauen sich zu den anderen um. Niemand muss es aussprechen. Ein zweites Mal haben sie gegen die BESI-Einheiten keine Chance.
»Los, los, lasst uns zu der anderen Barrikade gehen, bevor wir abgeschnitten werden.«
Die Gruppe zieht sich zur Wegspinne zurück und Chris trötet das vereinbarte Signal.
Die Sicherungsgruppe an der ersten Barrikade berät sich kurz und trifft eine Entscheidung.
»Geht von der Barrikade weg. Wir zünden sie jetzt an!«
Til hält seine Leuchtspurpistole auf die Strohballen und schießt. Die Heuballen sind bereits mit Benzin getränkt. Erst qualmt es eine Weile, dann brennen die Strohballen lichterloh. Die Barrikade verwandelt sich in einen riesigen Feuerball.
Feuer hat etwas Faszinierendes, sinniert Gerd und verfolgt einen durch die Luft gewirbelten, kurz aufglimmenden Strohhalm, als das Tor an der Süd-West-Seite aufgeht.

»Die Bullen kommen aus dem Tor«, ruft eine Stimme aufgeregt und zeigt in Richtung Stirnseite. Das Zögern und Warten hat ein Ende. Die Überlegungen, weiter zu gehen, an die Mauer zu kommen, haben sich erledigt.
Die Polizisten, alle mit Schutzschildern ausgerüstet, stürmen aus dem Tor. Ein Teil stürmt direkt auf die Barrikade zu. Ein anderer Teil rennt links und rechts davon auf die ›Wegspinne‹ zu. Als sie in Wurfweite sind, werden sie mit einem Hagel aus Knüppeln, Steinen und Kugeln eingedeckt. Ungefähr 20 Meter vor der Barrikade bleiben sie stehen und bilden links und rechts des Weges eine Kette. Ein Wasserwerfer verlässt das Tor und schließt sich den Polizeieinheiten an, ohne seine Wasserkanonen einzusetzen.

Rückblende: Tod von Günther Saré am 28.9.1985

Sprühaktion an der Okriftlerstraße vom 19.7.1987 © Klaus Malorny

Nachdem der Versuch der NPD Ende der 70er, Anfang der 80er Jahre kläglich scheiterte, Frankfurt zur »ersten nationaldemokratischen Stadt Deutschlands« zu machen, weniger pathetisch und großmäulig formuliert, zumindest mit Aufmärschen dort Fuß zu fassen, spielte die NPD in Frankfurt keine Rolle mehr. Dementsprechend gering war die Aufmerksamkeit, als die NPD für den 28.9.1985 zu einer Wahlkampfveranstaltung in Frankfurt aufrief. Selbst der widerliche Umstand, dass die NPD ihre Versammlung ausgerechnet im Haus Gallus abhalten wollte, empörte nicht wirklich. Das hatte nicht nur etwas mit der DKP[33] und der VVN[34] zu tun, die zu Protesten aufriefen. Es lag auch an fehlenden lokalen Geschichtskenntnissen.

Bekanntlich war die Verfolgung und Bestrafung von NSDAP-Funktionären, Kriegsverbrechern und Nazi-Wirtschaftseliten nicht die Sache deutscher Nachkriegsregierungen. Umso mehr überraschte die Absicht des damaligen hessischen Generalstaatsanwalts Fritz Bauer, den Auschwitzprozess in Frankfurt zu führen. Anfangs, im Dezember 1963, wurde noch im Plenarsaal des Römers verhandelt, dann wechselte man in das neu errichtete Bürgerhaus Gallus, das mitten in einem Arbeiterviertel lag. Mehrere Jahre war das Haus Gallus Schauplatz des größten Strafprozesses der deutschen Nachkriegsgeschichte. Angeklagt waren insgesamt 22 Mitglieder der Lagermannschaft des nationalsozialistischen Vernichtungslagers Auschwitz. Dieser Prozess war umso bemerkenswerter, als er zum ersten Mal mit der Entlastungsformel vom ›Befehlsnotstand‹ aufräumte und eine juristische Verantwortung für nationalsozialistische Tötungsverbrechen jenseits von Kriegshandlungen bejahte. Die Urteile gegen Apotheker, Leiter der SS-Zahnstation, Schutzhaftlager- und Blockführer bis hin zur Lager-Gestapo reichten von dreieinhalb Jahren bis lebenslänglich.

Die DKP, die VVN und andere DKP-nahe Organisationen riefen dazu auf, diese NPD-Versammlung zu verhindern. Zuvor sollte ein ›Nachbarschaftsfest‹ die Verbundenheit mit den vielen MigrantInnen dokumentieren, die gerade auch im Frankfurter Stadtteil Gallus wohnten - alles andere als eine bevorzugte, privilegierte Wohngegend. Der Aufruf, der spröde antifaschistische Sound, der Ruf nach der Verfassung (Verbot der NPD) hatte nichts Einladendes. So ging es den meisten, die sich autonomen und anarchistischen Gruppen zurechneten. Das hatte nicht nur etwas mit ihrem »demokratischen Protest« zu tun, sondern auch mit der Politik der DKP und ihr nahe stehender Organisationen. Unentwegt und unbeirrt riefen sie dazu auf, mit allen demokratischen Parteien zusammen dem Neofaschismus entgegenzutreten. Diese breite Bündnispolitik verstanden sie als Lehre aus dem deutschen Faschismus. Nur wenn alle demokratischen Kräfte vereint dem Faschismus die Stirn böten, sei ein Viertes Reich zu verhindern und die Lehre aus der Zerstrittenheit zwischen der SPD und der KPD der 30er Jahre gezogen.
Für viele StartbahngegnerInnen war diese Analyse nicht nur falsch, sondern auch unerträglich: Warum sollten sie mit der CDU und SPD zusammen auf die Straße gehen, wo doch gerade diese Parteien die Startbahn 18 West genauso durchprügelten wie das Atomprogramm. Demokratische Parteien, die völlig geeint darin waren, Deutschland wieder zu einer militärischen Großmacht zu machen. Parteien, die vollends darin übereinstimmten, jede Alternative zum Kapitalismus mit allen Mitteln zu verfolgen, mit Verschärfungen des politischen Strafrechts, mit Berufsverboten, mit dem immer rasanteren Ausbau von Repressionsorganen - bis hin zur Legitimierung von gezielten Todesschüssen. Zum anderen suggerierte eine solche Bündnispolitik eine Dramatik, in der der Faschismus kurz vor der Machtergreifung stände und ein Hintenanstellen

politischer Differenzen nötig machen würde. Die ständige, unterschwellige Beschwörung eines neuen ›33‹ übertrieb nicht nur die Bedeutung neofaschistischer Parteien. Sie ignorierte genau so die Abwesenheit einer gesellschaftspolitischen Situation, die den Faschismus als einzige Lösung der herrschenden Krise nahe legte.
Im Alltag vieler StartbahngegnerInnen war nicht die NPD, sondern die demokratischen Parteien von CDU bis SPD das Hauptproblem. Auch wenn es keine gemeinsame Diskussion darüber gegeben hatte, wie man auf die angekündigte NPD-Veranstaltung reagieren wollte, war vielen klar, dass man so etwas verhindern musste, nicht im Konzert der Demokraten, sondern entschieden. Was dies im Konkreten bedeuten sollte, blieb - mangels gemeinsamer Absprachen - dem Zufall überlassen. Viele hatten jedoch etwas für danach geplant, und manche nutzten bereits den Nachmittag - wie auch die besonderen Umstände dieses Tages.Zu Letzteren gehörten Fred und etwa fünfzehn StartbahngegnerInnen. Sie gingen davon aus, dass die Polizei mit einem Großaufgebot die NPD-Wahlkampfveranstaltung schützen und dafür auch fest stationierte Polizeieinheiten an der Startbahn West abziehen würde. Sie vereinbarten, sich um 14 Uhr am Kuchenstand zu treffen. Sichtlich zufrieden standen sie beieinander und ließen ihre Blicke schweifen. Von der Polizei war weit und breit nichts zu sehen. Das Startbahngelände wirkte verwaist, als hätte sie es aufgegeben. In aller Seelenruhe suchte man nach geeigneten Baumstämmen und nach einer Stelle, die noch genügend Betonstreben aufwies, um an einem Stück arbeiten zu können. Nach einer knappen Stunde waren über 50 Betonstreben herausgebrochen. So betrachtet hatte die NPD-Veranstaltung auch ihr Gutes.
Es war so gegen 16.30 Uhr, als Fred den anderen zurief:
»Leute, lasst uns gehen. Das reicht für heute. Wer mitkommen will: Wir fahren jetzt ins Gallus.«

Fritz verabschiedete sich von den anderen, die noch in der Druckerei arbeiteten und machte sich auf den Weg zum Haus Gallus. Gerade einmal eine Straßenecke weiter hatten Gruppen aus dem anarchistischen Spektrum einen Laden angemietet und waren seit Wochen dabei, ihn zu renovieren. Man gab dem Projekt den Namen ›Libertäres Zentrum‹, und viele aus der Startbahnbewegung unterstützten diese Idee, in Frankfurt einen kollektiven Ort zu schaffen, wo gekocht und abgehangen, wo man sich verlieben und trennen, wo fantasiert und vergessen, konspiriert und gemacht werden konnte. Und da es die InitiatorInnen nicht so streng mit dem Anarchismus nahmen, wurde es für Jahre ein Ort, wo sich vieles und viele trafen, trotz kleinerer politischer Differenzen.

Fritz wollte kurz vorbeischauen und mit anderen zusammen, die sich dort verabredet hatten, zum Haus Gallus gehen. Auf das Freundschaftsfest auf dem Innenhof einer benachbarten Grundschule, zu dem auch Gewerkschaften, Parteien und der Ortsbeirat aufgerufen hatten, hatte niemand Lust.
»Die Bullen haben mächtig aufgefahren. Habt ihr das gesehen? Das kann ja heiter werden.«
»Und unsere rot-grüne Regierung in spe hat gleich zwei neue Wasserwerfer beigesteuert«, fügte Fritz angefressen hinzu.

Es ist abenteuerlich
welche Arbeit ein
Mercedes-Geländewagen
leisten kann.

Mercedes Benz. Ihr guter Stern auf allen Straßen.[35]

Als sie in die Frankenallee einbogen, war bereits alles rund um das Haus Gallus abgesperrt. Weiträumig wurden Gitter aufgestellt, auf dem Grünstreifen, der die beiden Straßenspuren voneinander trennte. Man versammelte sich vor den Gittern, schaute sich um, wartete, hoffte, dass es mehr würden. Auch Leo stand mit der Wiesbadener Gruppe davor, genauso rat- und konzeptlos. Man begrüßte sich, runzelte die Stirn und fragte sich, je länger sich das Warten hinzog, was das Ganze sollte. Außer Polizei war nichts zu sehen. Allmählich wurde es dichter rund um die Absperrungen. Es waren 1.000 AntifaschistInnen, vielleicht ein paar Hundert mehr, als die ersten NPD'ler unter Polizeischutz durch die Absperrungen zum Eingang geleitet wurden. Kleinere Rangeleien entstanden, ein paar Neonazis drehten wieder ab, andere erreichten unter Gegröle und Pfiffen den Versammlungsort. Die Polizei machte daraufhin die Durchsage, dass die Straße frei gehalten werden müsse. Ein Pfeifkonzert und Rufe wie ›Deutsche Polizisten schützen die Faschisten‹ waren die Antwort. Das wollte die Polizei als Provokation verstehen und räumte die Zufahrt mit Schlagstock und Wasserwerfern.
Es war schwer zu sagen, ob die Blockade erfolgreich war, wie viele NPD-Mitglieder tatsächlich an der Teilnahme gehindert wurden. Gerade einmal 70 ›Kameraden‹ füllten den Versammlungssaal im Haus Gallus, als der NPD-Vorsitzende die Anwesenden begrüßte.
Drinnen wurde es groß-deutsch-national, draußen dunkel. Von den über 1.000 AntifaschistInnen standen noch knapp 500 vor den Absperrgittern, als die Polizei abermals, diesmal auch noch sinnlos, dazu aufforderte, die Straße zu räumen. Später wurde ein gegen 19.45 Uhr abgesetzter Polizeifunkspruch zi-

tiert, der die Marschrichtung vorgeben sollte: »Dies mal nicht wie bei der Südafrika-Demo!«[36] Bei dieser Demonstration, fünf Wochen zuvor, hatte die Polizei relativ zurückhaltend agiert. Nun beorderte sie zusätzliche Polizeieinheiten vors Haus Gallus. Die Stimmung heizte sich auf, die Lücke zwischen Verhinderung einer NPD-Veranstaltung und ihrer Eröffnung füllte die Polizei auf.

»Komm, lasst uns gehen. Es ist doch alles gelaufen. Außerdem möchte ich nicht zu spät zum Konzert kommen«, rief Fritz den anderen zu. Er hatte Karten für ein Konzert mit Anne Clark in der ›Batschkapp‹, ein am anderen Ende der Stadt gelegenes Kulturzentrum, das zwar schon lange nicht mehr von einem Kollektiv betrieben wurde, aber immer noch gute Bands aufspielen ließ. Sie verließen den Grünstreifen und gingen auf der anderen Straßenseite bis zu einer Kneipe, an der Kreuzung Frankenallee/Hufnagelstraße gelegen. Dort trafen sie auch Fred, der mit anderen StartbahngegnerInnen zusammen die Szenerie verfolgte. Sie begrüßten sich kurz, Fritz zog seine Sani-Kennzeichnung[37] aus, während die anderen den neu in Betrieb genommenen Hochdruckwasserwerfer mit der Bezeichnung IV/I beobachteten, der vor dem Haus Gallus Stellung bezogen hatte. Plötzlich fuhr der Wasserwerfer los. Mit hoher Geschwindigkeit steuerte er auf die Kreuzung zu. Dort hielten sich etwa 50 Personen auf, die genauso tatenlos herumstanden wie sie vor der Kneipe.

»Hat der sie nicht mehr alle? Will der jemand über den Haufen fahren?«

»Da sitzt Kommandant Reichert drin«, warf Fred dazwischen.

Einige nickten, andere konnten mit der Erklärung nichts anfangen.

»Ich habe ihn schon ein paar Mal an der Startbahn erlebt. Ein richtig durchgeknalltes Arschloch.«

Ohne die Geschwindigkeit zu drosseln, ohne abzubremsen, bog der Wasserwerfer in die Hufnagelstraße ein, mit seinen beiden Wasserkanonen auf die Leute zielend. Diese spritzten auseinander, versuchten aus der Schusslinie zu kommen, hinter parkenden Autos Schutz zu suchen. Fritz war noch damit beschäftigt, die Sani-Kennung in seiner Tasche zu verstauen, als Fred den Atem anhielt. Ein Demonstrant schaffte es nicht, rechtzeitig von der Straße zu kommen. Der Wasserstrahl erwischte ihn, die Person taumelte. Ohne auch nur den Versuch zu machen auszuweichen, fuhr der Wasserwerfer mit unverminderter Geschwindigkeit weiter, auf den Strauchelnden zu. Dann versperrte der Koloss die Sicht. Fred zuckte zusammen. Er hörte es dumpf knacken. Dann gab der Wasserwerfer den Blick wieder frei. Ein Demonstrant lag ausgestreckt auf der Straße.

»Die haben ihn totgefahren«, schrie Fred. Intuitiv rannte Fritz los. Im Laufen versuchte er die Sani-Kennzeichnung wieder überzustreifen. Von allen Seiten strömten Leute auf die Kreuzung. Kurz darauf folgten ›Mörder, Mörder‹-

Rufe. Dahinter mehrere Polizeieinheiten, die sofort auf die Leute einprügelten. Der Wasserwerfer fuhr ein kurzes Stück weiter und hielt vielleicht zehn Meter hinter dem Überfahrenen an. Fritz wich den um sich schlagenden Polizeibeamten aus und lief um den WaWe IV/I herum, in der Hoffnung, von der anderen Seite heranzukommen. Vergebens. Dennoch schafften es einige Demonstranten zu der regungslosen Person vorzudringen, umringt von Polizeibeamten. Der Überfahrene lag leicht seitlich auf dem Bauch, der rechte Arm unter dem Körper, der linke, angewinkelt neben dem Kopf. Daneben breitete sich eine Blutlache aus.

»Ein Sani, ein Arzt, wer kennt jemand?«

Eine Frau brüllte diesen Hilferuf kniend durch die Beine der Polizeibeamten, während sie den blutverschmierten Kopf absuchte.

»Ich versuch, durchzukommen.«

Leo ging auf die Polizeikette zu und gab sich als Mediziner zu erkennen. Mehrmals wurde er zurückgestoßen, bis es ihm an einer Stelle doch noch gelang, durch die Polizeikette zu kommen. Er befand sich im letzten Studiensemester und traute sich zu, Erste Hilfe zu leisten. Auf den ersten Blick konnte er, außer am Kopf, keine äußeren Verletzungen erkennen. Der Atem war flach, kaum zu spüren, aber er lebte noch. Leo rief den über ihm stehenden Polizeibeamten zu:

»Holen Sie einen Notarztwagen, schnell. Beeilen Sie sich!«

Die Polizeibeamten reagierten nicht. Mit einem Arzt und einer Medizinstudentin zusammen drehten sie den Überfahrenen vorsichtig auf den Rücken. Leo versuchte es mit einer Herzdruckmassage, doch alles unter seinen Händen war weich, spannungslos. Es gab keinen Brustkorb mehr, die Rippen waren gebrochen, platt gewalzt.

»Machen Sie uns bitte Licht. Wir können nichts sehen.«

Auch diese Aufforderung an die herumstehenden Polizeibeamten wurde mit Schweigen quittiert. Zusammen zogen sie die regungslose Person in den Lichtkegel eines PKWs, in der Hoffnung mehr zu sehen. Aus seinem Mund, aus seiner Nase und aus den Ohren floss Blut.

Fritz gab den Versuch auf, an die überfahrene Person heranzukommen. Er ging wieder um den Wasserwerfer herum, der immer noch an derselben Stelle stand, als würde er gerade eine Pause einlegen. Und genau so war es. Fritz konnte die Wasserwerferbesatzung sehen, zwei Meter über ihm, wie in einer Loge. Die fünf Polizeibeamten hatte mehrere Dosen Coke aufgerissen und prosteten sich feixend zu.

In der Ferne hörte man die Sirene eines Notarztwagens. Leo unternahm abermals Reanimationsversuche, ohne sich Hoffnung zu machen. Er wollte, er

musste einfach etwas, irgendetwas tun. Fast 20 Minuten später bahnte sich ein Notarztwagen einen Weg zu ihnen. Gemeinsam wuchteten sie den ›Verletzten‹ in den Notarztwagen. Abermals versuchten sie, ihn ins Leben zurückzuholen – vergebens. Völlig benommen stieg Leo wieder aus. Irgendjemand reichte ihm ein Megafon durch die Polizeikette. Mechanisch hielt er sich daran fest, die erwartungsvollen Blicke um sich herum spürend. Er war sich sicher, dass die Person nicht überleben würde. Und er hatte Angst, was eine solche Nachricht auslösen könnte . Leo nahm das Megafon vor den Mund, verharrte so für Sekunden, mit seinem Wissen und den möglichen Reaktionen kämpfend.
»Die Verletzungen sind ernst ... die Situation ist kritisch. Bleibt ruhig, wir müssen überlegen ...«
Mehr brachte Leo nicht heraus. Auch Fritz hörte die Durchsage und konnte ihr nicht glauben. *Wie soll es möglich sein, von einem 23t schweren Wasserwerfer überfahren zu werden und das Ganze zu überleben. Unmöglich.*
Es bildete sich ein Demonstrationszug. Irgendjemand gab die Losung aus, zum Polizeipräsidium zu ziehen. Fritz blieb auf der Kreuzung stehen, wie angewurzelt. Ein Freund hatte sich einen blutgetränkten Lappen an einen Stock gebunden und rannte damit schreiend vor der Absperrung auf und ab. Er holte ihn ein und versuchte ihn zu beruhigen, während der Demonstrationszug aus seinem Gesichtsfeld verschwand. Auch Leo schloss sich nicht mehr der Demonstration an. Er suchte die anderen aus seiner Wiesbadener Gruppe. Immer noch stand der WaWe IV/I an derselben Stelle, als Leo ihn passierte. Das rechte Fenster war heruntergekurbelt, ein Arm hing lässig heraus. Als einer der Insassen ihn bemerkte, fiel die Bemerkung: »Ihr seid die Nächsten!« Leo hatte nicht die Kraft zu antworten.
Fritz schaffte es mit dem Freund mit dem blutverschmierten Lappen bis zum Libertären Zentrum. Völlig erschöpft und apathisch saßen sie auf den Treppen und starrten vor sich hin. Andere kamen dazu, schweigend stand man beieinander.
»Wir müssen Anwälte anrufen, eine Presseerklärung rausschicken«, sagte Leo in die Runde. Einige folgten ihm in den Laden, bahnten sich einen Weg ins halb fertige Büro. Sie waren gerade dabei, das Nötigste zu organisieren, als sie draußen jemanden, leicht überschlagen rufen hörten:
»Bei Mercedes brennt's, das müsst ihr euch angucken ...«
Es war vielleicht 23 Uhr, vielleicht auch 24 Uhr oder später, als Flammen aus der Mercedes-Benz-Niederlassung schlugen, direkt gegenüber dem Libertären Zentrum. Dicke Rauchschwaden stiegen auf und sprachen für sich.
Als die Genugtuung abklang und Polizeisirenen andeuteten, dass der Brandanschlag auf die Mercedes-Benz-Niederlassung gemeldet wurde, raffte sich Fritz noch einmal auf und ging zurück zum Tatort an die Kreuzung. Er wusste

nicht warum. Der Kreuzungsbereich war abgesperrt, der Verkehr wurde umgeleitet. Jetzt war die ›Unfallstelle‹ auch ausgeleuchtet. Fritz konnte die Blutlache sehen, in der sich das Licht spiegelte. Mitten drin lag ein Stein, für den Staatsanwalt, der mittlerweile eingetroffen war – für die spätere Lügenversion, Günter Saré sei von einem Stein getroffen worden.

20.40 Uhr

Hundertschaftsführer Tollmann gibt den Befehl, die Barrikade auf der Wegspinne zu räumen. Für die Sicherungsgruppe ist klar, was jetzt zu tun ist. Ihre Aufgabe ist es, die Polizisten so lange aufzuhalten, auf Distanz zu halten, bis das Gros ohne Panik über den Mittelweg zurückweichen kann.
Mehrere Polizisten holen ihre Feuerlöscher vom Rücken und versuchen den Brand zu löschen.
Sie werden von kleineren Explosionen überrascht und ziehen sich zurück. Wenig später beginnen sich die Reifen in schwarzem, ätzend riechendem Qualm aufzulösen.
Anton steht, mit Blick zum Startbahngelände, rechts von der brennenden Barrikade. Er kann den Wasserwerfer sehen, der hinter den Hundertschaften steht, ohne eingreifen zu können.
Er hat seine Signalmunition verschossen. Er nimmt den Rucksack vom Rücken. Während seine Augen auf die Barrikade gerichtet sind, wühlt seine rechte Hand im Rucksack. Er sucht nach etwas, bis er es findet. Es liegt schwer in der Hand, ganz anders als die Leuchtspurpistole. Er schaut kurz um sich, dann wieder in Richtung Wasserwerfer. Der Abstand beträgt höchstens 25 Meter. Im selben Moment bekommen die Hundertschaften den Befehl, die Barrikade links und rechts zu umgehen. Auch die BESI-Einheiten, die vor der zweiten Barrikade zum Stehen gekommen waren, erhalten die Anweisung vorzurücken. Panik entsteht. Das Signalhorn ertönt dreimal, das verabredete Zeichen für einen gemeinsamen Rückzug.

20.42 Uhr

»Wir ziehen uns über den Mittelweg zurück!«
Leo steht mit einem Megafon am Stichweg, der in die Wiese führt.
»Hört auf zu rennen. Es gibt keinen Grund dafür. Wir gehen hier zurück.«
Clara schaut sich nach Johan um. Vor ein paar Minuten hat sie ihn in der Nähe der brennenden Barrikade gesehen. Leute stürmen an ihr vorbei, ihr Blick wird hektischer. Clara kann in der Dunkelheit nicht gut sehen, und sie knickt mit den Füßen schnell um, vor allem dann, wenn der Untergrund uneben ist. Im Fall des Rückzuges hatten beide vereinbart, sich an der Wegspinne zu treffen. *Wo bliebt er nur? Das Signalhorn hat er doch auch gehört?* Noch wird die Barrikade von den Sicherungsgruppen verteidigt. Aber wie lange noch? Der milchige Qualm der brennenden Strohballen vermischt sich mit den Rußschwaden sich auflösender Autoreifen. Es ist aussichtslos – im wahrsten Sinn des Wortes. Sie schaut in Richtung Wiese, in die Dunkelheit

hinein. Am Ende der Wiese, am Waldrand flackern mehrere Lichter. Sie kann nicht erkennen, was es damit auf sich hat.
Verdammt noch mal, das darf doch nicht wahr sein! Warum habe ich mich nur auf Johan verlassen. Die Wut übertrifft deutlich die Sorge, Johan könnte etwas zugestoßen sein.
Sie sieht Leo, der noch einmal das Megafon hochhält.
»Bleibt doch ruhig. Geht über die Wiese zurück. Dort, wo die Strohballen brennen. Keine Panik!«
»Leo, hast Du Johan gesehen?«
Leo sieht in Claras versteinertes, gefrorenes Gesicht.
»Nein, aber das ist jetzt auch egal. Los jetzt, geh mit über die Wiese.«
Es war nicht egal, überhaupt nicht.
Mit einem Schlag sind alle Verbindungen gekappt. Eine Welle der Verlassenheit, des Verlassenseins schlägt über Clara zusammen. Sie bekommt keine Luft mehr.

Rückblende: Stefanie

Privates an einer öffentlichen Toilettenanlage © Wolf Wetzel

»Komm, lass uns heute ins Kino gehen. Was hältst du davon?«
Clara kam dieser Vorschlag total gelegen. Sie hatte Lust abzuhängen, auf andere Gedanken zu kommen.
»Warum nicht?«
»Mhmm, kannst du auch noch Gedanken lesen?«
»Wie, ich verstehe dich nicht ...«
»So heißt der Film, ›pourquoi pas!‹[38], ein französischer Film.«
Clara machte ein Gesicht wie *sag' ich doch* und fügte beflügelt hinzu: »Tja, das ist eben weibliche Intuition.«
»Oder einfach nur Zufall?«
»Lassen wir's offen. Worum geht es in dem Film?«
»Der Film spielt in Paris rund um eine WG und eine Dreierkiste. Wunderbar gemacht. So steht's zumindest im Programm.«
»Soso. Und das klappt?«
»Zumindest im Film. Natürlich geht es auch ums Leben, wie man sich nicht kleinkriegen lässt. Dabei sind sich die Rezensenten nicht einig, ob es ein Drama oder eine Komödie ist. Wir werden's ja sehen.«
»Und wo läuft er?«
»In der Harmonie.«
»Na, dann passt ja alles. In Ordnung.«

›Harmonie‹ ist das erste Kino in Frankfurt, das aus dem Mainstream-Programm ausgestiegen ist, mit dem Versprechen, politisch ambitioniertes Kino zu machen. Das Kino stand jahrelang leer, nachdem es sich mit Hollywoodmist heruntergewirtschaftet hatte, den man mittlerweile billiger in der Glotze zu sehen bekam. Nachdem ›68‹ auch im Kulturbetrieb angekommen war, entstanden die ersten unabhängigen Filmproduktionen. Sie litten anfangs nicht nur unter massiven Finanzierungsschwierigkeiten, sie hatten auch noch das Problem, in die Kinos zu gelangen. Jahrelang bildeten Produktionsgesellschaften und Verleihe eine unüberwindbare Barriere. Um dieser Phalanx aus Produktion und Vertrieb nicht länger individuell ausgeliefert zu sein, gründeten linke Filmemacher und Regisseure den ›Verlag der Filmautoren‹. Parallel dazu entstanden die ersten Programmkinos. Das erste Kino in Frankfurt, das sich diese Ziele auf die Fahnen geschrieben hatte, heißt ›Harmonie‹, und liegt in Sachsenhausen, ein bisschen ab vom Schuss, dafür bezahlbar. Das Kino ist geräumig, hat eine große Leinwand und eine mächtige Empore, die den verblichenen Charme eines noblen Filmtheaters ausstrahlt. Die Sitze sind zwar durchgesessen, dafür weich und wunderbar zum Reinfläzen.

Clara hatte den Kopf an Johans Schulter gelehnt, als der Hauptfilm begann. Zwei junge Männer und eine Frau, die in einer chaotischen WG leben, schlagen sich durchs Leben. Sie jobben, wenn es gar nicht anders geht, sie klauen, wo es nur geht. Sie teilen alles, und die zwei Protagonisten lieben die eine Frau. Sie sind glücklich, pfiffig und finden immer wieder einen Ausweg. Ein ums andere Mal entdecken sie eine Lücke im Normalzustand, durch die sie und die Zuschauer schlüpfen können. Eine großartige Szene spielt in einer Supermarktkette.

Die Protagonistin arbeitet dort als Kassiererin, als Aushilfe. Volle Einkaufswägen und leere Menschen bilden eine Schlange vor ihrer Kasse. Routiniert nimmt sie die auf dem Band liegende Ware in die linke Hand, tippt den Preis mit der rechten Hand in die Kasse und schiebt sie weiter. Ihre ganze Aufmerksamkeit gilt dem G-W-G[39]-Kreislauf – weder sie noch der Kunde existieren darin wirklich. Ein alter Mann ist an der Reihe. Er legt seine Waren aufs Band. Die Protagonistin schaut kurz hoch. Anstatt sich wieder teilnahmslos den Waren zuzuwenden, hält sie kurz inne. Ein warmes Lächeln, eine andere Welt verzaubert ihr Gesicht. Der alte Mann wirkt verlegen und schaut weg. Für Augenblicke ist das Maschinelle, das Roboterhafte verschwunden. Dann tippt sie die billigen Waren ein und schiebt die etwas teureren durch, mechanisch, roboterhaft. Obwohl diese Unregelmäßigkeit kaum zu sehen ist, registriert der alte Mann sie und hält das Ganze für ein Versehen. Unbeholfen setzt er an, das Unbezahlte zu reklamieren. Doch bevor das Eigentliche offensichtlich wird,

schaut ihn die Kassiererin wieder an, in einer Eindringlichkeit, mit einer Intensität, als könnten ihre Blicke reden. Der alte Mann stutzt einen kurzen Moment. Dann verschwindet wie ein Vorhang die Leere aus seinem Blick. Sie haben sich verstanden. Er stellt seine abgenutzte Einkaufstasche auf die Ablage und packt die bezahlten ... und die unbezahlten Waren mit scheinbarer Selbstverständlichkeit hinein.
Eine wunderbare Melange aus diebischem Glück und Wiederaneignung des Lebens. So leicht und sympathisch sie dem Kapitalismus ein Schnippchen schlagen, so unglaublich leicht überwinden sie die vertraute Institution der Ehe bzw. die ungetraute Zweierbeziehung. Geradezu beängstigend leicht und unkompliziert mögen sich die Drei, lieben sich. Vergeblich sucht man nach dem Keim der Eifersucht, nach Spielarten der Konkurrenz, des Sich-gegenseitig-Ausspielens. Als wäre Eifersucht keine natürliche Empfindung, sondern eine zwanghafte Vorstellung.
Die Kamera schwebt über ihnen. Die Drei liegen im Bett. Sie erzählen sich gerade etwas. Clara nahm den Kopf von Johans Schulter.
Sie lachen zusammen, necken, berühren sich, wirbeln sich und die Zweierordnung durcheinander. Man könnte ihnen stundenlang zusehen - eifersüchtig. Als wäre völlig klar, dass beim Teilen nicht weniger, sondern mehr übrig bleibt. Minus mal Minus ist Plus. Die einzige mathematische Regel, in der diese Paradoxie aufgeht.
Clara konnte der Kamera, dem sympathisierenden Blick nicht folgen. Bilder überlappten sich, Verdächtigungen schlichen sich ein und die sichere Distanz zur Leinwand, zur Projektion verschwand. Ein Gespräch mit Johan vor ein paar Tagen drängte sich durch die Zuckerwatte des ganz anderen Lebens. Mit auffallender Beiläufigkeit hatte er erzählt, dass eine Bekannte, eine Freundin angerufen habe. Stefanie wolle ihn für ein paar Tage besuchen. Er habe sie auf einer Veranstaltung kennen gelernt. Sie sei ganz nett und wolle für ein paar Tage ausspannen und abschalten. Seitdem ging Clara diese Beiläufigkeit nicht mehr aus dem Kopf. Und je näher die Begegnung rückte, desto sprunghafter wurden ihre Überlegungen.
Warum nicht? Warum ausgerechnet bei Johan? Was hat das mit mir, mit uns zu tun? Warum gerade jetzt und gleich für ein paar Tage? Was geht das mich an? Ich spür's doch.
Clara holte sich zur Verstärkung noch einmal diese Szene vor Augen: Diese betonte Belanglosigkeit, der Versuch, nur keinen Staub aufzuwirbeln, seine unsicheren Blicke.
Wenn alles so bedeutungslos wäre, warum ist er dann so unsicher?
Clara und Johan waren seit vier Jahren zusammen. Das Wort ›Treue‹ war nie gefallen. Auch jede andere, weniger belastete Eingrenzung hatten sie vermie-

den. Welche Grenzen gab es dennoch? Welche wollten beide überwinden? Sie hatten nie darüber gesprochen. *Also, was soll's. Versprechen kann man sich viel. Entscheidend ist, was man tut. Das setzt, das verschiebt Grenzen. Und das tut Johan mit dieser Einladung zweifellos.*

Als sie sich kennen lernten, steckten beide in Beziehungen, die sie so nicht mehr wollten. Beide waren dabei, ihre Beziehungsburgen zu verlassen und hatten Angst vor dem Danach. Damals waren sie Eindringlinge und Fluchthelfer zugleich. Sie hatten nichts zu verlieren. Nach ein paar Monaten beendeten beide ihre abgestorbenen Beziehungen, ohne sich gegenseitig Druck zu machen - mit der Gewissheit einer unschlagbaren Verliebtheit. Danach, als der transgene Zustand vorbei war, eine gewisse Statik, Beständigkeit, in die Beziehung einzog, hatten sie nie darüber geredet, wie offen ihre Beziehung bleiben sollte. Sie genossen den Schwindel der Offenheit. *Ja, damals.*

Damals war die beklagte Enge, die eingeklagte Offenheit, das Brecheisen, um aus der Beziehung zu kommen. *Was spricht dagegen, dass Stefanie heute das ist, was ich damals für ihn war?*

Jetzt war Clara mulmig zumute. Sie zerrieb sich zwischen dem, was ist und was sein könnte - und bekam gar nicht mehr mit, dass auch im Film, im Kino das wirkliche, das falsche Leben zurückkehrte. Einer der Männer lernte eine ›bürgerliche‹ Frau kennen, verliebte sich und brachte das Bekannte, das Vertraute wieder in Normalstellung.

Das Licht im Kinosaal ging langsam an, der Kino-Traum war aus und Clara drehte -schweigsam zum Ausgang gehend - ihren eigenen Episodenfilm:

Stefanie kommt in seine Wohnung und breitet sich dort aus. Sie frühstücken zusammen, sie kochen zusammen. Sie haben sich viel zu erzählen.

Sie gehen zusammen spazieren, gehen in die Sauna. Sie schauen sich nach und an, manchmal unbeobachtet, manchmal benommen, kribbelnd.

Sie liegen zusammen auf dem Bett, sie schlafen zusammen ...

Nach der dritten Episode war Clara geladen. Draußen war es bereits dunkel und Clara hellwach.

Johan legte den Arm um Clara, umsonst.

»Na, wie fandest du den Film?«

»Ich will über etwas anderes mit dir reden.«

Johan nahm den Arm zurück und schaute sie verdutzt an.

»Wo wird sie schlafen, deine Stefanie?«

Johan erschrak. Er schaute in Claras Gesicht. Es war hart, ihr Blick pfeilgerade.

»Wie kommst du denn darauf?«

»Deine Freundin kommt nächstes Wochenende. Das steht doch?«

»Ja, sie hat nicht abgesagt.«

»Ich habe dich etwas gefragt.«

»Hey, was soll das?«

»Ich will es wissen, jetzt.«

»Ich habe dir doch gesagt, dass Stefanie nicht meine Freundin ist. Ich kenne sie gut, ich finde sie nett, das ist alles.... Ich will mit ihr nichts anfangen. Willst du das wissen?«

»Ich will wissen, wo sie schläft.«

»Wird das jetzt ein Verhör, Clara?«

»Nein, eine Klärung.«

»Ich habe mir darüber noch keine Gedanken gemacht ...«

»So, also alles offen!«

»Nein, so meine ich das nicht. Ich will weder eine Beziehung mit ihr, noch mit ihr schlafen. Ach, was red ich da.... Sie wird auf der Couch schlafen. Ist das in Ordnung für dich?«

»Das ist deine Sache. Du musst mich nicht fragen. Ich will nur Klarheit.«

»Clara, ich will nicht unsere Beziehung aufs Spiel setzen. Wenn du willst, dass sie nicht bei mir wohnt, bei mir schläft, kann ich das Ganze auch abblasen.«

»Nein, das ist deine Entscheidung. Du musst das nicht vor mir, sondern vor dir rechtfertigen. Ich nehme dir nichts ab, glaub das bloß nicht.«

Johan starrte nach vorne, der Abend war gelaufen.

20.45 Uhr

Anton nimmt die Hand aus seinem Rucksack, während die anderen bereits an ihm vorbeidrängen. Ungefähr 100 Meter tief in der Weise sieht er die brennenden Strohballen, die auf dem zwei Meter breiten Stichweg versetzt liegen. Dahinter stehen kleinere Gruppen, die ebenfalls den Rückzug decken sollen. Die anfängliche Panik legt sich. In großen Gruppen geht es auf dem Stichweg zurück, an den brennenden Strohballen vorbei. Anton schließt sich ihnen an. Nach ca. 400 Metern endet der Stichweg in der Wiese. Ab jetzt wird es sumpfig.

20.48 Uhr

Anton gehört zu den Letzten. Am Ende des Stichweges bleibt er stehen. Er kann halb rechts die Fackeln sehen, die die Notbrücke ausleuchten. Davor staut es sich. Zu viele wollen in kürzester Zeit auf die andere Seite des Gundbaches. Ein Nadelöhr. Anton dreht sich um, schaut zurück, Richtung Wegspinne. Schemenhaft sind Polizisten zu erkennen, ihre Schilder reflektieren das diffuse Licht. Anton rennt geradeaus weiter. Er weiß, dass der Gundbach nicht tief ist. Der einzige Unterschied ist, dass man nass wird, mehr nicht. Die Wiese wird tiefer, morastig. Anton tut sich schwer, das Tempo zu halten. Es quatscht nach jedem Schritt, die Kraft lässt langsam nach und mit jedem Schritt wird es schwieriger, die Balance zu halten.

»Los, den schnappen wir uns, Tempo.«

Die Stimme war verdammt nah. Antons Puls verdoppelt sich schlagartig. Er ist kein Sprinter. Im Laufen dreht er sich um, um sicher zu gehen, um abzuschätzen, wie groß der Vorsprung noch ist.

Auch das noch. Es sind Polizisten aus einer BESI-Einheit, ohne Schilder, also mit Sicherheit um einiges schneller als Bereitschaftspolizisten. Anton versucht noch ein bisschen mehr aus sich herauszuholen. Der Gundbach ist nicht mehr weit, vielleicht noch 100 Meter. Hinter sich hört er einen Schrei. Anton dreht sich um und sieht einen aus der BESI-Einheit stürzen. Glück im Unglück. Anton dreht den Kopf wieder nach vorne, in die Dunkelheit. *Ich schaff's noch*. Vor sich sieht er das matte Glitzern des Wassers. Mit einem Satz springt er in den Gundbach. Er muss ein wenig balancieren, das Gleichgewicht finden. Noch drei große Schritte, eine kleine Böschung - und es ist geschafft. Anton rutscht an dem kleinen Hang noch aus, stützt sich mit den Händen ab, kommt wieder hoch und ist auf der anderen Seite. Sein Atem ist laut, er pumpt. Außer seinen kurzen Atemstößen und dem pochenden Herz hört er nichts.

Er rennt noch ein paar Meter, bis zur ersten Baumreihe. Dann dreht er sich um. An einen Baum gelehnt, holt Anton erst einmal tief Luft. Links von ihm, rund um die Notbrücke, knallt und kracht es. Tränengaskartuschen zischen in den Wald. Manchmal hört Anton ein Klacken, das typische Geräusch von Stahlkugeln, wenn sie auf die Plastikschilder treffen. Leuchtspur fliegt hin und her. Die Bäume ringsum werfen schwache Schatten. Antons Atem beruhigt sich ein wenig. Die BESI-Einheit ist stehen geblieben. Kurze Zeit später rücken Bereitschaftspolizisten mit Schildern nach. Zusammen formieren sie sich zu einer lockeren Kette. Zwischen Anton und der vorderen Polizeikette liegen etwa 60 Meter. Details kann er nicht ausmachen, außer den reflektierenden Streifen auf den Polizeihelmen und den schimmernden Schutzschildern. Die Wiese dahinter ist dunkel. Nur das Ende des Stichweges ist ausgeleuchtet. Dort steht ein Wasserwerfer, der mit seinen beiden Scheinwerfern zwei Lichtkegel vor sich wirft.

20.55 Uhr

Der Lärm diesseits und jenseits des Gundbaches ist groß. Das zischende Geräusch von Gaspatronen, das trockene Klacken von Stahlkugeln, das Abschussgeräusch von Leuchtspur und die vielen Rufe untereinander vermischen sich zu etwas infernalem. Nachdem alle die Notbrücke überquert haben, wird sie in Brand gesteckt. Für das Gros der Zurückströmenden ist die Sache gelaufen. Sie gehen durch den Wald zurück zum Schlichter Tor. Nur die Sicherungsgruppen bleiben und halten die Polizeieinheiten auf Abstand. Links von der brennenden Notbrücke stehen Polizisten in der Wiese und bilden eine Kette. Sie sind mit Schutzschildern ausgerüstet.

Peter schaut sich noch ein paar Mal um. Nachdem alle das rettende Ufer, das Waldstück erreicht hatten und die Notbrücke in Brand gesetzt war, entscheidet sich Peter zu gehen. Er muss nicht der Letzte sein. Er schwingt sich aufs Fahrrad und fährt zurück zum Schlichter Tor. Dort ist noch genug Zeit, ein paar Geschichten auszutauschen. Viel mitbekommen hat er ja nicht. Als er ›draußen‹ war, in der Nähe der Barrikaden, ging alles viel zu schnell.

20.57 Uhr

Hundertschaftsführer Tollmann steht auf dem Stichweg, ca. 300 Meter tief in der Wiese. Seine Hundertschaft 13/1 und die BESI-Einheiten haben die Räumungslinie längst überschritten. Er lässt sich von seinem Funksprecher das Funkgerät geben.

»Mönus 13 an Mönus 1, bitte kommen.«

»Mönus 1 hört.«

»Können wir über die Räumungslinie hinaus nachsetzen?«

»Nein. Es bleibt bei den getroffenen Absprachen.«

»Verstanden. Ende.«[40]

Hundertschaftsführer Tollmann nimmt den Finger von der Sprechtaste und stellt den Empfang leiser.
»Das hat gerade noch gefehlt. Verdammte Scheiße.«
Sein Funksprecher weiß genau, was sein Chef damit meint. Er zieht die Schultern hoch und macht eine Geste, die jetzt etwas erwartet, irgendetwas.
»Nehmen Sie das Megafon und machen Sie die Durchsage. Sie haben es ja gehört.«
»Das hört doch niemand von unseren Jungs da vorne.«
»Tun Sie es trotzdem. Jetzt ist es eh zu spät.«
Der Funksprecher hält das Megafon lustlos in die Höhe, in Richtung Gundbach, und gibt auf 400 Meter Distanz den Befehl an die Hundertschaft, sich zurückzuziehen. Niemand hört es.

20.58 Uhr

Anton holt den Rucksack vom Rücken und stellt ihn auf den Boden, direkt neben dem Baum, hinter dem er in Deckung gegangen ist.

Rückblende: Hanau-Demonstration am 8.11.1986

Kundgebungsredner Robert Jungk © Klaus Malorny

Johan lag auf ihr, zwischen ihren Beinen, seine Arme stützten sich neben ihrem Kopf ab, den Clara zur Seite drehte. Er küsste ihren Hals. Dann folgte er mit der Zungenspitze ihrer Halsschlagader. Johan gab sich große Mühe, dies anzudeuten wie mit einer Feder. Dann hielt er einen Augenblick inne und kostete die Ungewissheit aus, die sich zwischen seinen Berührungen und seiner Nähe auftat. Bevor die glänzende Spur verschwand, blies er ganz sachte darüber. Clara hielt den Schauer regungslos aus. Nur die Augenlider bewegten sich, sie kniff sie zusammen. Clara streckte den Hals zustimmend und hinhaltend. Den Kopf drückte sie noch tiefer ins Kissen. Johan ließ sie warten, stützte sich noch ein wenig mehr ab und genoss den Anblick, ihre Erwartung. Er musterte sie, betrachtete diesen Ausschnitt, die Reduktion, die Übertreibung, die Sexualisierung. Die Distanz und Nähe, das Bloßliegende und Nicht-Fassbare, das Hinhalten und die stille Aufforderung tanzten miteinander. Ein wunderbarer Taumel. Claras Augen füllten sich mit Tränen.

»Ich muss dir etwas sagen.«

Ihre Stimme platzte mittenrein, brachte alles zum Erliegen. Wie im Kino, wenn der Projektor ausfällt und die Leinwand schlagartig schwarz wird. Illusionslos. Clara drehte ihren Kopf zu ihm. Ihr Blick unterstrich diesen Cut. Johan

spürte etwas in sich hochsteigen, das nichts, aber auch nichts mit diesem Augenblick zu tun hatte. Wie ein fernes Gewitter, vor dem er sich immer fürchtete, wenn nichts darauf hindeutete. Wenn es am schönsten war... zu schön, um wahr zu sein.
»Warum jetzt?«
Seine Stimme klang nicht im Geringsten so, als ob er etwas wissen wollte.
»Ich habe mit Klaus geschlafen.«
Schneller konnte ein Gewitter nicht aufkommen.
»Klaus, Klaus, ist das der, von dem du mehrmals erzählt hast?«
»Ja, der Seminarleiter.«
Ein erster Blitz schlug ein.
»Ich kann mich dran erinnern. Du hast merkwürdig oft von ihm erzählt.«
»Ja, weil er nett ist. Der Einzige, mit dem ich mich ganz gut verstand.«
»Und deshalb musstest du mit ihm schlafen?«
»Nein.«
Johan stand mitten im Gewitter und musste sich zwingen, nicht wegzurennen, sich nicht irgendwo unterzustellen.
»Bist du verliebt in ihn?«
»Nein, es hat sich nur so ergeben.«
Johan glaubte ihr kein Wort. Er spürte Treibsand unter seinen Füßen. Seine Gefühle schwankten wie ein Boot, das gleich kentert.
»Ergeben ...nur so. Und wo?«
»Warum willst du das wissen? Das ist doch egal.«
Ja, nein, egal. Johan musste stochern, wie tief es unter ihm, wie weit es zum Grund war.
»Im Sportraum, als alle anderen schon schliefen.«
»Und, wie war's?«
Johan hielt sich innerlich ganz fest. Das ist so, als ob man vorher wissen wollte, wie lang das Messer ist, mit dem der andere gleich zustoßen wird.
»Ich habe an dich gedacht.«
Johan schluckte gleichzeitig Wasser und schnappte nach Luft. Sein Mund war völlig ausgetrocknet.
»Ich habe mir vorgestellt, dass du das wärst.«
Der nächste Blitz schlug ein, ganz knapp daneben.
»War ich aber nicht.«
Johan spürte Clara unter sich, unangenehm, belastend, viel zu nah und stellte sich den Sportraum vor, den mit Matten ausgelegten Boden, auf dem sie vögelten. Oder auf den aufgeschichteten Matten, er stehend. Er ergriff das Messer und drehte es in sich.
»Warum hast du das getan?«

»Ich wollte auch mal machen, was ich will. Ist ja auch ohne jede Bedeutung, so wie...«
»Bei mir, willst du sagen. Es war also nicht okay mit Stefanie. Deshalb.«
»Doch, es war ja deine Entscheidung ... und außerdem ist es so besser auszuhalten.«
»Waffengleichheit, willst du damit sagen. Aber im Gegensatz zu dir...«
Clara zog ihn zu sich hinunter und gab ihm einen Kuss. Er nahm ihn mit und ging wieder auf Distanz, bestand auf dem Trennenden.
»Du wolltest dich rächen, mir zeigen wie es ist?«
Clara schwieg, während Johan sich daran erinnerte, wie es war, als Stefanie ihn besucht hatte. Die Freude, die Lust war ihm vollkommen vergangen. Er hatte es nur noch durchgezogen, mit dem sicheren Gefühl, dass nichts für Clara gestimmt hatte. *Und sie konnte beides, mit diesem Typen vögeln und dabei an mich denken. Klasse.*
Drei zu Eins.[41]
»Aber ich habe nicht mit ihr geschlafen!«
»Du hättest es ja gekonnt.«
»Das ist doch Quatsch. Ich habe dir klipp und klar gesagt, dass ich nicht mit ihr schlafen werde.«
»Aber es hätte sich ergeben können. Du magst sie ja. Warum also nicht?«
»Es ist dir egal, was ich sage!«
»Wichtiger ist, was du tust.«
»Stimmt, beides ist dir egal. Du löst mich einfach in Luft auf.«
Beide droschen auf den Ball, jedes Mal mit mehr Kraft, noch mehr ausholend.
»Wenn wir so weitermachen, treffen wir weder den Ball noch die Platte. Komm, lass uns damit aufhören.«
Clara versuchte, auch Johan wieder runterzuholen und zog ihn zu sich. Johan gab nach. Sie schlang die Arme um ihn und zog ihn fest an sich heran. Ihr Becken drückte, schob sich und ihn zurecht. Weiter oben kämpfte Johan mit dem Mattenboden und mit Klaus.
»Stoß mich.«
Es war ein Kurzschluss, der alle Zwischenräume, alle Hintergedanken auslöschte..
»Fester.«
Johan folgte der Aufforderung, alles andere, alle anderen rauszuschmeißen, die Tür hinter ihnen fest zuzuschlagen. Die Doppelungen, die Verwechslungen ließen nach. Johan war ganz bei ihr, in ihr. Ihre Bewegungen wurden heftiger, schwangen sich aufeinander ein, wie in einer Gondel, bis sie aufhörten, sich abzustimmen, für sich zu sein. Die Gondel überschlug sich. Johan genoss den

Rausch, das sich hineinlegen...diese unheimliche Kraft, über die Angst triumphiert zu haben.
Jahrelang hatte Johan mit Panik zu kämpfen, wenn er flog. Dieses Ausgeliefertsein hatte ihm lange Angst gemacht. Die Unumkehrbarkeit einer Entscheidung, die Unmöglichkeit, auszusteigen. Vor ein paar Jahren hatte ein Prozess der Transformation, der Rückeroberung begonnen. Das Kribbeln verdrängte die Angst vor dem Abstürzen. Seitdem freute er sich auf den Start, wenn das Flugzeug beschleunigte, um abzuheben, bis er den Boden unter den Füßen verlor.
Die Atem schaukelten sich aus, wurden ruhiger, langsamer. Johan stützte sich mit einem Arm ab und beobachtete Clara, ihren Orgasmus, wie er abebbte, Spuren hinterließ. Ihr Gesicht war fleckig erregt, ihre Augen überwanden den Widerspruch zwischen Verschwommenheit und Glanz, zwischen Hier und Unendlich. Sie schloss ihre Augen. Sie füllten sich abermals mit Tränen.
»Du weinst ja...wieder!?«
Johan ließ sie mit seinem Finger abfließen und wusste nicht wohin.
»War ich zu fest? Hab ich dir wehgetan?«
»Nein, nein, gerade nicht. Es ist alles wieder in Ordnung.«
Johan hörte das Nein und spürte das Aber.
Clara schaute ihn an, ohne das Aber.
»Nein, wirklich, es ist alles prima. Dieses Mal sind es Glückstränen.«
Clara drehte sich leicht zur Seite. Johan schmiegte sich an ihren Rücken und schloss die Lücke.
»Gibst du mir deine Hand?«

Gibt es ein Land auf der Erde,
wo der Traum Wirklichkeit ist?
Ich weiß es wirklich nicht.
Ich weiß nur eins und da bin ich sicher,
dieses Land ist es nicht. Dieses Land ist es nicht.
Dieses Land ist es nicht. Dieses Land ist es nicht.

Der Traum ist ein Traum, zu dieser Zeit,
doch nicht mehr lange, mach dich bereit
für den Kampf um's Paradies!
Wir haben nichts zu verlieren außer unserer Angst,
es ist unsere Zukunft, unser Land.
Gib mir deine Liebe, gib mir deine Hand.

Der Traum ist aus, Ton Steine Scherben, 1972

Johan legte seine Hand auf ihren Bauch. Clara zog sie noch ein klein wenig nach unten. Als sie richtig lag, legte sie die ihre darauf.
So schliefen sie ein. Es war die Nacht vom 7. auf den 8. November 1986.

Als der Reaktorkern in Tschernobyl barst, kamen als erstes Falschmeldungen, Beschwichtigungen und regierungsamtliche Lügen. Dann kam Radioaktivität und die Gewissheit, dass der Glaube an die eigene Regierung nicht gesund ist. Schließlich, endlich, schlug Lähmung in Wut um. Hunderttausende gingen auf die Straße. Die vielen, die bereits aufgegeben hatten, kamen mit denen zusammen, die sich radikalisierten und weniger wurden. Für ein paar Monate schüttete Tschernobyl die Gräben gegenüber jenen zu, die nicht mehr Bauzäune, sondern die Fünf-Prozent-Hürde überwinden, die nicht mehr Bauplätze, sondern Parlamentssitze besetzen wollten. Angesichts der Ungeheuerlichkeit dessen, wovor die Anti-AKW-Bewegung immer gewarnt hatte, schienen die Unterschiede und Widersprüche vernachlässigbar klein zu sein oder zu werden. Doch sehr schnell kehrten nach dieser Aufbruchsphase Ratlosigkeit und das Gefühl der Ohnmacht zurück. *Wie kann man die Betroffenheit über Tschernobyl mit dem verbinden, womit sich viele hier abgefunden hatten? Wie kann man deutlich machen, dass Tschernobyl, die Möglichkeit eines GAUs, nicht weit weg ist, sondern ein tägliches Risiko darstellt, das auch die deutsche Atompolitik willentlich in Kauf nimmt? Wie kann man die Begrenztheit der Ein-Punkt-Bewegungen überwinden, die Unterschiede streiten lassen und an dem Gemeinsamen wachsen? Wie kann es gelingen, die Masse der Friedensbewegung mit der Radikalität der Anti-AKW-Bewegung zu verknüpfen?*
Mit der Hoffnung, auf diese Fragen eine Antwort zu finden, wurde ein Bündnis im Rhein-Main-Gebiet ins Leben gerufen. Es bestand aus BIs gegen die Hanauer Atomanlagen, BIs gegen Atomkraft, aus Startbahn- und Anti-AKW-Gruppen, aus autonomen Zusammenhängen und Einzelpersonen.
Am schnellsten konnte man sich auf den Ort einigen: Die Plutonium- und Nuklearfabriken in Hanau. Alkem-Nukem, Hobeg und Transnuklear waren zum Inbegriff des ›zivil-militärischen Komplexes‹ geworden, der fließende Übergang von der friedlichen zur militärischen Nutzung der Atomenergie. Seit Jahren sammelten Anti-AKW-Gruppen Beweise, die belegten, dass dieses atomare Agglomerat den Atomwaffensperrvertrag unterlaufen hatte, an Brüter-Technologien beteiligt war, die vor allem der Gewinnung bombenfähigen Materials diente – unter zivilem Vorwand. Immer wieder wurde der Vorwurf erhoben, dass sich diese Nuklearfirmen Atomwaffenmaterial und -technologie beschafft hatten, indem sie Kooperationen im Ausland eingingen. Unter anderem mit dem Apartheidregime in Südafrika, das mit atomarem Know-how versorgt wurde, um im Gegenzug Zugriff auf Uranvorkommen zu bekommen.

Seit Jahren standen diese Plutoniumfabriken in den Schlagzeilen, aber nicht deswegen. Dazu war der parteiübergreifende Konsens zu groß, Deutschland zurück an die Weltspitze zu bringen - wozu auch die Option eigener Atomwaffen zählte, als reale Möglichkeit und als Verhandlungsmasse. Nicht wegen dieser brisanten Vorwürfe wurde ermittelt, sondern wegen des Verdachts des ungenehmigten Änderns einer kerntechnischen Anlage. Anstatt ein öffentliches Genehmigungsverfahren für Betriebserweiterungen zu beantragen, wurden ›Vorabzustimmungen‹ von den atomaren Aufsichtsbehörden ausgestellt. Ein Paradebeispiel für das, was der Zukunftsforscher Robert Jungk als Atomstaat bezeichnete: Staatliche Stellen, die nicht über die Einhaltung magerer atomschutzrechtlicher Bestimmungen wachen, sondern diese außer Kraft setzen, wenn gewichtigere, also auch militärische Ambitionen geschützt werden sollten. Politiker, die davon nichts wissen, und Ermittlungsbehörden, die davon nichts wissen wollen - selbst wenn ein Gebäude auf dem Alkem-Nukem-Areal in die Luft fliegt.

Weit aus schwieriger tat sich der Vorbereitungskreis damit, wer diese Demonstration gegen die ›Atommafia‹ prominent vertreten sollte. Ein Teil favorisierte den Zukunftsforscher Robert Jungk, ein anderer Teil den Historiker und Arzt Karl Heinz Roth. Als bei einer Abstimmung Karl Heinz Roth die Mehrheit der Stimmen auf sich vereinigen konnte, setzte sich zwar der radikale Teil der Vorbereitungsgruppen durch - doch es war ein Pyrrhussieg. Es drohte wieder das, was seit Jahren die sozialen Bewegungen begleitete: Entweder Masse ohne Entschlossenheit oder Entschlossenheit ohne Masse. Schließlich einigte man sich auf beide Redner, ein symbolischer Handschlag zwischen gesellschaftlicher Breite und Zuspitzung.

Nachdem diese Hürde genommen war, blieb noch die Frage des Charakters der Großdemonstration zu beantworten. *Was bedeutet Entschlossenheit? Was bedeutet Radikalität, ohne sie auf die ›Gewaltfrage‹ zu reduzieren?*

Allen war klar, dass es in Hanau keinen ›Bauplatz‹ gab, den man nur zur ›Wiese‹ machen musste. Selbst wenn man den Sicherheitszaun überwunden hätte, stünde man vor einem atomaren Komplex, dessen bester Schutz aus tödlicher Radioaktivität und parteiloser Unbeherrschbarkeit bestand. Und die Forderung nach der sofortigen Stilllegung aller Atomanlagen war keine Einzelforderung, die man an eine (oppositionelle) Partei delegieren konnte. Das Ziel musste eine gesellschaftliche, keine parlamentarische Mehrheit sein. Auf dem langen Weg dorthin müssten Pole in Verbindung bleiben, deren Polarität Ulrike Meinhof so exzellent beschrieb:

»Protest ist, wenn ich sage, das und das paßt mir nicht. Widerstand ist, wenn ich dafür sorge, daß das, was mir nicht paßt, nicht länger geschieht.«[42]

»Komm, beeil' dich ein bisschen, ich möchte nicht zu spät losfahren. Wahrscheinlich gibt es massig Vorkontrollen.«
Johan setzte demonstrativ seine Kaffeetasse an den Mund, verschluckte sich dabei und drehte sie am Ende als Zeichen der Zustimmung auf den Kopf.
»Glaubst du, dass es knallt?«
»Ich hoffe nicht, das Zauberwort heißt schließlich politische Radikalität, mit der Betonung auf dem Adjektiv.«
»Und du meinst, das verstehen alle?«
»Ich gehe mal davon aus, dass für diese sperrige Verbindung eine griffige Übersetzung gefunden wurde und die lautet: Kein Putz heute. Das versteht jeder.«
»Und was denkst du, wie viele wir sein werden?«
»Über Zehntausend bestimmt. Auf jeden Fall wird es die größte Demonstration, die Hanau je erlebt hat.«
Clara und Johan kamen ohne Vorkontrollen nach Hanau. Der Sammelpunkt war ein großer Marktplatz, der sich langsam füllte.
»Komm, lass uns zu den anderen gehen.«
Die Startbahngruppen hatten als Treffpunkt eine kleine Seitenstraße ausgemacht. Viele hatten organisatorische Aufgaben übernommen, vor allem die unbeliebte Aufgabe, ›Ordner‹ zu stellen. Dieses Mal nicht nur zum Schutz vor Polizeiübergriffen, sondern auch vor Gruppen, die sich nicht an den abgemachten Konsens hielten. Die Rolle der Mäßigenden passte so gar nicht in das Image der Startbahnbewegung. Dafür aber die Vermummung, die die meisten vornahmen, bevor man sich in die Demonstration einreihte. Mit einer knappen Stunde Verspätung, nach einer kurzen Auftaktkundgebung, setzte sie sich in Bewegung. Der Demonstrationszug wollte nicht enden. Das lag nicht nur an den schmalen Straßen, durch die sich die Teilnehmer schlängelten. Es waren weit mehr als die erwarteten Zehntausend, ganz bestimmt Fünfzehntausend. Manche wollten auch über Zwanzigtausend gezählt haben. Die Stimmung war heiter martialisch: Auf einem LKW wurde eine überdimensionale Zwille aufgebaut, mit der zerknüllte Flugblätter und Bonbons in die Menge geschleudert wurden. Pikanterweise saß im Führerhaus ein älterer Mann mit weißen Haaren, alles andere als der typische Beifahrer für einen Lautsprecherwagen. Es war der Zukunftsforscher Robert Jungk, der mit seinen 73 Jahren nicht mehr so gut zu Fuß war und um diese Bequemlichkeit bat. Er wirkte, neben dem Fahrer und einem Begleiter, wie ein Mensch, der zum ersten Mal eine Kreuzfahrt mitmachte, neugierig, entschieden, aber auch leicht irritiert und schnell schreckhaft. Auf einem anderen LKW, im hinteren Teil des Demonstrationszuges, wurde eine Strommastattrappe mitgeführt, an deren Verstrebungen ein Transparent prangte:

Den Atomstaat stillegen.
Die Polizei zeigte sich flexibel. Sie signalisierte Freundlichkeit und Hilfsbereitschaft, zumindest fürs Ende der Demonstration. Über dem Eingang eines großen Bus-Parkplatzes ließ sie ein Transparent anbringen: ›*Hier finden Sie nach der Demonstration ihre Busse - Ihre Polizei*‹. Außerdem war sie mit über 5.000 Beamten vor Ort, deren sichtbare Präsenz in dem Maße zunahm wie man sich den Atomfabriken näherte. Die Abschlusskundgebung fand direkt vor den Toren von Alkem-Nukem statt. Die große Bühne stand mit dem Rücken zur Wand. Auf dem Gelände von Alkem-Nukem wimmelte es von Mannschaftswagen, Wasserwerfern und Hundertschaften, die bereits Aufstellung genommenen hatten. Der Platz vor der Bühne füllte sich, und erst jetzt konnte man sehen, dass die Demonstration tatsächlich alle Erwartungen übertroffen hatte. Clara und Johan standen beieinander, schauten in die Menge, als sie von der Bühne eine anfangs leicht übersteuerte Stimme hörten:

»Genossinnen und Genossen!«
Es war Karl Heinz Roth, Arzt und Historiker. 1975 gerieten Karl Heinz Roth und Werner Sauber, Mitglied der ›Bewegung 2. Juni‹, in eine Polizeikontrolle. In der darauf folgenden Schießerei wurden Werner Sauber und ein Polizist getötet, Karl Heinz Roth schwer verletzt und später wegen Mordes angeklagt. 1977 wurde er freigesprochen.

»Wir sind an einem schlimmen Ort angekommen und an einem sehr schlimmen Unternehmen dazu. Der Ort bezieht sich auf die geschichtliche Tatsache, daß hier schon 1940 für die Atombombenplanung der Nazis die ersten Kernbrennstäbe, Plutoniumstäbe geliefert wurden. Das Unternehmen mit der merkwürdigen Abkürzung und merkwürdig abgekürzten Tochtergesellschaften NUKEM, ALKEM usw. ist nichts anderes als die Fortsetzung der DEGUSSA, der Deutschen Gold- und Silber-Scheide-Anstalt, eines Unternehmens, daß in der Weimarer Zeit und im Dritten Reich Tochtergesellschaft des IG-Farben Konzerns war. Und dieses Unternehmen unter seinen Managern hat nicht nur die ersten Plutoniumstäbe produziert. Dieses Unternehmen hat zusammen mit anderen Giftgas produziert. Eine Tochtergesellschaft der DEGUSSA war für ein anderes Gift zuständig neben dem Plutonium - für Zyklon B, für Zyankali, für die Massenmorde an den Juden im nazistischen Europa. Das waren die Täter. Sie haben immer verschiedene Sorten von Gift produziert. Und ihre Zusammensetzung in den Unternehmensleitungen hat sich nicht geändert. Nach der Zerschlagung der Nazi-Diktatur wurde nach einem kurzen Intervall der Konzernkomplex, gegen den wir heute angetreten sind, reorganisiert. Er wurde reorganisiert und erweitert. Erweitert um die RWE, Rheinisch-Westfäli-

sche-Elektrizitätswerke AG und die Siemens AG und organisiert wurde die Erweiterung zu einem Nuklearunternehmen, wie wir es heute haben, von der Deutschen Bank und einem Bankenkonsortium. Es ist unglaublich, daß dieses Management, ein Management aus Kriegsverbrechern, aus Massenmördern, aus Wehrwirtschaftsführern, die Möglichkeit bekommen konnte, in der Adenauer-BRD die Nuklearforschung zu beginnen und einzuleiten.
Genossinnen und Genossen!
Wir haben uns schon in den Sechziger Jahren parallel zur damaligen Studentenbewegung mit dieser Entwicklung der Nukleartechnologie beschäftigt. Und wir haben damals schon bemerkt, daß die Veränderungen der Sechziger Jahre nichts anderes als der Versuch waren, die offene Atombombenstrategie der Strauß und Co., der IG-Farben-Nachfolger Hoechst und Co. zu verschleiern. Erst in den Sechziger Jahren wurde die deutsche Linie, eine reine Linie zur Atombombenproduktion, verändert. Sie wurde taktisch erweitert um die volkswirtschaftliche Planung von Leichtwasserreaktoren. Und erst in den Sechziger Jahren hielten es die Manager dieser Konzerne für müßig und nötig, ihr klares militärisches Programm volkswirtschaftlich zu tarnen und gleichzeitig volkswirtschaftlich zu verwerten. Sie haben aber schon damals Ende der Sechziger Jahre am Plutonium-Zyklus festgehalten. Sie haben sich nur getarnt. Und erst einige Jahre später, nachdem die Anti-AKW-Bewegung ihre ersten Erfolge und ihre ersten Durchbrüche erzielt hatte, kamen wir und kommen wir jetzt auf diese Zusammenhänge wieder zurück. (...) Heute, wo diese Unternehmen hier übergehen zu hoch angereichertem Uran, wo sie offen übergehen zur Plutoniumtechnologie, wo sie ohne jede legale Grundlage neue Fakten schaffen – heute müssen wir neue Zusammenhänge erkennen und unsere Kampfperspektive erweitern. Wir müssen klarmachen, daß das Programm, gegen das wir jetzt in einer neuen Etappe den Kampf aufnehmen, ein Programm ist, um das Machtsystem der BRD innerhalb von Wochen auf den Gebrauch und auf die Nutzbarkeit von Atombomben hinzudrehen. Während die Bundeswehr schon über die Trägersysteme verfügt. Wir müssen uns klarmachen, daß der Übergang von NUKEM und ALKEM zu hochangereichertem Uran und zu Plutonium ein Atombombenprogramm ist. Und wir müssen daraus die Folgen ziehen...«

Clara war in Gedanken noch bei dem, was Karl Heinz Roth sagte, als Johan sie anstupste und mit der Hand neben die Bühne zeigte.
»Guck mal, was die da machen. Das ist doch die reine Provokation!«
»Ich seh' nichts. Außerdem möchte ich zuhören. Das mach' ich nicht oft.«
»Die hängen aber gerade ein Transparent auf...«
»Lass sie doch!«

»Ich meine, an der Fassade von Alkem-Nukem.«
»Na prima!«
»Mensch hör mir doch kurz zu. Ich meine nicht Leute von uns, sondern Mitarbeiter oder der Chef persönlich oder alle zusammen.«
Clara ließ sich nur widerwillig ablenken und suchte, um des Friedens willen, die Fassade des Gebäudes ab.
»Tatsächlich, das darf doch nicht wahr sein: *2.500 Mitarbeiter stehen zu ihrem Arbeitsplatz.* So viel Treue muss krank im Kopf machen. Wie 'ne Todesanzeige.«
»Haben die nicht eine Entseuchungsschleuse im Werk?«
»Nein, mein Lieber, du verwechselt Zeit und Ort. Hier heißt das Dekontaminierungsschleuse oder so ähnlich. Und die reagiert auf Radioaktivität, nicht auf Dummheit und Arschkriecherei.«
Mit weniger Humor nahmen es andere auf, die ebenfalls mitbekommen hatten, dass sich Alkem-Nukem, die Geschäftsleitung, mit oder ohne Belegschaft, am Samstag etwas Besonderes hat einfallen lassen. Sie taten das, was einer Provokation gewöhnlich folgt. Sie wollten sie nicht stehen, in diesem Fall, hängen lassen. Immer mehr Gruppen verließen die Kundgebung und drängten sich vor dem Sicherheitszaun. Einige fingen an, daran zu rütteln, andere riefen Verstärkung herbei.
»Jetzt wird's eng. Ich geh' mal dort hin. Darauf warten die Bullen doch nur.«
»Okay, und ich spitze weiter die Ohren.«
Am Zaun flogen die ersten Steine Richtung Alkem-Nukem, als Clara sich wieder zu konzentrieren versuchte.

»Ich selbst bin der Meinung, daß diese gesetzlose Mafia, die hier herrscht und die hier jenseits von Gesetz und Ordnung ihren Manager- und Staatsterrorismus organisiert, daß diese gesetzlose Mafia mit all ihrer Gewalttätigkeit nur durch Gegengewalt bekämpft werden kann. Aber wir müssen gleichzeitig lernen, das Problem der Gegengewalt neu zu diskutieren. Wir müssen lernen, Gegengewalt einzubauen in eine politische Strategie, die die Einheit des Kampfes berücksichtigt und die gleichzeitig lernt, Gewalt und Gegengewalt als politische Instrumente zu begreifen. Deshalb hoffe ich, daß meine Genossinnen und Genossen aus der autonomen Szene heute die Kraft haben werden, mit uns ans Ende dieser Demonstration zu gehen, ohne irgendwelche Einzelaktionen zu machen, und daß wir in unseren Zusammenhängen dann über diese neue Dimension diskutieren und neue Formen der Gegengewalt entwickeln.«

Karl Heinz Roth trat vom Mikrophon zurück. Die Menge applaudierte, nicht alle, aber bestimmt über die Hälfte. Am Zaun war von dieser neuen, zu entwickelnden Dimension nichts zu spüren – oder doch. Militante stellten sich vor den Zaun und redeten mit Engelszungen auf die Wutentbrannten ein, für die der Augenblick zählte und nicht das Danach. Die Situation entspannte sich, als Robert Jungk angekündigt wurde und Johan, vom Zaum zurückkommend, Clara ins Ohr flüsterte: *Erstürmung verschoben* und diese Lüge mit einem Kuss abrundete. Vom hinteren Teil der Bühne trat mit schwerem Gang jemand ans Mikrophon, der mit einigen Pfiffen empfangen wurde. Er blieb kurz stehen, schaute sich zögernd um – ohne die Routine, die Pfiffe in Grund und Boden zu reden. Robert Jungk hatte noch nie vor einem solchen Publikum gesprochen, schon gar nicht vor so vielen Vermummten und ›Gewaltbereiten‹, von denen er sich vor Jahren ebenfalls abgrenzte. Ob es die Erfolglosigkeit der Friedensbewegung war oder das Ereignis in Tschernobyl, das ihn zu diesem Brückenschlag bewegte, wusste man nicht.

»Liebe Freunde!
Diese große Demonstration ist möglicherweise die letzte Demonstration, die in der Bundesrepublik stattfinden kann, wenn die neuen Gesetze, die von Herrn Zimmermann vorbereitet werden, im Bundestag durchgesetzt werden...«

Die Pfiffe verstummten nicht und Robert Jungk drehte sich hilfe- und ratsuchend nach dem Mann um, der ihn angekündigt hatte. Dieser verstand sofort und trat ans Mikrophon:
»Wir haben bisher alle, alle haben bisher auf der Bühne reden können! Mit allen Positionen, ohne daß dazwischen gepfiffen oder Sprechchöre dazwischen gerufen wurden. Auch Robert Jungk wird jetzt ungestört reden können. Dies ist ein Konsens im ganzen Bündnis!«

Er erntete Beifall, deutlich mehr als die Pfiffe, die zu verstummen begannen, als Robert Jungk seine Rede fortsetzte:
»Gewaltlos oder militant: Hauptsache Widerstand! Und zwar: Der Widerstand muß, wie der antifaschistische Generalstaatsanwalt von Hessen unmittelbar nach dem Zweiten Weltkrieg, Fritz Baur, gesagt hat: ›Der Widerstand muß stets in seiner Stärke der Stärke der Unterdrückung entsprechen.‹ Wenn sie uns weiter und noch mehr unterdrücken, dann wird auch der Widerstand stärker werden. Und ich befürchte, daß diese Unterdrückung sich verstärkt. Das, was zur Zeit vorbereitet wird und im Fall eines Sieges der Koalition bei dieser Wahl Wirklichkeit werden wird, ist ein Gesetz, das Demonstrationen wie diese unmöglich macht; das Teile unserer Bewegung kriminalisiert und in die Gefängnisse wirft und vielleicht in neue Konzentrationslager wirft. Dagegen müssen wir Stellung nehmen....«

»Clara, ganz kurz, ich habe gerade Christoph, einen Freund aus Berlin entdeckt. Ich gehe ihn mal begrüßen. Nur damit du Bescheid weißt.«
Clara nickte nur und schüttelte gleichzeitig über den Vergleich den Kopf, die Gesetze zur Einschränkung der Demonstrationsfreiheit in die Nähe der Konzentrationslager, der Nazi-Diktatur zu rücken.

»Wir wollen, wir wollen das Recht auf Widerstand, wo wir noch Widerstand haben. Es steht hier, an diesem Todesbetrieb (...) ein großes Transparent, mit dem die 2.500 Arbeitnehmer zu ihren Arbeitsplatzen stehen. Das sind Todesplätze! Das sind Todesplätze genauso wie die Arbeitsplätze, die in den Dreißigerjahren von Hitler geschaffen wurden: Arbeitsplätze in der Rüstungsindustrie, Arbeitsplätze an den Autobahnen, und die Menschen, die daran gearbeitet haben, haben gleichzeitig ihr eigenes Grab geschaffen und außerdem das Grab ihrer Familien. Gegen die Todesplätze!
Tschernobyl hat uns gezeigt, wie wir belogen worden sind. Wir lassen uns diese Lüge nicht mehr gefallen...«

Clara verlor den Faden, als ihr Blick an zwei Männern hängen blieb, die sie sofort für ›Zivis‹ hielt: Sportliche Figur, Jeans, Blousons, zu zweit und möglichst unauffällig. Um Letzteres war einer von ihnen bemüht, als er seinen Kopf senkte und in den Blouson hineinredete, wobei ihm die Antenne seines Funkgerätes herausrutschte. *Na, wer sagt's denn.* Clara schaute sich um, ob sie noch mehr Zivis ausmachen konnte. Dann hielt sie nach Leuten Ausschau, die sie kannte. Clara drängelte sich durch die Zuhörer und schob sich in eine Gruppe aus Frankfurt, der sie in einer solchen Situation vertraute.
»Hört mal bitte kurz zu und dreht euch nicht gleich zusammen um. Rechts von euch, stehen zwei Zivis, in Jeans und Blouson. Der eine von ihnen hat gerade eine Mitteilung abgesetzt. Ich hab' sein Funkgerät gesehen. Ich weiß nicht, ob die Festnahmen vorbereiten. Aber das ist auch egal. Die haben hier nichts zu suchen. Kommt ihr mit?«
Ohne der Versuchung zu erliegen, synchron den Kopf in eine Richtung zu wenden, was so dumm aussieht, wie tausend Zuschauerköpfe, die ein Tennismatch verfolgen, überzeugte sich einer nach dem anderen vom dem, was Clara beschrieben hatte.
»Und was schlägst du vor?«
»Auf jeden Fall kein Aufsehen und keine Prügelei. Wir stellen uns um die herum und fordern sie auf, sich auszuweisen. Eine Personalienüberprüfung, ganz einfach.«
»Und wenn sie nicht mitmachen?«

»Wir sind«, Clara überschlug die Zahl der Beteiligten, »zu Zwölft und um uns herum sind Tausende.«
»Dabei nehmen wir ihnen auch die Sachen ab, Funkgerät usw.. Das ist ein Aufwasch.«
Alle drehten sich zu Lothar, der den Vorschlag machte.
»Warum nicht?« kam als halbe Antwort. Die anderen waren nicht dagegen.
»Gut, dann teilen wir uns auf. Lothar, machst du das mit der Ansage?«
Lothar nickte.
Zu zweit, zu dritt drängten sie sich durch die Reihen, ohne noch etwas davon mitzubekommen, was Robert Jungk sagte.

»Wir müssen endlich diese dunkle Wolke wegschieben, wir müssen diese Betriebe schließen! Wir müssen Menschen, die sie leiten, nach Hause schicken! Wir müssen schauen, daß sie endlich eine nützliche Arbeit treiben und nicht eine Profitmacherei. Die größte Gefahr, die heute von solchen Betrieben (...) von Wiederaufarbeitungsanlagen und Plutoniumanlagen ausgeht... die größte Gefahr ist die Vermehrung des Giftstoffes Plutonium über die ganze Erde. Je mehr Plutonium da ist - und die Spezialisten sprechen davon, daß wir mit einer Verzehnfachung der Plutoniummenge bis zum Jahr 2000 rechnen müssen - je mehr Plutonium ...«

Clara stand im Rücken der beiden Zivilen, als sie Lothar zunickte. Der Kreis war geschlossen.
»Uns wurde gesagt, dass ihr Zivis seid. Wir werden das jetzt überprüfen.«
Die beiden Kripobeamten schauten sich erst prüfend an, dann versuchten sie einen Schritt zurück zu machen, nach hinten auszuweichen. Clara packte einen von ihnen an der Hüfte, mit beiden Händen.
»Es gibt kein Hinterausgang. Bleibt stehen.«
Die Blicke der beiden Eingekreisten wurden hektisch, wechselten von souverän zu panisch, als einer ausbrach und in der Menge verschwand. Clara klammerte den verdutzt Stehengebliebenen von hinten, während Lothar den anderen aus der Gruppe zurief:
»Rennt ihm nicht nach. Das bringt nichts.«
Lothar griff zuerst in den Blouson und holte das Funkgerät heraus und gab es weiter. Dann durchsuchte er die Jackentaschen und hielt den Dienstausweis hoch.
»Na, wer sagt's denn.«
Dann tastete er seinen Rücken ab, spürte das Holster, zog den Blouson hoch und zog die Dienstwaffe heraus, eine Sig Sauer P 6.
»So, und jetzt hau ab und renn zu deinem Chef.«

Er gab ihm einen Stoß, die anderen machten eine Lücke, die der enttarnte Kriminalbeamte nutzte, um glimpflich davon zu kommen.
»Wir verteilen uns jetzt, ganz schleunigst. Der Zivi, der uns durch die Lappen gegangen ist, wird wahrscheinlich schon Meldung gemacht haben. Wir sollten auch unsere Kleider tauschen.«
»Und jetzt nicht von der Demo gehen. Nach der Kundgebung geht es ja wieder zurück in die Innenstadt. Da wird sich dann eine Gelegenheit ergeben. Einverstanden?«
Alle nickten zustimmend und verteilten sich. Clara arbeitete sich in Richtung Bühne vor und sah einen sichtbar erregten und aufgewühlten Mann zum Ende seiner Rede kommen, ohne ein Blatt Papier in der Hand, ohne ein Manuskript, von dem er hätte ablesen können.

»Wir wollen leben. Wir wollen überleben! Wir wollen eine freudige Zukunft haben und nicht eine Angstzukunft! Wir wollen die Erde bewahren, darum sind wir hier - alle! Ob wir nun Gewaltfreie oder Militante sind. Und da sind wir uns einig: Wir lassen uns nicht mehr voneinander trennen! Und diejenigen, die meinen, diejenigen, die meinen, sie müßten die Instrumente der Gewalt zerbrechen, die sind genauso wie diejenigen, die sagen, daß sie die Waffen zerbrechen müssen.

Macht kaputt, was euch kaputt macht!«

Der Atem stockte denen, die den Zukunftsforscher kannten. Den anderen, die ihm nicht mehr als pazifistische Träumereien zutrauten, blieb der Mund offen stehen. Nach einigen Schrecksekunden toste ein Applaus auf, der etwas Ergreifendes hatte. Ein Applaus, der einer Gemeinsamkeit galt, die man oft beschwor, aber selten zu spüren bekam. Dies war ein solcher Moment und Clara bekam eine Gänsehaut. Sie mochte den Spruch *Macht kaputt, was Euch kaputt macht!* eigentlich nicht. Gesungen schon, von Ton Steine Scherben, die mit diesem Titel 1970 berühmt wurden.

> *Züge rollen, Dollars rollen,*
> *Maschinen laufen, Menschen schuften,*
> *Fabriken bauen, Maschinen bauen,*
> *Motoren bauen, Kanonen bauen.*
> *Für wen?*
>
> *Macht kaputt, was euch kaputt macht!*
> *Macht kaputt, was euch kaputt macht!*

Bomber fliegen, Panzer rollen,
Polizisten schlagen, Soldaten fallen,
Die Chefs schützen, Die Aktien schützen,
Das Recht schützen, Den Staat schützen.
Vor uns!

Macht kaputt, was euch kaputt macht!
Macht kaputt, was euch kaputt macht!

Ton, Steine Scherben, 1970

Als Parole und heute gerufen, hat es etwas alttestamentarisches, Auge um Auge, Zahn um Zahn. Ihr machte diese pure Destruktion Angst. Angst, denen gleich zu werden, die man bekämpft. Das zu verlieren, was über die Gegengewalt hinausweisen muss. Aber aus dem Mund dieses weisen Mannes bekam dieser Satz etwas Warmes. Nichts Blindwütiges, gedankenlos Dahingesagtes, sondern etwas, was eine ungeheure Zäsur im Leben dieses Menschen markierte.

20.59 Uhr

Anton greift in den Rucksack und holt eine Waffe heraus. Eine ›Sig Sauer‹.

»Schneller und sicherer zum ersten Schuss: SIG Sauer P 6
Hauptmerkmale der P 6 (P 225):
Optimale Sicherheit durch automatische Schlagbolzensicherung.
Schnelle Schussbereitschaft durch Spannabzug.
Erhöhte Treffsicherheit durch günstiges Rückstossverhalten und idealen Griffwinkel.
Überragende Funktionssicherheit bestätigt durch harte Testergebnisse.
Kaliber 9 mm x 19«[43]

21.01 Uhr

Mit beiden Händen hält er die Waffe auf Schulterhöhe und zielt auf die Polizeikette vor ihm. Es ist die Dienstwaffe, die einem Zivilbeamten während der Hanau-Demonstration 1986 abgenommen wurde. Das Magazin ist bereits geladen, mit acht Schuss Munition. Anton schaut sich noch einmal um. Niemand ist in seiner Nähe. Alles konzentriert sich auf die Notbrücke. Er drückt ab, acht Mal, bis das Magazin leer ist.
Die ›Sig Sauer‹ ist eine Kurzdistanzwaffe. Der Streukreis der Waffe auf 25 Meter beträgt ca. 8 cm. Wenn man von einem Ziel in Mannsgröße ausgeht, kann man auf diese Entfernung eine hundertprozentige Treffsicherheit realisieren. Auf 50 Meter beträgt die Treffsicherheit nur noch 50 Prozent, ab 100 Meter ist jeder abgegebene Schuss purer Zufall.

21.03.00 Uhr

Anton lässt die Waffe sinken. Seine Augen starren in die Dunkelheit. Das Einzige, was man auf diese Entfernung erkennen kann, sind die weißen Helme der Bereitschaftspolizisten. Er überlegt nicht, er vergewissert sich nicht, er zweifelt nicht. Er holt das Magazin aus der Waffe und kniet sich zu seinem Rücksack hinunter. Nach ein paar tastenden Bewegungen hat er es gefunden, ein zweites geladenes Magazin. Er arretiert es in der Waffe, verstaut das leere Magazin im Rucksack und richtet sich wieder auf. Wieder richtet er die Waffe auf die Polizeikette, ca. 60 Meter vor ihm. Dieses Mal hält er sie nur mit einer Hand.

21.03.30 Uhr

Er drückt ab. Er spürt den leichten Rückschlag, der die Waffe nach oben zieht. Das Projektil, Kaliber 9 x 19 Millimeter, fliegt knapp über die Polizeikette hinweg, in nordwestliche Richtung. Es fliegt ohne Ziel. Nichts ist zu erkennen, was auf ihrer Flugbahn liegen könnte.

Das Projektil fliegt mit einer Anfangsgeschwindigkeit von 1.200 km/h. Schallgeschwindigkeit. Nach einer Sekunde hat es 300 Meter zurückgelegt.

Diese Neunmillimetermunition wurde Anfang der 80er Jahre mit der SIG Sauer als neue Bewaffnung der Polizei eingeführt. Sie hat eine ungeheuere Durchschlagskraft, zwischen 350 und 500 Joule Eo. Auf kurze Distanz kann sie Wohnungstüren oder Autotüren problemlos durchschlagen. Auf eine Person gerichtet reicht bereits ein Schuss, um sie ›kampfunfähig‹ zu machen. Die schweren Verletzungen, die das Kaliber verursacht, schließt jede Gegenwehr aus. Die Einführung dieser ›mannstoppenden‹ Munition hatte jedoch nicht nur begeisterte Befürworter. Auch aus den Reihen der Polizei meldeten sich kritische Stimmen zu Wort: Was passiert, wenn dieses Projektil sein Ziel verfehlt, durch die Gegend irrt und auch nach 500 Metern nichts an seiner tödlichen Wirkung einbüßt? Muss eine Munition nicht gerade solche unbeabsichtigten ›Nebenwirkungen‹ ausschließen? Die Bedenken wurden gehört, abgewogen und abgetan - schließlich haben effektive Verbrechensbekämpfung und der (Eigen-)Schutz der Polizeibeamten oberste Priorität.

21.03.32 Uhr

Nach 516 Metern dringt das Projektil knapp neben der Körpermittellinie, im Solarplexus-Bereich des Hundertschaftsführers Klaus Eichhöfer ein. Der Schusskanal ist waagrecht.

21.04 Uhr

Für die Polizeieinsatzleitung deutet alles auf Routine hin. Ihr Konzept ist aufgegangen, auch wenn die im Wald versteckte BESI-Einheit keine Festnahmen verzeichnen konnte. Sie konnten Angriffe auf die Mauer verhindern, die Startbahngegner haben sich zurückgezogen. Der Spuk ist aller Erfahrung nach gleich zu Ende.
Polizeieinsatzleiter Mais schaut auf die Uhr.
»In einer Stunde können wir hier einpacken. Kommt heute noch etwas im Fernsehen?«
Die Kollegen in der Leitstelle haben keine Gelegenheit mehr, Feierabendtipps abzugeben. Die Ereignisse in der Zentrale überschlagen sich. Ein Funkspruch jagt den anderen. Die Funkdisziplin bricht völlig zusammen.
»Mönus Elf an Mönus Eins.«
»Kommen.«

»Wir haben hier einen Schwerverletzten, den Hundertschaftsführer Eichhöfer. Er liegt regungslos da, auf dem Stichweg, neben dem Wasserwerfer. Rufen Sie sofort einen Rettungshubschrauber. Herr Eichhöfer ist nicht mehr ansprechbar.«
»Verstanden. Wird sofort veranlasst.«
Der Einsatzleitung Mais will nachfragen, ob die Art der Verletzung festgestellt werden konnte, da kommt bereits der nächste Funkspruch.
»Mönus Neun an Mönus Eins.«
»Mönus Eins hört.«
»Wir haben hier vier verletzte Kollegen. Einer davon ist schwer verletzt. Offensichtlich handelt es sich um Schussverletzungen.«
»Sind sie transportfähig?«
»Das kann ich nicht genau sagen. Es ist dunkel hier.«
»Bringen Sie die Kollegen auf den Stichweg. Wir werden sofort Krankenwagen dorthin beordern.«
»Verstanden.«
»Können Sie sagen, aus welcher Richtung die Schüsse abgegeben wurden?«
»Nein, nicht genau. Eigentlich gar nicht. Sie können aber nur von der anderen Seite des Gundbaches, vom Waldrand aus, abgegeben worden sein. Von dort werden wir immer wieder mit Leuchtspur und Zwillen beschossen. Aber von hier aus ist es unmöglich, Genaueres zu sagen. Was sollen wir machen?«
»Bleiben Sie mit Ihrer Einheit, wo Sie sind. Setzen Sie auf keinen Fall nach. Ich werde Ihnen zusätzlich G-3-Gewehre mit Aufsatz nach vorne bringen lassen. Nebeln Sie den gesamten Bereich ein.«
Die Polizeileitstelle ordert einen Rettungshubschrauber und mehrere Krankenwagen. Parallel dazu gibt sie Anweisung, auf der Kreisstraße nach Walldorf, auf der Höhe des Umspannwerkes, einen Kontrollpunkt einzurichten, um zurückfahrende Startbahngegner zu durchsuchen und gegebenenfalls Beweisstücke sicherzustellen.

21.15 Uhr

Der schwer verletzte Bereitschaftspolizist und die leicht verletzten Polizeibeamten aus der vorderen Reihe werden nach hinten gebracht. Gleichzeitig gelangen die Abschussgeräte für Gaskartuschen nach vorne. Minutenlang feuern daraufhin Polizisten in den Wald, auf die andere Seite des Gundbaches. Das Gas verfängt sich in den Bäumen und nebelt die ganze Umgebung ein. Vereinzelt werden welche zurückgeworfen, worauf kleine Rauchpilze aus der Wiese aufsteigen.
»Die haben doch ein Rad ab«, sagt Chris zu Leo, während sie das Waldstück passieren, durch das der Gundweg führt.

»Die müssen noch mal zeigen, was sie alles drauf haben. Vergiss es.«
Kurze Zeit später fliegt ein Rettungshubschrauber über sie hinweg, was eigentlich ungewöhnlich ist.
»Hast du den Rettungshubschrauber gesehen?«
»Ja, aber wozu? Hast du etwas mitbekommen?«
»Nicht viel mehr als du. Aber vielleicht ist jemand in die brennende Barrikade gefallen.«
Der Rettungshubschrauber fliegt in Richtung Startbahn und landet dort.

21.20 Uhr

Der regungslose Hundertschaftsführer Eichhöfer und der noch Lebenszeichen von sich gebende Bereitschaftspolizist Schwalm werden in die Universitäts-Klinik Frankfurt geflogen, die leicht verletzten Polizisten werden mit Krankenwagen in die Flughafenklinik abtransportiert.
Noch auf dem Weg in die Universitätsklinik Frankfurt stellen die Rettungssanitäter alle Wiederbelebungsversuche bei PHK Eichhöfer ein. Die erste medizinische Untersuchung an Bord ergibt, dass ein Projektil im Solarplexus-Bereich eingedrungen ist.

21.30 Uhr

Da die Soko Strom davon ausgegangen war, dass Startbahngegner den Polizeifunk abhören würden, hatte man Funkstille zwischen der Einsatzleitung und ihrer Observation vereinbart. Stattdessen wird über eine eigene Funkfrequenz Verbindung zum LKA gehalten. Sie wissen von den schweren Verletzungen, vom Rückzug der Demonstranten, die sich auf dem Weg Richtung Schlichter Tor befinden. Als KHK Timm die Meldung bekommt, dass der Hundertschaftsführer Klaus Eichhöfer dabei ums Leben gekommen ist, überlegt er kurz. Dann greift er zum Funkgerät.
»Venus Eins an Venus Fünf. Kommen.«
»Venus Fünf hört.«
»Wir brechen die Observation ab. Geben Sie das weiter. Wir treffen uns um 23 Uhr in der Dienststelle zur Auswertung.«
»Verstanden. Ende.«

21.35 Uhr

Am Schlichter Tor stellt Peter sein Fahrrad ab. Tröpfchen- und gruppenweise trudeln die Beteiligten ein. Schließlich sieht er Klaus, mit seinem klapprigen Fahrrad heranradeln. Klaus ist von Beruf Gold- und Silberschmied. Dass er

Handwerker ist, sieht man an seinen groben, schwieligen Händen. Die starke Brille, die er trägt, könnte ein Kassengestell sein – praktisch und auf jeden Fall nicht schick, so wie seine Kleidung, der man ansieht, dass er sie bis zum Schluss aufträgt. Er ist Anfang fünfzig und kein Mann für große Versammlungen und lange Sitzungen. Wenn er etwas sagt, ist es knapp, schnörkellos, dafür prägnant. Klaus passt so gar nicht in das Klischee von den Startbahn-Chaoten. Durch einen Freund kam er zum Fotografieren. Mit der Zeit wurde eine Passion daraus. Was eigentlich altmodisch ist, Schwarz-Weiß-Fotografien, betreibt er mit Perfektion und mit einem fantastischen Auge für kleine, versteckte Details hinter dem Spektakulären. Er kann Stimmungen und Empfindungen belichten. Filigrane, edle Feinarbeit eben. Nicht nur die schlichte Intensität seiner Bilder machte ihn zu *dem* Startbahnfotografen. Seine absolute Verschwiegenheit und Sympathie fürs Praktische, Effektive öffneten ihm selbst die Tür zu jenen, die auch nicht im Bild ›festgehalten‹ werden wollten. Auf Klaus konnte man sich absolut verlassen. Kein einziger Film gelangte in den vielen Jahren in falsche Hände, und er verkaufte kein einziges Bild, das irgendwen in Schwierigkeiten gebracht hätte.

»Hallo Klaus, na wie war's?«

»Nichts Besonderes. Das Übliche.«

»Dito. Als ich draußen war, war schon alles so gut wie vorbei. ... Hast du Festnahmen mitbekommen?«

»Nein, obwohl sie's heute darauf angelegt hatten.«

»Und?«

Peter zeigt auf die Leica, die an einem Gurt über seiner Schulter baumelt.

»Ja, doch... drei Filme. Den letzten habe ich noch dabei«, er klopft bestätigend auf seine rechte Hosentasche.

»Dafür hast du ja dein Fahrrad und deine Schleichwege. Komm, lass uns ein Stück zusammen fahren. Ich habe mein Auto am SKG-Heim stehen.«

Die Kreisstraße nach Walldorf ist gut beleuchtet. Bereits von Weitem sehen sie, dass auf Höhe des Umspannwerkes eine Polizeisperre aufgebaut wurde. Sie schauen sich kurz an, dann halten sie an.

»Das ist aber ungewöhnlich. Dort haben sie noch nie eine Polizeikontrolle aufgebaut.«

»Die haben sich wohl etwas Neues einfallen lassen« gibt Peter als nie ganz falsche Antwort.

»Du kannst ja weiterfahren. Ich biege hier vorne in den Wald ab und komme von hinten zum SKG-Heim.«

»Okay, dann treffen wir uns dort. Bis gleich.«

Rückblende: Von Braunmühl an der Startbahn

Rhein-Main Aire Base © Wolf Wetzel

Am 11.10.1986 tötete die Rote Armee Fraktion/RAF den ›Diplomaten‹ Gerold von Braunmühl. Für gewöhnlich waren die Personen bekannt, die die RAF erschoss. Sie waren hohe Militärs, führende Wirtschaftsbosse oder allseits bekannte Politiker. In diesem Fall war es jedoch anders. Selbst politisch Engagierten war dieser Mann gänzlich unbekannt. Man wusste nichts von seiner politisch herausragenden Bedeutung. Keine Frage gab es auch Funktionsträger des Systems, die das Licht der Öffentlichkeit scheuten und ihre besondere Macht hinter den Kulissen ausübten – Militärstäbe, hohe Geheimdienstangehörige, Mitglieder einflussreicher Strategiezirkel (Thinktanks). Auch das schien auf von Braunmühl nicht zuzutreffen. Nun war er tot, und nicht einmal die radikale Linke wusste, wofür man ihn hätte hassen, wofür man ihm den Tod hätte wünschen können. Kurzum, nicht nur für den durchschnittlich gebildeten Interessierten war Gerold von Braunmühl ein unbeschriebenes Blatt. Dementsprechend groß war das Misstrauen gegenüber öffentlichen Verlautbarungen, die die RAF für diesen Anschlag verantwortlich machten. Ein paar Tage später bekannte sich die RAF zu diesem Anschlag. Wie immer war die Erklärung lang, furchtbar allgemein und global. Man hätte mit ihr viel erklären können,

nur nicht die konkreten gesellschaftlichen und politischen Umstände, aus denen heraus sich eine solche Tat rechtfertigen ließe.
Clara und Johan schauten gerade die ›Tagesschau‹, als eine ›Report‹-Sendung angekündigt wurde, die die Ermordung Gerold von Braunmühl zum Anlass nahm, eine Sondersendung zu bringen. Es wurde der mögliche Tathergang rekonstruiert, die ersten Ermittlungsergebnisse der Polizei präsentiert. Dann kündigte der ›Report‹-Moderator einen Experten aus dem BKA Wiesbaden an, der sich seit Jahren mit »Linksterrorismus« beschäftige und dem Publikum erklären sollte, warum ausgerechnet der Leiter der politischen Abteilung im Auswärtigen Amt, Gerold von Braunmühl, Opfer der RAF wurde.
»Noch 'ne schlechte Erklärung, das muss ich mir nicht antun«, raunzte Clara.
»Jetzt wart' doch mal ab. Vielleicht versteht ja *der* die RAF«, antwortete Johan, mit unverhohlener Ironie.
In knappen und präzisen Worten skizzierte der BKA-Experte die Imperialismus-Analyse der RAF. Er rekapitulierte, warum der Reformismus gescheitert sei bzw. warum er die herrschenden Verhältnisse nicht überwinden, sondern im besten Fall modernisieren helfe. Er fasste die wesentlichen Aussagen zum »industriell-militärischen Komplex« zusammen, das sich parlamentarischer Kontrolle entziehende Agglomerat aus Wirtschafts-, Militär- und Politikereliten, flankiert von einer Bewusstseinsindustrie. Er führte die Bedeutung der Planungsstäbe aus, die unauffällig hinter der ersten Reihe die strategischen Konzepte entwickeln und insbesondere die Ost-West-Konfrontation neu akzentuieren. Schlussendlich betonte er die Bedeutung der BRD als »Frontstaat« und leitete daraus geradezu folgerichtig und zwingend die Auswahl der »Opfer« ab.
Johan konnte kaum seinen Ohren trauen.
»Meine Güte, ich habe schon lange nicht mehr eine so überzeugende Analyse der Verhältnisse gehört. Der Mann hat mich überzeugt ... «, er schaut Clara dabei verschmitzt an.
»Tja, wenn die RAF einen solchen Mann als Pressesprecher hätte, würden bestimmt mehr Menschen sie verstehen, zumindest die Chance dazu bekommen!«
»Eine makabre Vorstellung. Wenn man erst so schlaue Gegner braucht, wie diesen BKA-Spezialisten, um zu begreifen, dass der Anschlag notwendig und richtig war, dann hat die ›bewaffnete Politik‹ etwas falsch gemacht, oder?«, frotzelte Clara zurück.

Es war einer der vielen Sonntagsspaziergänge der letzten Sommertage 1987, als Johan über die Wiese Richtung Startbahn West ging. Er trottete so vor sich hin, blinzelte in die Sonne und freute sich schon auf den selbst gemachten Kuchen am Kuchenstand.

»Hallo Johan. Na wie geht's?«
Johan schaute zur Seite und grüßte zurück.
»Hallo Jürgen. Was machst du denn hier? Das ist doch gar nicht deine Baustelle!«
Die beiden kannten sich seit Jahren. Als Johan noch in der Stadtteilgruppe war, stieß Jürgen irgendwann zu ihnen. Johan mochte ihn, auf eine bestimmt Art, auch wenn Jürgen immer den Eindruck machte, als halte er von Stadtteilarbeit und ›kleine Brötchen backen‹ nicht viel. Während die meisten in der Gruppe ihr Privates nicht verbargen, was gruppendynamisch nicht immer einfach war, blieb Jürgen immer zurückhaltend und reserviert. Er vermied das exzessive Treiben der Gruppe – was gelegentlich ins Inzestuöse ausartete – und beschränkte sich auf Treffen und politische Termine, während die anderen Zug um Zug vieles bis alles teilten: Die Wohnung, die Freizeit, den Urlaub, das Geld, den Shit. Die Übergänge waren fließend, auch was die Freundinnen und Freunde anging. In den meisten Fällen führte dieser Wildwechsel zu kleineren und größeren Dramen, die für Wochen und Monate die Gruppe ›beschäftigten‹, nicht selten sogar lahmlegten.
Ganz anders Jürgen. Fast niemand wusste, was er privat machte, so gut wie gar nichts wusste man von seiner politischen Geschichte. So blieb es immer ein Gerücht, dass Jürgen sein Kinderheim angesteckt hatte und dafür sechs Jahre in den Knast kam. Dort bekam er Kontakt zu politischen Gefangenen. Die Unterstützung und Solidarität, die er dort erfahren hatte, nahm er mit, als er wieder entlassen wurde. In der Gruppe sorgte er mit liebevoller Penetranz dafür, dass ausnahmslos alle jedes Jahr ein Päckchen in den Knast schickten. Dabei war ihm immer wichtig, dass die Päckchen gleichermaßen an soziale wie politische Gefangene verteilt wurden. Diese Gradlinigkeit und bedingungslose Verbundenheit schätzte Johan außerordentlich – neben dem schönen Gerücht, dass er sich für seine miese Kindheit gerächt hatte.

»Normalerweise wäre ich auch nicht hier. Das stimmt. Ich habe einen Auftrag.«
Johan und Jürgen witzelten des Öfteren, in den letzten Jahren eigentlich nur noch. Anders ließen sich die größer werdenden politischen Unterschiede nicht mehr austragen. Doch dieses Mal klang es ganz und gar nicht witzig.
»Na, dann schieß mal los, in welchem Auftrag?«
»Ich muss mit dir reden. Ich wusste gar nicht, dass ihr bereits für die Braunmühls schreibt«, legte Jürgen los.
»Wie bitte, Braunmühl, wer ist das?«
»Ach komm, Johan, Du weißt doch, wovon ich rede.«

Jürgen schlug einen süffisanten Unterton an, der Johan schon oft in Rage gebracht hatte. Eine Art, etwas verdächtig zu machen, in die Nähe des Verrats zu rücken, bevor es überhaupt benannt ist.
»Jetzt hör endlich mit deinen Andeutungen auf.«
»Na, du kennst doch Braunmühl, den die RAF erschossen hat.«
»Ach so, meine Güte. Glaubst du, ich merke mir einen Namen, von dem ich zum ersten Mal höre, wenn er schon tot ist?«
»Es geht um seine Brüder?«
»Du sprichst in Rätseln. Werde doch mal deutlicher!«
»Die haben ein Buch herausgebracht ...«
»Was geht mich das an?«
»Du wirst doch nicht behaupten, dass ihr damit nichts zu tun habt?«
»Mit was, verflucht noch mal?«
»Mit dem Beitrag, den ihr in diesem Buch veröffentlicht habt! Schreibt ihr jetzt für die andere Seite?«
Sein Ton wurde mies.
»Jürgen, jetzt mach mal halblang.«
»Und wie kommt dann euer Beitrag da rein?
»Von welchem Betrag redest du?«
»Den ihr auf den Libertären Tagen gehalten habt.«
»Also, Jürgen, ich kenne weder die Brüder Braunmühl noch ihr Buch. Und ich müsste es wissen, wenn wir darin einen Beitrag veröffentlicht hätten. Also was soll das Ganze?«
»Na, dann geh mal morgen in einen Buchladen und hol Dir das Buch. Ich würde mich an deiner Stelle darum kümmern.«
Auch wenn sich Johan äußerlich nichts anmerken ließ, war ihm schon mulmig zumute. Irgendetwas musste an der Geschichte dran sein. So gut kannte er Jürgen.
Am nächsten Tag machte sich Johan zum nächsten Buchladen auf. In keinen linken Buchladen. Denn dort würde ein solches Buch bestimmt nicht ausliegen. Er ging in einen ganz normalen Buchladen und steuerte sofort die Auslage mit den Neuerscheinungen an.
Es war kaum zu übersehen. Der Einband war rot und das Titelbild zeigte ein Schwarz-Weiß-Foto mit der zugedeckten Leiche Gerold von Braunmühls. Zu seinen Füßen sah man einen Aktenkoffer und dahinter eine Blutspur – fast so, als flösse aus dem Aktenkoffer Blut.[44] »Ihr habt unseren Bruder ermordet. Die Antwort der Brüder des Gerold von Braunmühl an die RAF« rororo aktuell 12318, 1987, Anhang: »Die Kritik an der RAF-Politik ist zugleich eine Kritik an uns selbst« – Autonome zur RAF, S.117-124

Johan blätterte hastig durch das Buch, bis er auf den Anhang stieß: »Die Kritik an der RAF-Politik ist zugleich eine Kritik an uns selbst – Autonome zur RAF«
Johan überflog den Text, der durch viele Auslassungen gekennzeichnet war. Dennoch bestand kein Zweifel. Dieser Text war für die ›Libertären Tage‹ geschrieben worden, die im April desselben Jahres in Frankfurt stattgefunden hatten.
Am Ende stand der kursiv gedruckte Verweis: *»Dieser Artikel erschien als Diskussionsbeitrag »Frankfurter Autonomer« in der Zeitschrift ›Schwarzer Faden‹, 1/1987. Er wurde redaktionell gekürzt.«*
Auch daran konnte sich Johan erinnern. Die Redaktion Schwarzer Faden bat darum, den Text leicht gekürzt abzudrucken, was dann auch geschah.

Johan blätterte noch einmal zurück und verlor sich in den Zeilen:
«Die Kritik an der RAF-Politik ist zugleich eine Kritik an uns selbst«
Autonome zur RAF

Wir haben es satt, aus falscher Ehrfurcht und verhängnisvoller Mythologisierung des bewaffneten Kampfes das Maul zu halten. Für Viele von uns verkörpert die RAF nur noch unseren blinden Haß, jedoch schon lange nicht mehr unsere Utopien von einer herrschaftsfreien Gesellschaft! Es ist längst überfällig, den Knoten aus moralischer Verpflichtung, bedingter Solidarität und eigener Feigheit zu durchschlagen, das wirklich Gemeinsame zu benennen, das Trennende klar und eindeutig zu formulieren (...) Die Kritik an der RAF-Politik ist also zugleich eine Kritik an uns selbst; eine Kritik, die unsere Schwäche mit einbeziehen muß, uns offensiv mit der RAF-Politik auseinanderzusetzen (...)
Der bewaffnete Kampf war sowohl eine Antwort auf das Scheitern und den Zerfall der Studentenbewegung, als auch eine radikale Absage an den »Marsch durch die Institutionen«.
Doch nun existieren vierzehn Jahre Erfahrungen von bewaffnetem Kampf und wir fragen uns: Wo konnte sich die Guerilla ausdehnen, wo Fuß fassen? Wo gelang es ihr politisches Bewußtsein zu verbreiten, Sympathien und Menschen zu gewinnen? Wo hat sich bewahrheitet, daß »die Entwicklung der Klassenkämpfe selbst das Konzept (Stadtguerilla) durchsetzen wird«? (...) Fakt ist doch, daß mehr RAF-Mitglieder tot, im Knast oder ins Ausland geflüchtet sind, als hier in der BRD kämpfen. Fakt ist doch, daß die Sympathie, die die RAF noch vor 14 Jahren zumindest in kleinen Teilen der Bevölkerung genoß, geschwunden ist, anstatt zu wachsen. (...) Wenn die Parole der RAF ›Dem Volke dienen‹ auch ein Stück Wirklichkeit meint, dann muß sie auch von denen

angenommen werden, für die die RAF kämpft. Doch von all dem ist die RAF weiter denn je entfernt.
(...) Der RAF bleibt nur die Anonymität der Großstädte und das Ausland (...) eine neue Fluchtbewegung, die politisch als ›neue Qualität‹ des bewaffneten Kampfes verkauft wird: die westeuropäische Guerilla. (...) Doch wer sich im Ausland sicherer fühlt als im eigenen Land, der muß nach 14 Jahren endlich die eigene Politik grundsätzlich hinterfragen, anstatt die nationale Schwäche durch die Europäisierung der Schauplätze zu vertuschen. (...)
In den letzten Jahren tauchte bei der RAF immer häufiger die magische Zauberformel vom ›imperialistischen Gesamtsystem‹ auf. Ein Begriff wie ein Mülleimer, in den man alles reinschmeißen kann. (...):
»... der Begriff der veränderten Bedingung ist: die Ausbildung des Gesamtsystems mit seinem Kern ... der NATO ... d. h. Gesamtsystems, das unter der unaufhebbaren Hegemonie des US-Kapitals die konkurrierenden Interessen von Teilfraktionen des Ganzen, ob national oder ökonomisch als Teilfraktion definiert, in der umfassenden Krise der Kapitalverwertung reguliert und gegen den weltweiten revolutionären Prozeß zur Aggression, d. h. zum Versuch der Sicherung der Herrschaft auf neuer Stufe zusammenfaßt ... « (Gefangener aus der RAF, 10.4.1981)
Eine imperialistische Weltordnung, die ein klares oben und unten hat, einen Chef, eine Zentrale, einen Plan, ein Ziel, viele Handlanger, Lakaien und Marionetten. Ein imperialistisches Weltgefüge mit entwaffnender Perfektion, mehr Hollywood als Pentagon, ohne innere Widersprüche, ohne Führungskämpfe, ohne unterschiedliche Strategien, ohne innere Konkurrenz. Ein Feind, so märchenhaft und unwirklich wie sein Gegenbild: Die westeuropäische Guerillafront! (...) Dieses anti-imperialistische Weltbild sitzt in verhängnisvoller Weise dem Schein, der Ideologie der imperialistischen »Einheit« auf. (...)
Was an der Gesamt-Theorie aufstößt, ist das makro-politische Weltbild, das kosmo-politische Flair, das zur Mystifizierung des Feindes beiträgt, indem er unverwundbar anstatt angreifbar gemacht wird. (...) Wo die Analyse Unterschiede, Risse, Brüche und Widersprüchlichkeiten aufdecken und entfalten soll, da schrumpfen sie in der Gesamtsystemanalyse zu Unscheinbarkeiten und Nichtigkeiten (...) Die existierenden politischen, sozialen und kulturellen Widersprüche innerhalb des imperialistischen Blocks werden miniaturisiert, um militärisch klare Ziele zu bekommen.
Das ist der Tod der Guerilla als revolutionäre Befreiungsbewegung. (...) Die Militarisierung der Politik führt konsequenterweise dazu, sich dem Feind anzupassen anstatt den ›Unebenheiten‹ der politischen und sozialen Verhältnisse. (...) Eine Wahrnehmungs- und Denkweise, die hierarchische Strukturen offensichtlich bereits so verinnerlicht hat, daß sie das explosive Gefälle gar nicht

mehr benennen kann. Anstatt dieses ökonomische und machtpolitische Gefälle zwischen den Kern- und den Peripheriestaaten bloßzulegen, um es gegen das »Europaprojekt« zu wenden, wird dieses schlichtweg eliminiert. Eine Feldschlachtlogik, die vor lauter feindlichen Uniformen den Unterschied zwischen Generälen und Soldaten nicht mehr machen kann! (...)

Neben der tatsächlichen »Angleichung der Bedingungen« vollzieht sich eine Entwicklung, die von der RAF (und den Antiimps) fast vollständig unterschlagen oder ignoriert wird. (...) Widersprüche brechen doch dort unvermindert auf, wo sich die »Alliierten« auf internationalem Markt als Konkurrenten unversöhnlich gegenüberstehen. Was auf der einen Seite die Öffnung und Erschließung neuer EG-Märkte garantiert, führt auf der anderen Seite zur Schließung ganzer nationaler Industriezweige, die dem gesteigerten internationalen Konkurrenzdruck nicht mehr gewachsen sind. Da gibt es keine Einigkeit und gemeinsame Ideale und Werte, sondern nur Sieger und Besiegte. Die Europäisierung der Märkte, das verschärfte Konkurrenz- und Ausbeutungsverhältnis im internationalen Maßstab, führt also gerade zu wachsenden Ungleichheiten und Ungleichzeitigkeiten. Die Öffnung europäischer Märkte wird also die Unterschiede zwischen den Kernstaaten und den Peripheriestaaten eher vergrößern als verkleinern. Die Schließung oder Stillegung der ›unrentablen‹ englischen Kohlegruben, großer Stahl- und Werftunternehmen, der Niedergang der französischen Stahlindustrie, die Zerstörung billiger Agrarbinnenmärkte (Spanien, Portugal), der ›Weinkrieg‹ sind sehr wahrscheinlich nur ein Vorgeschmack auf die wachsenden Spannungen innerhalb der EG. Wenn die RAF von der »Angleichung« redet, erliegt sie der Ideologie der EG. (...)
Nicht weniger peinlich ist die Analogie von der »Angleichung der Bedingungen für das europäische Proletariat« (Zusammenschlußerklärung von AD und RAF). Man muß kein Wirtschaftsexperte sein, sondern nur aufmerksamer Tourist, um die zum Teil krassen Unterschiede zwischen z. B. einem portugiesischen und einem westdeutschen Bauern, zwischen dem Klassenbewußtsein italienischer und westdeutscher Arbeiter, zwischen spanischer und deutscher Arbeiterkultur mitzubekommen. Die Unterschiede haben sich in den letzten fünfzehn Jahren nicht verringert, sondern verschärft! (...)
Durch die ganzen Erklärungen der RAF der letzten Jahre zieht sich ein roter Faden: »Das imperialistische Projekt des globalen Faschismus«. Dieser kann sich nur noch mit nackter Gewalt, Terror und Vernichtung behaupten, denn die Ideologie vom »freien Westen«, von »Demokratie und Fortschritt« greift nicht mehr in den Köpfen der Menschen. Da der Weltimperialismus unfähig geworden sei, Massenproteste und soziale Unruhen politisch zu integrieren und reformistisch zu entschärfen, bliebe ihm nur noch eine Antwort: Auf-

standsbekämpfung nach innen, Krieg gegen das eigene Volk. (...) Gegen den Prozeß weltweiter Befreiung setzt der Imperialismus sein »Projekt des globalen Faschismus«, dessen »Hauptmerkmal ist: Die militärische Offensive, aus der der Imperialismus als Weltsystem hervorkommen will.« (Gefangene aus der RAF, April 1985)

Sicherlich, die Strategie der Konfrontation, der militärischen Eskalation ist nicht zu übersehen (Grenada-Invasion, begrenzte Eskalation gegen Libyen, »verdeckter« Krieg gegen Nicaragua etc.). (...)

Doch so sehr sich der Blick der RAF auf die Waffenarsenale des Feindes reduziert, so wenig führt daran vorbei, daß der Imperialismus politisch noch lange nicht gestorben ist. Im Gegenteil: Eine Entwicklung, die vor zehn oder fünfzehn Jahren noch undenkbar war, hat sich z. B. in Südamerika vollzogen: Der friedliche Übergang von einer Diktatur zur Demokratie nach westlichem Vorbild. (...) Der westliche Imperialismus hat also ganz offensichtlich mehr zu bieten als nur Waffen und Folterspezialisten.

Die Demokratisierungswelle (Argentinien, Uruguay, Brasilien, Philippinen) unterstreicht vielmehr, daß der Imperialismus eine sich formierende Volksbewegung auch politisch bekämpfen kann; nicht, indem sie militärisch zerstört wird, sondern indem ihr das gemeinsame Angriffsziel geraubt wird: Der einigende Haß auf die Militärs. Und wenn man sich die Bedingungen in jenen Ländern anschaut, kann man wohl sagen, daß die reformistische Strategie von oben den revolutionären Kämpfen von unten um einiges zuvor gekommen ist. (...)

So sehr also die RAF den Reformismus weltweit gescheitert sieht und für tot erklärt [vielleicht eine Erklärung, warum sie Reformisten wie v. Braunmühl aussucht? Was nicht tot ist, wird tot gemacht? SF-Setzer], so lebendig ist er nicht nur in den Köpfen der Herrschenden, sondern gerade auch in den Köpfen der Volksorganisationen. Nicht wenige der noch lebenden Guerilleros/as sehen in der Demokratisierung von oben eine Chance von unten, den gewonnenen Spielraum für gesellschaftliche Veränderungen zu nutzen. In einer Erklärung der Tupamaros nach Abschluß ihres ersten öffentlichen und legalen Kongresses 1985 halten sie diesbezüglich fest:

»Es besteht Einigkeit darüber, daß wir jetzt unsre Politik im Rahmen der Legalität fortsetzen werden. Wir werden nicht nur die Legalität respektieren, sondern auch keine Aktivitäten unternehmen, die für die Feinde des Volkes Anlaß sein könnten, ihre organisierte Gewalt wieder gegen das Volk zu richten!«

(...) Man vergleiche dazu die heroisierenden Worthülsen der RAF: »In Lateinamerika, das sie zehn Jahre mit Militärdiktaturen überzogen haben zur planmäßigen Liquidierung der gesamten Linken, weil die Guerilla dort eine Mas-

senbasis hatte, sind sie jetzt mit neuen Kämpfen konfrontiert und mit Menschen, die sich keine ›Scheinlösungen‹ mehr bieten lassen, die vor dem Faschismus keine Angst mehr haben, weil ihr Widerstand aus dieser Erfahrung kommt.« (Gefangene aus der RAF, April 1985).
Ganz falsch; denn gerade die Angst vor dem Faschismus, vor einem neuen Militärputsch bewegt ganz offensichtlich die Mehrheit der Menschen dort, sich erst einmal mit dem Sturz der Militärdiktatur zufrieden zu geben. (...)
Hinzu kommt: Die Zerschlagung der Guerilla in diesen Ländern lag nicht nur an der militärischen Überlegenheit des Feindes: »Wir haben in der Vergangenheit Fehler begangen. So maßen wir einer einzigen Kampfform, dem bewaffneten Kampf zu viel Bedeutung bei; wir waren zu wenig in den Massen, in ihren gewachsenen Organisationen verankert.« (Erklärung der Tupamaros, Dezember 1985)
Anstatt aus den Fehlern anderer Guerillabewegungen zu lernen, macht die RAF aus diesen Fehlern eine Strategie. (...) »Der Hintergrund des eskalierenden staatlichen Terrors überall, liegt in der Ausdehnung des Widerstands in den letzten Jahren ...« (Eine Gefangene aus der RAF, Januar 1984)
Wenn sich in den letzten Jahren irgendetwas ausgedehnt hat, dann doch nicht ihr (oder unser) Widerstand, sondern schlimmstenfalls die militaristische Vision der RAF, vor der »Entscheidungsschlacht« zu stehen. (...) Warum berufen wir uns denn noch auf bestimmte demokratische Rechte, warum verteidigen wir gewisse demokratische Errungenschaften, wenn der »offene Faschismus« bereits an der Macht ist? Warum zielen so viele soziale Bewegungen darauf ab, bestimmte Projekte »politisch nicht durchsetzbar« zu machen, wenn das Politische längst gestorben ist?
Oder aber: Ist die Faschismus-These der RAF ein Versuch, die eigene Liquidierung des Politischen zu rechtfertigen?
(...) So schmerzlich und bedrohlich das auch ist: Der Alltag ist für die Mehrheit der Bevölkerung nicht imperialistischer Krieg an allen Fronten - dieser Krieg ist für sie noch weit weg, im Fernseher, irgendwo auf der Welt, nur hier nicht. Die Kluft zwischen der Wirklichkeit ihrer Kriege und der Wirklichkeit ihres Friedens läßt sich nicht militaristisch überspringen, sondern nur politisch bekämpfen. Eine Kluft, die deutlich macht, wie (...) stark nach wie vor die politische Akzeptanz des Systems in den Köpfen der Menschen verankert ist. Eine politische Akzeptanz, die nackte Gewalt überflüssig macht (...)
Der ›klassenlose‹ Konsum als Lebensersatz und Beweis für Gesellschaftsfähigkeit, der fast völlige Verlust von sozialer Kultur, die neuen Technologien als Lebensprogrammierer, die Ohnmacht selbstbestimmt zu handeln - sie tragen zur Aufrechterhaltung der Ordnung viel wirksamer bei, als die mit offener Gewalt erzwungene Loyalität und Unterordnung. Die ökonomische und politische

Stabilität des ›Modell Deutschland‹ zeichnet sich gerade dadurch aus, daß es nicht gegen die Menschen, sondern durch sie hindurchgreift; man regiert nicht gegen die Gewerkschaften, sondern durch sie hindurch, man verbietet nicht die grüne Partei, sondern bindet sie mit ein, man vermeidet offene Gewalt - wo es geht - und gießt sie statt dessen in neue Techniken der Kontrolle, Überwachung und Verfolgung. Die allseitige Erfassung und Zurichtung erfolgt schon lange nicht mehr nur in der Fabrik bzw. am Arbeitsplatz; der Zugriff erfolgt auf alle unsere Lebensäußerungen und gerade dort, wo wir uns anscheinend unkontrolliert und frei fühlen. Ein Befreiungskampf also, der sich auf die ökonomische und militärische Gewalt fixiert, verharrt und beharrt auf einer historischen Entwicklung, die das Kapital in den Metropolen längst qualitativ überschritten hat. Ein Befreiungskampf hier würde in einem viel stärkeren Maße bedeuten, die soziale Identität, Kultur und Lebensräume und -zusammenhänge zurückzuerobern bzw. neu zu entwickeln. (...)

Wenn das Politische gestorben ist, dann zählen nur noch die toten Uniformen. Der US-Air-Base-Anschlag war demnach alles andere als ein Ausrutscher; er ist die logische Umsetzung jener fatalen Fronttheorie und führt zur Unkenntlichmachung revolutionärer Politik: (...) »Für uns sind die US-Soldaten in der BRD nicht Täter und Opfer zugleich, wir haben nicht diesen verklärten sozialarbeiterischen Blick auf sie.« (2. Erklärung der RAF vom 25.8.1985)

Unmißverständlicher kann man Hard-Core-Politik nicht auf den Punkt bringen. Wer mit der Präzision einer Schrotflinte »alle Soldaten, die im Headquarter oder sonst wo ihren Job machen« zur Zielscheibe revolutionärer Politik macht, der täuscht mit soldatischer Härte nur radikale Konsequenz vor, hinter der sich nichts anderes verbirgt als maßlose Schwäche. Wer seine Angriffsziele so genau bestimmt, daß es alle Soldaten trifft, der nimmt wahllos Opfer in Kauf. Wer unterschiedslos alles Personal auf US-Territorium zum Tod verurteilt, der ist nicht revolutionär, sondern terroristisch. (...)

Der Krieg als schmutziges, hartes Geschäft muß bei der RAF für etwas herhalten, was ihr in ganz entscheidendem Maße fehlt: revolutionäre Moral und politische Stärke.

Oder hat die Guerilla in El Salvador auch diesen verklärten, sozialarbeiterischen Blick, wenn sie sehr wohl zwischen Offizieren und einfachen Soldaten unterscheidet, wenn sie jedem Soldaten beste Behandlung zusichert, der sich ergibt, wenn sie einzelne Soldaten auch dafür entwaffnet, indem sie ihnen eine menschliche Behandlung garantiert, die sie innerhalb der Regierungsarmee nie erfahren haben? Zeugt es von militärischer Schwäche oder politischer Stärke, wenn die von der Guerilla gefangen genommene Tochter Duartes nicht ermordet, sondern durch die von der Luftwaffe bombardierten und zerstörten

Dörfer geführt wird, damit sie nach ihrer Freilassung vor der nationalen und internationalen Presse etwas mit eigenen Augen bestätigt, was ihr Vater und das gesamte Militär unentwegt leugnen: Der ungebrochene, mörderische Krieg gegen die Zivilbevölkerung, auch und gerade unter einer zivilen, christdemokratischen Regierung. Spielt nicht gerade die Politik des revolutionären Beispiels eine entscheidende Rolle bei der Desertation, bei dem rapiden Verfall der Kampfmoral innerhalb des salvadorianischen Heeres? Die moralische und politische Zersetzung des Feindes - gerade auch durch das eigene, beispielhafte Verhalten, ist eine viel wirkungsvollere Waffe als der Genickschuß. (...)[45]

»Kann ich Ihnen helfen?«
Johan schreckte hoch, als wäre er bei etwas erwischt worden.
»Nein, nein, danke. Ich stöbere nur herum.«
Gerade mit diesem Text verknüpfte er nicht nur monatelange Arbeit und Diskussion, sondern auch ein Wechselbad der Gefühle. Immer wieder hatten sie mit dem flauen Gefühl zu kämpfen, zu weit gegangen zu sein. Doch am Ende setzte sich die Überzeugung durch, die Kritik klar und gegen jede Art der Verwässerung zu schreiben - mit dem Wissen, dass genau das viel böses Blut geben würde.
Als Johan das Buch zuschlug, dachte er noch einmal an Jürgen. Er befürwortete bestimmt nicht alles, was die RAF tat und zu erklären versuchte. Aber für ihn stand die Solidarität über allem und jede Kritik in dem Verdacht, die RAF zu isolieren und letztendlich auszuliefern. Johan schüttelte diese Gedanken und Erinnerungen ab und versuchte sich auf den nächsten Schritt zu konzentrieren. Nicht die Auslassungen waren der springende Punkt. Worum es ging, war der politische Zusammenhang, in den der Text gestellt wurde, für was man ihn sprechen ließ - und damit seine Richtung umkehrte.
Johan kaufte das Buch nicht. Er klaute es nicht einmal, sondern legte es zu den Neuerscheinungen zurück. Als könnte er sich damit selbst belasten.
Noch am selben Tag rief Johan die Redaktion des Schwarzen Faden an. Er wollte ganz sicher gehen, dass diese einem Abdruck nicht zugestimmt hatte.
»Hallo Gerd, kennt ihr schon das Buch von den Brüdern Braunmühl? Darin ist ein Text von uns abgedruckt, der eurer Zeitung entnommen wurde. Wisst ihr was davon?«
»Nein, Johan, wir kennen das Buch nicht. Aber ganz sicher hätten wir einem Abdruck nur nach Rücksprache mit euch zugestimmt. Ich gehe mal davon aus, dass der Rowohltverlag das einfach so gemacht hat. Das kommt leider öfter vor.«
»Dann müsst ihr unbedingt alles tun, damit der Artikel da wieder rauskommt. Das ist für uns untragbar.«

»Johan, ich verstehe das ... ja, ja ... «
»Gerd, das klingt mir zu vage. Der Rowohltverlag bezieht sich auf eure Zeitung. Deshalb müsst ihr den Widerspruch machen. Da führt kein Weg vorbei.«
»Ja, nein, klar ... Das Problem ist ein ganz anderes ...«
»Was meinst du damit?«
»Ich befürchte, dass sich rororo auf unserer Impressum berufen wird ...«
»Na und?«
»Da steht drin: *Nachdrucke gegen Quellenangabe sind ausdrücklich erwünscht.*«
»Ach du meine Scheiße.«
»Wer konnte schon davon ausgehen, dass das anarchistische Prinzip des ›copyriot‹ gerade in bürgerlichen Kreisen Verbreitung findet. Wir werden versuchen, den Text da rauszubekommen. Das wird aber nicht leicht sein. Wir halten dich auf dem Laufenden.«

Nachdem der ›Schwarze Faden‹ den Rowohltverlag schriftlich auffordert hatte, den besagten Text aus dem Buch herauszunehmen, bekam er die lapidare Antwort, dass dieser vergeblich versucht habe, die Herausgeber des ›Schwarzen Faden‹ ausfindig zu machen. Großzügig und ohne rechtliche Bedeutung bot man 200 DM als Honorar an.
Daraufhin veröffentlichte die Redaktion des Schwarzen Faden folgende Pressemitteilung:

Unsere bisherige Impressums-Aufforderung »Nachdrucke gegen Quellenangabe sind ausdrücklich erwünscht« erwies sich erstmals als Bumerang. Ohne mit der Redaktion, dem presserechtlich Verantwortlichen, dem Verlag oder den Autoren Rücksprache zu nehmen, lediglich mit Quellenangabe findet sich ein gekürzter Ausschnitt des Lupus-Texts aus SF-23 (1/87) im rororo-aktuell-Schnellschuß »Ihr habt unseren Bruder ermordet Die Antwort der Brüder des Gerold von Braunmühl an die RAF« (...)
Über den Umgang großer Verlage mit authentischem Szenematerial, das von kleinen Verlagen publiziert wird, ließe sich eine eigene Debatte eröffnen – zumal gerade die großen bürgerlichen Verlage bei Raubdrucken nicht gerade generös mit dem Copyright umgehen. Im Rechtfertigungsschreiben des Rowohlt-Verlags heißt es kurz und knapp, es sei ihnen nicht möglich gewesen, den Verleger des »Schwarzer Fadens« festzustellen. Nun ein Blick in den VLB-Katalog oder das ZIS-Zeitschriftenverzeichnis hätte genügt. (...)
Wir werden deshalb öffentlich und juristisch gegen den Rowohlt-Verlag vorgehen, mit den Zielen, daß in etwaigen weiteren Auflagen der SF-Text aus dem Buch herauszubleiben hat und einer Schadensersatzforderung für den unauto-

risierten Abdruck in der 1. Auflage. Das nachträgliche Honorarangebot von 200 DM lehnen wir selbstverständlich ab. Die Schadensersatzsumme soll jeweils zur Hälfte Libertären Zentren und dem Konto »Waffen für El Salvador« zukommen.

Johan hörte nie mehr etwas vom Rowohlt-Verlag – und das besagte Buch kam über die erste Auflage nicht hinaus.

21.38 Uhr

Peter wird erwartungsgemäß an der Polizeikontrolle angehalten und durchsucht. Sie finden nichts und lassen ihn weiterfahren. Klaus biegt von der Straße ab, um in das angrenzende Waldstück zu gelangen. Doch die Polizei bekommt das Ausweichmanöver mit und nimmt die Verfolgung auf. Samt geschobenem Fahrrad ist Klaus nicht besonders schnell und wird bald gestellt. Die beiden Polizisten bauen sich vor ihm auf.

»Nehmen Sie die Hände hoch. Wir möchten wissen, was Sie alles dabei haben.«

In Sekundenschnelle überlegt Klaus, wie er den Film vor ihnen verbergen kann.

»Glauben Sie wirklich, bei mir etwas zu finden?«

Die Frage ist wirklich nur blöd, aber schindet ein paar Sekunden Zeit. Er macht keine Anstalten, der Anweisung zu folgen. Ersatzweise baut Klaus ein Augenduell unter Männern auf. Möglichst böse schauen, und ....wer zuerst blinzelt, hat verloren. Während sich ihre Blicke fixieren, greift Klaus unbemerkt in seine rechte Hosentasche und lässt die Filmpatrone in seiner Faust verschwinden.

»Das werden wir ja sehen...«

Der Polizist unterbricht das Augenduell und fordert ihn mit einer herrischen Geste dazu auf, endlich die Arme zu heben. Während Klaus beide Arme in die Höhe streckt, werden seine Jacke und seine Hose durchsucht - ohne Erfolg.

»Und jetzt die Kamera.«

»Ich bin Fotograf... «

»Das wissen wir, deshalb ja! Gib uns den Film. Du hast bestimmt wieder Fotos gemacht.«

»Sie, wenn es Ihnen nichts ausmacht.«

Klaus klickt auf den Kameraverschluss und hält ihnen die geöffnete und leere Kamera hin.

»Sagen Sie jetzt bloß, Sie haben vergessen, einen Film einzulegen, Herr Malorny.«

Die Anrede zog sich verächtlich in die Länge und Klaus kippt in Folge seinen Kopf ganz leicht ins Vage. Mit einer abschätzigen Handbewegung, die in Richtung Frankfurt weist, beendet der Polizeibeamte die Begegnung.

21.40 Uhr

Auch am Schlichter Tor begegnet Anton niemandem. Er wechselt die Straßenseite und steigt in sein Auto, das er im angrenzenden Wohngebiet geparkt hat. Er wählt nicht den kürzeren Weg über Walldorf, sondern fährt in entgegengesetzter Richtung, über die Anschlussstelle Rüsselsheim Ost auf die Autobahn A 67 nach Frankfurt. Ohne Polizeikontrollen und ohne das Gefühl, verfolgt zu werden, kommt er zu Hause bei seiner Freundin an.

21.50 Uhr

In der Universitätsklinik Frankfurt wird PHK Eichhöfers Tod festgestellt.

22.00 Uhr

Die Bonner Gruppe mit dem Rufname Belfast trifft am Schlichter Tor ein. Kurze Zeit später gehen sie zu ihren Autos, die sie im nahen Wohngebiet in Mörfelden geparkt haben. Da sie noch am Schlichter Tor erfahren haben, dass eine Frau aus Bonn festgenommen worden sein soll, beschließen sie, noch ein wenig abzuwarten. Zudem sollen Polizeisperren errichtet worden sein. Grund genug, nicht blind durch die Gegend zu fahren. Ein paar Meter von ihren geparkten Autos entfernt entdecken sie einen Rohbau. Sie setzen sich auf den Betonboden, packen ein paar Brote und Getränke aus und machen es sich gemütlich. Müde und unaufmerksam bemerken sie viel zu spät, dass zwei Streifenwagen in die Straße einbiegen und die Gruppe entdecken. Mit quietschenden Reifen kommen sie zum Stehen. Fluchtartig lassen sie alles stehen und liegen und verstecken sich im hinteren Teil des Rohbaues. Mit gezückten Waffen nehmen die Beamten die Verfolgung auf, und die Bonner springen durch Öffnungen, in die später Fenster eingesetzt werden , ins Freie. Im selben Moment gibt ein Beamter zwei Schüsse ab. Ihre Flucht endet auf der Straße, als ein weiterer Streifenwagen in die Straße einbiegt und ihnen den Weg abschneidet. Instinktiv bleiben sie stehen. Immer noch besser, verhaftet als »auf der Flucht« erschossen zu werden. Alle aus der Bonner Gruppe werden in Polizeiwagen gezerrt und aufs Startbahngelände gefahren. Kurze Zeit später werden sie ins Polizeipräsidium nach Frankfurt gebracht. Die Stimmung dort ist hektisch und aggressiv. Es ist von zwei toten Kollegen die Rede, was die Festgenommenen für einen dummen Scherz und eine allzu plumpe Einschüchterung halten.
Sie verbringen die Nacht in einer der Zellen und werden gegen 20 Uhr am nächsten Tag freigelassen.

22.05 Uhr

In einem ersten Befund wird in der Universitätsklinik Frankfurt das Eindringen eines Projektils im Solarplexus-Bereich als Todesursache von PHK Eichhöfer festgestellt.

22.10 Uhr

An verschiedenen Kontrollstellen im Rhein-Main-Gebiet werden ca. 20 Personen festgenommen, denen die Beteiligung an einer verbotenen Demonstration zur Last gelegt wird. Sie werden in Polizeigewahrsam gebracht. Dort erfahren sie zum ersten Mal vom Tod zweier Polizisten.

22.15 Uhr

Der Bereitschaftspolizist Thorsten Schwalm erliegt seinen inneren Blutungen. Die aus den Körpern entfernten Projektile werden in kleine Plastiktüten gepackt, beschriftet und per Kurier ins kriminaltechnische Labor des LKA Wiesbaden geschickt. Dort soll das Kaliber der Projektile festgestellt und Abriebspuren sichergestellt werden.

22.20 Uhr

Die Wiesbadener Gruppen hatten verabredet, sich zur Nachbereitung im ›Eintracht-Haus‹ zu treffen. Peu a peu treffen sie ein. Zu zwanzigst sitzen sie schließlich um drei große Tische. Auch für sie war es ein recht normaler Jahrestag. Man ist zufrieden, dass niemand aus der Gruppe verletzt und/oder festgenommen wurde. Die verschiedensten Erzählungen machen die Runde, das Erlebte klingt ohne große Aufregung ab. In einer Ecke der Kneipe läuft der Fernseher vor sich hin. Als die Melodie der ›Tagesthemen‹ ertönt, schauen einige hoch, ohne jede Erwartung, mehr aus Zerstreutheit oder Müdigkeit. In den Jahren davor waren die Jahrestage keine Meldung mehr wert, schon gar nicht in den ›Tagesthemen‹, nicht einmal in der ›Hessenschau‹. Umso mehr stockt ihnen der Atem, als neben dem Tagesthemensprecher ein Bild von der Startbahn auftaucht.
»Seid mal still. Die bringen etwas von der Startbahn.«

Meine Damen und Herren,
Wie uns soeben die Polizei meldete, kam es im Laufe des 6. Jahrestages der Hüttendorfräumung an der Startbahn West zu einer nie da gewesenen Eskalation. Aus einer nicht genehmigten Demonstration zum Startbahngelände wurden Schüsse auf Polizeibeamte abgegeben. Nach bisherigem Stand der Ermittlungen wurden dabei zwei Polizeibeamte tödlich, neun weitere leicht verletzt. Wie in den Jahren zuvor zogen 300-400 Startbahngegner zum Flughafengelände. Nachdem Beamte hinter der Mauer mit Signalmunition und anderen Geschossen angegriffen wurden, setzte die Polizei zunächst Wasserwerfer und Tränengas ein. Nachdem der Aufzug für rechtswidrig und aufgelöst erklärt

wurde, verließen mehrere Hundertschaften und Wasserwerfer das Startbahngelände, um gegen die Störer vorzugehen. Wer die tödlichen Schüsse abgeben hat, ist zur Stunde nicht geklärt. Die Polizei hat Straßensperren und Kontrollpunkte im Rhein-Main-Gebiet eingerichtet. Soeben erreichen uns die ersten Bilder, die kurz vor den tödlichen Ereignissen von Überwachungskameras des Startbahngeländes aufgenommen wurden.

Man sieht Aufzeichnungen von Kameras, die entlang der Startbahnmauer installiert wurden: Leuchtspurmunition, kleine Lichtpilze, Gruppen von Startbahngegnern, die die Mauer bzw. die Wasserwerfer attackieren, mehrere Wasserwerfer, die mit ihren Wasserkanonen zurückschießen.

Nachdem die Bundesanwaltschaft von diesem tödlichen Vorfall in Kenntnis gesetzt wurde, hat diese das Verfahren an sich gezogen. Die Ermittlungen laufen auf Hochtouren...

Die erste Reaktion ist blanker Unglaube. Sie waren doch draußen.
»Man, das ist doch nackter Blödsinn. Komm, schalt die Glotze ab!«
»Das kann ja sein. Aber die erzählen doch nicht nach jeder Demo von zwei erschossenen Bullen.«
»Na ja, mit dieser Meldung kannst Du auf jeden Fall alles legitimieren. Vielleicht geht's einfach darum?«
»Mal abgesehen davon«, unterbricht Theo, »hat jemand von euch etwas gesehen, was auch nur im Entferntesten mit dieser Meldung zusammenpasst?«
»Als wir am Schlichter Tor waren, sahen wir den Rettungshubschrauber über uns hinwegfliegen. Das muss nichts heißen, aber in den letzten Jahren ist so etwas nicht passiert.«
Leo lässt die Frage nachklingen und erinnert sich an die letzten Eindrücke, bevor er durch den Wald zurückging. Wenige Meter hinter dem Gundbach stieß er auf eine junge Frau, die schwer humpelte. Sie hatte ein geschwollenes Fußgelenk und konnte kaum noch auftreten. Er bot ihr an, einen Stützverband anzulegen. Die Frau setzte sich auf den Boden und zog den rechten Schuh aus. Während er die Bandage um ihr Fußgelenk wickelte, blickte er immer wieder auf, Richtung Mönchbruchwiese. Normalerweise macht die Polizei spätestens am Gundbach Halt. Aber wer weiß, vielleicht setzte sie heute nach? An diesem Abend war einiges anders. Seine Befürchtungen waren zwar unbegründet, aber etwas anderes blieb in seinem Gedächtnis haften, wie ein Standfoto. An der Grenze zur Mönchbruchwiese, am Waldrand, sah er eine Person stehen, völlig allein. Mit beiden Händen hielt sie etwas auf Schulterhöhe, was Richtung Wiese zielte. Als er die ersten Bilder von der Startbahn in

der ›Tagesschau‹ sah, belichtete sich dieses Bild neu. Leo behielt diese Szene für sich. Er wollte keine wilden Spekulationen und schon gar nicht Panik auslösen.
»Das ist doch alles Quatsch. Einer von uns hätte davon doch etwas mitbekommen.«
Sabeth schaut sich prüfend um. Niemand widerspricht ihr, während Rudolf die Augen schließt und sich an die infernalische Geräuschkulisse erinnert.
»Also ich möchte nichts beschwören. Aber manche Geräusche kamen mir merkwürdig vor – also Leuchtspur war es auf jeden Fall nicht. Die hört sich anders an.«
»Das macht jetzt keinen Sinn, dass jeder etwas merkwürdig findet. Plötzlich kommt einem alles verdächtig vor. Klar ist, dass dieser Meldung etwas folgt.«
»Zum Beispiel Hausdurchsuchungen. Wir sollten also nicht länger gemütlich hier rumsitzen und im Kaffeesatz lesen. Ich weiß ja nicht, ob alle ihre Wohnung sauber haben und was ihr alles noch dabei habt. Ich bin für Aufbruch.«
»Ja, lasst uns keine Zeit verlieren.«
Rudolf schaut nach dem Kellner, als die Tür der Kneipe aufgeht und Silvia mit ungewohnt ernster Miene hereinkommt. Zielstrebig steuert sie den Tisch an und bleibt zwischen zwei Stühlen stehen. Alle schauen zu ihr hoch.
»Vor unserem Haus stehen Bullen und mehrere Wannen. Die machen eine Hausdurchsuchung. Ich habe gerade noch rechtzeitig die Biege machen können. Das wollte ich euch nur sagen. Ich denke, das wird nicht die einzige Wohnung sein.«
Niemand fragt genauer nach. Alle stehen in Gedanken vor ihrer Wohnung, in ihrer Wohnung. Manchen läuft es eiskalt den Rücken herunter, wenn ihnen etwas einfällt, was nicht in die Hände der Polizei fallen sollte, was eigentlich nichts in der Wohnung zu suchen hat.
»Okay, jetzt keine Panik.«
Rudolf holt alle aus ihren Gedanken zurück.
»Wir werden jetzt nicht im Pulk rausgehen, sondern möglichst einzeln. Und wir werden uns morgen im ›Klatsch‹ treffen, sagen wir um 20 Uhr, um uns einen Überblick zu verschaffen. Dann wissen wir mehr.«
Die meisten denken nicht an morgen. Ein Gedanke jagt den anderen. *Was machen, wenn die Bullen vor der Tür stehen? Wohin? Sind es ›nur‹ Hausdurchsuchungen? Ist es eine Verhaftungswelle?*
Eigentlich haben sich alle mit einer solchen Situation schon einmal auseinandergesetzt – theoretisch. Für einen solchen Fall hat man Freunde, Bekannte, denen man vertrauen kann, die selbst noch nicht ›aufgefallen‹ sind. Eine ›saubere‹ Adresse also. Die meisten fallen in die Lücke aus ›Soll‹ und ›Haben‹.

Die Ersten verlassen das Lokal, die anderen sind noch damit beschäftigt, aus dem Loch aus Mutmaßungen, Vorahnungen und Horrorszenarien herauszukommen.

22.30 Uhr

Die Observation der RWE-Trasse an der Westseite des Startbahngeländes wird abgebrochen.[46] Aufgrund der neuen Situation wird eine außerordentliche Lagebesprechung im LKA Wiesbaden vereinbart.

22.40 Uhr

Anton findet in der Straße, in der Anna wohnt, einen Parkplatz. Er schließt seinen Audi 80 ab und geht auf das Haus zu. Ihm fällt nichts Besonderes auf. Auch nicht, dass in Sichtweite des Hauses ein Auto parkt, in dem sich zwei Personen für Augenblicke wegducken. Anton schließt die Haustür auf und steigt die Treppen hinauf.
Draußen richten sich die beiden Beamten in Zivil wieder auf. Einer greift sofort zum Funkgerät:
»Venus sechs an Venus eins, bitte kommen.«
»Venus eins hört.«
»Zielperson hat gerade die Wohnung erreicht. Was sollen wir machen?«
»Bleiben Sie vor Ort. Wir warten noch auf den Beschluss der BAW[47] und auf den Durchsuchungsbefehl.«
»Verstanden.«
»Sollte die ZP bis dahin die Wohnung verlassen, erfolgt durch Sie der Zugriff.«
»Verstanden. Mit welcher Begründung?«
»Gefahr in Verzug.«

22.45 Uhr

Anton schließt die Wohnungstür auf und geht in die Küche. Anna ist noch wach. Eine untergründige Unruhe ließ sie nicht schlafen. Mit erwartungsvollen Augen schaut sie Anton an. Dieser erwidert nur flüchtig ihren Blick, geht zum Küchentisch und wirft den Rucksack auf den Tisch.
»Wie war's?«
Anton öffnet den Rucksack, holt seine Handschuhe heraus und legt sie über die Stuhllehne.
»Eigentlich nichts Besonderes. Die Bullen hatten BESI-Einheiten im Wald versteckt.«

»Und?«
»Wir konnten sie aufhalten. Diesmal war es aber knapp.«
Anton nimmt den Rucksack vom Tisch und lässt ihn neben das Tischbein fallen.
»Was heißt denn knapp? Wurden Leute verhaftet?«
»Ich habe nichts davon mitbekommen. Mich selbst hätten sie fast erwischt. Was soll's.«
Anna ist die Wortkargheit gewohnt, steht vom Tisch auf und stößt dabei den Rucksack um.
Ein Gegenstand rutscht heraus, nicht ganz. Dazu ein metallenes Geräusch.
Das ist doch keine echte Waffe?! Anna schaut Anton kurz an und beugt sich zum Rucksack hinunter. Doch Anton ist schneller , schiebt den Gegenstand in den Rucksack und zieht ihn zu sich heran.
»Was ist los mit dir?«
Anton gibt ihr keine Antwort, verschließt den Rucksack und stellt ihn so hin, dass Anna nicht mehr herankommt. Dem folgt ein kurzer, geladener Blick, der nicht zur Diskussion einlädt. Anna weicht dem Blick aus und starrt auf den Rucksack - wie auf einen Zeitzünder. *Spinn ich? Habe ich mich getäuscht? Soll ich fragen?*
Anton zieht seine Jacke und seine Schuhe aus und geht ins Bad. Wenige Minuten später kommt er zurück.
»Lass uns ins Bett gehen. Ich bin müde und muss morgen früh raus.«
Eigentlich möchte Anna so nicht ins Bett gehen..., doch sie gibt auf, erhält sich lieber einen Funken Hoffnung, als ihn durch bohrende Fragen - möglicherweise - auszutreten.

Rückblende:
Strommastaktion bei Hasselroth am 9.7.1986

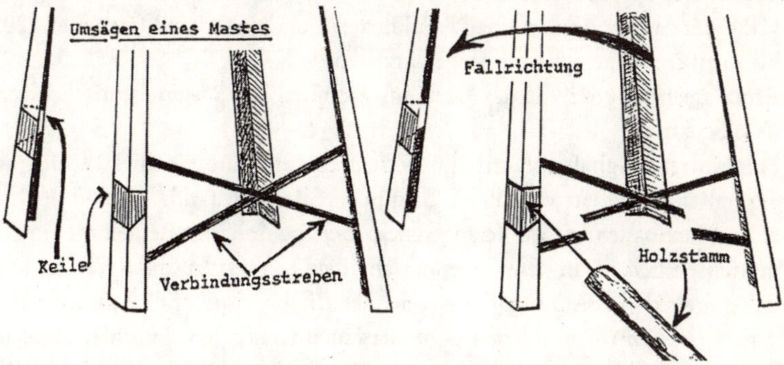

Anleitung der Gruppe ›Revolutionäre Heimwerker‹

»Spiel am Strommast
Wenn Terroristen (...) zur Tötung von Menschen schreiten, wird das für eine gewisse Zeit erschrocken registriert. Alles andere (...) wird nur für kurze Frist ins Bewußtsein genommen und dann gleich wieder verdrängt, unter der Formel, es sei ja ›nichts passiert‹. Zu dieser Veränderung paßt es, dass auch unauffälligere Aktionen kaum noch bemerkt werden: etwa die neue Mode des Absägens von Hochspannungsmasten. Es wäre frivol, den dabei wahrscheinlich hier und da aufkommenden Gefühlen nachzuspüren; man könnte denken an den Schauer des Holzfällers, wenn der angesägte Baum bis in seinen Wipfel zu zittern beginnt, bevor er fällt. Denn das, was da geschieht - bis Mitte August schon 45 mal - ist in mehrerlei Hinsicht gemeingefährlich. (...) Das gibt zu denken. Aber sogar die Erinnerung daran wird als spielverderberisch genommen. Auch das ist ein Symptom für den Verfall der Ordnung.«
Faz-Kommentar vom 1.9.1986

Der Wecker klingelte wie jeden Morgen kurz nach sieben Uhr. Nachdem Anna die Espressokanne auf den Herd gestellt hatte, ging sie zum Briefkasten. Sie hatte Glück. Die ›taz‹ war bereits ausgeliefert. Schlaftrunken stapfte sie die Treppe hinauf und blätterte ohne große Aufmerksamkeit durch die Zeitung - bis eine Schlagzeile sie aus dem Trott warf.
»›Revolutionäre Heimwerker‹ am Werk...«

Sie musste unwillkürlich schmunzeln, über diese Wortpaarung, blieb mitten auf dem Treppenabsatz stehen und las weiter:
»Eine Gruppe, die sich ›Revolutionäre Heimwerker‹ nennt, hat sich zum Anschlag auf einen Strommast der Rheinisch-Westfälischen Elektrizitätswerke (RWE) bei Frankfurt bekannt. Dabei war in der Nacht zum Freitag in der Nähe der Startbahn West des Frankfurter Flughafens der Mast einer 220.000 Volt-Leitung angesägt und umgestürzt worden...«
Anna erschrak kurz, als das Licht im Treppenhaus ausging und suchte nach dem Schalter.
Frankfurter Flughafen, Startbahn West, Revolutionäre Heimwerker. Lag nicht einmal ein Flugblatt von dieser Gruppe am Kuchenstand?
»Eine Nachbarleitung wurde angerissen. Der Sachschaden beträgt mehrere hunderttausend Mark. In dem Bekennerschreiben (...) werden die RWE als ›führendes Mitglied der Atommafia‹ bezeichnet. In Diktion und Aufmachung entspricht das Schreiben früheren Bekennerschreiben der ›Revolutionären Zellen‹.[48]«
Klasse, einfach klasse, murmelte sie, treppaufwärts. Die Schläfrigkeit und der Frühnebel der Alltagsroutine waren wie weggeblasen. Mit leichtem Zittern öffnete sie die Wohnungstür. Anstatt sie leise hinter sich zu schließen, wegen der Nachbarn, dem Hausfrieden, schlug sie die Tür hinter sich zu, mit Schwung.
Revolutionäre Heimwerker oder Zellen?
Von revolutionären Heimwerkern hatte sie schon einmal etwas gehört. Sie meinte sich auch ganz sicher zu sein, dass das etwas mit der Startbahn zu tun hatte. Nicht nur wegen des ausgelegten Flugblattes. Auf jeden Fall hatte sie sich den Namen gemerkt, der doch recht ungewöhnlich war. Eine flotte Mischung aus Spießigkeit und Umsturz, aus bewahren und in die Luft jagen.
Anna legte die Zeitung auf den Küchentisch und lief aufgeregt auf und ab. Das waren keine ›Auswärtigen‹, das können nur welche von der Startbahn gewesen sein. Wer kennt sich sonst dort aus?
Anna ging im Geiste alle durch, die sie von der Startbahn, von den vielen Sonntagsspaziergängen her kannte. Vor allem die, denen sie so etwas zutraute.
Es is' doch egal, wer es war, Hauptsache es wurde gemacht... Schluss jetzt. Sie wollte sich von dieser heimlichen Identifizierung abbringen. Eigentlich braucht man so etwas nicht zu wissen, außer...
Anna war völlig aufgedreht. Ihr Herz pochte, so laut, wie wenn jemand an eine Tür klopft, ohne genau zu wissen, was einen dahinter erwartet.
Anna war in den letzen Jahren fast immer ›draußen‹, an der Startbahn. Wie alle anderen auch stand Anna - in aller Regel - einer Übermacht an Polizei gegenüber. Manchmal gelang es, ihr ein Schnippchen zu schlagen, sie zu überraschen. Ansonsten wich man vor ihr zurück, rannte vor ihr weg. Die ›Richtigen‹, die Verantwortlichen, bekam man selten zu Gesicht. Dafür hatten sie

Wasserwerfer, Mauern, Stacheldraht, dicht gefolgt von Staatsanwaltschaft, Gerichten und Strafen, die abschrecken sollten. Sich dennoch nicht einschüchtern zu lassen, war das Eine. Trotzdem fühlte sich Anna viel zu oft mehr als Zuschauerin denn als Beteiligte. Die Frage, was ist Hartnäckigkeit, was ist Ritual, was ist Symbolik, ließ sie nicht los.
Nach Tschernobyl wuchs dieses Missverhältnis. Es wurde unerträglich. Wie kommt man an die Verantwortlichen, wie setzt man sie unter Druck? Wie zwingt man sie, den Protest ernst zu nehmen?

Apokalypse

Zentrum der Zivilisation
Leben Leben um uns herum
Mittendrin ein Stück Land abgedeckt
Oder ne Fabrik in die keiner seine Nase steckt

Verbrannte Erde
Schüsse in der Nacht
Bombenteppich und U-Boot-Jagd
Ernstfall
Es ist schon längst soweit
Ernstfall Normalzustand, seit langer Zeit

Marder Wiesel Wiking Phantom
Albatross Milan Tornado
Aus den Waffenschmieden der Nation
Tag und Nacht in steter Produktion
Einkaufsbummel im Erdnussland
Was übrig bleibt, wird Entwicklungsland genannt

Fehlfarben, 1980

Anna war schon vor Tschernobyl Atomkraftgegnerin – ohne sich genau damit zu beschäftigen. Wie viele andere auch konnte sie nicht beweisen, dass Atomenergie ein unverantwortlich großes Risiko in sich birgt, ein Milliardengeschäft, das als ›Restrisiko‹ tausende von Toten, hunderttausende von verstrahlten Menschen einkalkuliert. Ob Atomkraftwerke sicher sind, der ›Größte anzunehmende Unfall/GAU‹ tatsächlich erst in 10.000 Jahren eintritt, konnte und wollte sie nicht wissenschaftlich beantworten. Ihr genügten die Erfahrungen an der Startbahn. Sie rechnete einfach hoch: Um die Startbahn West durchzusetzen, wurden Gemeinden bestochen, Gesetze missachtet, militärische Absichten verheimlicht, in aller Öffentlichkeit Versprechen gebrochen. Wozu waren Politiker und Atomfirmen bereit, wenn es um viel mehr ging – um ›Schlüssel‹-technologien, um Milliardensubventionen, um die Eroberung lukrativer Weltmärkte, um militärische Optionen?

Nach Tschernobyl wurde diese vage Annahme Realität. Was unisono als Hysterie abgetan wurde, kroch in jede Ritze des Alltags. Auf einmal war künstliche Radioaktivität keine Gefahr mehr, die man je nach politischer Einstellung groß oder klein reden konnte. Sie vergiftete allen das Leben. Zum täglichen Wetterbericht gesellten sich Kolonnen von Strahlenmesswerten. ›Strahlende‹ Haselnüsse aus der Türkei wurden beschlagnahmt:

»Die Nüsse waren stark radioaktiv belastet, mit dem Spitzenwert von 1264 Becquerel Cäsium pro Kilo...

Sehr problematisch ist es nach wie vor, Kaffeemilch in Pulverform zu verwenden. Die Höchstbelastung stieg nochmals stark an, auf 1161 Bq/kg...

Warnung weiterhin vor Rehfleisch: Diese Woche beträgt die Belastung 342 Bq....«

Man gewöhnte sich daran, und die Frankfurter Rundschau schuf eine neue Rubrik, die wöchentlich verschiedene Strahlenuntersuchungen zusammenfasste. Und mit der Zeit lernte man, damit zum leben:

»Neue Meßwerte lesen Sie jeden Freitag.«

Auch Anna las diese Meldungen widerwillig und aufmerksam. Schließlich wurde diese radioaktiv verstrahlte Nahrung nicht an Atompolitiker und Atombefürworter, sondern an alle weitergereicht – wenn sie bestimmte ›Grenzwerte‹ nicht überschritt. Dazu kamen Beteuerungen aller Parteien, dass ›unsere‹ Atomkraftwerke sicher seien, dass so etwas hier nicht passieren könne. Und wenn doch, dann wurde es bagatellisiert oder verheimlicht, wie der schwere Atomunfall bei Alkem-Nukem 1986.

Also, noch einmal, wie konnte man eine solche Politik aushalten, ohne etwas dagegen zu tun? Seit Tschernobyl folgte Anna dieser Gedankenkette hundert Mal, auf der Suche nach einer persönlichen Konsequenz, nach einer Lücke in dieser hermetisch abgeriegelten Anordnung.

Sie hatte zwar keine Ahnung von Strommasten, geschweige denn, wie man sie fällt, aber die Entscheidung war gefallen.

Am darauf folgenden Sonntag ging sie ›raus‹ – wie immer, und doch ganz anders. Sie hatte zwar keinen Kontakt zu Gruppen, denen sie so etwas zutrauen würde. Doch über die Jahre entwickelte sie ein Gespür für Leute, die sie ansprechen könnte. Und dann waren da ja auch noch die Gerüchte. All das, was man sich so hinter vorgehaltener Hand erzählte. Auch wenn niemand laut darüber nachdachte, wer es aus der Startbahnbewegung gewesen sein könnte,

so machten sich doch alle ihre Gedanken. Bereits vor der Aktion in Mörfelden waren Strommastaktionen in aller Munde. Alle fanden sie gut, die allerwenigsten begnügten sich mit klammheimlicher Freude.
Als Anna am Kuchenstand angekommen war, schaute sie sich um. In einer kleinen Gruppe entdeckte sie Anton. Auch er gehörte zu jenen, die mit ihren Andeutungen über das hinausgingen, was Unbeteiligte wissen konnten. Einen kurzen Moment verließ sie ihr Mut. Die ersten von tausend Gründen dagegen begannen Aufstellung zu nehmen. Bevor sie alle zusammengenommen unüberwindbar wurden, ging Anna auf die Gruppe zu.
»Anton, kann ich Dich mal sprechen?«
Anton kannte Anna vom Sehen, mehr auch nicht. Seine Reaktion blieb uneindeutig, abwartend.
»Ganz kurz, alleine.«
Anna deutete mit dem Kopf abseits der Gruppe. Anton zögerte und folgte ihr dann doch. Zwar gehören in einer Bewegung alle zusammen - theoretisch, also im Idealfall. Tatsächlich ordnet man sich verschiedenen Ansichten und Richtungen zu. Anna und Anton gehörten nicht zusammen.
»Ich wollte Dir sagen, dass ich die Aktion gut fand...«
In Antons Gesicht blitzte kurz etwas Bekennerisches auf.
»... und dass ich bei der nächsten Aktion dabei sein möchte.«
Eigentlich verstieß eine solch offene Anfrage und bereits der Ansatz, ihr nachzugehen, komplett gegen alle Regeln der Konspirativität - auch dann, wenn man sie nicht so genau nahm.
»Woher willst Du...«
»Das spielt doch jetzt keine Rolle.«
Anna fiel ihm ins Wort.
»Du oder ihr könnt es euch ja überlegen und mir nächstes Mal Bescheid sagen.«
Anton blickte sie erstaunt und überrascht an und schwieg eine Weile.
»Okay, ich werde mich bei Dir melden.«

Anton grübelte über dieses doch ungewöhnliche Angebot und zog in den folgenden Tagen Erkundigungen ein, die seine Bedenken schnell ausräumten. Anna war seit Jahren in der Bürgerinitiative in Niederrad aktiv. Sie genoss dort Vertrauen. Außerdem war sie mit Elke und Klaus eng befreundet. Das reichte an Referenzen.

Bereits am nächsten Sonntagspaziergang steuerte Anton direkt auf Anna zu.
»Gilt das noch, was Du letztes Mal gesagt hast?«
»Ja, klar.«
»Dann komm am nächsten Dienstag zu unserem Treffen. Dort besprechen wir alles bzw. den Rest. Wir sind schon mittendrin. Einverstanden?«

»In Ordnung. Und wo?«
»Um 19 Uhr, in Frankfurt, im Nordend, in der Rohrbachstraße 7. Klingele bei Fuchs. Behältst Du alles, ohne es Dir aufzuschreiben?«
»Ja, ich bin nicht umsonst Chefsekretärin.«
Anna grinste über ihre eigene Bemerkung. Anton blieb kühl.

Als Anna am Dienstag in die Wohnung kam, beugten sich bereits mehrere Personen über eine auf dem Boden ausgebreitete Karte vom Katasteramt. Auf ihr war - neben topographischen Eintragungen - auch der Verlauf von Stromtrassen eingezeichnet. Man machte ihr Platz. Anna kniete sich auf den Boden und hielt sich zurück.
Die Wohnung sah nicht nach Leuten aus, die Strommasten fällten. Keine wild zusammengewürfelte Einrichtung, kein obligatorisches Hochbett, keine flächendeckende Unordnung. Auch die politischen Plakate an Türen und Wänden fehlten. Stattdessen wirkte alles wie aus dem Ikea-Katalog: Ordentlich-modern-jung-praktisch. Für die zweite Überraschung sorgten die Anwesenden: Sie hatte fest damit gerechnet, dass sie außer Anton niemand kennen würde. Sie hatte sich darauf eingestellt, eine Gruppe von Autonomen vorzufinden, die nicht zu ihrem näheren Bekanntenkreis zählten. Doch die meisten aus der Gruppe kannte sie - aus BI-Treffen und Vollversammlungen:
Mike, Anfang 30, Drucker von Beruf, gehörte zur BI-Nordend und betrieb einen kleinen Anti-AKW-Laden. Siggi war die älteste in diesem Kreis, Mitte Vierzig. Sie war Mitglied der BI-Bornheim, erlebte die Hüttendorf-Räumung 1981, sammelte Unterschriften für die Durchführung eines Volksbegehrens und war fast immer ›draußen‹. Michael war noch Schüler, Anfang Zwanzig und hatte monatelang im Hüttendorf gelebt. Sie kannten sich von BI-Versammlungen und Frank, ebenfalls Anfang Zwanzig, war ihr als Sohn einer aktiven Startbahngegnerin bekannt. Nur Rudolf konnte sie nicht einordnen und von einem weiteren Beteiligten wusste sie nicht einmal den Namen.
Bereits auf einem Treffen zuvor hatten sich alle auf das politische Ziel geeinigt: Durch die Wahl des Masten, der Betreiberfirma, sollte der Zusammenhang zwischen ziviler und militärischer Nutzung der Atomenergie sofort ins Auge springen - auch ohne lange Erklärungen. Die Plutoniumfabriken Alkem/Nukem in Hanau, seit Jahren in den Schlagzeilen, verkörperten diesen fließenden Übergang am Besten. Jetzt ging es darum, den genauen Ort festzulegen, wo der Masten gefällt werden sollte: Möglichst nahe an Alkem/Nukem, weit genug weg von Häusern und belebten Straßen - um für mehrere Stunden unbemerkt ziemlich viel Lärm machen zu können. Anton war die Trasse Tage zuvor abgelaufen und hatte die günstigste Stelle ausgesucht. Auf der Karte zeigte er den anderen, wo sich diese befand, wo man die Autos abstellte, ohne unnötiges

Aufsehen zu erregen, wie man von dort aus unauffällig an den ›Tatort‹ gelangte. Nachdem alle mit den Vorschlägen einverstanden waren, wurden die Einkäufe besprochen. In verschiedenen Geschäften und zu unterschiedlichen Zeiten sollten die Utensilien gekauft werden: Tipp-Ex zum Markieren der Schnittstellen, Taschenlampen, Metallsägen und Sägeblätter und Öl zum Kühlen. Als die Aufgaben verteilt waren, besprach man die Einteilung vor Ort. Jeweils zwei sollten abwechselnd einen Stahlträger durchsägen. Für die Absicherung wurden insgesamt vier Personen abgestellt, um mögliche ›Zwischenfälle‹ rechtzeitig zu melden. Anna ging vieles zu schnell. Sie hätte noch ein paar Fragen gehabt. Aber als ›Neue‹ traute sie nicht, zumal die Zeit drängte. In drei Tagen sollte es losgehen.

Anna kannte sich weder mit Stahl, Statik noch mit Strom aus. In Physik hatte sie eine Sechs gehabt - und das zu Recht. Anton hatte zwar etwas von Schrittspannung, Lichtbogen und Spannungsabbau erzählt, doch im Wesentlichen merkte sie sich nur eines: Wenn der Strommast angesägt ist, so schnell wie möglich das Weite suchen.

»Gut, dann lasst uns noch die Erklärung durchgehen. Falls es noch etwas zu ergänzen gibt, dann können wir das jetzt noch einfügen.«

Anton griff zu seinen handschriftlichen Notizen und begann vorzulesen:

»*Abschaltung von Nukem, Alkem!*

Am 9.6.86 haben wir den Hochspannungsmast Nr.69 bei Langenselbold umgesägt.

Dieser Mast gehört zur Hauptstromversorgung von Nukem, Alkem und Degussa. Betreiber der Trasse ist die PREAG (Preußische Elektrizitäts AG)

* Die PREAG ist über die Preußenelektra Hauptbetreiber der AKW Brokdorf und Stade.

* Durch die Produktion von Brennelementen ist die Nukem das Kernstück der westdeutschen Atommafia.

* Sie bezieht dafür ihr Natururan aus dem Rassistensystem Südafrika.

* Die Nukem versucht, mit der Genehmigung für Nukem II vollendete Tatsachen zur endgültigen Betriebsgenehmigung zu schaffen.

* Nukem, Alkem, Degussa und PREAG bilden als Zulieferer/Betreiber von AKW's das Potential der Atommafia.

Mit dieser Aktion machen wir deutlich, dass wir durch direkte Aktionen Atomanlagen abschalten können.

Wir fordern:

Sofortige Stillegung der Atomfabriken in Hanau-Wolfgang und aller AKW's!

Brokdorf und Kalkar nicht ans Netz!

Keine WAA in Wackersdorf!

Mit den besten Empfehlungen Revolutionäre Heimwerker«

Es gab keine Einwände. Niemand in der Runde hatte einen Faible für seitenlange Erklärungen. Der Adressat war klar, die Zusammenhänge, also Schweinereien, sprachen für sich, und die Forderungen waren immer richtig.
»Gut, dann ist nur noch eins zu klären. Wer macht die cleane Fassung?«
Normale Schreibmaschinen kamen dafür nicht in Frage. Man hätte sie anschließend wegschmeißen müssen, um alle Spuren zu vernichten. Deshalb wurden Bekennerschreiben mühsam und zeitaufwendig mit Schriftschablonen verfasst, Buchstabe für Buchstabe - eine nervige Angelegenheit.
»Ich kann das ja machen, wenn niemand etwas dagegen hat.«
Alle schauten Anna an, als wüsste sie gar nicht, auf was sie sich einließe.
»Ich kann das auf der Arbeit machen. Bei der Lufthansa. Die haben eine Kugelkopfschreibmaschine, ein feines, teures Gerät.«
»Lufthansa, am Flughafen?«
Rudolf kniff dabei die Augen zusammen.
»Ja, ich arbeite dort als Chefsekretärin. Ich bin allein im Büro und könnte das nebenher völlig ungestört machen. Anschließend muss man nur noch den Kugelkopf und das Farbband auswechseln und alle Spuren sind beseitigt.«
»Powered by Lufthansa.«
Dieses Mal mimte Rudolf den Verkaufsdirektor. Einige blieben trotzdem ernst, die meisten schmunzelten - und waren erleichtert, dass damit die Sache vom Tisch war.

Am 9. Juli 1986 fuhren drei Autos von unterschiedlichen Treffpunkten aus nach Hanau und trafen sich an dem verabredeten Ort. Kurz nach 22 Uhr gingen sie gemeinsam los und erreichten nach fünfzehn Minuten das Feld, durch welches die Stromtrasse führte. Bereits ein paar Tage zuvor war in der Nähe des zu fällenden Mastes ein Baumstamm deponiert worden, mit dem die Keile herausgeschlagen werden sollten. Als sie Mast Nr.69 erreichten, ging alles zügig, fast schon routiniert. Zuerst wurden an den zwei Füßen die herauszusägenden Keile mit Tipp-Ex markiert. Währenddessen durchtrennten andere die Querverstrebungen. Dann begannen die Zweiergruppen zu sägen. Eine sägte, der andere kühlte immer wieder mit Öl die Schnittstelle und das Sägeblatt. Der Rest der Gruppe verteilte sich auf die verschiedenen Wachposten. Das Sägen an den Masten kostete neben Kraft vor allem Zeit. Sie hatten dafür mindestens drei Stunden eingeplant. Anna rotierte wie alle anderen. Mal schob sie Wache, dann sägte sie oder hielt das Öl bereit. Ihre Gefühle pendelten zwischen unglaublichem Überschwang und bekannter Angst. Auch wenn sie keine Übung hatte: Am besten ging es ihr, wenn sie sägte und der Arm schwerer und schwerer wurde. Das ließ keinen Platz für irgendetwas anderes - bis auf den Rat: Immer nur ziehen. Das spart Kraft.

Nach drei Stunden war die größte Anstrengung vorbei, die beiden Keile waren angesägt, der Mast präpariert. Sie gaben sich das Zeichen zum Rückzug und Anna rief sich noch einmal ihre Quintessenz der technischen Ausführungen in Erinnerung: Ohne Panik zügig aus der Gefahrenzone kommen. Eine Gefahrenzone, deren Radius niemand genau bestimmen konnte: Irgendwo zwischen 50 und 500 Metern. Anna orientierte sich am Tempo der anderen und an den Schatten am Ende des offenen Feldes. Niemand schaute zurück. Am Lichtbogen, der entsteht, wenn die Stromleitungen die Erde berühren und eine zehntel Sekunden danach in die Luft geschleudert werden, könnten die Augen erblinden. Sich nicht umzudrehen, fiel Anna leicht. Ihr war es unheimlich genug, sich vorzustellen, wann und wie der Strommast kippte. Das Geräusch eines Kurzschlusses bei 220 Volt kannte sie. Sich das Ganze mit 110.000 bzw. 220.000 Volt auszumalen, entzog sich ihrer Vorstellungskraft. Sie wollte es auch gar nicht wissen. Ihr genügten die Geräusche, die sie hinter sich wahrnahm. Als würden riesige Knallfrösche durch die Gegend springen. Für Sekunden war die Wiese vor ihr erleuchtet. Dann wurde es ganz still, außer dem eigenen Atem und den Schritten war nichts zu hören.

Nachdem sie sich vergewissert hatten, dass alle zurück am Treffpunkt waren, traten sie die Rückfahrt an. Unterwegs entsorgten sie die Kleidung und die Gummistiefel, die sie bei der Aktion getragen hatten.

Um drei Uhr morgens fiel Anna erschöpft ins Bett. Ohne den geringsten Anflug von Panik schlief sie ein. Wie an jedem Arbeitstag stand sie um sieben Uhr morgens auf, um rechtzeitig im Büro zu sein, an ihrer Kugelkopfschreibmaschine.

22.55 Uhr

Anna versucht, den Strommast aus dem Kopf zu bekommen. *Der hat doch gar nichts damit zu tun.* Sie versucht zu sortieren, auseinanderzuhalten, das Karussell zu stoppen, gegen den Schwindel etwas zu unternehmen.
Der einzig ruhende Pol ist der Rucksack, der immer noch neben dem Küchentisch auf dem Boden liegt ...

23.00 Uhr

Leo und Sabeth verlassen als Letzte die ›Eintracht‹-Kneipe. Sie wohnen im selben Stadtteil. An der Waldmittstraße angekommen, verabschieden sie sich voneinander.
»Also, wenn Dir etwas verdächtig vorkommt, dann lass' es nicht darauf ankommen ... und komm zu mir.«
»Oder Du zu mir, kann ja auch sein.«
»Abgemacht. Also, wir sehen uns... «
»... allerspätestens morgen Abend im Klatsch. Tschau Leo.«
Leo biegt in seine Straße ein und beobachtet im Vorübergehen die parkenden Autos. Als er auf der Höhe seiner Hausnummer ist, wirft er einen Blick in den Hofeingang und geht weiter, vorsichtshalber, bis zur nächsten Kreuzung. Genug Zeit, um sich auch dort umzuschauen, um auf sein Gefühl zu hören. Ihm kommt jedoch nicht ungewöhnlich vor, nichts ist anders als sonst um kurz nach 23 Uhr.
Er macht kehrt, schließt die Haustür auf und greift als Erstes zum Lichtschalter, links, direkt neben der Haustür. Die Anspannung, Polizei könne im dunklen Hausflur auf ihn warten, löst sich erst, als das Licht angeht. Er lässt die Haustür leise ins Schloss fallen und bleibt stehen und lauscht. *Vielleicht warten sie vor meiner Haustür?* Es ist ruhig, absolut still im ganzen Haus ... Er steigt die Treppen hinauf. Vor seiner Wohnungstür lauert niemand. In der Wohnung schaltet er sofort das Licht im Flur an. *Vielleicht im Schlafzimmer? Schluss jetzt mit der Paranoia.* Ein Gefühl, das er eigentlich nicht kennt. Für gewöhnlich spielt er - in Gedanken - mögliche Szenarien im Voraus durch, anstatt von ihnen - in der Realität - eingeholt zu werden. Das ist Leos Stärke. Er weiß, dass er nichts in der Wohnung hat, was verboten ist, woraus man einen Anfangsverdacht basteln, woraus man ihm einen Strick drehen könnte. Leo muss an dieses Bild denken, an den Strick, und verbietet sich, überall Galgen zu sehen. Sich darauf zu konzentrieren, was man in der Hand hat, anstatt sich mit Mutmaßungen in Angst zu versetzen, ist noch eine Stärke von Leo. Klar ist jetzt nur eines: Mit den Schüssen gibt es Legitimationen in Hülle und Fülle, für fast alles - egal, was man gemacht hat. *Die Kleider*

wechseln, das kann nicht schaden. Leo geht ins Bad und wirft seine Klamotten in den Wäschekorb und zieht sich neue an. *Ins Bett gehen und im Schlaf überrascht werden?* Nein, das muss nicht sein. Leo geht ins Arbeitszimmer und bleibt wach. Er rechnet fest mit einer Hausdurchsuchung, mindestens mit einer Hausdurchsuchung.

23.10 Uhr

Die Soko Strom trifft sich im Lageraum. Die Stimmung ist gereizt. Einigen ist anzumerken, dass sie es dem Kollegen Timm gönnen, dass er mit seinem berühmten Näschen daneben lag. Wegen ihm haben sie sich drei Stunden umsonst um die Ohren geschlagen. Andererseits ist jetzt nicht der Zeitpunkt, Rivalitäten und persönliche Antipathien auszutragen. Die Ereignisse haben eine Richtung eingeschlagen, die niemand im Raum geahnt oder vorhergesehen hatte. In Gedanken gehen einige noch einmal die abgehörten Telefonate durch, rufen sich die gemachten Andeutungen in Erinnerung, fragen sich, ob sie sie möglicherweise falsch ausgewertet haben. So oder so, sie sind auf dem falschen Fuß erwischt worden: In ihrer Sache kommen sie seit Monaten nicht weiter, drehen sich im Kreis. Und den Personen, die auf ihrer Liste stehen, ist nichts nachzuweisen.

Wieder einmal ergreift KHK Timm die Initiative.

»Wie Sie wissen, wird die BAW die Ermittlungen an sich ziehen. Wie ich erfahren habe, läuft es sowohl auf ein Verfahren wegen Mord als auch auf ein Verfahren nach § 129a[49] hinaus. Ich schlage deshalb vor, dass wir unsere Liste an die BAW weitergeben. Das ist eine einmalige Chance, auch in unserem Verfahren weiterzukommen.«

»Aber wir können doch nicht alle auf der Liste zur Fahndung ausschreiben. Frau James z.B., die kommt doch einfach nicht in Betracht. Sie kann doch nicht einmal laufen.«

»Nun ja, zum einen können wir es ja nicht ausschließen. Zum anderen ist der 129a weit genug gefasst, um ihr Unterstützung oder sogar Mitgliedschaft vorzuwerfen. Das wird sich dann alles zeigen. Warten wir doch einfach einmal ab, was der Mordvorwurf alles in Bewegung bringen wird... «

Es gäbe noch andere Gründe, gegen diesen Vorschlag Einspruch zu erheben, Bedenken zu äußern. Doch die Gunst der Stunde ist am Zuge.

Einige wollen bereits aufstehen, als der Leiter der Soko Strom die Stimme erhebt: »Meine Herren, zum Schluss noch eine weitere schlechte Nachricht. Es sieht alles nach einer langen, schlaflosen Nacht aus. Ich kann Ihnen das leider nicht ersparen. Die Generalbundesanwaltschaft hat signalisiert, dass wir in den frühen Morgenstunden zahlreiche Hausdurchsuchungen durchführen werden.

Sie verstehen, was damit gemeint ist. Halten Sie sich also in Bereitschaft. Das ist erst einmal alles.«

Mitten ins Raunen und Stühlerücken platzt Timms Stimme: »Ich möchte noch kurz einen Vorschlag machen und um eine Erlaubnis bitten.«

Mit leicht genervter Stimme erteilt der Leiter der Soko Strom dem Verbindungsmann das Wort.

»Ich habe auf dem Weg hierher erfahren, dass der uns allseits bekannte Fotograf an der Kontrollstelle in Mörfelden durchsucht wurde, erwartungsgemäß ergebnislos.«

Einige schnaufen bei diesen Andeutungen laut hörbar durch, andere machen demonstrative Schritte Richtung Tür.

»Ich bin mir sicher«, fährt Timm unbeirrt fort, »dass unser Fotograf Bilder von der Nacht gemacht hat, vielleicht sogar vom Täter. Das sollten wir uns nicht entgehen lassen. Ich kenne den Mann seit Jahren und ich würde ihn mir einfach einmal vorknöpfen.«

»Wollen Sie das etwa alleine machen?«, fragt der Soko-Leiter leicht spöttisch.

»Ja, ich brauche dafür niemanden - nur die Erlaubnis.«

Den anderen reicht es jetzt wirklich. Zur Untermalung schlagen sie beim Verlassen des Besprechungsraumes jedes Mal die Tür zu.

»Tun Sie, was Sie nicht lassen können. Vielleicht liegen Sie ja dieses Mal richtig.«

23.55 Uhr

Leo bleibt am Schreibtisch sitzen, als das, was er erwartete, ohne viel Lärm eintritt. Die vier Polizeibeamte müssen die Wohnungstür nicht aufbrechen. Leo hat sie nicht abgeschlossen und ungewöhnlicherweise besitzt sie sogar eine Außenklinke. Vom Flur aus gesehen ist das Arbeitszimmer das nächstgelegene. Mit gezogener Waffe stürzt der erste Beamte auf ihn zu und drückt ihm seine Dienstwaffe in die Rippen.

»Wölz, du Sau, jetzt bist du reif!« ist die einzige Begründung.

Leo macht keine - falsche - Bewegung und dreht nur den Kopf langsam, schräg nach oben. Das Gesicht des Beamten kommt ihm bekannt vor, den persönlichen Hass kann er sich jedoch nicht erklären. Der Beamte zieht ihn nach oben, ein zweiter legt ihm Handschellen an. Mit den Händen auf dem Rücken wird er die Treppen hinuntergeführt und in den bereitstehenden VW-Bus gestoßen.

Im Polizeipräsidium führt man ihn sofort in den Zellentrakt, ein langer, kahler Flur, von dem links und rechts Einzelzellen abgehen. Ein Beamter nimmt ihm Gürtel und Schnürsenkel ab, wegen drohender Selbstmordgefahr, und sperrt die Zellentür auf. Man kann nicht sagen, dass Darius ihn bereits erwartet hat,

aber er freut sich, nicht länger alleine zu sein. Er sitzt auf der heruntergelassenen Pritsche und baumelt übertrieben locker mit den Beinen.
»Lange nicht gesehen. Was machst denn du hier?«
Leo schaut sich in der Zelle um. Sie ist übersät mit Inschriften aus fast einem Jahrhundert.

3.11.1987 – Der Tag danach

0.55 Uhr

Das Telefon klingelt. Klaus torkelt schlaftrunken die Treppen nach unten und nimmt ab.
»Habt ihr schon mitbekommen, dass ein Bulle getötet wurde?«
»Wie? Was? An der Startbahn?«
»Wo sonst.«
»Wie? Was...?«
»Also das kann ich dir auch nicht sagen, ich weiß es auch nur aus den Nachrichten.«
»Ja, klar, ich verstehe... «
Viel mehr gibt es nicht zu sagen, um seine Erinnerung an diesen Abend komplett auf den Kopf zu stellen.
Stufe für Stufe werden Klaus Beine schwerer, seine Gedanken fallen von einem Extrem ins andere. *Es kursierten schon zu viele Gerüchte und Falschmeldungen an der Startbahn. Nur nicht alles für bare Münze zu nehmen*. Auf der anderen Seite hat er bereits so viel erlebt, dass er nichts mehr für unmöglich hält. *Vielleicht doch jemand von uns?*
»In den Nachrichten wird verbreitet, dass ein Bulle an der Startbahn umgekommen ist.«
Elke richtet sich im Bett auf und schüttelt den Kopf.
»Wann denn? Wir waren doch draußen? Das ist doch Quatsch!«
»Vielleicht.«
Klaus geht zu der Nachttischkommode, schaltet das kleine Transistorradio ein und legt sich zu ihr ins Bett. Wenige Minuten später bestätigt der Hessischen Rundfunk in einer Sondermeldung den Tod zweier Polizeibeamter.

1.43 Uhr

Das Telefon klingelt. Anton wird zuerst davon wach, steigt aus dem Bett und geht ins Nebenzimmer, wo das Telefon steht.
»Ja, bitte!?«
»Gut, dass ich dich noch erwische.«
»Grüß dich«, antwortet Anton gähnend.»Ich hab schon geschlafen. Alles klar bei dir?«
»Äh, ja, hast du Nachrichten gehört?«
»Nee, ich hab überhaupt nix gehört, nee.«
Anton schaut auf die Uhr und wartet auf seine Antwort.

»Du hast überhaupt nichts gehört?«
Til kann es nicht glauben.
»Nee, wir haben hier ..., nein.«
»Na, dann lass dich mal informieren. Da sind zwei Bullen an der Startbahn erschossen worden.«
»Ja? Aha.«
»Und fünf schwer verletzt«, fügt Til hinzu. »Die fahnden jetzt überall. Es sieht so aus, dass überall Hausdurchsuchungen laufen.«
»Mhm«
»... und überall werden Leute festgenommen... «
»Mhm. Mhm.«
»Wir wissen noch nicht wie viele. Aber auf jeden Fall sind die hier überall am Rotieren... «
»Mhm.«
Nach dem zwanzigsten »Mhm« rotiert auch Til. *Kapiert der nichts oder ist der an Coolness nicht mehr zu überbieten?* Til spinnt weiter am Gesprächsfaden.
»Also, wir haben keinen Überblick...«
Endlich erlöst ihn Anton:
»Okay, okay, wir sehen uns ja, ne?«
»Alles klar«, antwortet Til und denkt sich, *nichts ist klar*. Aber mehr kann er nicht machen. *Wenn er jetzt nicht schaltet, ist er selbst schuld.*
»Okay, danke für den Anruf.«
»Tschau«,[50] gibt Til zurück und legt, nicht wirklich erleichtert, auf.

Anna hat ein paar Wortfetzen von Anton mitbekommen. Mit diesen kehren alle schlafen gelegten Vorahnungen zurück.
»Es gab zwei tote Bullen« sagt Anton trocken, als er vor ihrem Bett steht.
»Was? Wirklich? Oh Gott, dann werden die Bullen bald hier sein.«
»Dann wären sie schon längst hier gewesen«, antwortet Anton.
Die Antwort überzeugt selbst Anton nicht. Er geht am Bett auf und ab, wirkt nervös, abwesend. Anna schält sich aus dem Bett, zieht sich etwas über.
»Ich mach das Radio an.«
Anna geht in die Küche, während sich Anton auf die Coach wirft. Das Radio dudelt vor sich hin. Wenige Minuten später kommt die Gewissheit.
»Anlässlich des sechsten Jahrestages der Hüttendorfräumung kam es zu schweren gewalttätigen Auseinandersetzungen zwischen militanten Startbahngegnern und der Polizei. Dabei wurden zwei Polizeibeamte getötet. Wer die Schüsse abgeben hat und wie es zu dieser noch nie da gewesenen Eskalation kam, steht zur Stunde noch nicht fest. Das Bundeskriminalamt in Wiesbaden wurde mit den Ermittlungen und Untersuchungen beauftragt... «

Schlagartig geht Annas Puls nach oben. Panik kommt dazu. Die Gedanken drehen sich schwindelerregend im Kreis. Alles schiebt sich ineinander. Die Zeitebenen verkleben, Ereignisse wirbeln aufgebracht, kausalitätslos durcheinander. Anna zündet sich eine Zigarette an und denkt fieberhaft nach, versucht einen vernünftigen Gedanken, irgendeinen Entschluss zu fassen.

»Pass auf, wenn du nichts unternimmst, dann mach ich es. Ich bring den Rucksack weg.«

»Das lässt du... «, erwidert Anton.

Antons Reaktion lässt sie aufgeben, zumal es ein Versteck in der Wohnung sein müsste, das sie jetzt auch nicht mehr aus dem Hut zaubern kann. Sie ist sich sicher, dass Beamte in Zivil immer noch vor ihrem Haus stehen. Als sie abends eine Zigarette am Fenster geraucht hat, sah sie zwei Männer, die an einem Auto lehnten. *Jetzt ist eh alles zu spät.*

Anna kehrt in der Küche zurück und steckt sich eine Zigarette nach der anderen an. Das Nikotin vermischt sich mit den unterschiedlichsten Szenarien im Kopf, die einen Zusammenhang zwischen der Nachricht und dem Rucksack herzustellen versuchen. Irgendwann gibt sie auf. Für keines dieser Szenarien gibt es einen Ausweg. Irgendwann verlieren auch die Konsequenzen ihren Schrecken. Man muss sie nur oft genug durchspielen. Anna wird kindisch. *Vielleicht sehe ich ja nur noch Gespenster. Vielleicht bin ich nur todmüde.*

2.00 Uhr

Es klingelt an der Haustür. Elke und Klaus drehen sich zueinander um und schauen sich an, als würde alles nach Plan laufen. Klaus zieht sich etwas über, geht zur Haustür und schaltet die Außenbeleuchtung ein. Durch das kleine Fenster direkt neben der Haustür hat man einen guten Blick auf den gesamten Hof. Klaus öffnet das vergitterte Fenster, durch das nicht einmal ein Kopf passt.

»Ich komm alleine.«

Klaus kann außer Herrn Timm, Kriminalkommissar der Staatsschutzabteilung Frankfurt/K 42, niemanden erkennen – was nicht viel heißen muss. Das weiß auch Herr Timm und bietet Waffengleichheit an.

»Guck! Ich bin unbewaffnet.«

Dazu öffnet er mit beiden Händen seine Jacke und zeigt mit dem Kopf in die Richtung, wo für gewöhnlich das Halfter sitzt. Eigentlich eine lustige Szene. Der Kopf der politischen Polizei, der nachts um zwei Uhr mutterseelenallein einem ›polizeibekannten‹ Startbahngegner zeigt, dass er unbewaffnet ist. Entwaffnend. Aber Klaus ist zu müde und zu angespannt für diese nächtliche Situationskomik.

»Gib mir deine Filme«, platzt es aus dem Staatsschutzbeamten heraus.
»Warum soll ich Ihnen irgendwelche Filme geben?«, antwortet Klaus ruhig und die Regeln bürgerlichen Anstands wahrend.
»Ich war den ganzen Abend über wie dein eigener Schatten.«
Klaus reagiert nicht auf diese Übertreibung.
»Es gibt keine Filme von dieser Nacht«, antwortet Klaus lakonisch. Kriminalkommissar Timm glaubt ihm kein Wort und ringt nach Worten.
»Sie wissen doch, wer umgekommen ist?!«
»Wenn Sie so fragen, kann es nur der Eichhöfer gewesen sein.«
Timm geht auf diese trockene Bemerkung nicht ein.
»Gib mir die Filme!«
Klaus versteht nicht, warum ihn der Kripobeamte wieder duzt, und greift auf das kleine Tischchen, wo er sich seine Kamera mit einem neu eingelegten Film zurechtgelegt hat.
Klaus hält die Kamera vor das vergitterte Fenster, öffnet sie und holt den Film heraus. Mit der linken Hand hält er die Patrone, mit der rechten zieht er langsam, unverschämt langsam, an dem Filmstreifen, bis zum letzten Bild. Hauptkommissar Timm wäre ihm am liebsten an die Kehle gesprungen.
»Sehen Sie, es gibt keine Bilder. Wie ich Ihnen gesagt habe... «
Kriminalkommissar Timm schaut ihn regungslos an, wie jemand, der dabei zusehen muss, wie sich ein todsicherer Beweis vor seinen Augen in Luft auflöst.
»Einen schönen Abend bzw. Morgen.«
Ohne abzuwarten, schließt Klaus das Fenster und macht das Licht im Hof aus.

2.15 Uhr

»Herr Wölz, mitkommen!«
Ein Beamter steht an der geöffneten Zellentür. Über lange Flure und Wendeltreppen geht es in den zweiten Stock des Polizeipräsidiums, wo sich die Räume der erkennungsdienstlichen Abteilung befinden.
»Ziehen Sie sich aus, bis auf die Unterwäsche und legen Sie die Kleidung hierhin.«
Ein Kriminalbeamter in Zivil zeigt mit der Hand auf einen Stuhl.
»Gibt es dafür eine Begründung?«
»Für alles.«
Leo hätte sich die Frage sparen können. Nachdem er alles auf dem Stuhl abgelegt hat, kommt der nächste Beamte auf ihn zu, der so etwas wie ein Klebeband in der Hand hält.

»Ihre Hände!«
Leo versteht den Sinn nicht, streckt aber beide Hände nach vorne.
»Eine nach der anderen«, korrigiert ihn der Beamte.
Jeweils auf der Handinnen- und auf der Handrückenseite werden Klebestreifen angebracht und kurze Zeit später wieder abgezogen. Ein Verfahren um Schmauchspuren zu sichern.
»Suchen Sie sich etwas aus, was Ihnen passt.«
Ein Beamter zeigt auf eine große Truhe, in der sich Kleidungsstücke befinden. Die berühmte Kleiderkammer. Mit der Hand an der viel zu weiten Hose wird Leo nach der ›erkennungsdienstlichen Behandlung‹ über den Flur ins nächste Zimmer geführt.

5.00 Uhr

»Der Generalbundesanwalt hat das Verfahren übernommen, weil der Verdacht besteht, dass die Ermordung der Polizeibeamten nach den Umständen bestimmt und geeignet ist, den Bestand der inneren Sicherheit der Bundesrepublik Deutschland zu beeinträchtigen. Unter der Voraussetzung kann der Generalbundesanwalt nach der seit dem 1. Januar 1987 geltenden Gesetzesfassung auch Tötungsdelikte verfolgen, die einer terroristischen Vereinigung nicht zugeordnet werden können. Die besondere Bedeutung des Falles ergibt sich nach Auffassung des Generalbundesanwalts aus der Tötung von Polizeibeamten mit Schusswaffen am Rande einer Demonstration, aus der heraus vermummte Täter Gewalttaten begangen haben.«[51]

5.50 Uhr

Mehrere Streifenwagen sichern die Umgebung, insgesamt sieben Beamte und ein Mann vom Schlüsseldienst begeben sich zu dem Haus, das Kollegen bereits seit Stunden observieren. Nachdem sie feststellen, dass die Haustür verschlossen ist, klingeln sie bei Nachbarn von Anna. Es dauert eine Weile, bis der Türdrücker betätigt wird. Sie machen Licht im Hausflur und steigen so leise wie möglich die Treppen hinauf. Vor ihrer Wohnungstür machen sie Halt.
»Sieh mal da«, flüstert Hallstein leise seinem Kollegen zu und zeigt auf die Türschwelle, auf ein Paar Springerstiefel. Der Kollege beugt sich vor und berührt das Leder.
»Die sind noch nass. Na, wer sagt's denn.«
Soko Strom-Mitarbeiter Hallstein gibt dem Mann vom Schlüsseldienst ein Zeichen. Dieser schaut sich kurz das BKS-Schloss an, öffnete seinen Koffer

und holt einen Ausdreher heraus. Mit ruhigen Bewegungen setzt er ihn aufs Zylinderschloss. Wenig später bricht die Verriegelung.

6.00 Uhr

Anna wird von einem kräftigen, trockenen Knacken geweckt. Mit einem Schlag kehrt alles zurück, dieses Mal noch näher. Das Geräusch kam vom Flur. Sie steht zitternd auf und schleicht zur Wohnungstür. Sie atmet leise, erleichtert durch. Fehlalarm. Gespenster eben. Alles wirkt normal, unverdächtig. Die Wohnungstür ist geschlossen, das Geräusch verschwunden. Sie bleibt vor der Tür stehen, lauscht in die Stille. Dann bleibt ihr das Herz stehen: Ein Lichtstrahl fällt durch die Tür, an der Stelle, wo sich normalerweise das Zylinderschloss befindet. Anna ahnt, was dies bedeutet. Sie will nicht warten, bis die Polizei die Wohnung stürmt. Sie öffnet die Tür, die ungewöhnlicherweise nach außen aufgeht. Der ganze Treppenaufgang ist voll mit Polizeibeamten. Direkt neben der Wohnungstür steht ein Mann vom Schlüsseldienst, der das abgedrehte Zylinderschloss in der Hand hält.

»Was ist denn hier los?« entfährt es Anna, mit plötzlicher Ahnungslosigkeit.

Ein Mann im Anzug, der sich später als ein Bundesstaatsanwalt herausstellt, ergreift das Wort:

»Zwei Polizeibeamte wurden an der Startbahn erschossen. Das ist Ihnen sicherlich bekannt.«

»Was wollen Sie dann von mir? Ich war überhaupt nicht draußen.«

»Das wissen wir. Wir wollen auch nicht zu Ihnen, sondern zu Herrn Erler.«

Zahlreiche uniformierte Beamte drängen sich an ihr vorbei.

Als Anton ›Was ist denn hier los‹ gehört hat, springt er wie vom Blitz getroffen auf. Er schleicht sich in die Küche, packt den Rucksack und geht ins Schlafzimmer zurück. Dort öffnet er das Fenster und schwingt sich auf das Fensterbrett. Mit einer Hand hält er sich am Fensterrahmen fest, mit der anderen schiebt er den Rucksack auf das Vordach.

Zwei Beamte erreichen das Schlafzimmer, als Anton gerade im Begriff ist, vom Fensterbrett zu springen.

»Kommen Sie runter, ganz langsam.«

Anton steigt vom Fensterbrett, während sich der LKA-Beamte zu seinem Kollegen wendet.

»Der hat etwas aus dem Fenster geworfen! Frag' die Kollegen unten, ob sie etwas gesehen haben.«

Der Polizist öffnet das Fenster, ruft den unten postierten Polizeibeamten zu: »Habt ihr etwas gesehen?«

»Der hat etwas auf das Vordach geworfen! Du kommst von da oben heran!«

Der Beamte steigt auf das Fensterbrett, tastet das Vordach ab und bekommt den Rucksack zu fassen.
Mittlerweile ist die kleine Wohnung voll mit nachrückenden Beamten. Anna sieht den Rucksack auf dem Küchentisch liegen und wird bleich.
»Na, dann packen wir mal den Rucksack aus«, platzt ein LKA-Beamter dazwischen.
Der Beamte öffnet den Rucksack. Zuerst legt er ein paar Lederhandschuhe auf den Tisch, als nächstes hat er bereits die Pistole in der Hand.
»Na, was haben wir da?«
Seine Stimme triumphiert.
»Das ist mehr als wir erwartet haben«, legt er nach und sucht Blickkontakt mit Anton.
»Herr Erler, Sie sind festgenommen. Das brauche ich Ihnen ja nicht mehr besonders zu begründen.«
Drei Beamte gehen auf Anton zu, legen ihm Handschellen an und führen ihn ab.

6.15 Uhr

Nacheinander werden alle Startbahngegner, die im Polizeipräsidium Wiesbaden festgehalten wurden, entlassen - ohne eine Begründung.

6.30 Uhr

Mehrere Polizisten in Uniform und zwei LKA-Beamte in Zivil klingeln bei Uschi.
»Frau James, Sie sind vorläufig festgenommen.«
Uschi zuckt kurz zusammen, obwohl sie damit gerechnet hat. Sie war auf den schlimmsten Fall vorbereitet und dennoch braucht sie einen Augenblick, um die klitzekleine Hoffnung zu begraben, die sie wider besseres Wissen doch noch hegte.
»Würde es Ihnen etwas ausmachen, wenn Sie mir noch den Grund bzw. irgendeinen Grund nennen?«
»Nein, selbstverständlich nicht. Gegen Sie wird wegen des Verdachtes des Mordes und des Verdachts der Mitgliedschaft in einer terroristischen Vereinigung ermittelt.«
»Mehr nicht?! Sie wissen, dass ich gestern nicht an der Startbahn war?«
»Ja, das wissen wir. Ich möchte Sie dennoch bitten mitzukommen.«
Sie wird ins Polizeipräsidium Frankfurt gefahren und in ein Vernehmungszimmer im zweiten Stock geführt und dort alleine gelassen.

Mit 19 Jahren ging Uschi nach England. Es war ihr Vater, der die Vernichtung der Juden für »amerikanische Propaganda« hielt, es war eine ganze Generation, die mit Verleugnung und Verdrängung an der Macht war und ihr die Luft zum atmen nahm. In London lernte Uschi ihren ersten Ehemann kennen, dem sie nach Stockholm/Schweden folgte. Nach zwei Jahren trennten sie sich. 1967 heiratete sie ihre erste große Liebe, der sie bereits in Hamburg begegnet war, bevor sie nach England ging. Er war Bankangestellter und als ihn seine Firma nach Bombay schickte, folgte sie ihm. Sie heirateten und wanderten nach Australien aus. Dort machten sie alles, was eine glückliche Familie so macht: Sie bauten ein Haus, Uschi bekam ein Kind, und ihr Mann ging in einer großen australischen Bank arbeiten. Es dauerte nicht lange und Uschi reichte dieses Leben als Ehe- und Hausfrau nicht mehr aus. Sie kehrten gemeinsam nach Deutschland zurück, was jedoch die schleichende Entfremdung nicht aufhalten konnte und in einer Scheidung mündete. Ihr neuer Freund hatte Bekannte in Mörfelden und so kam sie auch mit den ersten Protesten gegen die geplante Startbahn 18 West in Berührung. Mal besuchte sie den Bücherstand der Bürgerinitiative an der Okrifteler Straße, mal wohnte sie einer Transparentaktion bei. Bald entschied sie sich, aus ihrer Sympathie ein verbindliches Engagement zu machen: Sie trat der BI Frankfurt-Nord-West bei, in der sich auch der damalige Magistratsdirektor Alexander Schubert engagiert hatte. Dann überschlugen sich die Ereignisse, die ihr Leben nicht am Rande, sondern mittendrin trafen. Es war ihre Art zu leben, nichts Halbes zu machen, mit Herz und Seele dabei zu sein, wenn sie sich für etwas entschieden hatte. Als die hessische Landesregierung 1981 die Räumung des 7-Hektar-Geländes androhte, hob Uschi so viele Gräben rund um das besetzte Terrain aus, dass sie fünf Jahre lang an einer Sehnenscheidenentzündung litt. Zu dieser Zeit arbeitete Uschi als Sekretärin in der Firma ›Luwa‹, die Klima- und Entlüftungsanlagen herstellte. Durch Zufall bekam sie mit, dass diese auch die Entlüftungsanlagen für den Okrifteler Tunnel baute. Heimlich machte sie sich Kopien von den technischen Unterlagen für das Entlüftungssystem, um sie den BIs zur Verfügung zu stellen. Ganz offen verteilte sie an ihrem Arbeitsplatz Flugblätter gegen den Bau der Startbahn 18 West, was die Personalführung sofort zum Anlass nahm, ihr ›Störung des Betriebsfriedens‹ vorzuwerfen. Als die Firma mit der Bereitstellung von Klimaanlagen für Atomkraftwerke begann, kündigte Uschi ihren Arbeitsvertrag.

Die Tür geht auf und KHK Timm stürzt ins Zimmer. Genauso schnell kommt er zur Sache:
»Frau James, ich weiß, dass Sie nicht draußen waren. Darum geht es auch nicht. Aber Sie wissen auch, dass wir immer noch gegen Sie wegen der mögli-

chen Beteiligung an einer Strommastaktion ermitteln. Anton Erler wurde heute früh verhaftet. Wir haben bei ihm die Tatwaffe gefunden. Jetzt wird's wirklich brenzlig, nicht nur für ihn.«
»Herr Timm, ich kann Ihnen nicht folgen. Ich möchte meinen Anwalt sprechen.«
»Den brauchen Sie nicht. Frau James, reden wir nicht darum herum. Wir hatten Anton Erler seit langem als Beteiligten an Strommastaktionen im Visier. Jetzt haben wir ihn in der Zange.«
KHK Timm macht eine Pause, lange genug, um sie mit allerlei Befürchtungen zu füllen.
»Denken Sie doch nur an Ihre Verbrennungen. Es ist doch schrecklich, was Ihre Leute mit Ihnen gemacht haben, Sie so einfach wie ein Stück Vieh vor die Tür der Malornys zu legen. Meinen Sie nicht, dass es höchste Zeit ist zu reden?«
»Herr Timm, ich brauche nicht Ihr Mitgefühl, sondern einen Rechtsanwalt. Lassen Sie mich endlich telefonieren!«
»Frau James, wir können es kurz machen: Wollen Sie jetzt Aussagen machen?«
»Nein.«
»Frau James, es liegt ganz bei Ihnen, diese Chance zu nutzen. Sie können jetzt gehen. Das war's... Auf Wiedersehen!«

Rückblende: Strommastaktion bei Dreieich-Offenthal am 26.8.1986

Gefällter Strommast bei Hasselroth vom 9.7.1986 © Klaus Malorny

Markus hatte sich einen Hochstand ausgesucht. Von dort oben konnte er in Andeutungen eine Schneise sehen, die durch den Dietzenbacher Wald führt. Genauso schemenhaft blieben die Hochspannungsmasten, für die die Schneise geschlagen worden war. Das Einzige, was ihn sicher machte, dass es sich um die Stromtrasse zwischen den Umspannwerken Rödermark-Urberach und Kelsterbach handelte, waren metallene Sägegeräusche, die bis zu seinem Hochstand drangen. Es gab wenig zu sehen, wenig Grund, die Augen aufzuhalten. Er hatte seine Arme auf dem kleinen Holztisch vor sich ausgebreitet und seinen Kopf darauf abgelegt. Eins ums andere Mal sackte er weg. Drei kurze, schrille Pfeiftöne rissen ihn aus diesem dämmrigen Zustand. Markus schreckte hoch, starrte und lauschte in die Dunkelheit. Es war das vereinbarte Zeichen für alle Wachen. Die Masten waren präpariert, sie konnten ihre Posten verlassen. Er griff noch einmal zum Fernglas und suchte die Gegend ab - nicht aus gebotener Vorsicht, mehr um für sich selbst einen Abschluss zu finden. Man sah so gut wie nichts, mit und ohne Fernglas. Vorsichtig stieg Markus die Holztreppe hinunter. Die Stufen waren nass und das Holz hörte sich ziemlich

morsch an. Unten angekommen durchquerte er die Schonung, die entlang der Stromtrasse angelegt war, und lief zum vereinbarten Treffpunkt.
Die anderen standen bereits zusammen. Anna und Uschi hatten bis zuletzt an dem Keilstück gesägt. Der Schweiß lief ihnen noch übers Gesicht.
»Schneller als das letzte Mal waren wir nicht«, sagte Anna im Ton einer Zeitnehmerin und schaute dabei auf ihre Uhr. Es war 1.05 Uhr.
Absprachegemäß suchten Gabriela und Anton noch den Boden rund um die beiden angesägten Masten ab. Auf der Suche nach verräterischen Spuren, stumpfen Sägeblättern, Ölfläschchen, Tipp-Ex und was man sonst noch fallen lässt, ohne dass man es bemerkt.
»Wir warten noch, bis sie zurückkommen. Dann könnt ihr schon mal los mit den Sachen«, warf Roland in die Runde.
Noch standen alle in einer Reihe, in Nord-Süd-Richtung, ein über 25 Meter großer Hochspannungsmast ganz außen, ein kleinerer dazwischen und noch ein Hochspannungsmast am anderen Ende. Der Mast, der gekippt werden sollte, stand ganz außen, in nördlicher Richtung. Die Querverstrebungen waren durchtrennt. In die beiden Mastfüße, die in südliche Richtung zeigten, waren zwei Keile gesägt. Mit ihnen wurde die Fallrichtung vorgegeben. Die gegenüberliegenden Stahlfüße wurden in Schulterhöhe horizontal durchgesägt. Vom mittleren Masten wurden alle Querverbindungen und die beiden Füße durchtrennt, die in nördlicher Richtung standen. Kippte der äußere, größere Mast in südliche Richtung, stürzte er automatisch in den mittleren. Beide zusammen würden mit ihrem Gewicht den letzten Masten mit zu Boden reißen. Alles lief genau nach Plan. Jetzt mussten nur noch die Keile herausgeschlagen werden. Den Rest würde die Schwerkraft erledigen. Gabriela und Anton kamen mit der blauen Plastiktüte zurück.
»Ich denke, wir haben nichts liegen lassen. Von uns aus kann's losgehen.«
Anton schaute in die Runde und streckte die Plastiktüte ins Leere. Es dauerte eine Weile, bis jemand die Plastiktüte an sich nahm. Alle machten einen ziemlich müden und lethargischen Eindruck. Es war Rolands sich überschlagende Stimme, die alle zurückholte.
»Der Mast fällt. Verdammt! Scheiße, los weg hier!«
Durch Zufall schaute er nach oben und sah, wie der Mast zu kippen begann – ohne ihr Zutun.
»Haut ab, haut ab!«
Roland rannte los, die anderen folgten ihm. Ein Reflex. Sie rannten in nördliche Richtung, so wie es vereinbart war. Niemand schaute mehr zurück oder nach oben. Alle schauten vor sich. Jetzt nur nicht stolpern.
Um an die Stromtrasse heranzukommen, hatten sie einen Schutzzaun durchtrennt, mit dem die Schonung umgeben war, die entlang der Stromtrasse

angelegt wurde. Diese Lücke im Zaun beherrschte ihr ganzes Denken. Ein einprogrammiertes Ziel. Für Sekunden war der Weg vor ihnen erleuchtet, für Sekunden warfen die Bäume Schatten. Hinter ihnen zischte es, immer wieder von Geräuschen unterbrochen, die sich wie Explosionen anhörten. Niemand hielt an, als sie den durchgeschnittenen Zaun erreicht hatten. Alle rannten weiter, so schnell sie konnten, in den Wald hinein, den die Stromtrasse schneidet. An der zweiten Wegkreuzung kamen die Ersten zum Stehen. Dort hatten sie verabredet, auf die anderen zu warten, die die Keile herausschlagen sollten. Anna war die Letzte, die mit keuchendem Atem die Gruppe erreichte. Die meisten saßen auf dem Boden und rangen nach Luft.

»Der Mast, der Mast, der ist doch nicht richtig gefallen, oder?«

Annas Stimme war stockend und brüchig. Ansonsten war es still, unheimlich still. Niemand sagte etwas, niemand interessierte sich für ihre Frage. Roland kauerte an einem Baum, sein Kopf ruhte auf den angezogenen Knien. Vor seinen geschlossenen Augen sah er immer wieder den Masten, der nicht in die vorgesehene Richtung kippte.

»Der Mast ist in die falsche Richtung gefallen.«

Rolands Stimme war apathisch und kaum zu hören. Es war keine Antwort. Er sagte nur laut, was er ständig vor seinen Augen sah. Er schüttelte den Kopf. Er konnte es sich nicht erklären. Warum bin ich in die falsche Richtung gerannt? Ich hab doch gesehen, in welche Richtung der Mast kippte.

»Aber warum sind wir dann nicht ...? Ich verstehe das nicht ...Warum?«

Es war wieder Anna.

»Ich weiß es nicht, ich weiß es nicht.«

Der Schock ließ langsam nach. Das Gefühl, gerade noch davon gekommen zu sein, mischte sich mit aufkommendem Frösteln. Anton durchbrach die Lähmung.

»Es ist doch noch alles gut gegangen. Das ist doch die Hauptsache. Kommt, wir müssen jetzt weg.«

Roland rappelte sich auf und versuchte, den fallenden Mast aus dem Kopf zu bekommen. Er schaute sich um und fing an, alle durchzugehen. Nur so, zur Sicherheit. Es war zwar stockduster, doch eine leicht abgeblendete Taschenlampe gab genug Licht. Er zählte durch. Er schaute noch einmal. Vielleicht hatte er sie nur übersehen. Seine Blicke wurden panisch. Er drehte sich zur Seite, nach links, nach rechts, hinter sich.

»Wo ist Uschi? Verdammt noch mal, Uschi fehlt!«

Rolands Stimme überschlug sich. Alle schauten sich um, als hätte man sie nur übersehen. Dann schauten alle in Richtung der gefällten Masten, als würde Uschi nur ein wenig später kommen, aus dem Nichts auftauchen.

Der Mast, der in die falsche Richtung kippte, das Zischen, das gleißende Licht, das Fehlen von Uschi. Alles drehte sich wie ein Karussell.
»Verflucht, wir müssen sie suchen.«
Niemand rührte sich. Alle schienen wie angewurzelt zu sein. Ganz kurz blickten einige zu Roland. Genauso schnell schauten sie wieder weg, in sich hinein, auf den Boden, nur weit weg von dem, was passiert sein könnte.
»Ich suche sie.«
Roland wartete auf keine Antwort. Er rannte los, kurzatmig, schneller, mit Herzrasen, in Panik. Mit dem Horror, der den schlimmsten Fall bereits Realität werden ließ. Als er ungefähr 50 Meter vor sich den umgestürzten Masten sehen konnte, hörte er auf zu rennen. Langsam, Schritt für Schritt tastete er sich vor, blickte immer wieder nach allen Seiten. An einigen Stellen war die Wiese verbrannt. Brandflecken mit einem Durchmesser von ca. fünf Metern. Er musste schlucken und sich zwingen, genau dort hinzusehen. Der Geruch von verbranntem, feuchtem Gras stieg ihm in die Nase. Für kurze Augenblicke spürte er Erleichterung. Sein Atem beruhigte sich, auch das Herzrasen ließ nach. Er blieb stehen, betrachtete den liegenden Strommasten. Ohne Ziel wanderte sein Blick zur Baumgrenze. Dann fing sein Herz wieder an zu rasen. Er konnte Umrisse ausmachen, die Gestalt eines Körpers. Er ging schnell darauf zu, bis er davor stand. Ein unwillkürliches Würgegefühl packte ihn. Geruch von verbranntem Fleisch.
Es war Uschi.

Er musste sich zwingen, hinzuschauen. Uschis Gummistiefel waren geschmolzen, eins geworden mit den verbrannten Füßen und Beinen. Er schloss die Augen und öffnete sie ganz schnell wieder – gegen das aufkommende Schwindelgefühl. Seine Hände verkrampften sich. Bis zur Gürtellinie war alles verbrannt. Sein Blick wanderte nach oben, in eine andere Welt. Ihrem Pullover war nichts anzusehen, ihr Gesicht war so, wie Roland es kannte. Ihre Haare waren so blond wie immer. Ihre Augen waren geschlossen. Als würde sie schlafen, als würde sie bald wieder aufstehen. Ihr Gesichtsausdruck hatte etwas aberwitzig Entspanntes, Heiles. Keine Verbrennungen, keine Wunde. Als hätte sie ihr Leben in zwei Hälften geteilt.
Ist sie tot, ist sie bewusstlos? Roland kniete sich zu ihr und berührte ganz vorsichtig ihre Schulter. Er ließ sie sofort wieder los, als hätte er einen Schlag bekommen. Nichts ist jetzt schlimmer als Bewusstsein.
Er schaute auf ihre Nase, auf ihren Mund, ob sich etwas bewegt. Es war noch zu dunkel, um etwas zu erkennen. Er starrte auf ihren Brustkorb. Er bewegte sich ganz leicht, ganz flach, aber regelmäßig. Sie lebte.

Roland erschrak nicht mehr, als er Schritte hinter sich hörte. Wie in Trance drehte er sich um und blickte nach oben. Er schaute in ihre Gesichter. Ohne auf etwas zu warten, drehte er sich wieder um, als wollte er nicht gestört werden. Ohne ein Wort zu sagen, kämpften alle mit diesem Anblick, jede, jeder für sich.
»Ist sie ...?«, Anton stockte. Ohne sich umzudrehen, antwortete Roland.
»Nein, das nicht .... Wir müssen sie zum Auto bringen. Irgendwie.«
Roland stand auf und schaute in die blassen Gesichter. Niemand bewegte sich von der Stelle. Alleine die Vorstellung, ihre Beine anzufassen, tat weh. Schweigend trugen sie Uschi zu viert, ins Ungewisse.
Was jetzt machen? Wohin mit Uschi? Mitten in der Nacht? Mit solchen schweren Verbrennungen? Wird Uschi überleben? Und wenn Uschi stirbt?
Uschi blieb die ganze Zeit bewusstlos. Nur ganz leise Seufzer deuteten darauf hin, dass sie etwas mitbekam. Mehrmals legten sie Uschi vorsichtig ab, um eine Pause einzulegen. Nach 15 Minuten erreichten sie nass geschwitzt die Wegkreuzung, wo sie auf den Rest der Gruppe stießen.
»Bleibt hier. Ich hol mein Auto, dann können wir sie einladen.«
Während Anton loslief, löste sich bei den einen der Schockzustand, während er bei den anderen einsetzte. Die einen fingen am ganzen Körper an zu frieren, die anderen schauten starr auf Uschi, die am Boden lag, während Anna ihren Oberkörper in den Armen hielt.
Das Warten war viel schlimmer, als die Möglichkeit, etwas zu tun.
Als Anton mit dem Auto kam, wurde Uschi mit zittrigen Händen auf den Rücksitz gewuchtet. Und jetzt? Wohin? Man konnte diese Fragen von jedem Gesicht ablesen. Die absolute Leere füllte sich mit Panik und fieberhaften Anstrengungen, einen klaren Gedanken zu fassen.
»Wir beide bringen Uschi zu Elke und Klaus.«
Anton zeigte dabei mit dem Kopf auf Anna.
»Von unterwegs werde ich Klaus anrufen. Was anderes fällt mir nicht ein. Nehmt die Kleider, Gummischuhe und den ganzen Rest mit und lasst alles unterwegs verschwinden.«
Niemand machte den Versuch, den Vorschlag auf sein Für und Wider abzuklopfen. Es gab keinen Plan für einen solchen Fall. Niemand hatte mit einem solchen Fall gerechnet. Alle gingen davon aus, dass das Schlimmste nicht eintreten wird.
Anton steuerte das Auto. Ihm zitterten die Knie. Er hatte Schwierigkeiten, das Auto rückwärts aus dem Waldweg zu lenken.
»Anton, pass auf. Wir landen gleich im Graben!«
Endlich waren sie auf der asphaltierten Straße. Sie fuhren Richtung Frankfurt.
»Im nächsten Ort suche ich eine Telefonzelle und ruf' an.«

Anton parkte am Straßenstrand. Es war zwei Uhr morgens. Niemand war auf der Straße.
Und wenn jetzt doch jemand kommt, an dem Auto vorbeiläuft und Uschi auf der Rückbank sieht? Trotz der Kälte hatten sie beide Fenster auf der rechten Seite heruntergekurbelt - wegen des Geruches.
Anton nahm den Hörer ab und wählte die Nummer. Es klingelte minutenlang. Was, wenn Elke und Klaus das Telefon nicht hörten, nicht abnahmen? Anton ging die Personen durch, die er in einem solchen Fall noch anrufen könnte, als Elke abnahm.
»Hallo Elke. Wir kommen gleich mal vorbei.«
Am anderen Ende der Leitung blieb es für Augenblicke still. Elke musste schlaftrunken das miteinander kombinieren, was nicht gesagt wurde: Es war Anton. Sie erkannte ihn an der Stimme. Sie wusste, dass in dieser Nacht ein Strommast gefällt werden sollte. Und wenn alles gut gegangen wäre, hätte sie von ihm, von ihnen nichts gehört, nicht um diese Uhrzeit.
»Gut, wir werden wach sein. Tschüss.«
Elke stieg die Treppen hinauf zum Schlafzimmer. Klaus saß aufrecht im Bett und schaute sie mit großen, fragenden Augen an.
»Und?«
»Anton hat angerufen ... Es ist anscheinend etwas Schlimmes passiert.«
»Hat er mehr gesagt?«
»Natürlich nicht. Sie kommen gleich vorbei.«
Sie hätten in der Zwischenzeit rätseln können. Doch das lag ihnen völlig fern. Sie konzentrierten sich auf das, was jetzt auf sie zukommen würde. Sie zogen sich schnell an.
»Ich mache schon mal das Hoftor auf.«
Ohne Licht zu machen, überquerte Klaus den gepflasterten Innenhof und öffnete, so leise wie möglich das große Einfahrtstor, das im Normalfall quietschte und ächzte. Auf dem Weg zurück schaute er sich um, ob irgendwo noch Lichter brannten. Die Nachbarschaft schien zu schlafen. Klaus ließ die Haustür unverschlossen und ging in die Werkstatt, die sich im Erdgeschoss befand. Kurze Zeit später kam Elke hinzu. Dort warteten beide auf das Unausgesprochene.
Zwanzig Minuten später fuhr das Auto durch die Hofeinfahrt und parkte direkt vor dem kleinen Haus, in dem Elke und Klaus wohnen. Ohne sich bemerkbar zu machen, öffneten Anton und Anna die Haustür und standen in der Werkstatt.
»Uschi hat Verbrennungen. Könnt ihr sie hier verpflegen und versorgen, bis es ihr wieder besser geht?«
Antons Stimme war leise, ohne jede Überzeugungskraft.

»Was heißt Verbrennungen? Ist es schlimm?«
»Na ja ...«
Anna ahnte, was kommen könnte und fiel Anton ins Wort.
»Ziemlich schlimm.«
Elke und Klaus schauten sich kurz an.
»Wir kennen einen sehr guten Freund, der Arzt ist ... und absolut verschwiegen. Ich werde ihn anrufen und fragen.«
»Um die Uhrzeit?«
Ohne eine Antwort darauf zu geben, ging Klaus ans Telefon und wählte seine Nummer.
»Hallo Erwin, hier ist Klaus. Entschuldige, dass ich dich aus dem Bett werfe. Aber es ist ein absoluter Notfall.«
»Hallo Klaus. Meine Güte, was ist denn passiert?«
»Erwin, frag jetzt nicht genauer nach. Ich will nur wissen, was man tun muss, wenn jemand Brandverletzungen hat. Wie schwer dürfen diese sein, dass man sie zu Hause pflegen kann?«
»Puh, das ist schwer zu sagen, ohne die Verbrennungen gesehen zu haben. Aber eigentlich muss man Verbrennungen sofort im Krankenhaus behandeln lassen. Alles andere ...«
»Ich verstehe. Danke Erwin, das reicht fürs Erste.«
Klaus legte auf, mit einem klaren Entschluss.
»Uschi muss ins Krankenhaus. Etwas anderes wäre unverantwortlich.«
Anna und Anton wussten, was das bedeutet.
»Aber ... «
»Ich kenne das Risiko .... *Wir* werden Uschi in die Uniklinik fahren.«
Klaus betonte das *Wir*. Elke nickte und ging an den beiden vorbei in den Hof, um ihr Auto neben das von Anton zu fahren. Klaus folgte ihr. Er wollte sehen, wie es um Uschi bestellt war. Durch die halb heruntergekurbelte Scheibe konnte er sie auf dem Rücksitz liegen sehen. Ihr Kopf war seitlich nach vorne gekippt, wie bei jemandem der schläft. Der Geruch von verbranntem Fleisch schlug ihm entgegen. Klaus machte die Tür auf und beugte sich zu Uschi. Es war schwer auszuhalten. Klaus löste den Blick. Uschi war bewusstlos. Das Einzige, woran sie sich klammerte, war eine Coca-Cola-Dose.
Klaus war auf einiges vorbereitet, hatte mit einigem gerechnet. Eine kleine Verletzung, die versorgt werden muss, Gegenstände, die aufbewahrt werden müssen, eine Person, die abtauchen, an einen sicheren Ort gebracht werden muss ... Vieles, nur das nicht.
Elke fuhr das Auto auf die Seite, wo Uschi lag. Zu dritt setzten sie sie, in eine Decke gewickelt, auf den Beifahrersitz.
»Wir fahren jetzt los.«

Anna und Anton standen da und hätten sich am liebsten in Luft aufgelöst. *Warum haben wir nicht Uschi in die Uniklinik gefahren? Warum haben wir nicht das Risiko auf uns genommen?*
Ihnen war völlig beschissen zumute, eine Mischung aus Dankbarkeit und Schäbigkeit.
»Lasst mich doch einfach liegen.«
Alle drehten sich gleichzeitig zum Auto, in die Richtung, aus der die Stimme zu vernehmen war. *Hatte Uschi wirklich etwas gesagt? Hatte sie etwas mitbekommen? Hatte sie die Angst der anderen gespürt, sich selbst zu gefährden, um sie zu retten?*
Uschi machte einen kleinen Seufzer, dann verlor sie wieder das Bewusstsein. Ihr Kopf kippte in Zeitlupe nach hinten.
»Jetzt geht schon. Wir machen das mit Uschi. Kümmert euch um alles andere. Komm Klaus, steig' ein.«
Klaus stieg über die nach vorne geklappte Sitzlehne auf den Rücksitz und Elke hatte Mühe, den Zündschlüssel ins Schloss zu stecken. Zu allem Überfluss hatte sie sich vor einer Woche die Fingerkuppe abgeschnitten und trug seitdem einen Gipsverband an der rechten Hand. Sie startete und schaute ein letztes Mal zu den beiden hoch:
»Worauf wartet ihr noch? Jetzt haut schon ab, wir werden schon klarkommen!«
An dem eingefrorenen Zustand von Anna und Anton konnte das nichts ändern. Sie verharrten in ihrer Position, bis der VW-Käfer das Hoftor passierte. Als sie in die Mainuferstraße einbogen, schaute Elke in den Rückspiegel, zu Klaus. In seinen Augen, in seinem Gesicht spiegelte sich nichts Wankelmütiges, nichts Zweifelndes. Das tat ihr gut, sie schaute wieder nach vorne. Sie hatten es nicht mehr weit zur Universitätsklinik.
Elke fuhr zum Haupteingang, zeigte einen Notfall an und wurde vom Pförtner durchgewunken, zur Notaufnahme, die sich in der Tiefebene befand. Elke war gerade im Begriff, das Auto vor das Portal zu fahren, als Uschis Stimme sie aufschreckte.
»Um Gottes willen. Fahr weiter. Da steht ein Bullenauto.«
Elke schaute zur Seite, sah Uschi aufrecht sitzend und nach rechts blicken. Tatsächlich stand dort ein geparkter Streifenwagen.
»Uschi, der ist leer. Mach dir keine Sorgen. Wir müssen dich hier ...«
Die Worte erreichten sie nicht mehr. Sie sackte wieder zur Seite.
Elke parkte das Auto direkt vor dem Eingang. Unmittelbar hinter der Glastür befand sich die Klingel, die Klaus betätigte. Kurze Zeit später kam eine Krankenschwester und ein Krankenpfleger.
»Wir haben eine Schwerverletzte im Auto.«

Klaus führte die beiden zum Wagen und öffnete die Beifahrertür.
»Meine Güte, wie ist denn das passiert?«
»Ich weiß es auch nicht«, antwortete Elke. Dem Mann in Weiß verschlug es die Sprache.
»Aber Sie müssen doch wissen, wie ...«
»Nein, ich kann Ihnen auch nicht mehr sagen.«
Die beiden Klinikangestellten schauten Elke an, als wäre nicht Uschi, sondern sie ein zu behandelnder Notfall.
»Wir brauchen ein Liege«, rief der Krankenpfleger zum Pförtner. Dann wuchteten sie Uschi aus dem Auto, legten sie auf die Liege und schoben sie in die Notaufnahme. Elke und Klaus gingen zum Auto zurück, ohne wegzufahren. Sie blockierten die Notaufnahme.
»Machen Sie den Eingang frei.«
Es war ein Krankenhausangestellter, der sie aus der Paralyse holte.
»Sie können jetzt auch nichts mehr machen.«
Es war 2.55 Uhr, als sie das Krankenhausgelände verließen.
»Lass uns unten an den Main fahren. Wir müssen das Auto sauber machen. Es ist besser, wir machen das dort. Wer weiß, was uns zu Hause erwartet ...«
Elke fuhr auf einen Parkplatz, der direkt am Main lag. Klaus stieg aus und warf die Decke und die zerdrückte Coca-Cola-Dose in den Main. Drei Minuten später waren sie wieder zu Hause.
»Wir haben nicht viel Zeit.«
Klaus stand in der Werkstatt, immer noch von den Eindrücken, Gerüchen und Bildern wie betäubt.
»Als Erstes müssen die Negative und die Abzüge verschwinden. Ich möchte nicht, dass ihnen das in die Hände fällt.«
Klaus nickte nur. Für einen solchen Fall hatten sie bereits ein recht bewährtes Versteck, einen toten Kamin. Sie suchten alles Verdächtige zusammen, packten es in eine Schachtel und verstauten diese hinter der Kaminklappe.
»Ich brauche jetzt erst einmal einen Cognac. Komm, lass uns in die Küche hochgehen.«
»Auf den Cognac würde ich verzichten. Oder willst du die Bullen mit einer Fahne empfangen?«
»Das ist ein Argument. Gut, dann lass uns überlegen, was wir sagen werden.«
Ohne Licht zu machen, saßen Elke und Klaus am Küchentisch und nutzten die letzten Minuten.
»Wir sagen einfach gar nichts.«
»Nein, Klaus. Gar nichts zu sagen, ist Blödsinn. Die kriegen doch sofort raus, dass wir Uschi kennen. Das ist doch kein Geheimnis. Und außerdem wissen wir nicht, was möglicherweise Uschi erzählt.«

»Du hast recht. Dann müssen wir uns eine Geschichte zurechtlegen, die sich so nahe wie nötig an den Tatsachen bewegt und so schützend wie möglich für alle Beteiligten ist.«

Die Version stand, als sich das Blaulicht der Einsatzwagen an ihrer Decke spiegelte. Die dazugehörigen Polizeisirenen waren ausgeschaltet.

»Es ist soweit.«

Es war 3.45 Uhr morgens, als mehrere Mannschaftswagen der Polizei das Haus weiträumig umstellten. Elke und Klaus standen vom Küchentisch auf und gingen zum Fenster, das direkt auf den Hof zeigte. Von dort hatten sie eine gute Sicht, um die polizeilichen Anstrengungen zu verfolgen, mit denen man sie überraschen wollte. Zwei Polizeibeamte bemühten sich, das schwere, große Eisentor geräuschlos aufzuschieben. Sie versuchten das Unmögliche. Es quietschte wie immer. Danach ging es zu wie bei einem Filmset für eine Krimiszene: Im Hintergrund, auf der viel zu kleinen Straße, standen Mannschaftswagen und Streifenwagen, Stoßstange an Stoßstange. Bereitschaftspolizisten huschten über die schwach beleuchtete Straße und bezogen Stellung. Ein Dutzend Beamte drangen in den Hof. Mitten in diesem Pulk befanden sich vier Beamte im Zivil, die unschwer als ›Kopf‹ der Polizeiaktion zu erkennen waren. Sie machten Handzeichen, wie sich die Bereitschaftspolizisten zu verteilen hatten. Einer von ihnen zeigte auf das zweigeschossige Haus, am Ende des Hofes.

»Sind wir soweit?«

Sein Kollege vergewisserte sich per Funk, ob die Umstellung abgeschlossen war, alle ihre Positionen eingenommen hatten. Bevor der Einsatzleiter ›Zugriff‹ sagen konnte, zeigte ein neben ihm wartender Kollege, ein Beamter in Zivil auf den seitlich geparkten VW-Käfer.

»Das ist das Auto. Das Kennzeichen stimmt mit den Angaben der Universitätsklinik überein. Der Motor müsste also noch warm sein!«

»Dann überprüfen Sie das, schnell!«

Der aufmerksame Beamte näherte sich dem Käfer, als würde er gleich den Finger auf die noch warme Wunde legen. Mit seiner rechten Hand berührte er den Frontdeckel.

»Na, alles klar?«

Während er seine Hand vom Käfer nahm, schüttelte er den Kopf.

»Kalt. Fehlanzeige.«

Es war zum Schießen, doch Elke unterdrückte ihr Lachen, angesichts so viel geballten Sachverstandes. Der Experte hatte auf den Kofferraumdeckel gefasst. Der Motor bei einem VW-Käfer ist hinten.

Der ganze Rest war nicht mehr komisch. Der Einsatzleiter nahm das Megafon hoch und schaute sich noch einmal vergewissernd um. Bevor er laut *»Hier*

spricht die Polizei ...« sagen konnte, öffnete Elke schnell das Fenster und rief den verdutzten Beamten zu:
»Schmeißt den Trichter weg. Wir kommen runter.«
Elke und Klaus stiegen die Treppen hinunter und schlossen die Haustür auf. Im selben Moment wurden die mobilen Scheinwerfer aufgeblendet. Während sie sich noch blinzelnd an das grelle Licht zu gewöhnen versuchten, stürzten sich bereits Beamte auf sie. Es dauerte eine Weile, bis sie Elke die Handschellen anlegen konnten. Ihr Gipsverband am rechten Arm leistete Widerstand. Nachdem er gebrochen war, brachte man beide zu einem Polizeiwagen. Sie setzten sich nebeneinander auf die hintere Bank und ein Beamter stieß mit wuchtiger Bewegung die Schiebetür hinter ihnen zu. Doch anstatt ins Schloss zu fallen, krachte sie laut scheppernd auf die Straße. So laut, dass davon ein Nachbar wach wurde und plötzlich im Schlafanzug auf der Straße stand. Elke und Klaus nutzten die Gelegenheit, bevor die Ordnung wieder hergestellt war. Sie riefen dem Nachbarn die Telefonnummer eines Freundes zu, mit der Bitte, ihn von ihrer Verhaftung in Kenntnis zu setzen. Als die Schiebetür wieder eingesetzt war, wurden sie ins Polizeipräsidium Frankfurt gefahren und in Zellen gesteckt. Nach einer Stunde öffneten zwei Beamte die Zellentür von Elke und brachten sie ins Verhörzimmer.
Die Spärlichkeit hatte etwas Kafkaeskes. Eine alte Schreibmaschine stand auf einem kantigen Bürotisch. Ein Blatt Papier war bereits eingespannt. Zwei Stühle komplettierten die Innenausstattung. Die Wärter lehnten die Tür hinter sich an und ließen Elke für ein paar Sekunden alleine. Sie ging zum Schreibtisch und warf einen Blick auf das eingespannte Formular:
»Verdacht der Herbeiführung eines Sprengstoffanschlages.«
Merkwürdig. Wie kann man die Verletzungen von Uschi mit einem Sprengstoffanschlag in Verbindung bringen? Elke konnte sich darauf keinen Reim machen. Ein Vernehmungsbeamter betrat das Zimmer und forderte sie auf, sich ihm gegenüberzusetzen. Dann teilte er Elke den Grund ihrer Festnahme mit.
»Ich sage kein Wort«, erwiderte Elke trocken, ohne irgendeine Erklärung abzuwarten. Der Beamte wähnte sich noch am Anfang eines Verhöres, als Elke genau so knapp hinzufügte:
»Ich möchte meinen Anwalt sprechen.«
»Sie wollen sich also nicht zu dem Vorwurf äußern?«
»Genau so ist das von mir gemeint.«
Der Beamte schaute sie, leicht aus dem Konzept gebracht, an und gab auf.
»Wie Sie wollen.«
Er rief die vor der Tür postierten Beamten zurück, um die Beschuldigte in ihre Zelle zurückzuführen. Dasselbe Prozedere wiederholte sich bei Klaus' Vernehmung. Wenig später wurden beide ›ED-behandelt‹: Man fotografierte sie

von drei Seiten und nahm Abdrücke von ihren Fingern. Darauf hatten sich beide eingestellt. Nur eines brachte sie ins Grübeln: Zusätzlich wurden ihnen die Fingernägel geschnitten – die Nagelproben fein säuberlich in kleine Plastiktüten verpackt.

Die nächsten Stunden verbrachten sie wieder in ihren Zellen. Um zehn Uhr morgens war Kriminalhauptkommissar Timm an der Reihe. Nacheinander suchte er Elke und Klaus in ihren Zellen auf, wie immer alleine und gewohnt freundlich. Eben so, als müsste man jetzt gemeinsam das Beste daraus machen:

»Sie haben die Aussage verweigert, das ist Ihr gutes Recht. An Ihrer Stelle würde ich mir das jedoch noch einmal überlegen. Ich muss Ihnen das mit der Unschuldsvermutung nicht haarklein erklären: Sie sind nicht unschuldig, bis das Gegenteil bewiesen ist. Ein Haftrichter erwartet, dass Sie ihn davon überzeugen. Ich mache Ihnen also folgenden Vorschlag: Wir haben ein paar Fragen vorbereitet, die eine mögliche Tatbeteiligung ausschließen helfen. Sie können sich selbstverständlich dabei mit Ihrem Rechtsanwalt besprechen, den wir bereits informiert haben. In einer Stunde wird er hier sein. Überlegen Sie es sich also gut.«

Zusammen mit dem Rechtsanwalt wurden sie in ein Zimmer im ersten Stock des Polizeipräsidiums geführt, wo sie sich alleine besprechen konnten. Zuerst weigerten sich Elke und Klaus kategorisch, irgendeine Einlassung zu machen. Sie hatten Angst, scheinbar Unverfängliches zu sagen, was sich später als Teil eines notwendigen Puzzles herausstellen könnte. Nach einiger Überzeugungsarbeit vonseiten des Rechtsanwaltes gingen sie den Fragebogen durch. Gemeinsam einigten sie sich darauf, folgende Fragen zu beantworten:

Frage: »Warum waren Sie zwischen drei und vier Uhr morgens noch wach?«
Antwort: »Ich hatte mir den Daumen aufgeschnitten und konnte deshalb nicht schlafen.«
Frage: »Woher wissen Sie, dass Ulrike James in einem Ihnen fremden Auto transportiert wurde?«
Antwort: »Ich bemerkte das Quietschen des Hoftores und hörte gerade noch, wie ein Auto davon fuhr.«
Frage: »Kennen Sie Ulrike James?«
Antwort: »Uns ist Ulrike James bekannt.«

Alle anderen Fragen ließen sie unbeantwortet. Ihr Rechtsanwalt öffnete die Tür und übergab den Fragebogen an den wartenden KHK Timm. Hastig überflog dieser die eingefügten Antworten.

»Mal sehen, ob das reicht. Mehr kann ich dazu nicht sagen.«

Elke und Klaus wurden in die Zellen zurückgeführt. Beide spürten die Enge, innerlich. Das Gefühl, die Situation nicht überschauen zu können, ließ sie nicht los - ließ sie auf- und ablaufen, drei Meter fünfzig bis zur Zellentür, drei Meter fünfzig bis zum vergitterten Fenster. *Was ist in einer solchen Situation zu viel, was zu wenig? Sind sie auf KHK Timm hereingefallen?*
Das mulmige Gefühl blieb, als sie um 12.30 Uhr vom typischen Schließergeräusch aus den hadernden Gedanken gerissen wurden. Die Zellentüren wurden aufgeschlossen und ein Beamter verkündete mit der Emotion einer Zugdurchsage:
»Sie können jetzt gehen.«
Völlig überrascht trafen sie sich vor dem Haupteingang des Polizeipräsidiums wieder.
War es ein Trick?
Mehrere Beamte stürzten die Treppen hinunter, überwältigten sie im Gehen und legten ihnen wieder Handschellen an: »Es war ein Versehen. Sie bleiben selbstverständlich in U-Haft.«
Mit dieser Vorstellung liefen Elke und Klaus zum Hauptbahnhof, nahmen die U-Bahn, gingen den Rest zu Fuß, bis sie zu Hause waren - ohne von ihren Vorahnungen eingeholt worden zu sein.

Klaus legte sich aufs Bett. Er war todmüde. Trotzdem konnte er nicht schlafen. Mit verschränkten Händen hinter dem Kopf starrte er die Decke an. Sein Blick wanderte und streifte den Nachttisch. *Ach' du Scheiße, das darf doch nicht wahr sein.* Er nahm den Stapel Kopien in die Hand und schüttelte den Kopf.
Bereits nach den ersten gefällten Strommasten bei Mörfelden gingen ihm einige Fragen durch den Kopf. *Was passiert, wenn der Boden feucht ist? Was muss man wissen, wenn es nachts zuvor geregnet hatte?* Mit dem Wissen, das er über Strom hatte, waren diese Fragen nicht zu beantworten. Er fragte einen Freund, der Elektriker von Beruf war. Von ihm hatte er Auszüge aus einem Fachbuch bekommen, das sich mit Schrittspannung und Leitfähigkeit, Erdung und Spannungsabbau beschäftigte.
»Elke, komm' mal schnell hoch. Ich muss dir etwas zeigen!«
Elke erschrak im ersten Moment, stieg die Treppen hinauf und sah Klaus mit einem diebischen Lächeln auf dem Bett liegen.
»Rate mal, was ich hier in den Händen halte?«
»Mach's nicht so spannend.«
Klaus richtete sich auf, wendete das Blatt und zeigte ihr die Kopien.
»Nobody is perfect.«

In den nächsten Tagen mussten Elke und Klaus nicht mehr darüber rätseln, warum man sie nicht in U-Haft, sondern in die Freiheit geschickt hatte. Ihnen fiel sehr schnell auf, was nicht in die kleine, wenig belebte Straße in Frankfurt-Niederrad passte. Da half auch die beste Tarnung nichts. Weder wechselnde Fahrzeugtypen der Fahnder noch das Rotieren der zivilen Observationsteams. Sie wurden überwacht, so sehr man sich auch um Unauffälligkeit bemühte. Entgegengesetztes galt für die Telefonüberwachung. Es knackte schon lange nicht mehr in der Telefonleitung, wenn gelauscht wurde. Auch verräterische Hintergrundgeräusche, einschließlich peinlicher Fehlschaltungen gehörten längst der Vergangenheit an. Anlaufschwierigkeiten erweiterter Befugnisse und neuer Überwachungstechniken. Aber auch ohne diese Gewissheiten konnten sie ganz sicher davon ausgehen, dass ihr Telefonanschluss fortan überwacht werden würde. Auf die neue Rolle als Köder in Freiheit hatten sie eine simple Antwort: So wenige Kontakte wie möglich - schon gar nicht mit denen, von denen sie wussten, dass sie an der Strommastaktion beteiligt waren.

Anna konnte die ganze Nacht nicht schlafen. Die Vorstellung, dass Elke und Klaus festgenommen worden waren und aller Wahrscheinlichkeit nach in U-Haft saßen, ließ sie nicht los. Und der Gedanke, dass Uschi nicht durchkommen könnte, machte sie schier wahnsinnig. Trotzdem, das Beste jetzt und für alle wäre, nichts zu tun, und genau das hielt sie nicht aus. Mit tiefen Rändern unter den Augen fuhr sie zum Flughafen, zur Arbeit Sie wollte kein Misstrauen wecken, keinen unnötigen Zusammenhang zwischen ihrem Fehlen und den Strommasten herstellen. Nach ein paar flapsigen Bemerkungen über eine durchgemachte Nacht wurde sie in Ruhe gelassen und ging ihrer Arbeit nach. Auch wenn sie sich mühte, in Arbeit zu versinken, kamen ihr immer wieder Elke und Klaus in den Sinn. *Wo sind sie jetzt? Was ist, wenn sie in Haft genommen wurden?*

Sie legte den Abrechnungsbogen zur Seite und nahm den Telefonhörer ab. Sie wählte die Nummer, ihr Herzschlag hatte ein Vielfaches vom Impuls des Freizeichens.

»Ja, Elke .... Hallo? ... Hallo?«

Anna legte sofort wieder auf. Innerlich machte sie Luftsprünge. Dieses Glücksgefühl hielt eine Weile an, für ein paar Stunden. Dann kehrte das miese Gefühl zurück, das sie seit der Entscheidung, Uschi zu Elke und Klaus zu bringen, nicht mehr losließ.

Nein, so geht es nicht. Elke und Klaus hatten so gut wie keine Wahl. Ich kann ihnen nicht einfach alles Weitere überlassen -schon gar nicht wortlos.

Sie musste die beiden sprechen, unbedingt, irgendwie.

Anna erinnerte sich an eine Gewohnheit, die sie mit Elke teilte. Sie wohnte im selben Stadtteil, nur ein paar Straßen weiter. Jeden Samstag war Wochenmarkt in Niederrad. Dort trafen sie sich immer mal wieder, ohne sich verabredet zu haben. Für diesen gesteuerten Zufall entschied sie sich schließlich. Die einzige Möglichkeit, mit Elke Kontakt aufzunehmen, ohne an der langen Leine zu ziehen.
Elke stand mit ihrem Bastkorb vor dem Obststand, als sich Anna hinter ihr anstellte - und dabei leicht schubste. Elke drehte sich um, kurz vor einer spitzen Bemerkung. Dann schauten sich die beiden auf eine Art an, die nichts mehr durchbuchstabieren musste. Als sie sich gemeinsam aus dem Gedränge gelöst hatten und sicher sein konnten, dass ihnen niemand folgte, platzte es aus Anna heraus: »Ich stelle mich. Ich möchte nicht, dass ihr in den Knast geht. Ich halte das so nicht aus.«
»Bist du verrückt, Anna. Bleib ruhig, wir haben doch alles wasserdicht gemacht. Wenn Anton sein Auto verkauft, gibt es keine Spur mehr ...«
»Aber wir haben euch da in etwas hineingezogen, was nicht abgesprochen war. Niemand weiß, was noch kommt ...«
»Anna, das ist eine ganz andere Geschichte. Das ändert aber nichts daran, dass wir jetzt alles dafür tun müssen, dass Uschi nicht mit der Aktion in Verbindung gebracht werden kann.«
»Aber wer kann garantieren, wie lange ihr dafür sitzt? Für etwas, was wir vermasselt haben!«
»Anna, mach dir um uns keine Sorgen. Sechs Wochen Knast sind für uns okay. Dann gibt es einen Haftprüfungstermin und Akteneinsicht. Erst dann wissen wir genauer, ob bzw. was sie in der Hand haben. Schaut, dass ihr alles in Ordnung bringt. Über alles andere sprechen wir später.«
Elkes Stimme war klar, ohne jeden zweifelnden Zwischenton. Anna standen die Tränen in den Augen.
»Anna, wir haben nur eine Bitte. Jetzt muss erst einmal Gras über die Sache wachsen. Setzt also alle weiteren Aktionen aus, bis wir alle wissen, was aus Uschi und den Ermittlungen geworden ist. Sag das den anderen. Das ist jetzt das Beste, was ihr tun könnt.«
»Ja, ich werde es den anderen sagen, versprochen.«
Damit war das Angebot einer Selbstanzeige vom Tisch.

8.00 Uhr

Zwei Hundertschaften der Bereitschaftspolizei durchsuchen in Ketten das gesamte Gelände vor der Stirnseite der Startbahn West. Sie stochern in der Wiese herum, durchsuchen die Reste der Strohballen, die angesteckt wurden, suchen den Vorfluter ab. Immer wieder machen sie Funde: Reste von Molotow-Cocktails, Glasscherben, verkokelte Stoffreste, die als Lunte gedient hatten, Stahlkugeln, Überreste von Leuchtspur und Signalpatronen. Doch das, was sie eigentlich finden sollten, die Hülsen von Neun-Millimeter-Patronen, finden sie nicht.
Um 15 Uhr wird die Suchaktion abgebrochen.

8.30 Uhr

In der Wohnung von Anna wird ein Aktenkoffer gefunden, in dem sich auch ein Schlüssel für ein Schließfach bei der Commerzbank in Frankfurt befindet. Aufgrund der anderen Gegenstände ordnen die Beamten der Spurensicherungsgruppe den Aktenkoffer Anton zu. Nach kurzer telefonischer Rücksprache mit der Bank bestätigt sich der Verdacht: Das Schließfach ist von ihm gemietet worden. Zehn Minuten später betreten zwei Beamte die Commerzbank-Filiale, weisen sich als Kriminalbeamte aus und werden zu den Schließfächern geführt. Der Schlüssel des Bankangestellten steckt, der beschlagnahmte Schlüssel passt, das Schließfach ist entriegelt. Genüsslich zieht der Beamte die Kassette heraus und trägt sie zu einem kleinen Tisch.
Er hebt einen Stapel von Plastikhüllen aus der Kassette und blättert deren Inhalt durch.
»Hier will uns wohl jemand die Arbeit abnehmen. Das hab ich noch nicht gesehen! Schau mal!«
In jeder Plastikhülle ist ein Anschlag archiviert: Bekennerschreiben, Zeitungsartikel und gelegentlich Polaroidfotos vom Tatort.
»Der Mann traut uns wohl nicht und will sich vor falschen Verdächtigungen schützen. So geht das auch«, scherzt sein nicht weniger überraschter Kollege gut gelaunt.
»Falsche Verdächtigungen hat der auch nicht mehr nötig, alle Wetter.«

9.30 Uhr

Klaus hat Besuch von einem ihm unbekannten Mann, der ihm Silber anbieten. Das kommt häufiger vor. Die meisten Verkäufer haben seine Adresse aus dem Branchenbuch und versuchen es einfach auf gut Glück. Das Silber liegt ausgebreitet auf der Werkbank, als es an der Haustür klingelt. Klaus erwartet

keinen Besuch. Also kann es nur die Polizei sein. Der potenzielle Verkäufer spürt, dass etwas nicht stimmt und schaut Klaus fragend an.
»Wenn Sie sicher sein wollen, dass Ihr Silber nicht beschlagnahmt wird, rate ich Ihnen, es jetzt schnell einzupacken.«
Der Mann fragt nicht lange nach, beweist Geschäftssinn und Geistesgegenwärtigkeit. Mit einer großen ausladenden Handbewegung schiebt er das auf dem Tisch ausgebreitete Silber in seinen Koffer – und geht mit Klaus an die Haustür. Kaum ist die Tür offen, dringen fünf Polizeibeamte in Uniform und zwei in Zivil wortlos ins Haus ein.
Klaus wird festgenommen, ins Polizeipräsidium gefahren und sofort in ein Vernehmungszimmer geführt. Nachdem er die Aussage verweigert, wird er in eine Haftzelle gebracht. Gegen 23 Uhr wird Klaus aus der Zelle geholt und in einem Gefangenenbus ins ›Klapperfeld‹ in Polizeigewahrsam überführt. Nachdem er sich bis auf Hemd und Unterhose hat ausziehen müssen, werden seine Hände mit einer sogenannten ›Achterfessel‹ auf den Rücken gebunden. Alle zwei Stunden wird die Zelle aufgeschlossen. Die ganze Nacht über brennt Licht. Das ist offiziell das ›Programm‹ für suizidgefährdete Inhaftierte.

10.00 Uhr

Die Medienschlacht beginnt. Die Zeitungen überbieten sich in fiktiven Abläufen und spekulativen Annahmen:
»Sie trugen Masken, waren bewaffnet und bereit bis zum Letzten zu gehen. Wahllos feuerte eine Gruppe von terroristischen Gewalttätern am Montag abend an der Startbahn West auf junge Polizeibeamte. Die Bilanz des Bluttages am Frankfurter Flughafen: Zwei tote und neun schwerverletzte Polizisten (...) Als die Beamten sie über Megaphone aufforderten, das Gelände zu räumen, begann das Inferno. (...) Zwei Hundertschaften der Polizei rückten aus. Sie verfolgten die Gewalttäter, die sich nach dem Angriff zurückgezogen hatten, etwa 500 Meter weit über die Mönchsbruchwiese. Dann geschah das Unfassbare. Die Chaoten schossen wild auf die anrückenden Beamten. (...) Aus Schusswunden blutend brachen sie zusammen.(...) Aus ganz Frankfurt rasten Rettungsfahrzeuge zum Tatort (...) Für zwei Beamte (...) gab es keine Rettung mehr.«[52]
Die ansonsten eher bedächtige »Zeit« wertet *»den kaltblütigen Mord (...) als ultimative Perversion unserer Versammlungsfreiheit«*[53], die »Welt« blickt weiter und sieht eine *»schwerbewaffnete, blutige Wanderarmee«*[54] durchs Land morden und brandschatzen.

Dermaßen ein- und angestimmt versprechen Politiker, *»mit aller Härte auf die Morde«*[55] zu antworten. Was man sich darunter vorzustellen hat, weiß der kampferprobte Bildungsminister Jürgen Möllemann/FDP sofort und »*fordert den Einsatz der Mogadischu-erprobten Anti-Terror-Truppe GSG 9*«[56]. Bundesinnenminister Friedrich Zimmermann/CDU schließt sich dem parteiübergreifend an und skizziert den totalitären Staat: Er verlangt »*Meldedateien für vermummte Straftäter, dazu demonstrationsfreie Zonen in Wackersdorf und an der Startbahn West*«[57].

Gemeinsam mit Politikern fordern Polizeiführer »*die Einführung von Distanzwaffen, so genannte Gummischrotwirkkörper und Reizstoffwirkkörper, die aus Panzerfaust-ähnlichen Geräten abgefeuert werden und wie scharfe Munition wirken können.*«[58]

Polizei und Staatsschutzorgane nutzen die einmalige Gelegenheit: »*Vier Dutzend Häuser und Wohnungen hatten die Beamten in der Mordnacht im Rhein-Main-Raum durchsucht.*«[59]

19.30 Uhr

Hessenschau

»*Guten Abend, meine Damen und Herren.*

Frankfurter Innenstadt heute abend: Polizisten und Bürger trauern um zwei Polizeibeamte, die in der vergangenen Nacht an der Startbahn West in Frankfurt ermordet wurden. Ein spontan angesetzter Schweigemarsch, wie in vielen Städten der Bundesrepublik heute. Sprachlosigkeit, Entsetzen, Zorn, Bestürzung, Abscheu - die Empfindungen jedes einzelnen sind sehr unterschiedlich angesichts einer solchen Eskalation von Gewalt. Denn zum ersten Mal in der Bundesrepublik sind zwei Polizeibeamte bei einer politischen Demonstration ums Leben gekommen.

Es war gestern der 6. Jahrestag der Räumung des Hüttendorfes, auf dem Gelände der Startbahn West. Demonstranten kamen, wie immer eigentlich, Polizei war da, auch wie immer und trotzdem war gestern alles anders. Am Ende Schüsse, neun Menschen verletzt und zwei waren tot. Und das sind die Opfer: Hauptkommissar Klaus Eichhöfer aus Hanau, 43 Jahre alt, er hinterlässt eine Frau und drei Söhne im Alter zwischen 19 und 24 Jahren. Kollegen schildern ihn als besonnenen Beamten, der immer wieder das Gespräch mit Demonstranten gesucht habe. Der 23 jährige Thorsten Schwalm, Junggeselle, zuletzt Beamter bei der Bereitschaftspolizei in Mühlheim. Ein ganz schreckliches Ereignis, das zuerst natürlich die Frage nach den Tätern aufwirft und dann die Frage nach den Konsequenzen....

Wir wollen nun versuchen, eine Chronologie der Ereignisse, dieser Nacht, des heutigen Tages einmal darzustellen....Unsere Kollegen waren noch in der Nacht dort und haben auch Augenzeugen befragt...

Gestern abend 23 Uhr. Im fahlen Licht rasch aufgebauter Scheinwerfer riegeln immer mehr Sicherheitskräfte das Gelände um den Tatort an der Startbahn ab. Experten der Mordkommission, des Landeskriminalamts treffen ein. Spurensuche. In einem Gelände, wo drei Stunden zuvor die tödlichen Schüsse fielen. Auch mit Hunden sind die Beamten im Einsatz. Bis auf einige Journalisten ist man aber sonst unter sich. Kein Demonstrant mehr in Sicht. Die umstrittene Mauer zur Abgrenzung der Startbahn. Schon immer Ziel von Aktionsgruppen, doch noch nie mit derartiger Brutalität. Einer der wenigen journalistischen Zeugen der Ereignisse war unser Hörfunkkollege Ralf Witt: »Nach 20 Uhr, wir waren an der Süd-Ost-Ecke der Startbahn. Es kamen zwischen 200 und 250 Demonstranten. Sicherlich nicht sehr friedliebende Bürger aus der Region, darunter auch ein Pulk von Schwarzvermummten, die zum Teil große Plastiktüten mit sich trugen. Über Lautsprecher wurde dann aufgefordert, weil es sich ja um eine unangemeldete Demonstration handelte, diese aufzulösen. Es sei eine Ordnungswidrigkeit. Kurz darauf flogen die ersten Molotow-Cocktails. Es wurde mit Knallkörpern geworfen, auch mit Leuchtraketen geschossen, in Richtung der Polizeibeamten.
Mit Wasserwerfern wurden dann die Brände, die die Molotow-Cocktails ausgelöst hatten, gelöscht. Und kurz danach gab die Polizeiführung den Befehl, dass eine erste Hundertschaft die Demonstranten verfolgen, wegtreiben soll. Hinter dieser Hundertschaft fuhren dann zwei Wasserwerfer hinterher. Dann rückten weitere Hundertschaften aus, in Richtung des Gundbaches. Dort kam es zu einem Stopp und von dort kam dann kurz danach die Nachricht, dass ein Beamter...von irgend etwas getroffen worden sei. Er würde atemlos am Boden liegen...«

4.11.1987

8.15 Uhr

Anton wird aus der Zelle in ein Vernehmungszimmer geführt und von zwei Polizeibeamten vernommen.
»Herr Erler, Ihr Hals steckt tief in der Schlinge. Wollen Sie eine Einlassung machen?«
»Ja und zwar folgende: Die Waffe, die Sie gefunden haben, gehört nicht mir. Ich habe auch nicht damit geschossen. Sie wurde mir ungefähr 30 Meter von der Notbrücke entfernt zugesteckt. Weitere Aussagen werde ich nicht machen. Das ist alles, was ich zu sagen habe.«
Die beiden Beamten machen sich an die Arbeit. Die Tür steht einen spaltbreit offen. Alles Weitere ist Millimeterarbeit.
»Sie wissen, dass Sie sich damit nicht entlasten. Es handelt sich hier um Mord. Nennen Sie uns den Namen der Person, von der Sie die Waffe erhalten haben. Glauben Sie mir, wenn Sie nicht den Namen nennen, ist Ihre Aussage völlig unglaubwürdig. Es gibt doch keinen Grund, diese Person zu schützen, wenn Sie die tödlichen Schüsse auf unsere Beamten tatsächlich verurteilen. Wollen Sie wirklich lebenslänglich in den Bau wandern?«
Anton geht nicht darauf ein und wird in seine Zelle zurückgeführt.

11.00 Uhr

Der erste Befund aus der kriminaltechnischen Abteilung des LKA Wiesbaden ist eindeutig: Die Projektile, die Hundertschaftsführer Klaus Eichhöfer und den Bereitschaftspolizisten Thorsten Schwalm tödlich getroffen und weitere Beamte leicht verletzt haben, stammen allesamt aus der Waffe, die bei Anton gefunden wurde.

13.00 Uhr

Die Vernehmung von Anton wird fortgesetzt. Der Stellungskrieg geht weiter. Mal wird ihm gedroht, mal will man ihm helfen und flüstert ihm ein, er sei reingelegt worden. Es folgt eine Unterbrechung.
Ein Vernehmungsbeamter wird vor die Tür gebeten und über die ersten kriminaltechnischen Untersuchungsergebnisse informiert. Er kehrt ins Zimmer zurück und baut sich vor dem Beschuldigten auf:
»Herr Erler, jetzt wird es verflucht eng für Sie.«
Der Vernehmungsbeamte macht eine Pause und beobachtet Antons Reaktion.

»Wir haben die ersten Ergebnisse aus der kriminaltechnischen Abteilung. Wir haben die Projektile auf typische Schartungen untersucht, die Rückschlüsse auf die verwendete Tatwaffe zulassen. Die tödlichen Schüsse wurden zweifelsfrei aus Ihrer Waffe abgegeben.«

»Die Waffe gehört nicht mir.«

»Sie müssen jetzt etwas drauflegen. Sonst kommen Sie hier nie mehr raus. Mehr brauche ich Ihnen jetzt nicht zu sagen.«

»Sie glauben mir ja doch nicht.«

»Doch, wenn Sie jetzt Namen, Fakten, Überprüfbares nennen. Die Zeit läuft gegen Sie.«

Anton geht den Andeutungen nach. Es kann kein Kunststück gewesen sein, die Hülsen zu finden. Schließlich hat er sie nicht aufgehoben. Das einzig Verwunderliche daran ist, dass sie nicht bereits bei der ersten Durchsuchungsaktion gefunden wurden. Er weiß auch, dass Projektile charakteristische Merkmale aufweisen, die Rückschlüsse auf die verwendete Waffe zulassen - vor allem dann, wenn beides vorliegt.

Schließlich gibt Anton Stück für Stück, Buchstabe um Buchstabe die Identität der Person preis, die ihm die Waffe gegeben haben soll. Er fängt mit dem Vornamen und dem Buchstaben ›F‹ an. Das Prozedere wiederholt sich mit dem Nachnamen.

»Also kommen Sie. Sie haben doch schon einen guten Anfang gemacht. Hat der Nachname fünf oder zehn Buchstaben?«

»Eher zehn.«

Wenn es nicht makaber wäre, könnte man an ein Kinderspiel denken: Ich denke mir ein Wort aus mit acht Buchstaben... und du musst es erraten.

Am Ende dieser Vernehmung steht der Name fest: *Frank Hoffmann*.

»Na, es geht doch«, sagt der Vernehmungsbeamte, steht auf und schlägt ihm aufmunternd auf die Schultern.

Anton unterschreibt das Vernehmungsprotokoll und der Vernehmungsbeamte verlässt sofort das Zimmer. Er telefoniert mit der BAW in Karlsruhe, schildert kurz das Ergebnis der heutigen Vernehmung.

Noch am selben Tag wird eine Hausdurchsuchung bei Frank Hoffmann angeordnet und durchgeführt. Er selbst wird nicht angetroffen.

5.11.1987

8.00 Uhr

Noch einmal schwärmen zwei Hundertschaften aus, um nach den Hülsen zu suchen. Dieses Mal konzentrieren sie sich auf den Abschnitt am Gundbach zwischen Notbrücke und Schutzhütte. Aufgrund erster Befragungen der Einsatzkräfte ist davon auszugehen, dass die Schüsse von dort abgegeben wurden, auch wenn niemand genauere Angaben dazu machen konnte.
Mehrere Beamte sind mit tellergroßen Metalldetektoren ausgerüstet. Nach einer Dreiviertelstunde werden sie fündig: Eine Hülse wird in einer Entfernung von 85 Meter, eine Hülse in einer Entfernung von 54 Metern, vier Hülsen in einer Entfernung von 32 Metern, vier Hülsen 28 Meter und vier Hülsen nur einen Meter von der Notbrücke entfernt gefunden. Die Hülsenfunde stimmen demnach mit dem vermuteten Standort des Schützen überein. Da zwischen der Tatzeit und dem Fundtag über anderthalb Tage liegen, ist davon auszugehen, dass einige Hülsen nicht exakt den Standort des Schützen wiedergeben. Die insgesamt vierzehn Hülsen werden sofort ins kriminaltechnische Labor des LKA in Wiesbaden geflogen. Zusammen mit der bei Anton gefundenen Dienstwaffe soll festgestellt werden, ob Hülsen, Projektile und Waffe übereinstimmen.

16.00 Uhr

Ein Mitarbeiter der kriminaltechnischen Abteilung des LKA in Wiesbaden setzt einen Mitarbeiter der BAW in Karlsruhe über den aktuellen Stand in Kenntnis: »Bezüglich der Projektile, der gefundenen Hülsen und der beschlagnahmten Waffe gibt es für uns keine Zweifel mehr: Alle Schüsse wurden aus dieser einen Waffe abgegeben. Die gefundenen Abriebspuren an den Projektilen stimmen mit den charakteristischen Merkmalen überein, die wir an der Dienstwaffe gefunden haben.
Was den Abstand zwischen dem Schützen und den Polizisten in der vorderen Reihe anbelangt, haben wir nochmals Rücksprache mit der Polizeieinsatzleitung in Frankfurt gehalten. Diese bestätigte uns, dass die vorderste Polizeikette ca. 80 Meter vor dem Gundbach zum Stehen kam und ausdrücklich den Befehl bekam, nicht nachzusetzen.
Da wir davon auszugehen haben, dass der Fundort der Hülsen identisch ist mit dem Ort, von dem aus geschossen wurde, liegt die kürzeste Entfernung zwischen dem Schützen und den getroffenen Bereitschaftspolizisten bei knapp über 80 Metern.«

»Habe ich Sie richtig verstanden, dass der Abstand zwischen dem Schützen und den getroffenen Bereitschaftspolizisten bei ungefähr 80 Metern liegt?«
»Ja, Sie haben richtig verstanden.«
»Ja, danke, ich verstehe...
Die Stimme am anderen Ende der Leitung wirkt verstockt.
»Sie wissen, dass es da ein Problem gibt, zumindest aus kriminaltechnischer Sicht?«
»Wie meinen Sie das?«
»Wie gesagt, ich möchte mich nicht einmischen. Aber wenn es bei diesen Angaben bleibt, dann können diese Schüsse nicht gezielt abgegeben worden sein.«
»Wie bitte?«
»Verstehen Sie, die Sig Sauer, die Waffe, mit der geschossen wurde, ist eine Nahkampfwaffe.«
»Und, was wollen Sie damit sagen?«
»Das bedeutet: Sicheres Treffen bis etwa 25 Meter, zweifelhaft sicheres Treffen bis 50 Meter und noch zweifelhafter sicheres Treffen bis 100 Meter. Dann hört jede Spekulation mit sicherem Treffen auf.[60]«
»Ich verstehe, Herr.... wie war noch einmal Ihr Name?«
»Siegfried Hell.«
»Herr Hell, ich danke Ihnen für den vorläufigen Befund. Ich werde alles an den BAW weiterleiten. Nochmals vielen Dank... Herr Hell, wir können doch damit rechnen, dass diese Angaben streng vertraulich bleiben. Das Ermittlungsverfahren ist gerade in einer entscheidenden Phase und da wären Irritationen jeglicher Art nicht hilfreich. Sie verstehen, was... «
»Ich verstehe Sie sehr gut... Seien Sie unbesorgt, was unsere Seite anbelangt.«
»Wann können wir mit dem abschließenden Gutachten rechnen?«
»In zwei Wochen spätestens dürfte es fertig sein.«

Rückblende: Von der friedlichen zur militärischen Nutzung der Atomenergie

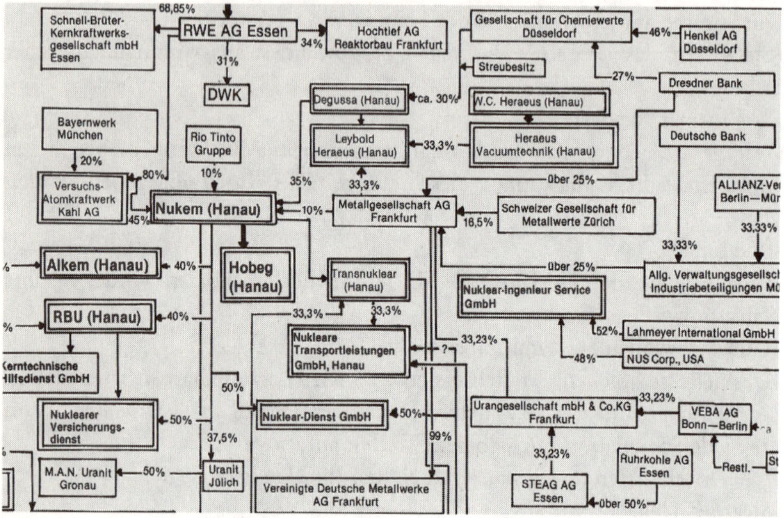

Zivil-militärische Verflechtungen am Beispiel des ›Atomparks‹ in Hanau

Samstag, 26. April 1986, 1 Uhr, 23 Minuten, 40 Sekunden. Im Block 4 des Atomkraftwerkes Tschernobyl explodieren 180.000 Kilogramm hochradioaktives Material aus dem Inneren des Reaktors. Das entspricht der Menge von 1.000 Hiroshima-Bomben ... Als die ferngesteuerten Maschinenroboter, die u.a. das Dach von den Graphitblöcken reinigen sollten (...) wegen der hohen Radioaktivität nicht funktionierten, wurde eine riesige Armee menschlicher Roboter eingesetzt, die Liquidatoren (...) Viele Liquidatoren, schätzungsweise zwischen 50.000 bis 100.000, sind gestorben, und 90 Prozent von ihnen sind schwer erkrankt. In absoluten Zahlen ausgedrückt bedeutet das: 540.000 bis 900.000 junge Männer sind infolge von Tschernobyl schwer erkrankt.[61]

Ganz langsam, spärlich, in geradezu homöopathischen Dosen sickerten Nachrichten über den GAU im Atomkraftwerk Tschernobyl/Sowjetunion nach Deutschland. Proportional zu den Beschwichtigungen und Verharmlosungen deutscher Politiker und Wissenschaftler stiegen die Radioaktivität und die staatlich festgesetzten ›Grenzwerte‹ an. Gemüse, Frischobst und Milch wiesen hohe

radioaktive Dosen aus, ganz zu schweigen von Lebensmitteln, die aus Osteuropa importiert wurden.
Auch Clara und Johan stiegen auf das Konservenleben um. Manchmal, wenn sie es sich leisten konnten und wollten, hatten sie im Naturkostladen eingekauft. Jetzt hatte sich dieser kleine Luxus erledigt. Wenn sie etwas ›Frisches‹ kauften, dann achteten sie darauf, dass es aus den Agrarfabriken kam, aus luftdichten Gewächshäusern. Lebensmittel, die mit der Rest-Natur nicht mehr in Kontakt kamen, dafür mit jeder Menge synthetischem Dünger und Pestiziden.
»Das ist doch unglaublich!« stieß Clara aus.
»Was denn?«
Johan biss in sein Brötchen, belegt mit käse-simulierenden Scheibletten.
»Das musst du dir auf der Zunge zergehen lassen. Da stellt sich doch glatt der Innenminister Zimmermann hin und behauptet, dass es für Menschen nur eine Gefahr im Umkreis von dreißig Kilometern des geschmolzenen Reaktorkerns gebe. Wahrscheinlich kann man seine Lügen mittlerweile in Becarel messen.«
»Für manche müsste Krebs sofort wirken, auf der Stelle.«
»Ich habe auch einen todsicheren Vorschlag. Wir siedeln alle Politiker, Wirtschaftsbosse und Wissenschaftler, die gesamte Atomlobby, um, sagen wir einmal, im Radius von fünfzig Kilometern rund um Tschernobyl. Das wäre erstens liberal, zweitens die friedlichste Form der Osterweiterung und drittens ein Beitrag zum Ende des Kalten Krieges.«
»Ich weiß nicht, ob unserer Zynismus mit Tschernobyl mithalten muss. Die einen beschwichtigen und lügen, dass sich die Balgen biegen. Wir stoßen bedeutungslose Todesdrohung aus und zusammen schlagen wir uns durch den Becarel-Parcour. Das ist auch eine Form von friedlicher Koexistenz.«
»Also komm, sei ein bisschen gnädiger, Johan. Die Kundgebung, kurz nach Tschernobyl, mit über 10.000 Menschen vor dem Römer war doch wirklich erfrischend?«
»Ja, die hat mir gut gefallen ...«
»Na, also, jetzt strahlst du schon wieder«, warf Clara dazwischen – und einen Kuss dazu.
»Von wegen strahlen ... So viel verstrahltes Gemüse landete wohl noch nie im Römer, auf diesem Weg ... Die einzige Form der sicheren Entsorgung und alles ganz nach dem Verursacherprinzip.«
»Apropos Entsorgung. Vergiss' die Demo in Hanau im November nicht, gegen Alkem-Nukem. Die wird riesig und alles andere als eine Becarel-Ini-Besorgnis-Veranstaltung.«
»Warten wir's ab ... und überlassen dabei nichts dem Zufall.«

We share a common destination.
Each person has their time to die.
But men are speeding up our journey.
By seeing what they can destroy with their
Cruise missiles, we're living near those.
Cruise missiles, we're looking for those
Cruise missiles, they're not five years away.
......
They claim the ultimate solution.
To all the problems that we face.
It's pointing rockets at the Russians.
And hope they don't end up in Greece. All those
Cruise missiles (We're looking for those).
Cruise missiles (We're standing near those).
Cruise missiles (They're not 5 miles away).

They're not 5 years away.
They're not 5 miles away.
They're not 5 miles away.

Red Skies Over Paradise, Fischer-Z, 1981[62]

Eine Woche später.
Clara und Johan beugten sich über die Stadtkarte von Hanau und suchten nach dem Ortsteil Wolfgang.
»Da ist es.«
Mit dem Finger zeigte Clara auf eine große graue Fläche, die wie zwei aneinandergrenzende, leicht versetzte Rechtecke aus dem Wald herausgeschnitten wurde. Das eine Rechteck hatte der US-Army gehört, das etwas größere beherbergte das Who is Who der Atomfirmen: Plutonium-Fabrik Alkem GmbH, Siemens Reaktorbrennelementewerk/RBG, Transnuklear GmbH, Hochtemperaturreaktor-Brennelemente GmbH/Hobeg, Nuklear Ingenieur Service/NIS usw. Das Ganze wirkte wie eine deutsche Version von Silicon Valley, buchstäblich aus dem Boden gestampft, weit abseits und doch zentral gelegen: Auf der einen Seite eine große Bundesstraße, die Aschaffenburger Straße, auf der anderen Seite das Hanauer Kreuz, eine direkte Verbindung zur Autobahn.
»Also in der Nähe können wir nicht parken. Das ist unmöglich.«
»Und aus der Karte geht nicht hervor, wo sich die einzelnen Firmen genau befinden. Das kann ja lustig werden«, fügte Johan hinzu. Sie überlegten, wo sie ihr Auto abstellen könnten.

»Lass uns das Auto hier in der Siedlung abstellen. Von dort aus können wir durch den Wald gehen und uns ein ruhiges Plätzchen suchen.«
Clara zeigte auf eine Stichstraße, die den Atomkomplex direkt mit der Anschlussstelle Hanau-Wolfgang verband.
Sie packten die Karte ein und verließen die Wohnung.

Es war bereits 22 Uhr, als die beiden ihr Auto abgestellt hatten und sich in Richtung Waldstück begaben. Am Rande konnte man den Zaun sehen, der mit Halogenstrahlern bestückt war. Das ganze Gelände war komplett ausgeleuchtet. Sie gingen weiter bis auf die Höhe der Stichstraße. Clara packte das Fernglas aus und suchte das Gelände ab.
»Na, wer sagt's denn. Die Größten stehen doch immer in der ersten Reihe. Das ist der Haupteingang von Alkem/Nukem. Und rechts davon ist Nuklear Ingenieur Service. Das musst Du Dir anschauen.«
Sie reichte Johan das Fernglas. Direkt hinter dem Haupteingang befand sich ein großer Parkplatz, auf dem Privat-PKWs und mehrere LKWs standen. In manchen Räumen brannte noch Licht. Er konnte Angestellte sehen, die an ihren Schreibtischen saßen – und Überstunden machten. Ansonsten war nicht viel zu sehen. Alles andere wäre auch verwunderlich gewesen. Nachdem sich beide an die Dunkelheit gewöhnt und auch die Angst abgeschüttelt hatten, von irgendetwas überrascht zu werden, kamen Langweile und dann Zweifel auf.
»Meinst Du, wir bekommen hier etwas heraus? Wir würden doch nicht einmal James Bond oder den amerikanischen Außenminister von einem normalen Angestellten unterscheiden können.«
»Die Wahrscheinlichkeit, dass wir hier und jetzt Zeuge eines kriminellen Atom-Deals oder gar eines Verbrechens werden, sind wahrlich nicht groß. Es bleibt also alles beim Alten: Wir haben keine Chance, also nutzen wir sie.«
»Okay, ich bin bereit. Stell dir mal vor, Clara, in ein paar Minuten ginge das Gebäude da vorne in die Luft und dahinter würde ein Auslandskommando der STASI stecken, die herausbekommen hätte, dass Alkem/Nukem an einem geheimen Atomwaffenprogramm arbeitet ...«
»Dann hätte sich das Warten auf jeden Fall gelohnt ...« Clara schmunzelte über diese Art, die Langweile zu besiegen.
»Und wir würden wegen eines Anschlages für Jahre in den Knast wandern, den wir nicht begangen haben«, beendete Johan ihren Gedanken auf recht düstere Weise.
»Jetzt hab' mal ein bisschen Vertrauen. Unser sozialistischen Schwestern und Brüder drüben würden uns bestimmt gegen miese, westdeutsche Spione austauschen, verlass Dich drauf.«

»Ganz bestimmt, allerwerteste Genossin. Das Ganze würde auf der Brücke stattfinden, an einem nebligen Sonntag, wie in dem Agententhriller ›Der Mann, der aus der Kälte kam‹ von John le Carré. Hast du den einmal gelesen oder als Film gesehen?«
»Nein, aber ich sehe hier gerade etwas ganz anderes.«
»Johan, ich kann mich selbst verscheißern. Die Spannung ist eh kaum noch toppen.«
»Clara, jetzt hör mal auf damit. Die beladen gerade auf dem Parkplatz einen LKW. Siehst du die hochgeschlagene Plane und den Hubwagen mit den Behältern darauf?«
Johan reichte ihr das Fernglas.
»Ja, ja, die sind da gerade dabei, etwas einzuladen. Aber das kann alles oder nichts sein. Mit unserem tollen Fernglas kann man gerade noch sehen, dass es irgendwelche Behälter sind, die sie aufladen.«
»Kannst du sehen, ob die Behälter beschriftet sind?«
»Mein Liebster, du machst wohl Witze. Mit unserem Agentengerät hinken wir den Errungenschaften der Moderne Lichtjahre hinterher.« Sie drückte Johan das Fernglas wieder in die Hand.
»Du hast recht, so leicht werden sie es uns nicht machen. Ich kann auch nichts auf den Behältern lesen.«
»Du traust auch nur deinen eigenen Augen.«
Johan ließ sich nicht ablenken , blieb konzentriert, und Clara vertrieb sich die Zeit mit einem Kinderreim.
»Ich sehe was, was du nicht siehst ... und das ist schwarz!«
»Nein, dafür ein Firmenschild an dem Gebäude, aus dem Arbeiter herauskommen.«
»Und?«
»Hobeg, steht drauf. Aber das Kleingedruckte darunter kann ich nicht lesen.«
»Wieder einmal zahlt sich gute Vorbereitung aus. Der Name sagt mir gar nichts. Und dir?«
»Ich will es nicht beschwören, aber ich glaube, dass das die Firma ist, die Uran bzw. Plutonium für Kernkraftwerke herstellt.«
»Was willst du damit sagen? Dass in dieser Atomfirma auch Brennstoff hergestellt wird, klingt nicht gerade sensationell.«
Johan nahm das Fernglas herunter und tippte sich mit den Fingern an die Lippen.
»Ich bin doch auch kein Atomphysiker. Aber da war was ... Warte mal ein Moment.«
Clara schaute Johan demonstrativ erwartungsvoll an und gab ihm Zeit.

»Verdammt noch mal, jetzt fällt's mir ein. Wenn ich es richtig zusammenbringe, ist das Besondere folgendes: Eigentlich braucht man als Brennstoff für Kernkraftwerke nur schwach angereichertes Uran bzw. Plutonium. Hobeg stellt jedoch hoch angereicherten atomaren Brennstoff her ...«
»Bahnhof, mein Liebster.«
»Offiziell wird das hoch angereicherte Uran für einen neuen Reaktortyp hergestellt. Ich habe den Namen vergessen ...«
»Und, weiter.«
»Anti-AKW-Gruppen sagen, dass das nur die zivile Tarnung ist. Von wegen friedlicher Nutzung der Kernenergie, Blabla . Wirklich notwendig ist hoch angereichertes Uran bzw. Plutonium nur, wenn man es militärisch nutzen will. Für den Bau von Atombomben.«
»Meinst du nicht, dass die Fantasie mit dir durchgeht? Reicht dir nicht die zivile Nutzung der Atomenergie?«
»Doch. Aber wir werden selten gefragt, wann es uns zu viel wird. Und dass das alles spekulativ bleibt, liegt nicht an denen, die diese Mutmaßungen anstellen.«
»Das war nicht so gemeint.«
Clara stieß Johan versöhnlich in die Seite.
»Nicht zanken, komm'.«
»Einverstanden.«
Johanns Groll verzog sich. Mit beiden Armen umschlang er Clara.
»Hast du heute Nacht noch etwas vor?«
»Also ich habe jetzt meinen fetten Terminkalender nicht dabei. Das macht man nicht, wie du weißt.«
»Also hast du nichts vor. Ich mach' dir einen Vorschlag.«
»Na, da bin ich aber gespannt.«
»Wir fahren dem LKW hinter her. Es ist doch ganz einfach: Niemand belädt nachts einen LKW und lässt ihn durch Deutschland und sonst wohin kreuzen, wenn es sich nicht um eine gefährliche Fracht handelt. Es muss Gründe geben, warum das alles nachts passiert. Wenn wir dem LKW folgen, werden wir zumindest herausbekommen, wer der Adressat dieser geheimnisvollen Ladung ist. Das wird nicht unbedingt die nächste Müllkippe sein.«
»Und mit dieser waghalsigen These schlagen wir uns die Nacht um die Ohren?«
»Ja, und mit uns beiden.«
Clara schaute Johan auf eine Art an, die jenseits des Politischen lag und auf mehr als einer waghalsigen These beruhte. Johan spürte das Kribbeln, das er so sehr mochte, vor allem wenn es sich mit aufkommender Müdigkeit potenzierte.
»Und noch etwas, Clara. Siehst du irgendwo Bullen?«

»Gott sei Dank, nicht.«
»Das meine ich nicht. Wenn der LKW heute Nacht noch das Gelände verlässt und es sich um einen angemeldeten Gefahrenguttransport handelt, dann müsste er von Bullen begleitet werden. Das ist Vorschrift. Verstehst Du, was ich damit meine?«
»Okay, ich gebe mich geschlagen. Lass' uns schon mal zum Auto zurückgehen. Aber du fährst.«
Zügig machten sich Clara und Johan auf den Weg. Johan warf einen letzten Blick auf das Haupttor.
»Na, was hab' ich gesagt. Der LKW fährt auf das Tor zu.«
»Also, auf geht's.« Clara versuchte, Johan hinter sich herzuziehen.
»Wart' mal kurz.« Johan fingerte am Fernglas herum.
»Ich kann die Aufschrift lesen, am Führerhaus. Transnuklear, ja, Transnuklear, ganz sicher.«
»Also geheimnisvoll ist der Name auf jeden Fall nicht. Komm' jetzt endlich.«
Hanau-Wolfgang schlief, als sie ins Auto stiegen und losfuhren.
»Na, wenn das kein perfektes Timing ist.«
Johan zeigte mit dem Kopf nach vorne. Der LKW fuhr gerade aus dem Haupttor in Richtung Autobahnzubringer. Am Hanauer Kreuz nahm er die A 66 nach Fulda. Er war alleine, ohne Polizeibegleitung, ohne rotierendes Warnlicht auf dem Führerhausdach.
»Hoffentlich fährt der nicht an den Arsch der Welt. Sieht zumindest so aus, als wenn er Richtung Norden fahren würde.«
»Schade eigentlich. Wenn er nach Malville gefahren wäre, hätten wir anschließend einen kleinen Urlaub in Frankreich dranhängen können.«
»Zwei deutsche Topagenten in Frankreich, von beiden Regierungen gehasst und verfolgt.«
Clara dachte dabei an den wunderbaren Roman von Mario Simmel ›Es muss nicht immer Kaviar sein‹, der das genussreiche Leben eines Doppelagenten beschreibt, inmitten des Dritten Reiches .....
»Ja, das hört sich gut an, in einem französischen Café am Straßenrand sitzen und *deux cafés au lait* bestellen, *s'il vous plait*.«
»Vive la france atomique, ma chérie«.
Johan drückte ihr pantomimisch einen Kuss auf die Wange. Der LKW nahm hinter Fulda die Autobahn A7 Richtung Hannover/Hamburg.
»Hast du eine Ahnung, wo der hinfahren könnte?«
»Keinen blassen Schimmer. Ich kenne nur das AKW Brokdorf. Das müsste irgendwo in dieser Richtung liegen.«
»Brokdorf ... Das war meine erste Begegnung mit der Anti-AKW-Bewegung.«

Auf nach Brokdorf!
Da die Demo von der Polizei verboten war, war allen klar: Es wird nicht leicht, an den Bauzaun zu gelangen. Dementsprechend entschlossen und phantasiereich traten die einzelnen Konvois auf. Nur zwei Beispiele: Der Südzug aus Göttingen und Hessen wurde auf der Autobahn weit vor Hamburg gestoppt. Kurzentschlossen montierten Hunderte die Leitplanken ab und die Autos und Busse fuhren auf der Gegenfahrbahn an der Polizeisperre vorbei. Wir Bremer fuhren nachts um ein Uhr mit fast 10.000 AKW-Gegnern los, mußten wegen einer Polizeisperre die Autobahn vor Rotenburg verlassen und schlängelten uns auf Bundesstraßen bis nach Hamburg-Harburg, wo wir wieder unbehelligt die Autobahn nach Norden benutzen konnten. Wir hatten nicht nur Kradmelder dabei, die uns immer über die nächsten Bullensperren informierten, sondern auch einen Piratensender, der den zehn Kilometer langen Konvoi auf dem Laufenden hielt. Es wurden auch noch ein paar gezielte Falschmeldungen über unsere Route durch den Äther gejagt, so dass die mitfahrenden Zivis mit ihren (falschen) Richtungsmeldungen ihre Einsatzleitung vollends verwirrten.[63]

»Viel mehr weiß ich auch nicht«, fügte Johan hinzu.
»Doch, die Anti-AKW-Bewegung war in dieser Gegend ziemlich stark. Es gab ja mehrere Demos gegen das geplante AKW in Brokdorf, Anfang der 80er Jahre. Auf welcher ich dabei war, weiß ich nicht mehr. Aber so etwas hatte ich noch nicht erlebt. Tausende von gut ausgerüsteten Demonstranten, mit Helmen, Gasmasken, wasserdichten gelben Öljacken und dicken, langen Seilen, die zu zweit auf einer Stange getragen werden mussten, mit Enterhaken am Ende. Ich werde das Bild nie vergessen, als Hundertschaften von Bullen mehrere Ketten hintereinander bildeten und auf breiter Front vorgingen, um die Demonstration davon abzuhalten, zum Bauzaun vorzudringen. Das Ganze sah aus wie in einem alten Römer-Film. Im Hintergrund das Fort, davor die Legionen, die in Reih und Glied, hinter einer geschlossenen Schilderwand, auf vielleicht drei Kilometer Breite auf den Feind zumarschierten. Um einiges ungeordneter sah unsere Rückwärtsbewegung aus. Ich fand mich bereits mit diesem Ende ab, als plötzlich ein Pulk von hunderten Demonstranten stehen blieb und die Richtung änderte. Von weit hinten sah das wie bei Asterix und Obelix aus. Martialische Überlegenheit auf der einen Seite, wilde Entschlossenheit auf der anderen. Der wilde Haufen ging wie ein lebender Rammbock auf die Polizeiketten zu. Diese Bullen wichen zurück, die Einsatzleiter forderten, aus sicherer Entfernung, zum Stehenbleiben auf. Es entstand eine Delle, in der es drunter und drüber ging, hin- und herwogte. Alles kam zum Einsatz. Knüppel, Schilder, Fäuste, Steine, Füße. Wir schauten fassungslos dorthin. Die Bul-

len, die uns zurückdrängen sollte, taten das Gleiche. Gemeinsam stellten wir die feindseligen Handlungen ein und warteten auf eine Art Vorentscheidung. Nach vielleicht zehn Minuten war der Gegenangriff zurückgeschlagen, die Delle behoben, die Front begradigt. So eine Entschlossenheit hatte ich noch nicht erlebt.«

»Und das hat dir imponiert?«

»Ja, schon.«

Johan stichelte.

»Ob dieses männlichen Mutes und all dieser guten Krieger?«

»Trotz alledem. Ich habe damals auf den Frauenanteil nicht geachtet. Das meine ich nicht numerisch.«

Clara wurde ein klein wenig ernster und Johan strategisch.

»Obwohl das Ganze, ich meine das Ende, absehbar war? Du hast doch das Kräfteverhältnis beschrieben! Da war doch nichts offen?«

»Rein rechnerisch hast du recht. Aber wie viele große Ereignisse konnten in der Geschichte vorhergesagt, vorausberechnet werden?«

»Na ja, das ist ja eine verwegene Chaos-Theorie.«

»Also wenn David immer nur auf den Riesen Goliath gestarrt hätte, hätte er niemals mit seiner Schleuder auf sein Auge zielen können. War doch so?«

»Du wirst mir jetzt merkwürdig biblisch, geschätzte Atheistin. Andere, nicht ganz so lang zurückliegende Beispiele wären mir, ehrlich gesagt, lieber.«

»Gut, wir verschieben das weltliche Quellenstudium. Sonst verlieren wir noch den LKW aus den Augen.«

Auf der Höhe des Maschener Kreuzes, nahe bei Seeve, blinkte der LKW, verließ die Autobahn und nahm die Landstraße Richtung Winsen. Der Verkehr dünnte sich merklich aus. Die Landstraße folgte der Elbe, die der LKW nach wenigen Kilometern überquerte. Clara hielt die Karte auf dem Schoß und versuchte, mit einer Taschenlampe das mögliche Ziel auszumachen.

»Kann es sein, dass der das AKW Krümmel ansteuert?«

»Was weiß denn ich. Ich fahre nur hinterher.«

»Na, auf der anderen Seite der Elbe liegt Geesthacht und direkt daneben das AKW. Was anderes gibt es hier nicht.«

»Wir werden es bald wissen. Wenn es stimmt, können wir anschließend in der Elbe baden.«

»Ich kann deiner Kombinationsgabe nicht ganz folgen, mein Chauffeur.«

»Na ja, für gewöhnlich nutzen AKWs Flüsse zur Kühlung des nuklearen Kreislaufes.«

»Dann sollten wir nicht baden gehen, sondern unsere Filme darin entwickeln. Aber Spaß beiseite, fahr jetzt bitte mit mehr Abstand. Wir werden gleich die Einzigen auf der Straße sein.«

Der LKW lavierte sich langsam durch das Dorf. Dahinter bog er rechts ab, und nach einem Kilometer verschwand die Landstraße im Wald. Es wurde gespenstisch dunkel, nur die Scheinwerfer warfen Lichtkegel gegen die Bäume.
»Schau mal rechts, da steht ein Schild!«
»Ja, das ist der Wegweiser fürs AKW-Krümmel ..., und der biegt nicht ab.«
Clara starrte wieder auf die Karte und konnte nichts, aber auch gar nichts ausmachen, was der LKW stattdessen ansteuern könnte.
»Ich hab' keine Ahnung, wo ...«
»Hat sich erledigt, Clara. Er blinkt, rechts. Was soll ich machen?«
»Fahr' auf jeden Fall weiter. Hier ist nichts eingezeichnet. Fahr' weiter.«
Der LKW verringerte seine Geschwindigkeit, bog ab, während Johan weiterfuhr. Clara warf die Karte auf den Rücksitz und schaute dem LKW nach.
»Mensch, wir haben Schwein gehabt. Das ist eine Privatstraße, in die er gefahren ist.«
»Ein Straßencafé wäre mir jetzt lieber .... Komm, wir parken hier.«
Johan zeigte auf den kleinen Waldweg. Nachdem sie das Auto abgestellt hatten, schauten sich beide um, wie Hänsel und Gretel. Es war stockduster. Die Anspannung schlug in Frösteln um, und sie hatten keinen blassen Schimmer.
»Ich glaube, ich habe ein Schild gesehen, an der Stelle, wo der LKW abbog. Lass uns das erst einmal anschauen. Vielleicht sind wir dann schlauer.«
Sie gingen am Rand der Landstraße zurück. Weit und breit war kein Auto zu sehen, als sie die Kreuzung erreichten.
»Ich hatte recht.«
Clara zeigte auf das Schild.
»GKSS – Gesellschaft für Kernenergieverwertung in Schiffbau und Schiffahrt. Das klingt total niedlich. Hast Du jemals in deinem Leben davon gehört?«
Johan vergrub seine Hände in den Achselhöhlen und schüttelte den Kopf.
»Atommafia mbH hört sich einfach nicht so gut an.«
Clara starrte in den Waldweg. Er war nicht beleuchtet. Die schmale Straße bog irgendwann links ab. Mehr war nicht zu sehen.
»Vielleicht war alles nur eine dumme Idee«, brummelte Johan vor sich hin.
»Wir können ja noch ein Stück reingehen. Irgendwas muss ja noch kommen.«
Ihre Stimme klang alles andere als entschieden.
»Mir fällt auch nichts Besseres ein. Aber lass uns durch den Wald gehen. Ich möchte nicht, dass wir nachts um drei Uhr auf einem Privatweg von einer Streife abgegriffen werden. Das würde uns zu unserem Glück noch fehlen.«
Die beiden stapften durch den Wald, in sicherem Abstand zur Straße. Auch wenn sie vorsichtig waren, knackte es viel zu laut.
»Johan, halt mal an. Schau mal links, die Bäume, die sind total verkohlt. Das sieht wie nach einem Brand aus.«

Johan packte das Fernglas aus und suchte die Gegend ab.
»Da ist mehr kaputt gegangen. Da ist noch ein Fundament aus Beton oder so etwas Ähnlichem.«
Als sie davorstanden, nickten beide.
»Auf dem Betonsockel befand sich mal was. Siehst Du hier die Spuren? Da war ein Bagger am Werk.«
»Keine Ahnung. Lass uns weitergehen. Vielleicht finden wir noch unseren verschwundenen LKW. Dann reicht es mir.«
Sie pirschten nicht mehr, sie stolperten eher. Die Beine wurden schwer, die Geräusche lauter.
Der Weg ist das Ziel. Johan musste über diese buddhistische Lebensweisheit schmunzeln.
Clara zupfte Johan am Arm.
»Da vorne ist Licht. Siehst du das?«
Johan schaute wieder durchs Fernglas. Die Straße wurde von einer Schranke gesperrt. Rechts daneben befand sich ein Wärterhäuschen und ganz schemenhaft konnte er zwei Personen in Uniformen ausmachen.
»Endstation, würde ich sagen. Da vorne steht Wachpersonal rum, die den Zugang zum GK-Dingsbums kontrollieren. Und der LKW ist schon längst durchgewunken worden.«
»Tja, das war's wohl. Bestimmt wird das ganze Gelände bewacht.«
Johan versuchte es mit dem Fernglas. Zumindest hinter der Sperre war die Straße beleuchtet.
»Von etwas anderem auszugehen, wäre wirklich Unsinn. Rechts hinter der Sperre kann ich einen flachen Neubau erkennen und links einen Kasten mit einer Kuppel. Sieht wie ein Reaktor aus.«
»Komm Johan, mir reicht's jetzt. Wir wissen, dass die Ladung und das Ziel der LKW-Fahrt irgendetwas mit Atomgeschäften zu tun haben. Alles andere müssen wir zu Hause rauskriegen. Ich bin hundemüde.«
»Okay, Ende einer unbezahlten Dienstfahrt.«
Johan legte den Arm um ihre Schulter und leitete die Rochade ein.
»Wenn du die ›*Bezaubernde Jeanny*‹ wärst, würdest du jetzt flunkern und wir lägen in der nächsten Sekunde im Bett.«
»Ich hab' nur schlechte Laune im Angebot.«
Es wurde knapp. Jetzt hieß es, so schnell wie möglich die Kehrseite der Spontaneität hinter sich zu bringen. Ohne ein weiteres Wort trotteten sie zurück, bis sie die Stelle passierten, wo die verkohlten Bäume standen.
»Warte mal kurz.«
Johan holte seine Taschenlampe heraus, schirmte mit der Hand den kleinen Lichtkegel ab und suchte den Boden ab.

»Schau mal, hier!«
Clara schaute nicht hin.
»Hier sind lauter kleine Kügelchen.«
Johan wollte mit der Hand hingreifen, als Clara, viel zu laut, zischte.
»Lass die Finger davon. Bist du wahnsinnig. Du weißt doch gar nicht, was das ist.«
»Genau deshalb. Wir packen sie ein.«
Clara ergriff seinen Arm, sehr fest.
»Verdammt noch mal. Du hast mich nicht verstanden. Du nimmst gar nichts mit. Es sind auf jeden Fall keine Globolis. Und wenn du etwas von Tschernobyl mit nach Hause nehmen willst ..., dann ohne mich.«
Johan war von der heftigen Reaktion erschrocken und wieder hellwach.
»Aber das wäre doch die Gelegenheit ...«
Johan verschluckte den Rest. Jetzt ging es nicht mehr um Überzeugungen.
»Nimm mich in den Arm, bitte.«
Clara wirkte so, als hätte sie sich selbst verlassen. Johan erahnte das uferlose Gefühl und drückte sie fest an sich. Ihr Kopf lag an seinem Hals.
»Ich habe Angst«, flüsterte sie.
Über ihre Schulter hinweg sah er zwei flackernde Lichtkegel auf sie zukommen. Immer wieder konnte er dahinter die Silhouette zweier Männer erkennen. Sie trugen Masken.
»Johan, kannst du noch fahren? Ich bin einfach durch.«
»Ich kann jetzt eh kein Auge zumachen....«
Johan wurde die Bilder von den maskierten Gestalten einfach nicht los.
»Also werde ich fahren ... und die Suppe auslöffeln.«
»Schau dabei auf die Straße. Ich möchte in keinem Graben aufwachen.«
Clara war weder witzig noch dankbar.

Ein paar Wochen später.
Johan klingelte bei Clara. Als er vor der Wohnungstür stand, war diese bereits offen. Clara begrüßte ihn nicht wie üblich an der Tür, sondern stand in der Küche und war beschäftigt. Johan gab ihr einen Kuss in den Nacken, der sie nicht davon abbrachte, weiter die Tassen zu spülen.
»Alles in Ordnung bei dir?«
»Ja. Was soll schon sein?«
Johan glaubte ihr nicht, ließ sich auf den Stuhl fallen und packte seine Tasche aus. Nacheinander legte er einen Stapel Kopien, mehrere Broschüren und ein Buch auf den Tisch.
»War gar nicht so einfach, eine Auswahl zu treffen.«
Johan sortierte ein wenig lauter, demonstrativer. Clara biss nicht an. Sie setzte Wasser auf. Kurz überlegte er, ob es Sinn machte, an der Abmachung festzu-

halten, das gefundene Material zur GKSS gemeinsam durchzugehen. Dann schlug er das ungute Gefühl in den Wind.
»Also eins kann man auf jeden Fall sagen. Die GKSS ist alles, nur keine Gesellschaft für Kernenergieverwertung in Schiffbau und Schifffahrt.«
Johan zog den harmlos klingenden Name in die Länge und Clara machte es kurz.
»Du wirst mir jetzt bestimmt alles verraten.«
»Alles, ist vielleicht ein bisschen zu viel gesagt. Auf jeden Fall ist es eine Atomfirma. Die Kuppel, die wir gesehen haben, gehört zu einem Versuchsreaktor, und einen zweiten muss es dort auch noch geben. Alleine die Geschichte der GKSS ist ein Skandal ...«
Johan beendete den Satz nicht, wollte wissen, ob er ins Leere lief, und hatte recht. Clara war nicht neugierig, sondern mit den Teebeuteln beschäftigt, die sie in die Teekanne hängte.
»Clara, willst du das überhaupt wissen? Wir können auch etwas anderes machen, wenn dir gerade nicht der Kopf danach ist.«
»Doch, erzähl' ruhig weiter. Irgendjemand muss ja den Tee machen.«
Clara goss das heiße Wasser in die Teekanne und Johan schluckte diese Entgleisung. Jetzt nur nicht den Bahnsteig wechseln. Manchmal waren es nur Anlaufschwierigkeiten, Synchronisationsprobleme, die sich von alleine gaben. Er atmete tief und leise durch.
»Also gut, ich erzähl jetzt drauf los, und du sagst mir, wann es dir reicht. Für unsere Geschichte in Hanau brauchen wir das nicht direkt. Aber es gibt eine Verbindung zwischen Alkem-Nukem und dieser GKSS. Der LKW war also kein Zufall.«
»Du wolltest von der Geschichte erzählen ...«
»Also, diese GKSS wurde Mitte der 50er Jahre gegründet, mit staatlichen Förderungsgeldern. Der entschiedenste Befürworter war kein Geringerer als Franz Josef Strauß. Außer, dass er ultra-rechts ist, war er auch noch der erste Atomminister und hatte nichts Besseres zu tun ...«
»... als an der Atombombe der Nazis weiterzubauen?«
»Genau, oder fast. Manchmal ist die Wirklichkeit plumper als jede Verschwörungstheorie. Weißt Du, wer die Gründungsmitglieder dieses harmlos klingenden Vereins waren?«
»Ich nehme an, du wirst sie jetzt aus dem Ärmel schütteln.«
»Aus der Gründungsakte zumindest. Als Vorstandsmitglieder tauchen dort ein Professor Dr. Bagge und ein Dr. Kurt Diebner auf. Als hättet es die Niederlage des Nationalsozialismus' nie gegeben.«
»Die sagen mir gar nichts.«
»Den Wirtschafts- und Kriegseliten von damals und heute schon.«

Johan kramte in seinen Kopien herum, bis er die richtige zur Hand hatte, und fing an, daraus vorzulesen.

»Kurt Diebner war Leiter des Kernforschungsreferats in Hitlers Heereswaffenamt sowie des NS-Uranprojekts und Gründer einer Forschungseinrichtung in Gottow auf dem Gelände der Heeresversuchsstelle Kummersdorf.

Erich Bagge arbeitete in der NS-Zeit in der ›Gruppe Diebner‹ von besagtem Kurt Diebner. Zwischen 1941 und 1943 entwickelte Bagge die Isotopenschleuse, ein Gerät zur Anreicherung des Urans bis zu einem waffenfähigen Grad. Wie nahe diese Nazi-Wissenschaftler an der Atombombe waren, darüber streiten sich die Gelehrten. Auf jeden Fall bedeutete für diese Wissenschaftler die militärische Niederlage des Faschismus nicht das Ende, sondern nur eine kurze Unterbrechung.«

»Willst du damit sagen, die Nazis von gestern ...«

Clara nahm die Teebeutel aus der Kanne, drückte sie windelweich und warf sie einzeln in den offenen Mülleimer. Der erste traf, der zweite ging daneben.

»Willst du mich platt machen? Was soll diese dumme Anspielung?«

»Nein, ich will dich nur zu Ende denken. Mir riecht das zu sehr nach Refaschisierung.«

»Vielleicht gibt es tatsächlich einige, für die die Niederlage von gestern, der Sieg von morgen ist. Die Geschichte wiederholt sich aber nicht ...«

»... und wenn als Farce.«

»Danke. Ich brauche keinen Faschismus, um gegen Atomwaffen, gegen Weltmachtambitionen usw. zu sein. Ich finde, Kapitalismus ist Grund genug, um dagegen zu sein.«

»Warum betonst du dann so deren NS-Vergangenheit?«

»Weil die Gründungsmitglieder Experten auf dem Gebiet der atomaren Bewaffnung sind und eingestellt wurden, um dort weiterzumachen, wo sie aufgehört hatten. Und zweitens macht es einen großen Unterschied, ob sich das Nachkriegsdeutschland an die Kapitulationsbedingungen hält oder ein weiteres Mal bereit ist, alle internationalen Verträge zu brechen, die ihnen auf dem Weg zurück zur Weltmacht hinderlich sind.«

»Woher weißt du, dass sie an der Atombombe dran sind? Vielleicht haben sie sich ja geläutert, bedauern ihre Verstrickung, sagt man doch so, und wollen jetzt alles wiedergutmachen?«

Ihr Ton war nicht mehr so klirrend, eher verspielt. Das Eis schien zu schmelzen. Johan fand Gefallen an den Wortkreuzungen – *Wieder ... gut ... machen, alles wieder ... gut, besser ... machen, das Beste daraus ... machen ...* – und durchstöberte dabei seinen Kopienberg. Er erinnerte sich noch vage an eine Göttinger Erklärung.

»Hier ist sie. Also, kaum hatten die Trümmerfrauen ihre Arbeit getan, wurde Deutschland wiederbewaffnet. In diesem Zusammenhang wurden die Vorwürfe immer lauter, Deutschland baue an der Atombombe. Auch der Druck auf die Wissenschafter im zivil-militärischen Bereich wurde größer. Schließlich wurde der Göttinger Appell 1957 verfasst. Die Unterzeichner erklärten darin, dass sie nicht bereit wären, ›sich an der Herstellung, der Erprobung oder dem Einsatz von Atomwaffen in irgendeiner Weise zu beteiligen‹. Achtzehn namhafte Kernphysiker unterschrieben diese Selbstverpflichtung. Zwei Atomphysiker verweigerten ihre Unterschrift.«

»Lass mich raten: Dieser Bagge und der Dieb ...«

»Diebner.«

»Okay, du hast mich. Mach' weiter.«

Clara drehte ihm nicht länger den Rücken zu, stellte die Teekanne auf den Tisch und setzte sich zu ihm.

»Kannst du dich noch an die kleinen Kügelchen im Wald erinnern?«

»Na, das ist ja ein galanter Übergang.«

»Ich hab' etwas dazu gefunden, und das führt geradewegs nach Hanau. Diese Kügelchen werden bei Nukem-Hobeg in Hanau produziert. Die einzigen Hersteller von kugelförmigen Kernbrennstoffen. Die Beschreibung dieser Mikrokügelchen trifft exakt auf diese Dinger zu, die wir im Wald gesehen haben ...«

»Und die du mit nach Hause nehmen wolltest – Klammer auf, Klammer zu.«

Johan streckte die Hand über den Tisch, an den Tassen vorbei, in Richtung Versöhnung.

»Du hattest ja recht, nicht alles mit nach Hause zu nehmen, was man auf der Straße findet. Okay?«

Er drückte ihre Hand ganz kurz, und sie nahm das Seelenpflaster an:

»So, und jetzt kannst du weitermachen.«

»Jetzt kommt der Hammer. Dieser Kernbrennstoff wird für den Hochtemperaturreaktor hergestellt, so eine neue Reaktorlinie. Das Besondere an diesem Brennstoff ist, dass er nicht aus leicht angereichertem, sondern aus hoch angereichertem Uran besteht.«

»Du hast mir davon schon etwas in Hanau erzählt. Ich hab alles wieder vergessen.«

»Um Strom zu erzeugen, braucht man kein hoch angereichertes Uran. Da reicht, wie gesagt, leicht angereichertes Uran. Hoch angereichertes Uran braucht man nur, wenn man eine Atombombe bauen will.«

»Willst du mir, uns damit sagen, dass diese GKSS an der Atombombe arbeitet? Ist es das?«

»Nein, ich will damit nur sagen, dass man dort diese Kügelchen nicht finden dürfte, wenn es um die ach so friedliche Nutzung der Atomenergie ginge.

Wenn diese Kügelchen dieselben sind wie die in Hanau, dann wurde damit verbotenerweise experimentiert. So erklärt sich auch die nächtliche Fahrt von Hanau nach Geesthacht ...«

»Und wir haben uns die Nacht nicht umsonst um die Ohren geschlagen, mein Spurenleser. Fassen wir also zusammen: Auf dem Gelände der GKSS gab es einen Brand oder so etwas Ähnliches. Die Mikrokügelchen, die du mit nach Hause nehmen wolltest, sind Überbleibsel dieses Unfalls und stammen aus Hanau. Sie sind keine Globoli, sondern atomarer Kernbrennstoff, mit dem man Atombomben bauen kann. Und niemand hat etwas von diesem wohl eher schweren Unfall mitbekommen?«

»Kann man so nicht sagen, Frau Kommissarin. Diese Frage habe ich mir als selbstständiger Mitarbeiter natürlich auch gestellt und bin die Zeitungsmeldungen aus jenen Tagen durchgegangen.«

»Und? Was ergaben Ihre Ermittlungen – auf eigene Faust?«

»Es gibt zwei klitzekleine Meldungen in den Zeitungen. Die erste berichtet von erhöhten radioaktiven Werten, die die Messgeräte am Atomkraftwerk Krümmel festhielten.«

»Und die zweite?«

»Dass es überhaupt keinen Grund zur Beunruhigung gibt.«

»Gibt es einen Grund für diese Sorglosigkeit?«

»Natürlich, ich meine ... natürliche Radioaktivität. Angeblich soll es sich dabei um Radon handeln, das sich bei Inversionswetterlage bildet.«

»Du verarscht mich jetzt.«

»Nein, das Wetter ist dran schuld. Ein Streich der Natur.«

»Und die Erde ist eine Scheibe.«

»Ja, Frau Kommissarin.«

Nachspann 1987-1991

Eiszeit

Das Telefon seit Jahren still -
kein Mensch mit dem ich reden will
ich seh im Spiegel mein Gesicht -
nichts hat mehr Gewicht.

Ich werfe Schatten an die Wand
und halte zärtlich meine Hand
ich red mit mir und schau ins Licht -
mich erreichst du nicht.

In meinem Film bin ich der Star
ich komm auch nur alleine klar.
Panzerschrank aus Diamant -
Kombination unbekannt.

Eiszeit - mit mir beginnt die Eiszeit
im Labyrinth der Eiszeit - minus neunzig Grad.
Eiszeit - mit mir beginnt die Eiszeit
im Labyrinth der Eiszeit - minus neunzig Grad.

Alle Worte tausendmal gesagt
alle Fragen tausendmal gefragt
alle Gefühle tausendmal gefühlt -
tiefgefroren - tiefgekühlt...

Ideal/Der Ernst des Lebens, 1981

Kurz nach den Ereignissen vom 2.11.1987 bildete sich innerhalb der Startbahnbewegung ein Ermittlungsausschluss (EA). Dieser bestand aus 20-25 Personen, die seit Jahren in der Startbahnbewegung aktiv waren und Vertrauen genossen. Da die meisten auch Delegierte von Gruppen waren, konnte der EA auf ein Umfeld von ca. 100-150 Aktiven zurückgreifen.
Die ersten Treffen waren vom Schock und von sich überschlagenden Ereignissen geprägt. Die meisten EA-Mitglieder waren in jener Nacht ›draußen‹, ohne

etwas von den tödlichen Schüssen mitbekommen zu haben, geschweige denn Auskunft darüber geben zu können, wer geschossen hatte. Anfangs gingen die Spekulationen, wer für diese tödlichen Schüsse verantwortlich war, in alle Richtungen: War es ein Agent Provocateur? War es jemand aus den eigenen Reihen? War es die Tat eines Einzelnen? War es die Entscheidung einer Gruppe? War der Tod von Polizeibeamten gewollt? Waren die tödlichen Schüsse geplant oder wurden sie ›spontan‹ aus der Situation heraus abgegeben?
Nachdem sich der EA jedoch vergewissern konnte, dass die Waffe tatsächlich bei Andreas Eichler gefunden worden war, konzentrierten sich alle weiteren Anstrengungen darauf, den möglichen Ablauf herauszufinden ... und eine politische Einschätzung dazu zu erarbeiten.
Andreas Eichler bestritt den Mordvorwurf und behauptete, Frank Hoffmann, ein ihm nahe stehender Freund, habe ihm die (Tat-)Waffe in den Rucksack gesteckt. Kurz darauf wurde nach Frank Hoffmann wegen »gemeinschaftlich begangenen Mordes« gefahndet. Er konnte sich durch Flucht der Verhaftung entziehen. Ist das Vertrauen von Andreas Eichler missbraucht worden? Belastete er einen Beteiligten, belastete er einen ›Unschuldigen‹? Was und wem sollte man glauben? Was hielt man für möglich?

Bereits in den frühen Morgenstunden des 3.11.1987 wurden drei StartbahngegnerInnen verhaftet und über 30 Wohnungen durchsucht. Alle hielten es für ausgeschlossen, dass diese Verhaftungswelle auf Indizien basierte, auf zwingenden, schwerwiegenden Fakten, die solche Razzien rechtfertigen würden. Waren diese Verhaftungen also willkürlich? Basierten sie auf anderen Erkenntnissen, wenn ja, auf welchen? Oder waren die Festnahmen auf belastende Aussagen von Andreas Eichler zurückzuführen?
Ganz egal, wo man anfing, es herrschte ein Wirrwarr aus scheinbaren Fakten und glaubwürdigen Mutmaßungen, aus zusammenhangslosen Details und vehement behaupteten Kausalitäten. Alles musste gleichzeitig passieren: Die Rekonstruktion der Nacht, Beteiligte befragen, die Kontaktaufnahme mit den Inhaftierten, Rechtsanwälte besorgen, finanzielle Unterstützung gewährleisten, Verbindung herstellen zu denen, die Aussagen gemacht hatten, Widersprüchlichkeiten nachgehen, Treffen organisieren, den Wissensstand verallgemeinern, den Gerüchten das Wasser abgraben und irgendwann auch noch politische Einschätzungen entwickeln, um dann daraus gemeinsame Vorgehensweisen abzuleiten.
Auf Wenige kam viel zu viel. Gleichzeitig war der EA mit einer Flut von gemachten, behaupteten und fingierten Aussagen konfrontiert. Belegbares musste von Mutmaßungen unterschieden werden. Wurden tatsächlich andere StartbahngegnerInnen belastet? Wie war damit umzugehen, wenn Beschuldigte ›nur‹ sich selbst belasteten?

Die Verhaftungswelle riss auch in den darauf folgenden Wochen nicht ab. Weitere Wohnungen wurden durchsucht, weitere Vorladungen verschickt. Der Kreis derer, die als Zeugen und/oder Beschuldigte geladen wurden, wurde Woche um Woche größer . Sicherlich bestand die Absicht darin, ständig aufs Neue Angst zu verbreiten und den Staatsapparat einmal (gefahrlos) auszufahren. Verbarg sich hinter dieser erwünschten Wirkung auch noch eine Systematik?
Relativ schnell wurde klar, dass die erste Verhaftungswelle nichts mit einem dringenden Tatverdacht zu tun hatte, der in Zusammenhang mit den tödlichen Schüssen gebracht werden konnte. Das sollte sich später, im Prozess, auch bewahrheiten: Kein Polizist, kein Zeuge konnte verwertbare Aussagen darüber machen, wer in dieser Nacht geschossen hatte. Die erste Verhaftungswelle hatte einen ganz anderen Grund.
Bereits Tage zuvor wurden umfangreiche offene und verdeckte Observationen vonseiten der Staatsschutzbehörden durchgeführt. Die ›Soko Strom‹ beschattete mit großem Aufwand Personen, die sie in Verbindung mit den drei gefällten Strommasten in der Rhein-Main-Region brachte. Auf ihrer Liste befanden sich ca. 10 Personen. Außer Mutmaßungen, persönlichen Verbindungen und einem beschlagnahmten Flugblatt der ›Revolutionären Heimwerker‹ hatte sie jedoch nichts in der Hand.
Nachdem die Generalbundesanwaltschaft das Verfahren an sich gezogen hatte, stand die Frage im Raum, nach wem gefahndet, nach was gesucht werden sollte. Die Liste der ›Soko Strom‹ bot sich geradezu an, die Lücke zwischen den tödlichen Schüssen und einem dringenden Tatverdacht zu schließen.
Das ›gefühlte‹ Wissen aufseiten der StartbahngegnerInnen deckte sich im Großen und Ganzen mit den Namen der Verhafteten und Festgenommenen: Andreas Eichler, Uschi James, Mike Kurth, Rainer Hübner, Sigrun Gabriel, Elke und Klaus Malorny ...
Was bereits am 3.11.1987 als großer und schneller Fahndungserfolg bezeichnet wurde, war purer Zufall. Wäre bei Andreas Eichler nicht die Waffe gefunden worden, mit der geschossen wurde, wäre das Ganze ein ›Schlag ins Wasser‹ geworden. Weder hatte die Polizei Erkenntnisse darüber, dass Andreas Eichler im Besitz einer Waffe war, noch wusste sie, dass diese in jener Nacht benutzt werden sollte. Doch mit diesem Zufallsfund und dem Mordvorwurf in der Hand konnten ganz andere Aussagen erzwungen werden.
Die Verhöre folgten immer demselben Schema: Man konfrontierte die Beschuldigten mit dem Mordvorwurf und erpresste so Aussagen, die mit den tödlichen Schüssen nichts zu tun hatten. Mit der berechtigten Angst, für Jahre in U-Haft oder gar in den Knast zu kommen, für eine Aktion, die man politisch ablehnte, ›spielten‹ die Ermittlungsbehörden weidlich – ein rechtswidriges und wirksames Vorgehen: In den allermeisten Vernehmungen und Einlas-

sungen ging es nicht um den ›Mordkomplex‹, sondern um besagte drei Strommastaktionen. In der Hoffnung, sich den Mordvorwurf vom Hals zu schaffen, belasteten sich einige selbst, andere belasteten darüber hinaus auch andere, an Strommastaktionen beteiligt gewesen zu sein. Mit diesen belastenden und/oder behaupteten Aussagen wurden anschließend Aussageunwillige konfrontiert. Einige blieben dabei, keine Einlassungen zu machen. Die meisten jedoch brachen ihr Schweigen und gestanden ihre Beteiligung an Strommastaktionen.

In den Reihen der StartbahngegnerInnen verfehlte die Flut an gemachten und mutmaßlichen Aussagen ihre Wirkung nicht. Ein ums andere Mal eskalierten Situationen, auf Treffen, bei Veranstaltungen, auf Partys. Einzelne wurden des Verrats bezichtigt. Man warf sie hinaus, forderte sie auf, den Ort zu verlassen. Viele standen in diesen handfesten Auseinandersetzungen paralysiert daneben - konnten den Rauswurf verstehen, aber auch die besonderen Umstände, unter denen Aussagen gemacht wurden. Wo war die Grenze zu ziehen? War es die Aussage an sich? Waren es selbstbelastende Aussagen? Waren es Aussagen, die andere belasteten?

Diesen Circulus vitiosus an Aussagen und Belastungen, Einlassungen und Verratsvorwürfen zu stoppen, war die erste gemeinsame Aktion, zu der sich der EA entschloss. Die ›Anna und Arthur‹-Kampagne[64] wurde geboren. Aber wie sollte diese Aussageverweigerungskampagne noch greifen, wenn so viele bereits sich selbst und andere belastet hatten? Gab es noch eine gemeinsame politische Vorstellung, die über den individuellen Vorteil siegte?

Drei Monate wurde in einem Plenum von über 40 StartbahngegnerInnen zusammengetragen, diskutiert, verworfen, abgestimmt - bis die ›Plattform zum 2.11. Prozess‹ von allen daran beteiligten Gruppen verabschiedet wurde:

»(...) Wir wissen nicht, wer und ob jemand aus unseren Reihen geschossen hat. Wir wissen aber, dass der Einsatz von Schusswaffen auf Demonstrationen immer nur Überlegungen der Polizei waren, aber zu keinem Zeitpunkt der Startbahnbewegung ein von uns übernommenes Konzept. (...) Schüsse, an deren Richtung wir zweifel(te)n, sind kein Ausdruck radikalen Handelns, das für sich spricht. Diese tödlichen Schüsse entsprechen keinem gemeinsamen Vorgehen, sondern einer militärischen Logik, die das eigene Handeln und die Mittel nicht mehr aus unseren Zielen und gemeinsamen Möglichkeiten heraus bestimmt, sondern ausschließlich daran mißt, wie man die Verluste des Feindes effektiv erhöhen kann. So eindeutig unsere Kritik ist, so unmißverständlich unsere Haltung, niemanden dieser Justiz auszuliefern. (...)

Wir wissen, dass wir den ›Punkt Null‹ lange verlassen haben: Dort die Justiz, die außer ihren ›Indizien‹ nichts in der Hand hat, hier wir, die Startbahnbewegung, die dieser Justiz nichts zu sagen hat. Einige von uns haben z.T.

weitreichende belastende Aussagen gemacht, nicht nur gegen sich, sondern auch gegen andere. Die gegenseitige Solidarität wurde zerstört, das daraus entstandene Misstrauen zum Hebel für Verhörbullen, um weitere aussagen zu erzwingen. Wir haben dieses Aussagekarussell unter großen Anstrengungen zum Stoppen gebracht. Wir wollen nicht, dass dieses Aussagekarussell im Prozess neu angetreten wird.
Es sind viele Monate vergangen, jede und jeder von uns hatte lange Zeit, sich klar zu werden, wo und wozu er/sie steht. Wer im Prozess belastende Aussagen aufrecht erhält oder macht, wer bereit ist, sich damit zum (Kron-)Zeugen der Anklage zu machen, weiß, dass er/sie sich gegen uns stellt. (...) Wir fordern alle Angeklagten und Zeugen auf, ihre belastenden Aussagen zu Beginn des Prozesses zurückzunehmen. (...) Mit der Aussagerücknahme verknüpfen wir gleichermaßen das Ziel, genau das innerhalb und außerhalb des Prozesses zur Sprache zu bringen, was sie mit dem Mordvorwurf zum Schweigen bringen wollten:
- *Die Erpressung von ganz anderen Aussagen über die Drohung mit der Mordanklage*
- *Die Erpressung von Aussagen über die soziale und persönliche Not einzelner Angeklagter und Zeugen*
- *Der Mordvorwurf als bewusste Inszenierung eines Klimas, in dem der § 129 a gegen eine ganze Bewegung erfolgreich angewendet wurde. (...)*
Wir müssen davon ausgehen, dass belastende Aussagen im Prozess aufrecht erhalten werden. (...) Im Prozess bleiben uns und den Angeklagten nur die Mittel der herrschenden Justiz. (...) Sich gegen diese Belastungen zur Wehr zu setzen, heißt, im Prozess u.a. Aussagen zu machen, unser Schweigen zu durchbrechen. Unsere Solidarität mit diesen Angeklagten spürbar zu machen, heißt, in diesem konkreten Fall uns als Entlastungszeugen der Verteidigung zur Verfügung zu stellen. (...) Jede Zeugenaussage, die zur Verteidigung der Angeklagten notwendig und unumgänglich ist, darf nur entlastenden Charakter haben.«[65]

Das Ziel, das politisch Gemeinsame sehr genau zu bestimmen und die Rücknahme gemachter Aussagen zu bewirken, hatte Erfolg. Bereits vor Prozessbeginn wurden zahlreiche Aussagen zurückgenommen, vor allem Aussagen, die andere belastet hatten. Juristisch wurden diese Aussagen dennoch verwertbar gemacht – durch Vernehmungsbeamte, die hoch und heilig beschworen, dass gemachte Einlassungen ohne Druck und Erpressung zustande gekommen wären. Viel entscheidender war jedoch das politische Signal, sich auf eine gemeinsame politische Plattform zu beziehen und der Verbundenheit mit der eigenen Geschichte, der Startbahnbewegung einen höheren Wert beizumessen als den Versprechungen der Ermittlungsbehörden.

Nachdem die Aussagewelle gestoppt werden konnte, konzentrierten sich die Überlegungen auf den nahenden Prozess wegen ›Mordes‹. Die Bundesstaatsanwaltschaft hielt den Mordvorwurf gegenüber Frank Hoffmann und Andreas Eichler aufrecht, obwohl es jenseits der gefundenen Waffe keine sicheren, eindeutigen Zeugenaussagen gab, die Frank H. oder Andreas E. oder beide zusammen als Schütze(n) identifizierten. Die Lücke zwischen Waffe und Tat, die in politischen Prozessen üblicherweise durch die ›verfassungsfeindliche‹ Gesinnung der Angeklagten geschlossen wird, blieb eklatant groß.
Der EA und die darin eingebunden Gruppen überlegten fieberhaft, wie sie in dieses Mordverfahren politisch eingreifen konnten – bevor das Gerichtsverfahren eröffnet wurde. Zu dieser Zeit waren zwei Beschuldigte in der Justizvollzugsanstalt (JVA) Preungesheim inhaftiert: Andreas Eichler und Rainer Hübner, der jede Aussage verweigerte. Sie saßen seit Monaten in ›strenger Einzelhaft‹: Kein Umschluss, kein Kontakt zu anderen Gefangenen, Sichtblenden, Einzelhofgang, Besuch mit Trennscheibe, 23 Stunden in Einzelzellen isoliert.
Wie können wir sie erreichen? Wie können wir Andreas Eichler zur Rücknahme der belastenden Aussagen gegenüber Frank Hoffmann bewegen?
In den Jahren davor gab es mehrere Versuche, die unmenschlichen Haftbedingungen im Hochsicherheitstrakt Preungesheim zu thematisieren. Entweder wurden Kundgebungen und Demonstrationen verboten oder durch ein massives Polizeiaufgebot im Keim erstickt.

Wieviel sind hinter Gittern, die die Freiheit wollen?
Wieviel sind hinter Gittern, die wie draußen brauchen?
Wieviel sind hinter Gittern, nach dem Gesetz?
Wer das Geld hat, hat die Macht und wer die Macht hat,
hat das Recht!

Wieviel liegen in der Sonne und betrügen die Welt?
Fahren dicke Autos von unserem Geld?
Nennen uns ihre Sklaven nach ihrem Gesetz?
Wer das Geld hat, hat die Macht und wer die Macht hat,
hat das Recht!

Die Richter und Staatsanwälte, für wen sind die da?
Für die Kapitalisten und für ihren Staat!
Sie verurteilen uns, nach ihrem Gesetz!

Der Kampf geht weiter, Ton Steine Scherben, 1971

›Radio Preungesheim‹

Knast Preungesheim © Wolf Wetzel

Detlef, Clara, Johan und Andy saßen um den runden Tisch in der Küche und schaufelten das Essen in sich hinein. Die Diskussion kreiste einmal mehr um die Frage, wie man vor Prozessbeginn die in der JVA einsitzenden Gefangenen erreichen könnte, ohne weitere Festnahmen in Kauf nehmen zu müssen. Alle wirkten ziemlich fantasielos, spürbar müde, ansteckend lustlos. Detlef kochte zwar wirklich gut, aber niemandem schmeckte es. Das Besteck klapperte, die Gedanken drehten sich im Kreis und aus Detlefs Zimmer drang - traurig, bombastisch, wehklagend - die Musik von Mikis Theodorakis.

»Detlef, die Musik da, ist das nicht der Teokreatis oder so ähnlich?«

Detlef nickt beiläufig.

Johan versuchte, sich auf den ozeanischen Weltschmerz zu konzentrieren, den er gleichzeitig hasste und teilte. *An irgendetwas erinnert mich das. Es ist nicht die Musik, etwas anderes.* Er schnipste mit den Fingern.

»Ich hab's!«

Die anderen am Tisch zeigten keinerlei Regung.

»Ist das nicht die Musik zu einem Film, der sich um die griechische Militärdiktatur dreht?«
»Davor.«
Johan forderte Detlef mit seinem Blick auf, die äußerst knappe Bemerkung ein wenig auszuführen – vergebens.
»Weißt du, wie der Film heißt?«
»Z«
Einsilbiger ging's nicht mehr.
»Genau. Z. Jetzt hab ich's.«
»Schon wieder?«
Claras Stimme triefte vor Ironie.
»Vielleicht bringe ich jetzt alles durcheinander. Aber das macht nichts. Es geht um eine Filmszene, in der Militärs den Campus umstellen, aus dem scheppernd regimefeindliche Musik dringt. Die Militärs dringen auf einen Innenhof vor und schauen sich hektisch nach allen Seiten um, auf der Suche nach der inkriminierten Tonquelle. Ein Offizier zeigt aufgeregt mit dem Schlagstock nach oben, auf die Balustrade. Sofort rennen Soldaten die Treppen hoch und entdecken einen Lautsprecher an der Wand. In vollem Eifer reißen sie ihn herunter, treten ihn mit ihren Stiefeln zusammen. Die Musik verstummt augenblicklich. Die Kamera blickt in zufriedene Soldatengesichter, als erneut irgendwoher regimefeindliche Klänge ertönen. Die Szene wiederholt sich. Wieder suchen die Militärs nach der Tonquelle, bis sie auch diesen Lautsprecher ausfindig machen und zum Schweigen bringen. Für ein paar Sekunden...«
»Und? Was willst du uns damit sagen?«
»So machen wir's auch!«
»Verbotene Lieder abspielen?«
»Nein, verdammt noch mal. Wir bauen uns Lautsprecher und positionieren diese auf zwei Seiten des Knastes. Und dann lassen wir die Bullen wild suchen.«
»Und wie soll das gehen?«
Zumindest Clara nahm den Ball auf.
»Das weiß ich auch noch nicht so genau ... Detlef, du hast doch schon mal Boxen gebaut. ... Detlef!«
Detlef ließ sich nur widerwillig mitreißen.
»Im Prinzip ginge das schon. Die Lautsprecher könnte man mit einer Motorradbatterie betreiben, die gleichzeitig einen Walkman versorgt. Das müsste machbar sein ...«
»Aber wie soll das gehen, über eine Entfernung von 100, 200 Metern? Das Ganze soll ja nicht rumpiepsen, sondern ordentlich Krach machen?«

Johan schaute Detlef an, der seine Machbarkeitsstudie noch einmal durchging.

»Da könnte man sich das Opel-Manta-Syndrom zunutze machen.«

»Na, dann leg mal los«, hakte Johan ungeduldig nach.

»Denk mal an die Anlagen, die manche im Auto haben. Nicht du, Johan ... Die haben alle einen Booster, zu Deutsch, Verstärker. Wenn man so einen Verstärker dazwischen schaltet, fliegen dir die Ohren weg. Das müsste auch für draußen reichen.«

»Und wie verschafft man sich einen Vorsprung, bevor die Höllenmaschine losgeht?«

Detlef schmunzelte und ließ sich Zeit, um den Abstand zwischen Kopf- und Handarbeitern, zwischen Theoriewichsern und Malochern auszukosten. Johan wartete drei Minuten.

»Nun mach's nicht so spannend.«

Johan versuchte, die Zwangspause zur Würdigung des Arbeiterethos ein wenig abzukürzen.

»Also, das ist ganz einfach. Man unterbricht den Stromkreis zur Batterie, klemmt einen Schalter dazwischen und berechnet einen stummen Vorlauf, bis man weit genug weg ist. Dann läuft das Band ab, ganz von alleine ...«

Es war ein Tag im März 1988, kurz nach 20 Uhr. Die Aufgaben waren auf drei Gruppen verteilt. Die erste Box sollte auf der Nordseite des Knastes platziert werden, an die sich dreigeschossige hässliche und gemeinnützige Wohnblocks anschlossen. Der Nachteil, dass dort vor allem Schließer wohnten, wurde durch den glücklichen Umstand wettgemacht, dass deren Außenfassaden gerade renoviert wurden. Clara schlich sich über das Gerüst in den obersten Stock, von dem aus man über die Knastmauer schauen konnte. Sie stellte die Box ab und ließ die Schnur, mit der man den Schalter betätigte, nach unten fallen. Auf der Ostseite der JVA-Preungesheim wiederholten sich dieselben Vorbereitungen. Dort befand sich, leicht erhöht, eine Kirche, die ebenfalls von einer Modernisierungswelle erfasst wurde. Die Kirche samt Turm war eingerüstet. Von dort oben hatte man zwar keinen fantastischen, dafür aber freien Blick auf das weltliche Strafregime. Nachdem beide Boxen an ihrem Platz waren, und eine Polizeistreife die Mauer routinemäßig abgefahren hatte, konnte das Programm gestartet werden.

Über Funk sagte Johan der Schließerseite Bescheid.

»Ihr könnt anfangen. Wer länger auf Sendung bleibt, bekommt einen ausgegeben. Okay?«

»Schließer oder Gott? Na, ich weiß nicht, wer mehr der Ordnung dient ... Wir legen auf jeden Fall los. Vielleicht könnt ihr uns sogar hören.«

Am Fuß des Gerüstes zog Clara an der herunterbaumelnden Schnur. Der Walkman startete. In den ersten Minuten hörte man nur Rauschen, dann donnerte die Musik los, ein Stück von Slime, so düster und machiavellisch wie die Gegend. Danach folgte ein Text, vom ganz Allgemeinen (Knast als totale Institution, Markierung der Delinquenz) zum ganz Konkreten (›Hallo Rainer, Frank und Andreas ...‹) aufsteigend. Sehr anspruchsvoll und viel zu lang. Dazwischen, inmitten eines Beitrages, der die Situation draußen, unter den Resten der Startbahnbewegung beschrieb, verstummte die Anlage.
Gegenüber Reportern erklärte ein Schließer später seinen außerdienstlichen Einsatz. Er sei aus seinem Fenster auf das Gerüst gestiegen und habe die Box gesehen, die er dann mit dem Fuß vom Gerüst stürzte. Auf die Frage, warum er diese Box nicht in Verwahrung genommen und der Polizei übergeben habe, antwortete das tapfere Schneiderlein: Er habe die Aufschrift ›Vorsicht! Nicht anfassen. Explosionsgefahr‹ gelesen und wollte kein Risiko eingehen.

Verabredungsgemäß übernahm eine zweite Gruppe die Regie: Über dem Knast ging ein Feuerwerk los. Eine Mischung aus Pause und Ablenkung, bis sich das Geschehen auf die andere Seite verlagerte. Über dreißig Raketen lieferten ein farbenprächtiges Spektakel. Es knallte und zischte, der Himmel regnete Sterne und die Dunkelheit bekannte Farbe. Manche Feuerwerkskörper überwanden sogar die Knastmauer, verzauberten den Innenhof, der normalerweise nur in gleißend weißes Licht getaucht ist. Es war kurz nach 21 Uhr, als noch einmal Bewegung in den Knast kam. Durch die Gitterstäbe zwängten sich Arme, die Mühe hatten, Applaus zu signalisieren. Um einiges eindeutiger waren dafür die Rufe nach ›Zugabe ... Zugabe‹.

Nachdem der letzte Feuerwerkskörper verschossen war, ließ die dritte Gruppe auf der Kirchenseite eine weitere Minute verstreichen, zur Sicherheit. Dann schaute sich Andy vergewissernd um. Nacheinander nickten alle, woraufhin die Anlage unter Strom gesetzt wurde. Obwohl die erste Anlage bereits nach fünfzehn Minuten entdeckt wurde, verpassten die Eingeschlossenen recht wenig. Die Aufnahmen auf den eingelegten Kassetten waren so konzipiert, dass sie sich überschnitten – zumal das Wichtigste, die Aufforderung an Andreas, seine belastenden Aussagen zurückzunehmen, für die wahrscheinlich sichere Kirchturmseite aufgespart wurde. Die Ausstrahlung von dieser exponierten Stelle aus übertraf alle Erwartungen. Das Unerhörte prallte auf die Knastmauer. Diese rekapitulierte alles noch einmal, um Bruchteile einer Sekunde versetzt. So, als müsse sie sich des Wortlauts vergewissern, bevor sich das Unerlaubte überschlug. Die Szenerie nahm Fahrt auf. Im Knast wurde an verschiedenen Formen der Zustimmung gearbeitet. Kleidungsstücke und Zeitungen wurden angesteckt und durch die Gitterwelt nach draußen geworfen. Kleine und größere Feuerbälle schwebten nach unten, vorbei an kleinen handtuchgroßen Öffnungen, die man für Fenster halten sollte. Die mobilen Scheinwerfer auf den Wachtürmen suchten vergebens die Gegend ab. Und im rundum verglasten Wachturm konnte man einem Wächter dabei zuschauen, wie er zum Telefon griff, während ein Kollege durch den Knastlautsprecher laute Vermutungen äußerte: »Die haben einen Lautsprecherwagen ...«

Auch der Pianist in der Kirche machte sich seine Gedanken. Er spielte Chopin, und sein Publikum war vom unreinen Klangbild so irritiert wie der Pianist selbst. Porzellanzartes vermischte sich mit harten Pogo-Klängen. Nachdem Chopin auch noch mit dem martialischen Stück ›Bullenschweine‹ von Slime konfrontiert wurde, gab der Pianist auf. Die Situation bekam etwas Skurriles. Während um Chopin Gebrachte ratlos und mit Himmelsblicken vor der Kirche standen, zuckende Blaulichter an der Knastmauer von etwas noch nicht Gefasstem zeugten, um den gerechten Schlaf Gebrachte »Ruhe, verdammt noch mal, wir rufen die Polizei!« schrien, tönte von irgendwo oben, ruhig und unbeirrt eine Stimme, die sich an Andreas Eichler wandte:

»Hallo Andreas,

Du hast am 28. Januar, nach wochenlanger Isolationshaft, einen Selbstmordversuch gemacht. (...) Wir können erahnen, was gerade Tage zuvor in Dir vorgegangen ist. Du hast sicher auch Deine erste Erklärung, Deinen Brief an die Sonntagsspaziergänger[66] *im Kopf gehabt. Wir denken, dass Deine Worte auch an bestimmte, Dir nahe stehende Genossen und Genossinnen gerichtet waren. Wir wissen, dass Dich die bisherige Reaktion enttäuscht hat. Die Zeichen, die Dir Stärke, Halt und Gewißtheit hätte geben können, kamen nicht. (...) Aber Andreas kapier', was da gelaufen ist. Du bist darin nicht nur Opfer, Du bist aus Zusammenhängen gerissen worden, die jetzt nicht mehr Verantwortung übernehmen, als ihr vorher gemeinsam entwickelt habt und Du weißt, dass gerade diese Auseinandersetzung lange vor dem 2.11. begonnen hat. Und, dass Dich diese Kritik nicht erreicht oder Dir nichts bedeutet hat. (...) Andreas, wir wissen, dass Du kurz nach Deiner Verhaftung Frank belastet hast. Wir haben die Schocksituation, in der Du Dich befindest, begriffen. (...) Unsere Kritik schloß bis zum heutigen Tage unsere Solidarität zu Dir und allen anderen ein. Wir haben bis zuletzt unsere Solidarität nicht davon abhängig gemacht, ob wir sie auch vorher, in gleichem Maße, empfunden haben. (...) Die Schritte, die Du jetzt gegangen bist, waren in die falsche Richtung. Du weißt das. (...) Und noch eines: Die von uns, die ganz konkret etwas gegen den Mord- und Rädelsführervorwurf in der Hand haben, werden nicht diese Selbstgefährdung in Kauf nehmen, wenn Du durch Aussagen sie oder andere für Jahre im Knast verschwinden läßt.«*[67]

Danach folgten wieder Musik und weitere Beiträge, bis die Kassette von 30 Minuten abgespielt war. Die um ihr Chopinkonzert gebrachten Kirchenbesucher traten den Heimweg an, während mehrere Polizeifahrzeuge im Schritttempo die Gegend abfuhren, auf der Suche nach einer nicht angemeldeten Demonstration, nach einem dazugehörigen Lautsprecherwagen, nach dem Gewohnten.

Tage später erfuhren wir von Rainer, aber auch von anderen Gefangenen, dass sie unsere musikalische, akustische Intervention gut mitbekommen und sich über die gelungene Abwechslung gefreut hatten. Nur Andreas Eichler reagierte nicht, verlor darüber kein Wort - obwohl er auf derselben Knastseite inhaftiert war und ›Radio Preungesheim‹ gehört haben musste. Dennoch beschloss der EA, den Prozessbeginn abzuwarten, die letzte Chance, vor Gericht belastende Aussagen zurückzunehmen. Sollte Andreas Eichler auch diese ungenutzt verstreichen lassen, sollte ein weiteres, größeres Treffen einberufen werden, um eine politische Entscheidung darüber zu treffen, ob eine Entlastung vor Gericht zugunsten von Frank gewollt und unterstützt werden würde.
Am 23.2.1989 begann der Startbahnprozess gegen neun Angeklagte. Um zumindest den äußeren Schein zu wahren, als ginge es unisono um die Aufklärung eines ›Mordfalles‹, mussten außer Frank Hoffmann und Andreas Eichler noch andere darin verwickelt werden - koste es, was es wolle. Eigentlich haben die beiden Vorwürfe, Strommasten gefällt und zwei Polizisten ermordet zu haben, nicht das Geringste miteinander zu tun. Um dennoch diesen Zusammenhang herzustellen, zu erzwingen, wurde der Paragraf 129a in Anschlag gebracht - samt des maßgeschneiderten Zufalls, dass dieser Terrorparagraf zum 1.1.1987 um die Katalogstraftat ›Störung öffentlicher Betriebe‹ (§ 316b des StGB) erweitert worden war. Somit wurde es juristisch möglich, Strommastaktionen und Schüsse auf Polizeibeamte über das Konstrukt einer terroristischen Vereinigung in eins zu setzen. Der Paragraf 129a weist noch eine weitere Besonderheit auf: Er verfolgt nicht nur Straftaten; es reicht bereits, angebliches Mitglied zu sein, um unter dieselbe Strafverfolgung zu fallen. Fortan war es nicht mehr notwendig, einem Beschuldigten eine konkrete Tat nachzuweisen. Es genügte, ihm den Willen zu unterstellen, eine Tat zu befürworten, das politische Ziel der ›anderen‹ zu teilen. Im juristischen Sinne spricht man von einer Verschiebung vom *Tat*strafrecht (eine Errungenschaft des bürgerlichen Rechts gegenüber der feudalistischen Tyrannei) hin zum *Willens*strafrecht - ein typisches Merkmal diktatorischer Regime.
Obwohl sich Bundesanwaltschaft und Gericht große Mühe gaben, für die Existenz dieser terroristischen Vereinigung alles aufzubieten - am Ende blieb nichts davon übrig.

Zuerst wurden die Verfahren wegen Strommastaktionen vom Mordvorwurf abgetrennt und - in aller publizistischen Stille - die Mitgliedschaft in einer terroristischen Vereinigung fallen gelassen. Dann wurden die Angeklagten zu bis zu zwei Jahren auf Bewährung verurteilt.
Nachdem die Strommastaktionen juristisch abgehandelt waren, konzentrierte sich der Prozess auf die letzten verbliebenen Angeklagten: Frank Hoffmann, Andreas Eichler ... und Andreas Sehmisch - die Mindestanzahl für eine terroristische Vereinigung.
Was hatte Andreas Sehmisch damit zu tun? Monatelang bemühte sich die Bundesstaatsanwaltschaft, der Vereinigung Herr zu werden, ihr eine Struktur, eine Ordnung, ein Gesicht zu geben ... und mindestens drei Mitglieder zu benennen und zusammenzuhalten.
Einzig und alleine dieses konstitutive Minimum erklärt den unglaublichen, geradezu grotesken Verfolgungswillen der Generalbundesanwaltschaft, was Andreas Sehmisch anbelangte. Um fast keinen Preis dieser Welt durfte dieser Beschuldigte von der Schippe springen, aus der Konstruktion herausbrechen! Andreas Sehmisch, der wenige Tage nach dem 2.11.1987 erfahren hatte, dass gegen ihn ein Haftbefehl wegen Beihilfe zum Mord und Mitgliedschaft in einer terroristischen Vereinigung erlassen worden war, stellte sich am 25.11.1987 den Behörden. Nachdem er Einlassungen zu den erhobenen Vorwürfen ablehnte, wurde er auf der Stelle festgenommen und in Haft genommen. Mitte Mai 1988 wurde er freigelassen, der Haftbefehl teilweise aufgehoben. Die Generalbundesanwaltschaft gab sich jedoch nicht zufrieden und legte ein linguistisches Gutachten aus dem Hause des BKAs vor. Dieses verglich die während der ersten Inhaftierung beschlagnahmte Privatpost von Andreas Sehmisch mit Bekennerschreiben von Anschlägen und behauptete eine signifikante Übereinstimmung. Am 7. Juli 1988, sieben Wochen nach seiner Entlassung, wurde er wegen behaupteter Autorenschaft erneut inhaftiert.
Allen Versuchen war eines gemeinsam: Andreas Sehmisch sollte innerhalb der terroristischen Vereinigung den intellektuellen Kopf abgeben, die Rolle des geistigen Rädelsführers spielen, der Zusammenhänge begreifen und benennen, ergo Bekennerschreiben verfassen konnte. Da es für diesen Vorwurf keinen lebendigen Beweis gab, mussten Beweise beschafft werden. Diese Aufgabe sollte das linguistische Gutachten erfüllen. An mehreren Verhandlungstagen versuchte der BKA-Sachverständige Rede und Antwort zu stehen. Zug um Zug vollzog sich seine Demontage. Der BKA-Experte, von Beruf Mathematiker, entpuppte sich als unqualifizierter Hobby-Sprachwissenschaftler. Wissenschaftliche Kriterien wie ›Objektivierbarkeit‹ und ›Evaluation‹ mutierten zum subjektiven Sprachgefühl eines Self-Made-Linguisten, der sich sein Computer-Programm mit dem Namen ›Textor‹ aus angelesener Fachliteratur und besagtem

Sprachgefühl zusammengemixt hatte. Am Ende dieser Zeugenvernehmung blieb von dieser Art Täterbeschaffung nichts übrig. Der Vorwurf, Mitglied in einer terroristischen Vereinigung zu sein, löste sich in Luft auf und musste fallen gelassen werden. Dennoch verurteilte man Andreas Sehmisch wegen ›Hehlerei‹ (Weitergabe einer gestohlenen Waffe) zu zwei Jahren auf Bewährung.

Eine terroristische Vereinigung aus 2 plus X Mitgliedern

Nach über einem Jahr, Mitte 1990, wurde schließlich das verhandelt, was mit dem Prozess aufgeklärt, mit den Anklagen verfolgt werden sollte: Die tödlichen Schüsse auf Polizeibeamte.
Auf der Anklagebank saßen nur noch Frank Hoffmann und Andreas Eichler – wegen Mordes und Mitgliedschaft in einer terroristischen Vereinigung.
Mit welchen Belastungen, mit welchen Indizien waren die beiden konfrontiert? Es gab vor Prozessbeginn einige Aussagen, die beide vage bis schwer belasteten. Die sicherlich schwersten Belastungen kamen von Baldur Opificius, einem jungen Startbahngegner. Er behauptete, er habe eine Person am Gundbach gesehen, die auf die Polizei geschossen und Frank Hoffmann geähnelt habe. Ebendies habe ihm Frank Hoffmann später bestätigt, als er ihn am Schlichter Tor traf und auf die Schüsse ansprach. Dieser habe daraufhin gesagt:› Ja, ich war's, aber halt' bloß das Maul. Die Waffe ist jetzt weg, in Sicherheit.‹ Diese Bilderbuch-Aussage widerrief Baldur Opifizius am 19.9.1989 vor Gericht. Er sei von Polizeibeamten massiv unter Druck gesetzt und zu diesen Aussagen gezwungen worden.
Die einzige Belastung, mit der Frank Hoffmann konfrontiert blieb, war schließlich die Aussage von Andreas Eichler, er habe die Waffe von ihm zugesteckt bekommen.
Der Mordvorwurf gegen Andreas Eichler stützte sich alleine auf den Besitz der Waffe, mit der geschossen wurde. Mehr gab es zu diesem Zeitpunkt der Verhandlung nicht – und daran änderte sich bis zur Urteilsverkündung nichts Wesentliches.
Nachdem klar war, dass Andreas Eichler die Belastung gegenüber Frank Hoffmanns aufrecht erhalten würde, stand der EA vor der Entscheidung, ob er eine Entlastung zugunsten von Frank Hoffmann vor Gericht befürworten würde. Rückblickend scheint die Antwort auf der Hand zu liegen. In Wahrheit war die Entscheidung viel schwieriger. Der EA und alle darin eingebundenen Startbahngruppen hatten sich schließlich mit der ›Plattform‹ dafür entschieden, sich nicht an der juristischen Auseinandersetzung, an der ›Wahrheitsfindung‹ vor Gericht zu beteiligen. Aus gutem Grund.

Zum einen hielt der EA das Gericht weder für einen Ort, wo Wahrheit gesucht, noch wo sie gesprochen wird. Wer wollte allen Ernstes an die Unabhängigkeit der Justiz glauben? Dieselbe Justiz, die Einsatzleiter Hans Robert Philippi (Rohrbachstraße 1981), den Wasserwerferkommandanten Reichert (Tod von Günther Saré 1985), die Verantwortlichen der Nuklearfirma ›Alkem‹ freigesprochen, Verfahren in Zusammenhang mit ›Atomunfällen‹ eingestellt, Verfahren gegen politisch Verantwortliche für unzulässig erklärt hatten?
Zum anderen zieht jede Aussage vor Gericht weitere nicht gewollte Aussagen und Zeugenschaften nach sich – um sie glaubhaft, d.h. für das Gericht überprüfbar zu machen.
Doch selbst wenn man sich für eine Aussage vor Gericht entschiede: Wie viel Wert hätte eine solche Aussage, wenn sie weder dem Prozessziel der Generalbundesanwaltschaft dienen, noch einem Gericht passen würde, das für gewöhnlich nur in Nuancen vom Verurteilungswillen der Generalbundesanwaltschaft abweicht? Würde es sich wirklich lohnen, grundsätzliche Positionen für diesen minimalen Spielraum aufzugeben?
Es folgten lange Diskussionen und zahlreiche Treffen, die den EA und alle beteiligten Gruppen auf eine Zerreißprobe stellten. Am Ende war die Befürchtung größer, Frank Hoffmann könne einzig wegen dieser belastenden Aussage Andreas Eichlers für Jahre in den Knast gehen, als das Beharren auf einem richtigen Prinzip: Keine Kooperation, keine Zusammenarbeit mit Verfolgungsbehörden, kein Vertrauen in diese Justiz!
Zugleich wurde auf diesen Treffen auch die Grenze der juristischen Intervention festgelegt: Der EA unterstützt nur Zeugenaussagen, die Frank Hoffmann entlasten. Eine direkte Belastung Andreas Eichlers fände nicht deren politische Zustimmung.
Am 113. Verhandlungstag, dem 4. Dezember 1990, war es dann so weit: Das Gericht ordnete für diesen Tag die Vernehmung zweier Zeugen an, die die Verteidigung von Frank Hoffmann zu dessen Entlastung benannt hatte.
Eine lange Schlange an Prozessbesuchern bildete sich vor dem Eingang zum Staatsschutzsenat. Bis man von den Justizbeamten eingelassen wurde, konnte man sich die Zeit auf orwell'sche Weise vertreiben: Über dem Eingang thronte die Inschrift ›*Die Würde des Menschen ist unantastbar*‹. Das Prozedere danach erübrigte eine voreingenommene Betrachtungsweise. Alles ähnelte einem Knastbesuch. Videoüberwachungskameras deckten den gesamten Eingangs- und Kontrollbereich ab. War man selbst an der Reihe, wurde man von Justizbeamten in eine Kabine geführt. Dort hatte man persönliche, also gefährliche Gegenstände abzugeben. Danach wurde der Personalausweis kontrolliert, anschließend folgte eine Leibesvisitation. Ging keine Gefahr mehr vom Besucher aus, durfte dieser eine schwere Eisentür passieren und im Zuschauerraum un-

befangen Platz nehmen. Was sich ihm dort bot, entsprach exakt dem, was politisch Verantwortliche für einen Art Generalschlüssel halten: Ein »Maximum an Sicherheit«[68]. Bereits vor Prozessbeginn war eine gläserne Panzerwand eingezogen worden, die Zuschauer und Prozessbeteiligte trennte. Die schusssichere Glasfront reichte bis knapp unter die Decke. Somit waren Prozess und Öffentlichkeit nicht nur physisch, sondern auch akustisch voneinander isoliert. Dem gesprochenen Wort konnte man nicht mehr folgen. Was die Zuschauer davon mitbekamen, lag im Ermessen des Richters. Der war fortan nicht nur Herr des Verfahrens, sondern zugleich Herr über die Lautsprecheranlage.

Auch an die Fensterfront im Rücken der Ankläger wurde gedacht. Sie stellte ein erhebliches Sicherheitsrisiko dar, schließlich waren Angriffe von außen nicht auszuschließen. Eine Lücke also, die geschlossen werden musste. Eine mobile, schusssichere Wand vor der Fensterfront hielt seitdem den Anklägern den Rücken frei. Ein Szenario, das man aus RAF-Prozessen kannte und als Ausnahme (-zustand) zu legitimieren versuchte. Das sichere Gegenteil von dem, was nach Auskunft des OLG[69]-Pressesprechers für diesen Prozess gelten sollte: »Strenge Normalität«[70].

Nach und nach füllte sich der Zuschauerraum bis auf den letzten Platz. Die meisten kannten sich, wussten um die Brisanz des heutigen Verhandlungstages. Der erste Zeuge, ein Student aus Berlin, wurde aufgerufen. Im Zuschauerraum wurde es ausnahmsweise mucksmäuschenstill. Der Zeuge schilderte die Ereignisse am 2.11.1987. Er sei mit einem Freund dem Demonstrationszug hinterhergelaufen. Erst an der Barrikade, an der Wegkreuzung, habe er Frank Hoffmann getroffen, den er vom Sehen kannte. Frank habe einen Scanner dabei gehabt, mit dem man Polizeifunk abhören konnte. Als mehrere Hundertschaften das Startbahngelände verließen und auf die Barrikade zustürmten, sei er – zusammen mit Frank – über die Wiese in Richtung Notbrücke geflohen. Beide hätten sich dort noch einige Minuten aufgehalten, bevor sie den Rückweg antraten. Nach Beendigung seiner Ausführungen wurde er zuerst vom Vorsitzenden Richter, dann von den Rechtsanwälten befragt. Mehrere Stunden zogen sich diese Befragungen hin, ohne die Aussage des Zeugen im Kern zu erschüttern.

Mit Erleichterung gingen die Zuschauer in die Mittagspause. Die Entlastung war präzise, sie beschränkte sich auf Beobachtungen, die Frank Hoffmann betrafen. Alle Versuche, ihn zu Spekulationen zu bewegen oder in Widersprüche zu verwickeln, schlugen fehl.

Nach der Mittagspause wurde der zweite Zeuge, ein EDV-Techniker aus Bonn gehört. Auch er war an der nächtlichen Demonstration beteiligt, wie an zahlreichen Startbahn-Demonstrationen zuvor auch. Als er am Schlichter Tor angekommen sei, habe er Andreas Eichler, den er vom Sehen und vom Vornamen her kannte, getroffen. Dann hätten sie sich aus den Augen verloren. Er schloss sich der Gruppe ›Belfast‹ an, mit der er bis zur Startbahnmauer vorging. Nach der polizeilichen Auflösungsverfügung zogen sie sich über die Wiese zurück und gelangten über die Notbrücke auf die andere Seite des Gundbaches. Während die Auseinandersetzungen rund um die Notbrücke noch andauerten, habe er sich auf der Höhe des Gundbaches in östlicher Richtung abgesetzt. Etwa dreißig Meter links von der Notbrücke sei er auf mehrere Personen gestoßen, die alle vermummt waren. Eine davon habe, schräg nach oben zielend, in die Luft geschossen. Aufgrund des lauten Geräusches und des Umstandes, dass er keine Leuchtspur sehen konnte, schloss er nicht aus, dass es sich um eine ›scharfe‹ Waffe gehandelt haben könnte. Er ging auf die Person zu und wollte sie zur Rede stellen.

»Du, was soll das, du hast ’ne Macke. Lass den Scheiß!«, will er der Person gesagt haben.

»Ich schieße auf die Flutlichter, damit uns die Polizei nicht verfolgen kann[71]«, soll der Angesprochene geantwortet haben. Da ihm dies nicht abwegig vorkam, beließ er es dabei und schloss sich den vielen anderen an, die zum Schlichter Tor zurückgingen. Dort habe er mit Frank Hoffmann, den er vom Sehen kannte, ein paar Worte gewechselt. Aufgrund dieser Kenntnisse könne er ganz sicher ausschließen, dass es sich bei der Person, die er am Gundbach ansprach, um Frank Hoffmann gehandelt habe. Er kenne seine Stimme und seine Körperhaltung. Außerdem habe die Person am Gundbach andere Klamotten getragen und einen Rucksack dabei gehabt. Frank Hoffmann hingegen sei ohne Rucksack unterwegs gewesen.

Nach seinen Ausführungen entstand eine kurze Pause. Das kurze Aufatmen im Zuschauerraum mischte sich sofort mit bösen Vorahnungen. *Wenn der ›Schütze‹ am Gundbach nicht Frank Hoffmann gewesen sein konnte, wer dann?* Man konnte die Falle sehen, die aufgestellt war und jeden Augenblick zuschnappen konnte. Unwillkürlich hatte man die Beschreibung des ›Schützen‹ vor Augen: ein Vermummter, ein Rucksack, dunkle Kleidung, Handschuhe. Eine Allerweltsbeschreibung, wenn sie nicht auch auf Andreas Eichler zuträfe. Sein Name stand unausgesprochen im Raum.

Der Vorsitzende Richter eröffnete die Zeugenbefragung, und man brauchte nicht viel Spürsinn, um zu erahnen, welche Richtung er einschlagen würde. Seine entspannte, zurücklehnende Körperhaltung, seine wohlwollende Gestik sprachen nicht dagegen, sondern dafür. Man konnte ihm dabei zusehen, wie er die Worte wählte, um den Zeugen an eine Beschuldigung heranzuführen – ohne ihn aufzuschrecken. Sein Ton war auffallend weich, unaufdringlich, lapidar zusammenfassend:

»Wenn ich Sie richtig verstanden habe, haben Sie den Schützen so beschrieben:

Er ist ca. 1,80 Meter groß, trug eine Sturmhaube, hatte dunkle Handschuhe an und einen Rucksack dabei. Habe ich Ihre Beschreibung korrekt wiedergegeben?«
»Ja«, antwortete der Zeuge ohne zu zögern.
»Sie kennen Andreas Eichler vom Sehen, und Sie haben zu Beginn ausgeführt, dass Sie ihn kurz am Sammelpunkt, am Schlichter Tor, gesehen haben.«
»Richtig.«
»Und Ihnen ist noch in Erinnerung geblieben, dass er einen Rucksack aufgehabt hatte ...«
»Das stimmt ebenfalls.«
Bevor der Richter die nächste Frage stellte, machte er eine kurze filmreife Pause. Im Kino hätte der Zuschauer alles kommen sehen: Der Mann, der sich sicher wähnt, seine Verfolger abgeschüttelt zu haben, während er im Begriff ist, ihnen in die Arme zu laufen ...
»Könnte es sich also bei der Person des Schützen um Andreas Eichler gehandelt haben?«
Allen jenseits des Panzerglases stockte der Atem. Und der Zeuge erstarrte wie ein Reh vor plötzlich aufgeblendeten Scheinwerfern.
»Ich kann nicht ausschließen, dass es sich dabei um Andreas Eichler handelte.«
Ein Raunen ging durch den Zuschauerraum, als habe er direkt auf Andreas Eichler gezeigt.
»Beschwören will ich das jedoch nicht ...«.
Der Zeuge suchte nach Worten, um den Abstand zwischen einer relativen Wahrscheinlichkeit und einer sicheren Belastung wiederherzustellen.
»Außerdem kann ich nicht sagen, ob es die Stimme von Andreas Eichler war.«
»Danke. Ich habe keine weiteren Fragen mehr.«
Der Vorsitzende Richter erteilte den Staatsanwälten und Rechtsanwälten das Wort. Ihre Zeugenbefragung ergab nichts Neues. An der Entlastung zugunsten von Frank Hoffmann war nicht zu rütteln, und die Wahrscheinlichkeitsannahme blieb in ihrer Vieldeutigkeit stehen.
Hoffmanns Verteidigung beantragte die Aufhebung des Haftbefehls. Die Bundesanwaltschaft bemühte dagegen tiefenpsychologischen Nonsens und mutmaßte, die Zeugen könnten »unbewusst die Unwahrheit gesagt«[72] haben. Mit so viel Konditional im Juristengepäck wunderte es nicht, dass sie unbeirrt an ihrer Mordanklage gegen Andreas Eichler und Frank Hoffmann festhielt. Und der EA hatte am Ende dieses spektakulären Verhandlungstages das Gefühl, mit einem blauen Auge davon gekommen zu sein. Von einem lachenden und einem weinenden Auge konnte jedenfalls nicht die Rede sein.
Knapp einen Monat später, am 17. Januar 1991, ließ das Oberlandesgericht den Mordvorwurf gegen Frank Hoffmann fallen. Kurze Zeit später tat das

Gericht mit einem ›rechtlichen Verweis‹ kund, dass anstelle des Mordvorwurfes eine Verurteilung wegen Totschlages, auch in Alleintäterschaft, in Frage kommen könnte.

Damit war klar, dass die Entlastung von Frank Hoffmann Erfolg hatte und dass die Mordthese der Bundesanwaltschaft kaum noch zu halten war - auch wenn diese bis in ihre Plädoyers hinein unverdrossen am gemeinschaftlich begangenen Mord festhielt und lebenslängliche Haftstrafen für beide Angeklagten forderte.

Am 15.3.1991 wurden die Urteile verkündet: »Im Frankfurter Startbahnprozess um die tödlichen Schüsse auf zwei Polizeibeamte ist der 36jährige Andreas Eichler (...) zu 15 Jahren Freiheitsstrafe verurteilt worden. Sein Mitangeklagter Frank Hoffmann wurde vom Vorwurf eines Tötungsdelikts freigesprochen und bekam wegen Mitgliedschaft in einer kriminellen Vereinigung viereinhalb Jahre Freiheitsentzug, deren Rest nach drei Jahren Auslieferungs- und Untersuchungshaft zur Bewährung ausgesetzt wurde.«[73]

Blind Date mit der Wahrheitsfindung

Gewissheit tut nicht weh.
Nur das davor und das danach.
Erich Maria Remarque, Arc de Triomphe

Kurz nach den tödlichen Schüssen 1987 bildete sich ein Ermittlungsausschluss/EA aus den Reihen der Startbahnbewegung, an dem auch der Autor beteiligt war. Anfangs ging man von jeder erdenklichen Möglichkeit aus: Schüsse aus der (Dienst-)Pistole eines »Agent provocateurs«, der mit der Durchführung eines finalen Ereignisses beauftragt wurde. Schüsse, die von Polizisten abgegeben wurden, was man in der Sprache der Militärs »Friendly Fire« nennt. Oder eben Schüsse aus den eigenen Reihen, aus Hass, aus Überlegung, aus einer Logik heraus, die dem staatlichen Gewaltapparat auf derselben Augenhöhe begegnen wollte.

Dass wir nicht ausschlossen, dass die tödlichen Schüssen von ›interessierter Seite‹ abgegeben wurden, wird schnell einem paranoiden Weltbild, einer kruden Verschwörungstheorie zugeschrieben. Tatsächlich werden diese ein ums andere Mal von der Wirklichkeit übertroffen: Das ›Celler Loch‹, die Sprengung der Knastmauer der Justizvollzugsanstalt Celle 1978, die als (gescheiterte) Befreiungsaktion der RAF zwischen Presse, Politikern und Verfolgungsbehörden hin- und hergeschoben wurde, war eine Auftragsarbeit des LKA.
Am 26.9.1980, eine Woche vor der Bundestagswahl, die von CSU/CDU mit der Untergangsparole »Freiheit statt Sozialismus« gewonnen werden sollte, explodierte eine Bombe auf dem Münchner Oktoberfest, durch die dreizehn Menschen getötet und 211 zum Teil schwer verletzt wurden. Noch am Tatort nahm die CSU-Spitze den faschistischen Terroranschlag zum Anlass, die Mörder in der ›Linken‹, im ›linken Terrorismus‹ zu suchen. Ein nicht geplanter Umstand machte dieser Strategie jedoch einen Strich durch die Rechnung: Unter den Toten befand sich auch ein Attentäter, Mitglied der neonazistischen ›Wehrsportgruppe Hoffmann‹. Um weitere Ermittlungen zu verhindern und militärische und politische Verbindungen zu kappen, einigte man sich auf die Einzeltäter-These. Tatsächlich war die neofaschistische ›Wehrsportgruppe Hoffmann‹, vom Bundesnachrichtendienst (BND) angeleitet und als irreguläre Truppe in die geheime NATO-Organisation namens ›Gladio‹ eingebunden. Sie sollte als ›stand behind‹ Terrorgruppe im Krisenfall, auch im Inneren, ›Kommunisten‹ ausschalten, was u.a. der Schweizer Historiker und Friedensforscher Dr. Daniele Ganser[74] exzellent nachgewiesen hat.

Es dauerte nicht lange und den meisten von uns war klar, dass die Schüsse aus den eigenen Reihen abgeben wurden. Das lag nicht daran, dass wir eine Antwort gefunden hätten, auf das Wer, das Wie, das Wo und Warum. Es war eher ein Umkehrschluss, eine Schlussfolgerung nach dem Ausschlussprinzip. Für einen anderen Ablauf fanden wir schlicht keine überzeugenden Beweise.

Wahrheit ist nicht nur für diesen Staat ein Problem bzw. ein gut gehütetes Geheimnis. Auch in der Linken gibt es allzu oft Positionen, die meinen, dass man mit der Wahrheit taktisch umgehen müsse. Die Begründung scheint auf der Hand zu liegen: Man spiele mit der Wahrheit dem Gegner in die Hände, man gebe ihm so die Möglichkeit, Widersprüche zu nutzen, Spaltungen zu betreiben bzw. zu vertiefen.

Neben dieser politischen Begründung gibt es auch objektive, staatlich sanktionierte Grenzen: Immer dann, wenn die Wahrheit strafbare Handlungen miteinschließt, riskiert man Ermittlungsverfahren, Festnahmen, Repressionsmaßnahmen. Das galt für die Startbahnbewegung nach dem 2.11.1987 in hohem Maße und zwar in zweierlei Hinsicht:

Zum einen gab es Aktionen wie Raub einer Dienstpistole oder das Fällen von Strommasten, die juristisch noch nicht verjährt waren. Zum anderen machte es der § 129a möglich, Personen zu verfolgen und zu verurteilen, ohne ihnen eine konkrete Straftat nachweisen zu müssen. Es reichte, sie für Mitglieder einer terroristischen Vereinigung zu halten, ihnen zu unterstellen, dass sie Straftaten gebilligt, gedeckt, gewollt haben könnten. Potenziell war dazu jede/r StartbahngegnerIn ›fähig‹.

Damit stand de facto jede öffentliche Auseinandersetzung über die Ereignisse am 2.11.1987 unter einem Strafvorbehalt. Da die Verjährungsfrist bei Straftaten nach § 129a zehn Jahre beträgt, kam eine öffentliche Diskussion einer strafrechtlichen Einlassung gleich - sowohl was die Ereignisse am 2.11.1987 selbst, aber auch deren Hintergründe anging.

Alleine aus diesen Gründen waren die Möglichkeiten des Ermittlungsausschusses begrenzt, denn nicht jede/r wollte dem EA etwas erzählen, was sich später als Belastung gegen ihn oder andere hätte wenden können. Diese Gefahr existiert seit über zehn Jahren nicht mehr - mit einer Ausnahme: der Tod zweier Polizeibeamten. Zwar hat die Frankfurter Staatsschutzkammer den Mordvorwurf fallen gelassen, doch die Ermittlungen wegen Verdacht des Mordes könnten jederzeit wieder aufgenommen werden, wenn ›neue‹ Erkenntnisse dazu Anlass geben würden. Mord verjährt nicht.

Selbstverständlich bewegt sich die Erzählung in den von der Justiz gesetzten Grenzen.

Umso wichtiger ist es, unsere eigene Geschichte offen und ehrlich zu erzählen, soweit es die Umstände erlauben. Denn selbst wenn wir über unsere Geschichte schweigen, wird sie dennoch erzählt: Die Startbahnprozesse hatten nicht nur ein strafrechtliches Ziel. Mit dem, was juristisch für wahr gehalten wurde, wurde zugleich Geschichte geschrieben - wie es wirklich war, wie es von Staats wegen wirklich gewesen sein soll. Zum anderen gibt es ein starkes mediales Interesse, Kronzeugen für die Behauptung zu finden, die Geschichte der radikalen Linken sei nackter Irrsinn, ein »Todestripp«, dem Joschka Fischer z.B. rechtzeitig entkommen sein will. Die nicht enden wollende Schlacht um die Ausdeutung der ›68er‹, die immer auch die Frage nach der Legitimität von Widerstand berührt, begeht in diesem Jahr ihr 40-jähriges Jubiläum. Es reicht von Hans-Joachim Kleins Buch ›Rückkehr in die Menschlichkeit‹[75] bis hin zum neuesten Werk von Götz Aly ›Unser Kampf - 1968. Ein irritierter Blick zurück‹ - ein Buch, dessen Stoßrichtung in einem Vorabdruck in der FR[76] bereits angedeutet ist: die ›68er‹ als Wiedergänger der Nazigeneration.
Dieses Buch verweigert sich absichtsvoll dem medial umhätschelten Tross ›Glücklich Gescheiterter‹, die mit einer Aura der damals Dabeigewesenen bezeugen sollen, wie gut wir es **jetzt** haben und wie schlimm es war, als man noch mehr, wenn nicht gar alles wollte!
Sich dem nicht anzuschließen heißt nicht, ins Gegenteil zu verfallen, die fragliche Zeit zu mystifizieren, an einer desperaten Legende zu arbeiten. Ich hoffe, dass das hier Erzählte dazu völlig ungeeignet ist.

Selbstverständlich macht auch die radikale Linke Fehler. Doch nicht diese Fehler markieren ein Scheitern, sondern die Weigerung, darüber offen zu diskutieren. Das Schweigen betrifft nicht nur die Fehler, die man gemacht hat. Das Schweigen betrifft auch viele Analysen und Einschätzungen, die sich nicht durchsetzen konnten, Ideen und Aktionen, die gelungen, die fantastisch, begeisternd und ermutigend waren. Davon ist auch viel in diesem Buch die Rede.

In diesem Sinne ist dieses Buch geschrieben. Es versucht, so nahe wie möglich an die Ereignisse heranzureichen, Erlebtes genau so zu schildern, wie es sich zugetragen hat, nicht wegzuschauen, wenn etwas passiert, was nicht hätte passieren dürfte, da zu bleiben, wenn man am liebsten wegrennen möchte, es aufzuschreiben, wenn man es am liebsten ungeschehen machen würde. Mit diesem Vorsatz und mit dieser Verpflichtung sind alle Interviews geführt worden.
Viele Gespräche, die dieser Erzählung zugrunde liegen, waren von einer Präsenz geprägt, als hätte sich alles gestern abgespielt. Auch wenn alles 20 Jahre

zurückliegt, sind manche Erinnerungen auch heute noch schwer auszusprechen, schwer auszuhalten.
Das Nachhaken fiel gelegentlich schwer, das Nachfragen nach Details hatte etwas Entblößendes - wenn das gerade Gesagte in Widerspruch zu anderen Erinnerungen stand. Eins ums andere Mal fühlte man sich dem Vernehmungsbeamten nahe, der mit viel Gefühl und Tücke Brücken baute, um noch ein Stück näher an das Geschehene heranzukommen.
Von daher waren viele Gespräche von der Spannung geprägt, sich zwischen Solidarität gegenüber der gemeinsamen Geschichte und kritischer Distanz zum Erzählten zu bewegen.

Die Figuren in der Erzählung sind durch Interviews hinterlegt. Sie geben so unbearbeitet wie möglich das Erlebte der interviewten Personen wieder.
›Anton‹, den man unschwer für Andreas Eichler halten kann, ist ohne sein Zutun entstanden. Das Angebot, seine Geschichte zu erzählen, wie sie sich zugetragen hatte, schlug Andreas Eichler aus.
Darüber hinaus gab es ein Problem: Nicht alles, was die Interviewten erzählten, wollten diese in die Erzählfiguren einfließen lassen. Es gab also ›Überschüssiges‹. Außerdem gab es jede Menge an Details, die aus anderen Quellen stammen: Aus Prozesserklärungen und Einlassungen während der Startbahnprozesse, aus Erinnerungen und Erzählungen, die nicht von den interviewten Personen stammten. So wurden ›Clara‹ und ›Johan‹ - aus der Not - geboren, die einzigen fiktiven Figuren in dieser Erzählung. Im Laufe des Schreibens begannen sie sich zu verselbstständigen, über sich hinauszuwachsen: Sie wurden so etwas wie das kollektive Gedächtnis und führen die LeserInnen durch die Erzählung und über sie hinaus.
Sie führen Diskussionen, die nicht an den Zeithorizont des Romans gebunden sind. Sie rufen Zusammenhänge auf, die über die Geschichte der Startbahnbewegung hinausreichen. Sie führen hitzige Debatten, die heute und morgen geführt werden müssten - wenn die Rezipienten der Geschichte der Startbahnbewegung das »Damals war alles ...« abgelegt haben.
Dabei genießen sie ein außerordentliches Privileg, das es nur im Roman zu vergeben gibt: Sie diskutieren in ihrer Zeit über das Gewesene. Sie problematisieren, sie polarisieren, sie spitzen zu. Sie lassen Gefühle zu, verraten Privates - ohne Gefahr zu laufen, erkannt zu werden.
›Clara‹ und ›Johan‹ sind *wirklich* fantastische Gestalten - im doppeldeutigen Sinne. Sie sind der lebende Beweis, dass jede Vergangenheit nur von der Gegenwart (des Erzählens) aus zu betrachten ist. Wer immer Geschichte erzählt, rekonstruiert, schreibt notwendig seine Gegenwart hinein. Und zur Geschichte gehört nicht nur, das zu erzählen, was passiert ist, sondern auch an das zu

erinnern, was Fantasie geblieben ist, was damals nicht Geschichte werden konnte. Fantasien, die noch voller Zukunft sind. Dazu gehört die Geschichte ›Und die Mauer brennt doch‹ – ein Vorhaben, das im letzten Augenblick vereitelt wurde – zu schön, um es in der Wirklichkeit enden zu lassen. Und noch eine weitere Geschichte konnte sich so nicht ereignen wie sie im Buch erzählt wird: Die nächtliche Fahrt von Alkem-Nukem in Hanau nach Geesthacht zum staatlichen Atomforschungszentrum ›GKSS‹. Worauf ›Clara‹ und ›Johan‹ durch Zufall gestoßen waren, ist ein ›Atomunfall‹ im Jahre 1986 nahe des staatlichen Forschungszentrums, der bis heute mit Lügen, falschen Fährten, massiven Einschüchterungen und gefälschten Gutachten vertuscht werden soll. Nur die weltweit größte Leukämiedichte rund um Geesthacht konnte damit nicht aus der Welt geschaffen werden.

Die Sicht der Polizei...

Die Geschichte rund um die tödlichen Schüsse und die damit berührten 80er Jahre zu schreiben, schloss auch den Versuch ein, das Vorgehen der Polizeiführung, das Agieren der SOKO Strom und der SOKO 18 West (nach dem 2.11.1987) anhand von Originalquellen nachzuzeichnen.
Den ersten Versuch verdankte ich einem Zufall. 2001 rief mich ein Freund an: »Lies heute einmal ausnahmsweise die FAZ, da wirst du auf einen alten Bekannten stoßen.« Und in der Tat fiel ich aus allen Wolken, als ich im Regionalteil dieser Zeitung einen Artikel über einen KHK Tietze las, der im Polizeipräsidium Bad Homburg festgenommen worden war. Ihm wurde vorgeworfen, Daten aus Polizei- und Fahndungscomputern an eine private Sicherheitsfirma verkauft zu haben. Dass Daten aus Polizeicomputern in andere, nicht autorisierte Hände gelangen, war sicherlich keine Überraschung. Bemerkenswert an diesem Fall war hingegen, dass es an die ›große Glocke‹ gehängt wurde.
Walter Tietze war vielen aus den Zeiten des Frankfurter Häuserkampfes 1980/81, im Zuge der groß angelegten Repressionswelle gegen den so genannten ›Schwarzen Block‹, von der Startbahn und in vielen Verhören nach dem 2.11.1987 bekannt. Es war ein offenes Geheimnis, dass er in der Frankfurter Staatsschutzabteilung gearbeitet hatte und auf autonome, anarchistische Gruppen angesetzt worden war. Da er auch im Rahmen der Fahndungsmaßnahmen gegen StrommastaktivistInnen auftauchte, mutmaßten viele, dass er zu der 1986 gegründeten ›SOKO Strom‹ im Hessischen Landeskriminalamt gehört hatte, die nach dem 2.11.1987 in die ›SOKO 18 West‹ aufgelöst worden war. Doch all das blieben mutmaßliche Zuordnungen. Nach Beendigung der Startbahnprozesse 1991 verschwand der Staatsschutzbeamte Tietze – für viele – von der Bildfläche. Spekulationen, er sei ›aus dem Verkehr gezogen‹ worden,

ins LKA nach Wiesbaden versetzt worden, waren nahe liegende Erklärungen und typische Karrieren - mehr auch nicht.
Eine Woche später fiel mir ein weiterer Artikel in die Hände: »CDU-Politiker und Polizist will gestehen. Der Bad Homburger Polizeihauptkommissar und Niddaer CDU-Politiker Walter Tietze, dem Bestechlichkeit und Geldwäsche vorgeworfen werden, will am Donnerstag ein Geständnis ablegen. Das kündigte Tietzes Anwalt Rolf Kärcher an. Kärcher geht davon aus, dass Tietze seine politischen Ämter niederlegen wird. Tietze ist sowohl Vorsitzender des Stadtverbandes Nidda (Wetteraukreis) als auch der CDU-Fraktion im Stadtparlament. Das Pikante an dem Fall: Tietze hat sich als Politiker in Nidda stets als Vorkämpfer für Recht und Ordnung hervorgetan. Am Montag vergangener Woche war der 52-jährige Polizeihauptkommissar festgenommen worden. Ihm wird vorgeworfen, als Kommissar der Bad Homburger Polizei Erkenntnisse aus dem polizeilichen Fahndungssystem (Informationen über Personen, Firmen, Kraftfahrzeughalter oder Telefonanschlüsse) an Privatdetektive weitergegeben zu haben. Dafür habe er einen Tagessatz von 500 Mark kassiert. Das Geld sei an eine Unternehmensberatungsgesellschaft seiner Frau geflossen, die es auf Familienkonten transferiert habe. Tietze sitzt wegen Verdunklungsgefahr in Untersuchungshaft.«[77]
Selbst die ›Titanic‹ hätte das Doppelleben eines Law-and-Order-Mannes nicht besser karikieren können. Was noch wie ein kriminelles Geschäft eines entgleisten Kommissars aussah, entpuppte sich bei genauerem Hinsehen und ein wenig Recherche als eine kriminelle Struktur, in der aktive und ehemalige Polizeibeamte, Ex-Geheimdienstmitarbeiter und staatliche Stellen so etwas wie einen ›verdeckten Krieg‹ führen.
Denn was die Frankfurter Rundschau für ein Geschäft mit ›Privatdetektiven‹ hielt, war verharmlosend und verschleierte gewollt oder ahnungslos die tatsächlichen Geschäftsbeziehungen. KHK Tietze hat nicht mit ›Privatdetektiven‹ kleine kriminelle Dinger gedreht, wie es der FR-Artikel suggerieren will. Er war ›freier‹ Mitarbeiter der Frankfurter Sicherheitsfirma ›KDM‹, ein Firmenkürzel, hinter dem sich nichts weiter als die Initialen seines Inhabers verbergen: Klaus-Dieter Matschke. Dessen berufliche Karriere liest sich wie aus einem schlechten Kriminalroman: Er war V-Mann des niedersächsischen Verfassungsschutzes[78], wurde 1990 zum Kriminaloberrat ernannt und war Sicherheitsbeauftragter des Landes Sachsen-Anhalt. Nach Recherchen des Journalisten Gerhard Wisnewski wurde Klaus-Dieter Matschke als »Kontaktmann bundesdeutscher Geheimdienste« geführt und soll in der Vergangenheit »für den BND (Bundesnachrichtendienst) die deutsche Terrorszene infiltriert haben«.[79] In der Urteilsbegründung gegen Matschke und & Co. aus dem Jahr 2004 liest sich das leicht vernebelt so: »Offenbar hat er bereits damals (in den 70er Jahren, d.V.) begonnen, für

den Verfassungsschutz des Bundes zu arbeiten.«[80] Dazu passen seine »Verbindungen zum Verfassungsschutzbeamten Klaus Vogt, der bei dem vom Verfassungsschutz fingierten Anschlag auf das Celler Gefängnis im Jahre 1978 (›Celler Loch‹) Einsatzleiter war«[81].

In der staatlichen und privaten ›Sicherheits‹-Branche gilt Klaus-Dieter Matschke als »Mann fürs Grobe«[82], der ideale Mann für Großfirmen und staatliche Geheimdienste, wenn es darum geht, »schneller als der Dienstweg«[83] zu agieren - eine flotte Umschreibung für Rechtsbrüche (Verwanzen von Wohnungen, Peilsender unter Fahrzeugen, Einsatz von Richtfunkmikrofonen etc.) und illegalen Methoden zur Beschaffung von ›Beweismitteln‹. Wie gut die Verzahnung von privaten und staatlichen Sicherheitsinteressen funktionierte, beweist auch das Personal, das ›KDM‹ eingekauft hatte und mit Walter Tietze zusammen auf der Anklagebank saß: Herr Fach z.B. brachte es beim Hessischen Landeskriminalamtes bis zum Ersten Kriminalkommissar, ein Herr Thiele war Kriminalhauptkommissar, dessen Schwerpunkt ein »mobiles Einsatzkommando« war.

Die kriminelle Verfilzung von sogenannten Sicherheitsfirmen mit aktivem und ehemaligem Personal aus Polizei- und Geheimdiensten, ihre Indienstnahme durch staatliche Stellen, wenn man »schneller als der Dienstweg« sein will, die politische Protektion, der man sich dadurch sicher sein kann, ist nur noch durch den Umstand zu steigern, dass KHK Tietze im Polizeipräsidium in Bad Homburg mehr war als ein Polizeihauptkommissar: Er war dort Leiter der Staatsschutzabteilung, die für Links- und Rechtsextremismus gleichermaßen zuständig ist. Man muss nicht spekulieren, wie sein Kampf gegen den ›Rechtsextremismus‹ ausgesehen hat, ein Rechtsextremismus, der in Teilen der CDU längst Mitte, heute würde man sagen, zur Kernkompetenz der Partei geworden ist.

Nachdem sein polizeilicher Werdegang durch den im Jahr 2004 eröffneten Prozess bekannt geworden war - und sich damit unsere Vermutungen bestätigten -, schrieb ich an das Polizeipräsidium in Bad Homburg, mit der Bitte um ein Interview. Die Antwort seiner Vorgesetzten ließ nicht lange auf sich warten: Man habe kein Interesse daran, dass sich der mittlerweile in vorzeitigen Ruhestand versetzte Kollege Tietze zum Startbahnkomplex äußere.

Nachdem ich erfuhr, dass alle diesbezüglichen Unterlagen aus dem Frankfurter Polizeipräsidium und aus dem LKA an das Hessische Hauptstaatsarchiv überstellt worden waren, stellte ich im Jahr 2006 einen Antrag, die dort eingelagerten Unterlagen zum Startbahnkomplex einsehen zu dürfen.

Obwohl seit dem 1.1.2006 das Gesetz zur Regelung des Zugangs zu Informationen des Bundes, kurz ›Informationsfreiheitsgesetz‹, in Kraft getreten war und dieses auf die Ländergesetzgebung übertragen werden sollte, geschah

genau dies in Hessen nicht. Somit galten die Schutzfristen von sage und schreibe 30 Jahren immer noch, die man per Antrag auf 20 Jahre verkürzen konnte - wenn man gegenüber den »schutzwürdigen Belangen der betroffenen Personen und Dritter« ein »erhebliches Überwiegen des öffentlichen Interesses« geltend machen kann. Angesichts der herausragenden Bedeutung des Startbahnkonfliktes weit über Hessen hinaus schien mir es ein Leichtes zu sein, dieses »öffentliche Interesse« glaubhaft zu machen. Der Leitende Archivdirektor Dr. Eiler sah das ganz anders: Er lehnte sowohl meinen Erstantrag als auch meinen Widerspruch gegen seinen Ablehnungsbescheid - jeweils stereotyp gleichlautend - ab: »Wie bereits in meinem Bescheid vom 21.9.2006 dargelegt, ist ein erhebliches Überwiegen des öffentlichen Interesses an der Durchführung Ihres Forschungsvorhabens nicht zu erkennen.«
So viel zum wesentlichen Merkmal eines Rechtstaates, in dem Handlungen des Staates überprüfbar sein müssen - erst recht, wenn sie zwanzig Jahre zurückliegen. Angesichts dieser fortgesetzten Vermummung staatlichen Handelns blieb mir nichts anders übrig, als alle anderen Quellen zusammenzutragen und daraus Annäherungen zu wagen, die das Einsatzkonzept der Polizeiführung am 2.11.1987, die Aktivitäten der SOKO Strom und SOKO 18 West anbelangen. Trotz der fehlenden Einsicht in 218 Stehordner, die in orwell'scher Diktion als »öffentliches Archivgut« im Hessischen Hauptstaatsarchiv sicherheitsverwahrt werden, hoffe ich, dass ich durch Prozessakten, durch das Zusammentragen vieler kleiner Details, die in den Startbahnprozessen öffentlich wurden, eine recht präzise Beschreibung polizeilicher Vorgehensweisen leisten konnte. Wie gesagt, im Jahr 2016 besteht die Möglichkeit, meine Annahmen im Lichte dieses weggesperrten Archivgutes zu überprüfen.

Ich möchte dieses Buch all jenen widmen, die mein Leben ganz wesentlich geprägt haben. Dazu gehören ganz zweifellos die zehn Jahre meines Lebens an der Startbahn, ›draußen‹. Viele werden beim Lesen nicht nur auf Bekanntes stoßen. Ganz wichtige, einschneidende Ereignisse wurden und konnten nur als Gerücht erzählt werden, vieles, was man an der Startbahn hören konnte, musste vage bleiben - manches wurde auch gewollt falsch erzählt. Einige werden überrascht sein, dass sich markante Ereignisse ganz anders abgespielt haben, als sie sie in ›Erinnerung‹ haben.

Für gewöhnlich wird die militante Geschichte der Startbahnbewegung den ›Autonomen‹ zugeschrieben. Das ist glücklicherweise auch falsch. In diesem Buch werden viele Personen und Biografien lebendig, die diesem Klischee auf eine wunderbare Art und Weise widersprechen. Es werden Menschen sichtbar, die aus jedem gewohnten und beruhigenden Klischee fallen: Sie gingen ganz normalen Berufen nach und fällten nachts Strommasten. Sie hatten kein jugendliches, studentisches Milieu um sich, sondern gutbürgerliche Familienstrukturen. Sie lebten nicht in besetzten Häusern, sondern besaßen z.T. Häuser, die für viele(s) offen waren. Was sie taten, geschah nicht im Zuge einer politischen Mode, nicht aufgrund einer bestimmten Szenezugehörigkeit. Wofür sie sich entschieden, war nicht nur politischer Natur. Ein Leben, das eigentlich ganz anders gedacht und geplant war, geriet aus der Bahn. Den Mut mancher konnte ich erst 20 Jahre später ermessen und bewundern - dank ihrer Bereitschaft, Ereignisse zu erzählen, die ich damals (vielleicht) gar nicht so genau wissen wollte. Sie sind auf ihre, auf eine neue, faszinierende Art Militante geworden.

Natürlich richtet sich dieses Buch auch an all die LeserInnen, für die das erst einmal ein historisches Ereignis ist oder schlicht eine spannende Geschichte. An LeserInnen, die in ein Leben eintauchen wollen, das nicht ihres ist. Am Anfang werden sie den sicheren Abstand zwischen ihrem Leben und dieser Geschichte verspüren. Und ich hoffe, dass mit der Zeit dieser sichere Abstand schmilzt und dass sie sich am Ende des Buches vielleicht wundern, wo ihre Distanz geblieben ist.

Anmerkungen

1 www.kz-walldorf.de
2 www.kz-walldorf.de
3 www.kz-walldorf.de
4 Naturschutzgebiet Mönchbruch, Hrsg. Regierungspräsidium Darmstadt
5 Förderverein ›Umwelt- und Kulturzentrum Mönchbruch‹
6 FAZ vom 2.12.1985
7 Hans Neitzel, Leiter der Pressestelle im Frankfurter Polizeipräsidium, FAZ vom 1.7.1982
8 FR vom 20.11.1981
9 FR vom 20.11.1981
10 Kriminalkommissariate K 41/42 (Politisch motivierte Kriminalität)
11 BILD vom 29.7.1981
12 Der Offene Brief wurde im Pflasterstrand, Nr. 112, August 1981 abgedruckt.
13 Abkürzung für Zielpersonen
14 Telefonmitschrift des Hessischen Landeskriminalamtes - SOKO 18 West - Spur 32
15 Dieses Wort verwendete ein als Zeuge geladener Polizist im Startbahn-Prozess. Mit »dislozieren« ist bei Militärs die räumliche Verteilung von Truppen gemeint.
16 Draußen: Gängiges Synonym für den Ort des Konfliktes um die Startbahn18 West.
17 »Region im Widerstand - Zur Geschichte des Konflikts um die Startbahn 18 West«, Heinrich Krobbach, SP-Verlag, Marburg, 1985, S.38
18 Wilma Treber/BI Mörfelden-Walldorf, aus: Das Dorf im Flörsheimer Wald, Horst Karasek, 1981, S.8/9
19 Süddeutsche Zeitung vom 3.11.1981
20 Polizeiliche Maßnahmen aus Anlass des Baues der Startbahn 18-West, Dokumentation - Erfahrungen, Hrsg. Der Polizeipräsident in Frankfurt a.M., 1984, S.29
21 CN-Reizstoffnebelwerfer
22 Bürgerinitiative gegen die Flughafenerweiterung Frankfurt Rhein-Main (Hrsg.), Nur wer sich bewegt, spürt seine Fesseln, 1982, S.19
23 »Region im Widerstand - Zur Geschichte des Konflikts um die Startbahn 18 West«, Heinrich Krobbach, SP-Verlag, Marburg, 1985, S. 94
24 ›Sanigruppen‹ entwickelten sich in den Reihen der Startbahnbewegung. Unter Anleitung von Ärzten machten sie ›Fortbildungsmaßnahmen‹ in puncto Erster Hilfe und Notfallmedizin.
25 Beweissicherungseinheiten
26 Zeugenaussage von Frank Blank, Kraftfahrer und Schüler (22), aus: Frankfurt, Rohrbachstrasse 3-19, Hsg. Die Grünen im Römer Frankfurt, 1982

27 FAZ vom 9.11.1981

28 Frente Farabundo Marti de Liberación (FMLN)

29 Thomas Müntzer wurde 1490 in Stolberg im Harz geboren. Als Priester und Vertreter der Reformation machte er sich ab 1520 einen Namen. Zunächst ein Parteigänger Martin Luthers, wandelte sich Müntzer zum schärfsten Kritiker des Reformators. Müntzers Visionen gingen weit über die Veränderungen, die Luther anstrebte, hinaus. Während des großen deutschen Bauernkrieges setzte sich Müntzer 1525 an die Spitze des Aufstandes in Thüringen. Am 15. Mai 1525 wurden die Bauern bei Frankenhausen vernichtend geschlagen und 6.000 Aufständische getötet. Nach schwerer Folter ließen die siegreichen Fürsten Müntzer am 27. Mai 1525 mit dem Schwert enthaupten. Thomas Müntzer zählte zu den wichtigen revolutionären und nationalen Identifikationsfiguren in der DDR. In Bad Frankenhausen wurde dieser Schlacht mit einen Monumentalgemälde im Bauernkriegspanorama ein Denkmal gesetzt.

30 »Luther Blissett, Q«, Piper München Zürich, 2002, S.131-133, Thomas Müntzer in Mühlhausen 1525. ›Q‹ ist ein fantastischer Roman, der die Dialektik von Revolution und Verrat in die Zeit der Bauernkriege verlegte.

31 aus: Operation 1653, Bernd Langer , Harzcore an der Startbahn-West, , S.147-153, Plättners Verlag/Rotes Antiquariat, 2004

32 Molotow Cocktails, ein in Flaschen abgefülltes Benzin-Öl-Gemisch

33 DKP (Deutsche Kommunistische Partei)

34 VVN (Vereinigung der Verfolgten des Naziregimes)

35 Werbung von Mercedes Benz für den neuen Hochdruckwasserwerfer WaWe 9

36 Ak vom 21. Oktober 1985

37 Innerhalb der Startbahnbewegung und autonomer Zusammenhänge gab es eigene Sanigruppen, die Erste Hilfe leisteten und mit einem roten Kreuz, dessen oberer Balken in einer Faust mündete, gekennzeichnet waren.

38 Pourquoi pas!, frz. Spielfilm von Coline Serreau, 1977

39 G (Geld) - W (Ware) - G" (Geld)

40 Im Startbahnprozess bestätigte Polizeidirektor Rolf May, dass KHK Klaus Eichhöfer darum gebeten hatte, über die »Räumungslinie« hinaus vorzurücken. Einsatzleiter Rolf May wies ihn zurück: »Doch das habe ich ihm nicht erlaubt.« FR vom 28.3.1990

41 Eine Anspielung auf einen gleichnamigen, von Klaus Viehmann u.a. verfassten Text, der den »überkommenen Klassenbegriff«, in dem Geschlecht und Rasse »unsichtbar« sind, durch den »triple oppression«-Ansatz (Kapital, Patriarchat und Rassismen) erweitert/neu bestimmt.

42 Ulrike Meinhof, einen Leitgedanken der Black-Panther-Bewegung in den USA wiedergebend, 1968

43 Verkaufsanzeige von J.P. Sauer & Sohn GmbH aus dem Jahr 1987

44 »Ihr habt unseren Bruder ermordet. Die Antwort der Brüder des Gerold von Braunmühl an die RAF« rororo aktuell 12318, 1987, Anhang: »Die Kritik an der RAF-Politik ist zugleich eine Kritik an uns selbst« – Autonome zur RAF, S.117-124

45 Die ungekürzte Fassung findet sich im Schwarzen Faden SF-23 (1/87)

46 Am 77. Verhandlungstag, am 27.3.1990 bestätigte der Einsatzleiter May, dass am 2.11.1987 Zielfahnder in der Nähe der Startbahn West eingesetzt waren. Da es sich um Observationskräfte aus einem anderen Einsatzgebiet handelte, wusste er nicht, mit welchem Auftrag diese unterwegs waren.

47 Bundesanwaltschaft in Karlsruhe

48 Taz vom 24.6.1986

49 § 129a: »§ 129a Bildung terroristischer Vereinigungen

(1) Wer eine Vereinigung gründet, deren Zwecke oder deren Tätigkeit darauf gerichtet sind,

1. Mord (§ 211) oder Totschlag (§ 212) oder Völkermord (§ 6 des Völkerstrafgesetzbuches) oder Verbrechen gegen die Menschlichkeit (§ 7 des Völkerstrafgesetzbuches) oder Kriegsverbrechen (§§ 8, 9, 10, 11 oder § 12 des Völkerstrafgesetzbuches) (...)zu begehen, oder wer sich an einer solchen Vereinigung als Mitglied beteiligt, wird mit Freiheitsstrafe von einem Jahr bis zu zehn Jahren bestraft (...)

50 Telefonmitschrift des Hessischen Landeskriminalamtes - SOKO 18 West - Spur 32

51 Taz vom 30.8.1988

52 Abendpost-Nachtausgabe vom 3.11.1987

53 zitiert nach Der Spiegel, Nr.46/1987, S.18

54 zitiert nach Der Spiegel, Nr.46/1987, S.18

55 Ministerpräsident Wallmann/CDU

56 zitiert nach Der Spiegel, Nr.46/1987, S.18

57 zitiert nach Der Spiegel, Nr.46/1987, S.18

58 zitiert nach Der Spiegel, Nr.46/1987, S.23

59 zitiert nach Der Spiegel, Nr.46/1987, S.19

60 Polizei- und Defensivwaffenverständiger Heinz J. Stammel, aus taz vom 6.4.1988

61 Angelika Claußen, Vorsitzende der deutschen Sektion »Internationale Ärzte für die Verhütung des Atomkrieges/Ärzte in sozialer Verantwortung« (IPPNW), nach: FR vom 6.4.2006

62 Red Skies Over Paradise/*Cruise missiles*, Fischer-Z, 1981

63 Autonome in Bewegung, A.G. Grauwacke, Association A, Berlin 2003, S.27

64 Mit zahlreichen Aufklebern, Spuckies, witzigen Motiven und bissigen Sprüchen, mit Veranstaltungen und juristischen Ratgebern wurde zu Aussageverweigerungen aufgerufen.

65 Plattform zu den 2.11. Prozessen - zu der aktuellen Situation und für die Diskussion - verfasst von autonomen Gruppen des Rhein-Main-Gebietes, taz vom 23.2.1989.

66 Darin widersprach er dem Vorwurf, jemanden verraten zu haben und rief zur Solidarität auf.

67 ›Wir möchten Dir ganz klar sagen...‹, taz vom 14.3.1988

68 FR vom 24.2.1989

69 Oberlandesgericht (OLG)

70 FR vom 21.2.1989

71 FR vom 5.12.1990

72 FR vom 5.12.1990

73 FR vom 16.3.1991

74 Gladio - Geheimarmee der Nato, Dr. Ganser, Zentrum für Sicherheitsforschung (CSS) in Zürich.

75 Hans-Joachim Klein, Rückkehr in die Menschlichkeit. Appell eines ausgestiegenen Terroristen, Rowohlt, 1979

76 Machtübernahme - Die Väter der 68er, Götz Aly, Frankfurter Rundschau vom 30.01.2008

77 Fr vom 24.10.2001

78 Taz vom 20.8.1992

79 Berlin Online vom 20.2.1998

80 Az. 5/12 KLs-5130 Js 230592/01 (8/03), Landgericht Frankfurt

81 s.o.

82 www.sicherheits-berater.de/2001

83 Detektive, Manager-Magazin vom 1.3.1988

Zeittafel

1961 – Flughafen Frankfurt/Main Aktiengesellschaft/FAG gibt Ausbaupläne bekannt

Die FAG übersendet der Gemeinde Mörfelden einen Generalausbauplan des Flughafens, mit der Aufforderung, alle baurechtlichen Vorschriften zu ändern, die dem Erweiterungsplan im Weg stehen. Die Gemeindevertretung Mörfelden lehnt ab.

28.12.1965 – Die FAG stellt Antrag

Die FAG stellt offiziell den Antrag an den hessischen Wirtschaftsminister zum Bau der Startbahn 18 West mit einer Länge von 4000 Metern und zur Verlängerung der bestehenden Pisten. Im selben Jahr wird die »Interessengemeinschaft zur Bekämpfung des Fluglärms/IGF« gegründet.

1968 – Erstes Planfeststellungsverfahren

Nachdem die zuständigen Behörden eingestehen mussten, dass über 4.000 Einsprüche übergangen wurden, musste das Planfeststellungsverfahren wiederholt werden.

1971 – Zweites Planfeststellungsverfahren

Das verwaltungsrechtliche und juristische Prozedere fährt sich fest. Zwei im Jahr 1976 ergangene Urteile privater Kläger deuten sogar darauf hin, dass die Startbahn West überhaupt nicht mehr gebaut werden würde.

1978 – Schleichwege

Die hessische Landesregierung verkauft klammheimlich 303 Hektar Wald an die FAG. Die eine Hälfte ist zur Bahnverlängerung gedacht, die andere für die noch nicht genehmigte Startbahn West. Im selben Jahr wird die »Parteienaktionsgemeinschaft gegen die Flughafenerweiterung« gegründet. Sie besteht aus örtlichen Parteigliederungen der CDU, FDP, SPD und DKP.

20.1.1979 – Gründung der »Aktionsgemeinschaft gegen die Flughafenerweiterung«

Einige Monate später wird sie in »Bürgerinitiative gegen die Flughafenerweiterung Frankfurt Rhein-Main« (BI) umbenannt. Bereits ein Jahr später sind darin über 25 Ortsgruppen vertreten. Im Stadtparlament Mörfelden-Walldorf schließen sich im selben Jahr SPD, CDU, DKP und FDP zu einem bis dato einmaligen Parteienbündnis gegen die geplante Startbahn 18 West zusammen.

12.1.1980 – Nazi-Überfall

Nachdem sich einige Dutzend AntifaschistInnen vor einem Informationsstand der neonazistischen Organisation an der Katharinenkirche/Hauptwache versammelt haben, stürmt plötzlich ein mit Schlagstöcken, Axtstielen und Gaspistolen bewaffneter Nazitrupp auf die AntifaschistInnen.

Frühjahr 1980 – Frankfurter Flughafen als ›Transitstelle‹ für Rapid Deployment Force/RDF-Einheiten Richtung Nahen/Mittleren Osten

Auf der Frühjahrstagung der Nato garantieren »alle europäischen Staaten, einschließlich der BRD«, den USA »Überflugrechte für US-Maschinen mit Kampftruppen zu gewähren, Flugplätze und Häfen für den Umschlag von Nachschub zur Verfügung zu stellen.« Der Spiegel 21/1981

1980ff – Der rechte Rand in der Mitte der CDU

Die ›Stahlhelmfraktion‹ in der (hessischen) CDU legt geheime Depots u.a. in der Schweiz an. Der Ex-Rechtsaußen und hessische Innenminister Kanther bezeichnet sie zackig als »Kriegskassen« gegen die allzeitige rote Gefahr: »Kanther, Weyrauch und Wittgenstein hatten nach eigener Darstellung Anfang der 80er Jahre 20,8 Millionen Mark (knapp elf Millionen Euro) von geheimen Parteikonten in Frankfurt über verschlungene Wege in die Schweiz verschoben.« FR vom 1.12.2004

3.5.1980 – Beginn des Hüttendorfes

Am 3.5.1980 wird von der BI im Flörsheimer Wald die erste Hütte des späteren ›Hüttendorfes‹ errichtet.

25.6.1980 – Die Würde ist weg

»Das Wort ›Würde‹ im Spruchband am Frankfurter Justizgebäude wurde gestohlen.« FR vom 25.6.1980

22.7.1980 – Sofortvollzug

Obwohl noch verschiedene Klagen vor dem Verwaltungsgerichtshof in Kassel anhängig sind, obwohl das abschließende Urteil im Hauptverfahren noch aussteht, verfügt die hessische Landesregierung den Sofortvollzug des Baus der Startbahn 18 West.

20.10.1980 – Beginn der Rodung des 7 Hektar Geländes

Als bekannt wird, dass die FAG Holzfäller in den Wald schickt, wird die BI-Alarmliste in Gang gesetzt. Die Holzfällarbeiten müssen vorläufig eingestellt werden.

21.10.1980 – Blockade des Terminals am Frankfurter Flughafen

Ein Autokorso mit über hundert Fahrzeugen blockiert über zwei Stunden die An- und Abfahrtsstraße des Terminals der FAG.

27./28.10.1980 – Räumung des 7-Hektar-Geländes

Die BI mobilisiert über Nacht mehr als 3.000 Menschen in den Wald, nachdem sie erfahren hatte, dass die Baumfällarbeiten unter massivem Polizeischutz fortgesetzt werden sollten. Daraufhin verschiebt die Polizei ihre Deckungsarbeiten um einen Tag und errichtet rund um das zu rodende 7-Hektar-Gelände Stacheldrahtsperren: »Diese Auseinandersetzungen um 7 Hektar Wald gehen mehrere Tage und Nächte. Polizei sichert die gerodete Fläche mit Natostacheldraht, die FAG errichtet einen leichten Drahtzaun mit Holzpfosten.« Keine Startbahn West, BI gegen die Flughafenerweiterung Frankfurt am Main, Verlag 2000, 1981, S.115/116

2.11.1980 – Kundgebung statt Platzbesetzung

Nachdem bekannt wurde, dass die Polizei mit starken Kräften eine Bauplatzbesetzung zu verhindern suche, ruft die BI zu einer Kundgebung auf, an der sich über 14.000 BürgerInnen beteiligen.

10.12.1980 – Stadt Flörsheim verkauft Wald an die FAG

4.000 StartbahngegnerInnen demonstrieren in Flörsheim mit einem Fackelzug gegen den geplanten Verkauf des Flörsheimer Waldes an die FAG für über 20 Millionen DM. Zusätzlich sind 6,2 Millionen DM ›Prämie‹ ausgehandelt worden - eine flachbrüstige Umschreibung für Schmiergeldzahlungen.

11.12.1980 – Geplatzte Ratssitzung in Flörsheim

Die BI ruft zum unwiderstehlichen »Besuch« der Ratssitzung auf, die aufgrund des großen Interesses in die Flörsheimer Stadthalle verlegt werden musste. Trotz eines massiven Polizeiaufgebots kommt es zu Tumulten, als die Ratsmitglieder zur Abstimmung schreiten. Mit einer Strickleiter seilen sich StartbahngegnerInnen von der Tribüne ab und besetzen die Halle. Die Abgeordneten ergreifen die Flucht, die gerufene Polizei bereitet den Weg zu einer ›Saalschlacht‹. Noch in derselben Nacht winken in einem Hinterzimmer die CDU-Abgeordneten mit 23 gegen 0 Stimmen den Waldverkauf durch. Als Antwort werden im Garten des CDU-Stadtverordnetensprechers Bäume gefällt. (Horst Karasek, Das Dorf im Flörsheimer Wald, S.34/35)

Dezember 1980

Ein Anschlag auf einen Anflugsender im Vorfeld der Rollbahn verursacht nach Angaben der Fughafen Aktiengesellschaft (FAG) einen Schaden von hunderttausend Mark.

2.2.-5.2.1981 – Hearing im hessischen Landtag

Die Landtagsanhörung in Wiesbaden sieht nicht einmal ein »Fragerecht« der StartbahngegnerInnen vor. Das Ergebnis steht auch für Wirtschaftsminister Heinz Herbert Karry längst fest: »Die Startbahn West muss gebaut werden, egal wie die Anhörung ausgeht.« (Nur wer sich bewegt, spürt seine Fesseln, Hsg. Bürgerinitiative gegen die Flughafenerweiterung Frankfurt Rhein-Main, Verlag 2000, 1982, S.210)

chen in einer revolutionären Situation, in der alle gegen einen übermächtigen Gegner zusammenstehen müssen. Meine evangelischen Kollegen im Pfarramt und ich haben der hessischen Landesregierung wieder und wieder erklärt, dass nahezu alle Menschen hier im südlichen Vorfeld des Rhein-Main-Flughafens den Bau der Startbahn West als eine Zerstörung ihres Lebensraumes betrachten.« Pfarrer Wulf Boller, in: Das Dorf im Flörsheimer Wald, Horst Karasek, 1981, S.12

Im Schutz von mehr als 10.000 Polizeibeamten soll das als Baulos I ausgewiesene Gelände gerodet werden. Das Baulos I wird besetzt, zwei Holztürme errichtet. Tausende graben sich ein, umgeben von meterhohen Lehmwällen. Nach einem anfänglichen Versuch der Räumung wird die Polizeitaktik geändert und es beginnt ein mehrtägiger und nächtlicher Stellungskrieg. Hundertschaften der Polizei riegeln das Gelände weiträumig ab, um einen weiteren Zustrom von StartbahngegnerInnen zu verhindern. Mehrere Polizeiketten bilden einen Kessel um die Platzbesetzung - und setzen auf Zeit. Mit Erfolg.

8.10.1981 – Mauerbau

Unter massivem Polizeischutz wird eine Mauer entlang des Waldes gezogen, um die geplante Startbahn 18 West herum. Am Ende ist sie über neun Kilometer lang.

10./11.10.1981 – Blutsonntag

Vor der neu gezogenen Mauer wird eine Kundgebung abgehalten, die mit einem Gottesdienst eröffnet werden soll. Der Gottesdienst hat noch nicht begonnen, als die Versammlung von ca. 20.000 Menschen mit Wasserwerfern und Tränengasgranaten auseinandergetrieben wird. Polizeibeamte dreschen auf die fliehende Menschenmenge ein. Auf einer Pressekonferenz gibt die BI die Zahl von 40 schwer verletzten Demonstranten bekannt. Dieser brutale Polizeieinsatz geht als ›Blutsonntag‹ in die Geschichte der Startbahnbewegung ein.

23.10.1981

Demonstration von etwa 10 000 Startbahngegnern in Frankfurt zum Hessischen Rundfunk und zur Buchmesse.

2.11.1981 – Hüttendorfräumung

Die BewohnerInnen des Hüttendorfes werden völlig überrascht, als Hundertschaften der Polizei um neun Uhr das Dorf umstellen und die BewohnerInnen vom Gelände treiben. Kurz danach beginnen Bagger und Räumgeräte mit dem Abriss der Hütten. Die BI gibt einen bundesweiten Alarm aus, dem bis in die Nachmittagsstunden über 10.000 Menschen folgen. Es kommt zu von SEK-Einheiten verübten brutalen Polizeiausfällen, bei denen auch Gasgranaten und ›Pepperfog‹ eingesetzt werden. Im Laufe des Tages weitet sich der Protest über die Rhein-Main-Region aus: Um 17 Uhr versammeln sich etwa 4.000 StartbahngegnerInnen auf dem Frankfurter Paulsplatz. In einem Demonstrationszug ziehen sie zum Hauptbahnhof und blockieren dort die Gleise. Unter Schlagstockeinsatz wird der Hauptbahnhof geräumt. Daraufhin zieht die Demonstration weiter zur Alten Oper und zur Börse. SchülerInnen in Groß-Gerau hatten schon mittags zu Tausenden den Bahnhof blockiert, in Rüsselsheim passierte das gleiche. Es kommt zu Demonstrationen in Fulda, Berlin, Heidelberg, Freiburg, Göttingen, Darmstadt, Gießen, Hamburg, Bremen, Stuttgart, Tübingen...

3.11.1981 – Fackelzug durch Mörfelden, Polizeifalle in Frankfurt

Über 10.000 StartbahngegnerInnen protestieren in den Abendstunden mit einem Fackelzug durch Mörfelden gegen die Räumung des Hüttendorfes.
Um 23 Uhr beginnt ein Demonstrationszug durch Frankfurt. Der Polizeibericht fasst die Ereignisse so zusammen: »Nach 23.00 Uhr verlagerten sich die Ausschreitungen hauptsächlich in den Stadtteil Nordend. Zerschlagene Scheiben, Sachbeschädigungen an Pkw, Farbschmierereien, abmontierte Verkehrszeichen, ein demolierter rechtsgerichteter Buchladen, ein umgestürzter Bauwagen und Brandsätze an einer Bank waren das Ergebnis. Als ein sich in diesem Bereich neu gebildeter Aufzug in der Rohrbachstraße aufgelöst werden sollte, kam es erneut zu massiven Auseinandersetzungen mit den einschreitenden Polizeikräften. Dabei wurden die Beamten auch aus Fenstern und Hinterhöfen heraus beworfen. Die Anwendung des Schlagstockes wurde notwendig.« Polizeiliche Maßnahmen aus Anlass des Baues der Startbahn 18-West, PP Frankfurt, 1984, S.31

»Unser Sohn, Rainer, war dabei. In der Rohrbachstraße hat die Polizei alle eingekesselt und dann zusammengeschlagen. Rainer und die anderen konnten sich ja nicht wehren – sie konnten nicht raus. Er ist in einen Hauseingang gerannt, und zum Glück haben Leute ihn in ihre Wohnung hineingezogen. Sie haben uns angerufen, und wir holten ihn ab. Er war schön zugerichtet. An seinem Kopf war hinten alles aufgeplatzt. Ein halber Zahn war weg. Die Uhr war kaputt. Er konnte tagelang nicht sitzen und nicht liegen.« Bevor das Leben unerträglich wird... Frauen erzählen von ihrem Kampf, Klartext-Verlag, 1986, S.65

Buchladen ›Volk und Kosmos‹ in Frankfurt:
»Doch zurück ins Frankfurt der 80er Jahre. Zwar waren einige Akteure der VSBD mittlerweile nicht mehr aktiv, der wildeste von allen, Frank Schubert, sogar tot, aber die Gebrüder Müller, Arndt-Heinz Marx und andere waren der Staatsmacht noch in ›bester‹ Erinnerung. Besonders natürlich durch die Vorgänge auf der Zeil, der großen Frankfurter Einkaufsmeile, als linke Antifaschisten glaubten einen Info-Stand der VSBD stürmen zu müssen. Die VSBD'ler und an der Spitze Frank Schubert wehrten sich aber gegen eine gewaltige Übermacht ausgesprochen erfolgreich, sodass am Ende diese in Notwehr handelnden und ihren angemeldeten Info-Stand verteidigenden Kameraden wegen ›schwerem Landfriedensbruch‹ vor Gericht gestellt und zu hohen Strafen verurteilt wurden. Schubert war groß, kräftig und gewalttätig. Im Straßenkampf ersetzte er 5-6 andere wehrfähige Männer, aber er fuhr auch unverblümt die Gewaltschiene und machte sich schwerster Straftaten schuldig. Unvergessen ist noch die Geschich-

te, als Klaus Müller abends vorm Fernseher saß und die Hessenschau verfolgte, die gerade über einen bewaffneten Banküberfall berichtete. Gezeigt wurde dabei auch das von einer Überwachungskamera aufgezeichnete Bild des Täters. Ein bulliger, mit einem Flecktarnanzug bekleideter Mann mit Schusswaffe. Kurze Zeit später klingelte es bei Klaus Müller und vor der Tür stand ein bulliger, mit einem Flecktarnanzug bekleideter Mann: Frank Schubert. Später erschoss Schubert beim Versuch Waffen nach Deutschland zu schmuggeln zwei Schweizer Zollbeamte und richtete sich anschließend selbst. Obwohl wir seine Taten schon damals um keinen Preis gutheißen konnten, war er ja doch einer von uns und so gehörte zu unseren Aufmärschen am Heldengedenktag in Frankfurt auch stets der Besuch des Grabes von Frank Schubert ...
Mit einem Ralf Platzdasch zusammen hatte ›der alte Dietl‹ den Buchladen ›Volk und Kosmos‹ eröffnet und sich damit den Unmut des in Frankfurt beheimateten roten Pöbels zugezogen, der nun alles daran setzte, den Laden bzw. seine Betreiber zur Aufgabe zu zwingen. Anfänglich war nur demonstriert worden, später schoss man dann sogar mit Neunmillimeter-Munition durch die Frontscheibe des Ladens. Auch das hätte die Kameraden nicht in die Knie gezwungen, aber als man dann noch nachts einbrach, an den Wasserrohren manipulierte und so den ganzen Laden unter Wasser setzte, war nichts mehr zu machen, die Leute mussten aufgeben. Die gesamte Literatur war unbrauchbar geworden.«
Erinnerungen des Thomas Brehl, Leiter der Wehrsportgruppe Fulda/WSG und langjähriger Stellvertreter Michael Kühnens.

4.11.1981

»Stimmen zur Räumung
Zustimmung in den Reihen der CDU, Ablehnung in Kreisen der SPD - das ist der Tenor der Stellungnahmen zur Räumung des Hüttendorfes und den nachfolgenden Polizeieinsätzen gegen Demonstranten. Das SPD-Bezirksvorstandsmitglied Heidi Wieczorek-Zeul hat eine Sondersitzung des südhessischen SPD-Bezirksvorstandes gefordert. Ihre Begründung: ›Die südhessische SPD, die sich auf zwei Parteitagen gegen die Startbahn West ausgesprochen hat, muss Konsequenzen aus der Tatsache ziehen, dass zum ersten Mal in der Geschichte der Bundesrepublik unter sozialdemokratischer Regierungsverantwortlichkeit Polizeieinsätze in einer Grausamkeit gegen Bürger geführt werden, die wir sonst nur aus Bundesländern kennen, die von den konservativen Christdemokraten regiert werden.(...) Der hessische CDU-Vorsitzende Dregger äußerte seine Sorge über das Ausmaß der Gewalt bei der Räumung. Die ›beschämenden Vorkommnisse‹ ließen offenkundig werden, wie sehr das Rechtsbewusstsein und die demokratische Gesinnung in Teilen der Bevölkerung verloren gegangen seien. Das sei kein Problem der Polizei, sondern Aufgabe einer geistigen und politischen Führung, ›die immer weniger wahrgenommen wird‹.« FR vom 4.11.1981

»Blutige Bilanz
Die Bürgerinitiative (gegen den Bau der Starbahn West) veröffentlichte ... eine blutige Bilanz der Ereignisse (...): 21 Startbahngegner erlitten Kopfverletzungen,

die teilweise genäht werden mussten; dreimal bestand Verdacht auf Schädelbasisbruch; eine Wirbelsäulenprellung mit Frakturverdacht; 16 Arm- oder Handbrüche; zahlreiche Gesichtsverletzungen; unzählige Prellungen ...« FR vom 4.11.1981

»Ein Schaden von 250.000 Mark entstand im Stadtwald an der Isenburger Schneise (...) Dort stand eine Holzbaracke mit der technischen Einrichtung für ein Funkfeuer des Rhein-Main-Flughafens. Die Einrichtung wurde durch das Feuer vollständig zerstört. Nach Angaben der Bundesanstalt für Flugsicherung war die Sicherheit dadurch nicht gefährdet. FAG-Sprecher Erich Becker: ›Eine Gruppe von Flughafengegnern ist zu allem bereit.‹« FR vom 4.11.1981

4.11.1981 – Funkhaus belagert

»Mehrere tausend Demonstranten belagerten am Mittwochabend nach Angaben der Polizei in Frankfurt das Gebäude des Hessischen Rundfunks. Einige Dutzend waren in das Funkhaus eingedrungen. Sie forderten, im Regionalprogramm des Fernsehens gehört zu werden.« Abendpost vom 5.11.1981

7.11.1981 – Nackten-Sonntag

Unter dem Eindruck der Hüttendorfräumung, aber vor allem unter dem Eindruck einer nie gekannten polizeilichen Brutalität, rief die BI zu einer Großdemonstration am Bauplatzgelände im Wald auf. Über 30.000 folgen diesem Aufruf. Angst, Wut, Ratlosigkeit, Rachegefühle und praktische Überforderung stehen eng beieinander. Während mehrere ausgesuchte BI-Vertreter mit nacktem Oberkörper und ›fliegenden Teppichen‹ an einer abgesprochenen Stelle die Natodrahtrollen überqueren, um ein angebliches Moratorium durchzusetzen, werden über 30.000 Startbahngegner zur Kulisse eines kafkaesken Aktes. Ob diese faktische Entmündigung der Massen dem politischen Selbstverständnis des BI-Sprecherkreises geschuldet war oder der panischen Angst, von den Ereignissen nicht überrollt zu werden, lässt sich schwer klären. Die massive Kritik, auch aus BI-Ortgruppen, führte zu einem selbstkritischen Erklärungsversuch: »Wir haben Fehler gemacht: Aufgrund der mangelnden Zeit und weil unsere Organisationsstruktur nach sechs Wochen Dauerstress aufgerieben ist, wurde die Aktion am Samstag nur unzureichend vorbereitet. Deshalb hat der Informationsfluß zwischen uns und zu euch nicht ausreichend funktioniert. Wir sind auf die Polizeitaktik hereingefallen; so konnten die 50 Leute auf dem Gelände von der Masse abgeschnitten werden. Sie haben sich durch die unerwartete Anwesenheit von Gries dazu hinreißen lassen, unsere Forderungen vorzutragen und haben uns damit aktionsunfähig gemacht und befriedet. Unverzeihlich ist, dass wieder einzelne BI-Sprecher dem eigenen Konzept entgegengearbeitet haben und uns daran gehindert haben, gemeinsam den Zaun zu überwinden. Dieser Fehler ist folgenschwer, denn wir haben damit die Chance verspielt, an diesem Tag massenhaft offensiv zu werden.

Wir wissen, dass wir dadurch viel Vertrauen und Sympathie verloren haben.« Frankfurter Bürgerinitiative gegen die Flughafenerweiterung, 1981
In Stuttgart legt eine Solidaritätsdemonstration mit 4.000 Teilnehmern den Hauptbahnhof lahm und besetzt anschließend den Busbahnhof des Flughafens.

9.11.1981 – Narita als Vorbild

»Blicken wir mal für einen Moment ins Archiv: Da gab es den ebenfalls elf Jahre währenden Streit um den neuen Großflughafen Narita bei Tokio. Mit einer Flut von Meldungen und Berichten, mit Gewalt, Hass, Zerstörungen, Straßenschlachten und sechs Toten. Im Mai 1979 ging der Flughafen in Betrieb; es folgten noch ein paar Sabotageakte. Seither ist das Thema aus den Faszikeln verschwunden. Es existiert nicht mehr. Eine beherzigenswerte Lehre – auch für den Minister Gries.« FAZ vom 9.11.1981

»›Schon 42 Demonstrationen hatten wir dieses Jahr in Frankfurt. Bei 30 von ihnen war ich dabei‹, sagte ein Oberkommissar (35). Wenn er abends nach Hause kommt, fragt ihn sein Sohn: ›Habt ihr wieder auf Startbahngegner losgeknüppelt?‹. Polizeisohn Michel (10):›In der Schule rufen sie hinter mir her: Dein Vater verprügelt wehrlose Demonstranten.‹« Bild-Zeitung vom 9.11.1981

Bild-Interview mit dem hessischen Innenminister Ekkehard Gries:
»Bild: Ist Ihr Vorschlag, beim Flughafen-Ausbau eine Art Baustopp einzulegen, nicht ein Zurückweichen vor der Gewalt der Straße?
Gries: Es gibt kein Zurückweichen vor der Gewalt der Straße und es gibt keinen Baustopp.« Bild-Zeitung vom 9.11.1981

14.11.1981 – 220.765 Unterschriften für ein Volksbegehren

An der Übergabe der Unterschriften für ein Volksbegehren beteiligen sich über 150.000 Menschen in Wiesbaden. »Dabei hätten 118.020 Stimmen als Beigabe für den Antrag auf Zulassung des Volksbegehrens genügt.« FAZ vom 15.11.1981
»Bis Sonntag 12.30 Uhr wolle man von der Landesregierung ein Friedensangebot haben. Was danach geschehen soll, ist auf Flugblättern zu lesen: ›Blockade des Flughafens ‹... Das sei, räumt Schubert ein, ein Aufruf zu zivilem Ungehorsam. Man wolle ›eine Inspektion machen‹, um zu sehen, ob der Flughafen wirklich zu klein sei, dass er eine dritte Startbahn brauche.« FAZ vom 15.11.1981

15.11.1981 – Flughafenblockade

Knapp 10.000 StartbahngegnerInnen blockieren den Frankfurter Flughafen und legen ihn über Stunden lahm. Der Einsatz von Polizeihubschraubern, SEK-Einheiten und Bundesgrenzschutz, der völlig zum Erliegen gekommene Autobahnverkehr, die massiven Störungen des Flughafenbetriebes prägen die anschließende Berichterstattung. Die verantwortlichen Politiker und die Medien wittern ihre Chance – und nutzen sie. Mit Schlagzeilen wie »Die Schlacht auf der brennenden Autobahn« werden die Ereignisse auf die Höhe »bürgerkriegsähnlicher Zustände« getrieben, mit denen ein härteres staatliches Vorgehen legitimiert werden soll - mit der damit verbundenen ›letzten Aufforderung‹ an die BI, sich (noch rechtzeitig) von ›Gewalttätern‹ und ›Chaoten‹ zu distanzieren.

16.11.1981 – Der Aufwiegler, die Schale und der harte Kern

»Einer der Aufwiegler, die die gewaltsame Blockade des Flughafens gestern vom Mittag bis in die Nacht mitzuverantworten haben, ist mühelos namhaft zu machen: Es ist der Frankfurter Magistratsdirektor Alexander Schubert.« FAZ vom 16.11.1981

»Schale und harter Kern.

Es zeigt sich erneut: Ein ›harter Kern‹ ist die Triebkraft mit wechselndem Erfolg ... Gleichzeitig aber bleibt zu konstatieren, dass sich besagter harter Kern mit einer Schale umgibt, dass er sich von zahlreichen Mitläufern schützen lässt, indem er sie mit ihrem betonten Willen zum friedlichen Demonstrieren vorschiebt. Ob es dann tatsächlich beim friedlichen Demonstrieren bleibt, hängt allein von der Regie der kernigen Radikalen ab: Der Kern vermag jederzeit die friedlich anmutende Schale zu durchbrechen .... Es geht nicht nur um Startbahn West und Flughafengesellschaft. Erstaunlich offenherzig wurden gestern von einem Vorstandssprecher des BUU besondere Protestaktionen gegen Nato-Manöver angekündigt. Werden sich dann wieder 100.000 in die Alibifunktion drängen und als schützende Schale um den harten Kern legen lassen?« FNP vom 16.11.1981

20.11.1981 – Sollen Startbahn-Gegner auf Grundrechte verzichten?

»›Unsere Bundesrepublik befindet sich in der ernstesten innenpolitischen Situation ihrer Geschichte.‹ Mit diesen Worten beendete Stadtverordnetenvorsteher Dr. Hans-Jürgen Hellwig (...) eine Grundsatzrede im Rahmen einer Debatte, in der das Stadtparlament über die jüngsten Ereignisse im Zusammenhang mit dem Bau der Startbahn West diskutierte. Hellwig (...) regte (...) an, ob angesichts der jüngsten Vorkommnisse nicht die Mehrheit der friedlichen Startbahngegner vorübergehend auf die Ausübung dieser Grundrechte verzichten sollte.« FR vom 20.11.1981

24.11.1981 – Hessische Landesregierung lehnt Volksbegehren ab

Die hessische Landesregierung lehnt mit Beschluss vom 24.11.1981 ein Volksbegehren zum Bau der Startbahn 18 West ab. Dagegen wird Beschwerde vor dem Staatsgerichtshof des Landes Hessen eingereicht.

25.11.1981 – Ausbau des Frankfurter Flughafens rein ziviler Natur

Der hessische Ministerpräsident Holger Börner/SPD stellt in seiner Regierungserklärung vom 25.11.1981 u.a. fest: »Das in den letzten Monaten gezielt gestreute Gerücht, die Startbahn werde für militärische Zwecke der NATO benö-

tigt, ist völlig absurd. Dieses Gerücht ist nachweislich von der DKP erfunden worden.«
Die FlughafenAusbauGesellschaft/FAG, die nachweislich nicht-kommunistisch ist, hält in ihren amtlichen Ausschreibungsunterlagen hingegen fest: »Die Dicke der Betondecke der Startbahn West muss den militärischen Richtlinien der USA genügen.« Es ist also doch wahr - Militärische Hintergründe für die Startbahn West, BI-Informationsdienst, Nr. 13 vom 30.2.1982, S. 27

4.12.1981 – Einsatz von Blendschockgranaten

Nachdem die Polizeiführung erst alles bestritt, musste sie schließlich zugeben, dass Spezial-Einsatzkommandos Blendschockgranaten gegen StartbahngegnerInnen eingesetzt hatten. (Erst bestritten: Polizei steht zu Blend-Schock-Würfen«, FR vom 4.12.1981) Ein Startbahngegner wurde am 15.11.1981 am Kopf getroffen und erlitt schwere Verletzungen.

14.12.1981 – Ehmke und die Startbahngegner

»Die Methoden der Startbahngegner bei ihrem Kampf gegen den Flughafenausbau in Frankfurt sind vom stellvertretenden Vorsitzenden der SPD-Bundestagsfraktion, Horst Ehmke, (...) mit dem Vorgehen der Nationalsozialisten verglichen worden. Das ist der ›gleiche Quatsch, mit denen die Nazis Weimar kaputtgemacht haben‹, erklärte Ehmke auf einem Unterbezirksparteitag der SPD in Hagen.« FR vom 14.12.1981

4.1.1982 – Kleinkrieg an der Mauer

»Alleiniger Träger des aktiven Widerstands blieben die ›Leute im Wald‹. Hüttendorf Nr.4 ist soweit aufgebaut, dass es zum Teil schon wieder als Anlaufstelle für die Sympathisanten der Waldbewohner fungieren kann. Von diesen Kreisen, die sich ›Arbeitsgruppe Waldverteidigung‹ nennen, (...) gingen regelmäßige Angriffe gegen die Betonmauer (aus) ... Das Ergebnis der letzten zwei Wochen lässt sich in Zahlen ausdrücken. Über 300 Streben sind aus der Betonmauer gebrochen worden .... Insgesamt wurden mittlerweile 700 Betonrippen durch Stahlträger ersetzt.« taz vom 4.1.1982

14./15.1.1982 – Der hessische Staatsgerichtshof lehnt Beschwerde ab

Das Beschwerdeverfahren der Arbeitsgemeinschaft Volksbegehren und Volksentscheid ›Keine Startbahn West‹ wegen des Beschlusses der hessischen Landesregierung wird zurückgewiesen. (Beschlussfassung des Staatsgerichthofes des Landes Hessen über die Zulassung eines Volksbegehrens gegen die Startbahn 18 West, FR vom 23./24.1.1982)

30.1.1982 – Bauplatzbesetzung/Baulos II

»Aufsehen erregte (...) gegen 11 Uhr ein tieffliegendes einmotoriges Flugzeug über der Frankfurter Innenstadt, aus dem Handzettel mit einer Karikatur und Parolen gegen den Hessischen Staatsgerichtshof abgeworfen wurden, der den

Antrag auf Zulassung eines Volksbegehrens verworfen hatte. Die drei Insassen der Maschine wurden bei der Landung auf dem Flughafen in Egelsbach (...) gestellt. Sie gaben an, einem Passagier sei über Frankfurt schlecht geworden und aus dem deshalb geöffneten Fenster seien die Flugblätter hinausgeflattert.« FAZ vom 1.2.1982

»Was eine ›politische Manifestation‹ hätte werden können, denaturierte zum Bürgerkriegsspiel, weil von Beginn an die ›Profis‹ agieren. Und das Konzept, die ›Breite der Bewegung‹ sichtbar zu machen, entpuppt sich als der vieltausendfache Besuch aus den Brückenköpfen hinreichend bekannter militanter Widerstandskreise - etwa aus dem Ruhrgebiet, aus Berlin oder aus Bremen - die den ›Aktionismus‹ bevorzugen. Mit allerlei Materialien ausgerüstet (von der Gummizwille bis hin zur Leuchtkugel-Rakete), wird da ohne Umschweife zur Sache gegangen. Nachdem die Polizei das neuerdings gerodete ›Baulos II‹ noch nicht eingegrenzt hat, ist die Stirnmauer des ersten Abschnitts - also der Angriff - das Ziel. Statt der Besetzung eines von Anfang an freigegebenen Bereiches wird die ›Rückeroberung‹ propagiert. Anstelle der Demonstrationsperspektive der regionalen BI's ist es die ›Wald-Guerilla‹, die dominiert. Derart unverhohlen in die Zange genommen, kann nun auch die Polizei ohne innere Scheu ihre Techniken entwickeln. Auf einem kranhohen Schotterhaufen, der an einen altpreußischen Feldherrenhügel erinnert, dirigiert der Einsatzleiter vor Ort, wie es die Situation wohl gebietet. ›Dem Gegner zeigen, was wir haben ...‹, sagt der Polizeidirektor Horst Vogel in sein Funkgerät. Bürgerkriegssprache. Kriegssprache (...) Und Falko Nassenstein, der Sprecher des hessischen Innenministers, borgt sich gar eine NATO-Metapher aus: ›Unsere Vorgehensweise ist die flexible Response‹, man sei auf keinen ›Landgewinn‹ aus.« FR vom 1.2.1982

»Aus der Liste der Festgenommenen wurde am Sonntag bekannt, dass ein großer Teil Schüler und Studenten sind, von denen einige aus Frankfurt und der näheren Umgebung stammen. Dem Aufruf zur ›Großdemonstration‹ waren aber unter anderem auch gefolgt ein 31 Jahre alter Gastwirt aus Langgöns, zwanzigjährige Zwillinge aus Bieberach an der Brenz, eine vierzigjährige Biologin aus Heidelberg, ein Schlosser aus Reinbeck, ein Postbediensteter und ein Archivar aus Frankfurt, ein Maurer aus Bochum, ein bayerischer Erzieher und ein 37 Jahre alter Geschäftsführer aus Mörfelden.« FAZ vom 1.2.1982

»Am Samstag (...) fand auf dem Gelände der geplanten Startbahn West des Frankfurter Flughafens eine Großdemonstration mit anschließender Platzbesetzung statt. Nach dem Konzept des aktiven gewaltfreien Widerstandes der Bürgerinitiativen beteiligten sich über 20.000 Startbahngegner (...) an dieser Aktion. (...) Der pausenlose Einsatz von Tränengasgranaten, Wasserwerfern und Polizeiknüppeln sollte die Entschlossenheit, unseren Widerstand nicht länger zu dulden, demonstrieren. Zwanzig schwerverletzte und unzählbar viele leichtverletzte Demonstranten waren das Ergebnis des brutalen Polizeieinsatzes, um uns von dem besetzten Gelände zu vertreiben.« Extrablatt vom 1.2.1982

Januar – März 1982
Als Antwort auf das Scheitern des (›gewaltfreien‹) Widerstandes im Wald greift die RZ (Revolutionäre Zellen) in den folgenden Monaten mehrere Firmen an, die am Bau der Startbahn West beteiligt sind.

2.2.1982 – Schnellgerichte
»Der Landesverband Hessen im Bund deutscher Kriminalbeamter (BdK) forderte (...) die Einrichtung von ›Schnellgerichten‹ auf dem Gelände des Flughafens.« FNP vom 2.2.1982

Februar 1982 – Erster Sonntagsspaziergang
Vom SKG-Heim in Walldorf startet um 14 Uhr der erste Sonntagsspaziergang.

18.2.1982 – Die hessische Landesregierung lügt
»Bundesaußenminister Genscher und der amerikanische Botschafter Arthur Burns werden im März in Bonn einen Vertrag unterschreiben, dessen wichtigster Bestandteil bereits vor einem Jahr in einem Abkommen fixiert wurde. Dieses ›Unterbringungsprogramm in Krisenzeiten‹, so behauptet der amerikanische General Jim Allen vor dem Verteidigungsausschuss des Repräsentantenhauses, sichere im Krisenfall den Amerikanern ›den Zugang und die Nutzung aller Einrichtungen des zivilen Teils des Rhein-Main-Flughafens in Frankfurt, einschließlich der Bodenfahrzeuge, der Frachtanlagen und anderer Flughafenausrüstungen‹ (...) Amerikanische Militärs sind sich ohnehin einig, dass der Flughafen Frankfurt zum Herzstück der US-Verteidigungsplanung gehört. Es bestehe kein Zweifel, dass er der Umschlagsplatz für sechs zusätzliche US-Divisionen sei. Daraus erkläre sich der Umbau im großen Stil.« Flughafen Frankfurt: Pläne für die Krise, Stern vom 18.2.1982

25.2.1982 – Aufklärung á la carte
Die Staatsanwaltschaft Frankfurt hat das LKA Wiesbaden mit der Aufklärung des Ermittlungskomplexes ›Rohrbachstraße‹ betraut: »Aus dem LKA sei Objektivität bei den Ermittlungen zugesichert worden.« Staatsanwalt ermittelt – Im Fall Rohrbachstrasse, FR vom 25.2.1982

16.3.1982 – Nachtaktion im Frankfurter Waldstadion
»Verdruss bereitete (...) die Aktion, die bereits in der Nacht zum Mittwoch (16./17.3.1982) stattgefunden hatte. Unbekannte waren über den Zaun geklettert und hatten ›Freiheit für El Salvador und Polen‹ auf die Anzeigentafel und die Tartanbahn gepinselt. Weil sich der Spray auf der Laufbahn nicht abwaschen lässt, schütteten Stadionarbeiter zunächst Sand auf die Parolen. Man wollte verhindern, dass die Fernsehkameras dergleichen in die bundesdeutschen und englischen Wohnstuben übertragen konnten. Zur Beseitigung muss jetzt eine Spezialfirma anrücken, die Oberfläche abschleifen und auf mehr als 100 Quadratmetern einen neuen Belag aufbringen. Zirkelbach:›Das kostet mehr als 10.000 DM‹.« FR vom 19.3.1982

3.4.1982 – Verfahren eingestellt

Die Ermittlungsverfahren gegen den Frankfurter Polizeipräsident Karl-Heinz Gemmer und den hessischen Innenminister Ekkehard Gries wegen Billigung bzw. Duldung rechtswidriger Handlungen von Polizeibeamten (u.a. wegen der Polizeiorgie in der Rohrbachstraße 1981) wird eingestellt: »Nach Ansicht der Staatsanwaltschaft waren die Vorwürfe unhaltbar. Es gebe keine Anhaltspunkte dafür, dass Gries und Gemmer rechtwidriges Vorgehen von Polizeibeamten veranlasst oder auch nur gebilligt hätten.« Kein Verfahren gegen Gries, FR vom 3.4.1982

1.7.1982 – Und Beton brennt doch

»Phantasie und kriminelle Energie sind Merkmale des gescheiterten Versuchs militanter Startbahngegner, in der Nacht zum Dienstag in den Betonschutzzaun der Baustelle ein hölzernes Attrappenteil einzubauen. Die leichte Konstruktion, die mit Zementfarbe im Einheitsgrau des kilometerlangen Zaunes gestrichen ist und in der Form genau einem der rund vier Meter breiten und drei Meter hohen Betonfertigteilen entspricht, sollte anstelle eines echten Zaunstückes eingesetzt werden, mit dessen Entfernen begonnen war. Nach Ansicht der Polizei diente die Attrappe alleine dem Zweck, militanten Startbahngegnern zu einem von ihnen gewünschten Zeitpunkt den Zutritt zum Baugelände zu gestatten. Der bisher raffinierteste Coup des organisierten Kampfes gegen den Flughafenausbau wurde von einer Polizeistreife kurz nach drei Uhr früh entdeckt.« FAZ vom 1.7.1982

17.8.1982 – Der Beton fließt – 30 Meter Piste pro Stunde

»Mehr als 200 Demonstranten blockierten (...) für eine gute Stunde die Baustellenzufahrt zur Startbahntrasse an der Okrifteler Straße. Damit wollten die Bürger symbolisch gegen den Beginn der Betonierungsarbeiten protestieren, die die Flughafen AG gestern einleitete. Einige gefährliche Szenen gab es bei dieser Blockade, die dann zwar friedlich endete, als schwere Baustellenfahrzeuge ohne Eingreifen der Polizei in die Menge der überwiegend jugendlichen Demonstranten fuhr.« Tages-Anzeiger vom 18.8.1982

26.9.1982 – Landtagswahlen in Hessen

Ergebnis der Stimmenauswertung:

CDU	45,6 Prozent
SPD	42,8 Prozent
Grüne	8,0 Prozent

Für »Die Grünen« zieht der BI-Sprecher Dirk Treber in den Landtag ein.

15.12.1982 – Kein Martin-Luther-King in Frankfurt

In seinem Plädoyer vor dem Hessischen Staatsschutzsenats in Frankfurt fordert die Bundesanwaltschaft zwei Jahre ohne Bewährung gegen Alexander Schubert wegen Nötigung und Landfriedensbruch: »Schubert, so der Bundesankläger, müsse wissen, dass er nicht Martin-Luther-King sei und auch nicht Lech Walesa.

›Wir leben hier nicht in Polen‹, rief Lampe, der für Schubert eine Strafe forderte, die auch ›abschreckend‹ sein solle.« FR vom 16.12.1982

19.1.1983 – Im Namen des Volkes

Der Magistratsdirektor Alexander Schubert wird »wegen versuchter Nötigung der Regierung eines Landes zu einer Freiheitsstrafe von zwei Jahren verurteilt. Die Vollstreckung der Strafe wird zur Bewährung ausgesetzt.« Beschluss des Oberlandesgerichts Frankfurt am Main vom 19.1.1983

22.5.1983 – mörderisches Spektakel auf der Rhein-Main-Airbase

Während einer Militärshow auf dem Gelände des US-Luftwaffenstützpunktes stürzt ein Starfighter vom Himmel und tötet fünf Personen.

25.9.1983 – vorgezogene Landtagswahlen in Hessen

Ergebnis der Stimmenauszählung:

SPD	46,2 Prozent
CDU	39,4 Prozent
FDP	7,9 Prozent
Grüne	5,9 Prozent

Die SPD stellt die Regierung, mit Tolerierung der Grünen.

24.10.1983 – Blockadeaktionen in Frankfurt-Hausen

Über mehrere Tage wird ein Depot der US-Army, in dem Pershing II gelagert sind, blockiert, um gegen die Stationierung von atomaren Mittelstreckenraketen in Deutschland zu demonstrieren.

1.1.1984 – 100. Sonntagsspaziergang

»Fassungslos waren Polizisten, aber auch viele Startbahngegner, als am Nachmittag des Neujahrstages ein sieben Meter hoher Metallgittermast des Rheinisch-Westfälischen Elektrizitätswerks in der Nähe der Neuwegsschneise umstürzte. Mit einer Schleifhexe hatten die Täter nach Darstellung der Polizei zwei Stützen der vier auf einem Betonsockel ruhenden Tragepfosten des Mastes angesägt.« Tages-Anzeiger vom 3.1.1984

Wahr ist, dass eine Überraschung angekündigt war. Unwahr ist, dass die Startbahngegner »fassungslos« waren – im Gegenteil: Der nachts zuvor angesägte Mast wurde mit vereinten Kräften und einem langen Seil umgezogen.

14.4.1984 – Einweihung der Startbahn 18 West

Verzahnung von Massenaktionen und Kleingruppenkonzept im Rahmen einer bundesweit mobilisierten Demonstration, an der sich über 10.000 Menschen beteiligten. Die Demonstration geht am SKG-Heim in Walldorf los. Hundert Luftballons werden mit Helium gefüllt, an manchen hängen Silberpapierstreifen. Über vier Marschrouten erreicht die Demonstration die Ostseite der Mauer. Auf ein gemeinsam vereinbartes Zeichen hin wird die Mauer angegriffen. Die

Polizei konzentriert ihre Kräfte in diesem Bereich. Auf der Westseite des Startbahngeländes greifen Kleingruppen gezielt die Infrastruktur der Startbahn an.

Juni 1984 – Militärshow auf der Rhein-Main-Airbase

Während des »Tag der offenen Tür« auf dem US-Luftwaffenstützpunkt kam es zu »zum Teil drastischen Aktionen« von Startbahn- und Kriegsgegnern. »Das Hauptinteresse der rund 300 000 Schaulustigen galt auch an jenem Tag den Militärflugzeugen; fliegen durften aber nur Transportmaschinen. Im Rhein-Main-Gebiet war seit dem Jürges-Unglück Schluss mit Schauflügen von Jagdbombern - anderswo nicht.« FR vom 2.6.2006

24.9.1984 – Eine Dienstpistole, Marke Sig Sauer, geht verloren

Anlässlich des Erörterungstermins zu Alkem/Nukem in Hanau organisiert die Startbahnbewegung eine Demonstration zum Gelände der Atomfirmen. Während eines Gerangels wird einem Bereitschaftspolizisten die Dienstpistole entwendet. Ein Teil der DemonstrantInnen wird festgenommen und bis zu sieben Stunden auf dem Polizeipräsidium Hanau festgehalten.

9.1.1985 – Strommasten angesägt

»Unbekannte haben in unmittelbarer Nachbarschaft der Startbahn West (...) mehrere Strommasten angesägt. (...) Zu dem Anschlag auf die Stromleitungen hatte sich (...) eine Gruppe ›Sägende Zellen‹ bekannt und als Absender des Briefes zeichnete ein ›G. Büchner, An der Trasse 18‹« FR vom 9.1.1985

Pfingsten 1985 – WAA in Wackersdorf

Dem bundesweiten Aufruf zum ›Rückbau‹ der geplanten Wiederaufbereitungsanlage (WAA) in Wackersdorf folgen über 10.000 Menschen. Der für unüberwindlich gehaltene Sicherheitszaun wird an mehreren Stellen durchgesägt. Es kommt zu massiven Auseinandersetzungen, im Laufe derer die Polizei auch CN-Nervengas einsetzt.

8.8.1985 – Die RAF verübt auf der US-Air-Base in Frankfurt einen Anschlag

Ein mit Sprengstoff gefüllter PKW explodiert auf dem Parkplatz direkt vor dem Hauptquartier des Military Airlift Command (MAC), das sich auf der US-Air-Base Rhein-Main befindet. Dabei werden zwei Menschen getötet. Kurze Zeit später übernimmt die RAF auch die Verantwortung für den Mord an dem GI Pimethal, dessen ID-Karte für den Anschlag benötigt wurde.

Aus den Reihen des militanten Startbahnspektrums wird diese Aktion scharf kritisiert. Die RAF weist diese Kritik zurück und wirft den Verfassern einen »sozialarbeiterischen Blick« vor.

28.9.1985 – Mordstimmung

In einer ZDF-Sendung des rechtsradikalen Gerhard Löwenthal nutzt der ehemalige Hamburger Verfassungsschutz-Chef Horchern das Schlusswort einer Gesprächsrunde sogenannter Experten zu einem eindeutigen und unmissverständlichen Aufruf, Terroristen zu töten - ohne dafür eine Notwehrsituation zu bemühen. »Es war ein nackter, nicht weiter relativierter Aufruf zum Mord.« Ak vom 21.10.1985

Die FAZ klatscht zufrieden zustimmend in die Hände: »Jetzt werden die Handschuhe ausgezogen.«

28.9.1985 – Tod von Günter Saré anlässlich einer NPD-Veranstaltung im Haus Gallus/Frankfurt

Die NPD hatte zu einer Wahlkampfveranstaltung im Haus Gallus in Frankfurt aufgerufen. Ca. 2.000 AntifaschistInnen versuchen, dieses neofaschistische Treffen zu verhindern. Gegen 19.45 Uhr kommt es zwischen Antifaschisten und der Polizei zu Scharmützeln. Hundertschaften der Bereitschaftspolizei räumen den Bereich um den Versammlungsort der NPD. Der Hochdruckwasserwerfer WaWe IV-I verfolgt mit hohem Tempo fliehende Menschen. Sekunden später, um 20.54 Uhr, wird Günter Saré von ihm über- und totfahren.

30.9.1985 – Selbst schuld

»Der Tod des Demonstranten ist das Ergebnis eines absichtsvollen Spiels mit der provozierten Staatsgewalt.« FAZ vom 30.9.1985

Entsprechend dieser Vorgabe wird ermittelt: Film- und Tonmaterial aus dem WAWE 9 gibt es nicht mehr: Das Aufzeichnungsgerät sei angeblich ausgefallen. Und gerade einmal 14 Stunden nach dem Tod von Günter Saré fährt die Frankfurter Staatsanwaltschaft eine weitere Hypothese auf: »Die Obduktion habe neben den tödlichen Verletzungen am Brustkorb eine Kopfverletzung ergeben, die nicht durch die Gewalteinwirkung des Wasserwerfers erklärt werden könne. Möglicherweise sei ein Steinwurf die Ursache - man habe auch einen Stein in der Blutlache gefunden. Von den Sanitätern, die dem Sterbenden sofort zur Hilfe eilten, hat niemand diesen Stein bemerkt.« ak vom 21.10.1985

12.12.1985 – Ministerposten versus Dachlatte

Die erste rot-grüne Regierung auf Landesebene steht. Der hessische Ministerpräsident Holger Börner vereidigt Joschka Fischer (Grüne) als Umweltminister.

24.11.1985 – Die NATO-Pipeline, die auch durch den Stadtwald führt, wird ›freigelegt‹ und im Rahmen eines Sonntagsspazierganges besichtigt

1.12.1985 - 200. Sonntagsspaziergang

»Noch vor dem offiziellen Beginn des ›Sonntagsspazierganges‹, der um 14 Uhr am SKG-Heim in Walldorf beginnen sollte, hatten Gewalttäter gegen 12.15 Uhr an der Ostseite der Startbahn dreizehn Streben der Betonmauer zerstört und waren auf das Flughafengelände eingedrungen. In den Schaltkästen eines Lichtmastes zündeten sie zwei Molotowcocktails. Später, gegen 16 Uhr, beim Marsch entlang der Mauer, stoppte der Zug an dieser Stelle, und die Flughafengegner ›feierten‹ johlend die Zerstörung. Es kam zum ersten Wasserwerfereinsatz, nachdem aus der Menge Steine, eine Flasche sowie Schneebälle mit und ohne Steinfüllung auf Einsatzfahrzeuge geworfen worden waren und die Scheibe eines Polizeiautos zu Bruch gegangen war. Die Polizei, die offiziell die Gewalttäter unter den ›Spaziergängern‹ als sogenannten harten Kern bezeichnet, gibt sich im internen Funkverkehr da schon etwas lockerer. Aus dem Funksprechgerät eines Beamten war gestern über die Zusammensetzung der Marschierer zu hören: ›15 Prozent erste Garnitur, 25 Prozent zweite Garnitur, der Rest Vorzeigebürger‹« FAZ vom 2.12.1985

Januar 1986 – tadellos

Die nach dem Tod von Günther Saré eingesetzte ›Erkel-Kommission‹ kommt nach drei Monaten zu dem Ergebnis, dass der Polizeiführung »keine Vorwürfe wegen der Art des Einsatzes im Gallusviertel zu machen seien«. FAZ vom 21.6.1986

21.1.1986 – Lappalie oder organisierte Vertuschung?

Auf dem Gelände der Plutoniumfabrik ›Nukem‹ ereignet sich ein atomarer Unfall. Offiziell wird lediglich ein Angestellter leicht verstrahlt. Die Ermittlungen werden eingestellt. Zu einem ganz anderen Ergebnis kommt u.a. Diplom-Ingenieur Heinz Werner Gabriel, der bei einer Bodenprobeentnahme zum ersten Mal auf bis zu einen Millimeter große Kügelchen stößt. Die Arbeitsgemeinschaft Physikalische Analytik und Messtechnik/ARGE PhAM analysiert diese und kommt zu dem Schluss, dass es sich um hoch angereicherte Nuklide handelt.

12. April 1986 – Jahresstag

»An der Startbahn West ist es gestern zu den schwersten Auseinandersetzungen der letzten Monate gekommen. Flughafengegner hatten wieder einmal einen sogenannten Symboltag zu feiern, den zweiten Jahrestag der Inbetriebnahme der Startbahn am 12.4.1984. Fast zwei Stunden lang waren sieben Wasserwerfer der Polizei nahezu pausenlos im Einsatz, um sich der massiven Angriffe von schwarzgekleideten und zumeist vermummten Gewalttätern zu erwehren. (...) Gegen 17.45 Uhr sah es an der Startbahn aus wie bei einem Steppenbrand. Eine Fläche von schätzungsweise zehntausend Quadratmetern stand in Flammen. Im dichten Qualm waren Einsatzfahrzeuge in hundert Meter Entfernung kaum noch zu erkennen, von den Polizisten sah man nur noch die weißen Helme. Der beißende Rauch vermischte sich mit dem Tränengasdunst der Wasserwerfer zu einem Auge und Nase reizenden schlimmen Gemisch. (...) Bei einem Becher warmer Brühe aus der Polizeiküche, die das einzig Erfreuliche an diesem Nachmittag an der Startbahn war, räumte Polizeidirektor Arbes denn auch ein: ›Dass der Protest so lange dauern würde, damit hat keiner gerechnet.‹« FAZ vom 13.4.1986

18.4-20.4.1986 – Libertäre Tage an der FH Frankfurt

Mehr als 2.000 TeilnehmerInnen aus dem anarchistischen und autonomen Spektrum nehmen an den in Frankfurt stattfindenden ›Libertären Tage‹ teil. In mehreren Arbeitsgruppen wird u.a. der ›Stand autonomer Bewegungen‹ und das Verhältnis zum bewaffneten Kampf der RAF diskutiert.

26. April 1986 – In Tschernobyl (Sowjetunion) zerplatzt der Traum von der sicheren und friedlichen Nutzung der Atomenergie

Infolge der radioaktiven Verseuchung werden über 485 Dörfer und Siedlungen geräumt: »Riesige Flächen sind für die Landwirtschaft nicht mehr nutzbar. Heute lebt jeder fünfte Weißrusse auf verseuchtem Gebiet. Das sind 2,1 Millionen Menschen, unter ihnen 700.000 Kinder. Bei den Todesursachen nimmt die radioaktive Strahlung den ersten Platz ein. In den Gebieten Gomel und Mogilijow ist die Sterblichkeitsrate um 20 Prozent höher als die Geburtsziffer.« FR vom 29.6.2004

1986 – Freispruch

Einsatzleiter Hans Robert Phillipi, der den Überfall in der Rohrbachstraße/ Frankfurt 1981 leitete, wird freigesprochen.

Juni 1986 – Anklage wegen fahrlässiger Tötung

Die Frankfurter Staatsanwaltschaft erhebt Anklage gegen den Fahrer und Kommandant des WaWe 9 wegen Mitschuld am Tod des 36 Jahre alten Günther Saré. Vorab erklärt der Behördenleiter, dass sich keine Hinweise auf ein »wie auch immer geartetes Gewaltpotenzial bei der Polizei« (FAZ vom 21.6.1986) ergeben hätten.

20.6.1986 – Ein Strommasten in Mörfelden wird gefällt

Ein Strommast in der Nähe von Mörfelden wird umgesägt. Es kommt um 1.33 Uhr zu einem kurzfristigen Stromausfall und einem Sachschaden von ca. 120.000 DM.

25.6.1986 – Wir warten gespannt ...

»Das ist neu und lobenswert. Der Bekennerbrief mit Fotodokument. Er erreichte uns von der ›Vereinigte Sägewerk GmbH‹. Nächtliche Sägearbeiten der ›Revolutionären Heimwerker‹ stürzten einen Strommast der RWE. Wir warten gespannt: »Auf bald ...«, verabschieden sich die anonymen Gegner der Atommafia.« taz vom 25.6.1986: Sie hielten ihr Versprechen.

9.7.1986 – Ein Strommasten in Hasselroth wird zu Fall gebracht

›Revolutionäre Heimwerker‹ bekannten sich zu diesem Anschlag. Es kam um 2.30 Uhr zu einem sechsminütigen Stromausfall. Der Sachschaden wurde auf ca. 50.000 DM geschätzt.

26.8.1986 – Anschlag auf einen Strommast bei Offenthal

»In einem Brief (...) behauptet ein ›Kommando säg weg den Scheiß‹, für einen Anschlag auf die Hochspannungsleitung bei Offenthal verantwortlich zu sein.« FAZ vom 28.8.1986

Um 1.14 Uhr kommt es zu einem kurzfristigen Spannungsabfall. Die Höchst AG meldet einen vierstündigen Stromausfall. Der Sachschaden wird auf 70.000 DM beziffert.

27.8.1986 – »Schwerverletzte gibt der Polizei Rätsel auf – Ehepaar verhält sich sonderbar – Verdacht einer Straftat«

»Einige Fragezeichen macht die Polizei zum Verhalten eines Ehepaares aus Niederrad, das in der Nacht zum Dienstag eine schwerverletzte Bekannte aus Bergen-Enkheim in die Universitätsklinik gefahren hatte und ohne jede Angabe von Personalien wieder verschwand. Erst durch die Überprüfung des Fahrzeugkennzeichens konnte das Ehepaar, das zu den engagiertesten Gegnern der Startbahn West zu rechnen ist, ausfindig gemacht und gehört werden.« FAZ vom 27.8.1986

1986 – Ausgelegte Erklärung an der Startbahn, in der der ›Unfall‹ beschrieben wird. ›Unfall‹ oder Unverantwortlichkeit?

Während eines Sonntagsspazierganges liegt eine Erklärung aus, in der die schweren Verbrennungen einer Aktivistin im Zuge einer Strommastaktion als Unfall bedauert werden.

12.9.1986 – ›Atomunfall‹ in Geesthacht an der Elbe

»Im Kernkraftwerk Krümmel sind (...) erhöhte radioaktive Werte festgestellt worden. Wie HEW-Sprecher Johannes Altmeppen (...) auf Anfrage mitteilte, könne aber nach einer Überprüfung der Anlage ›definitiv ausgeschlossen‹ werden, dass der Anstieg der Radioaktivität im Werk selbst verursacht worden sei. (...) Es bestehe überhaupt ›kein Grund zur Unruhe‹.« BZ vom 15./16.9.1986

Daran hielten sich alle, bis Anfang der 90er Jahre die ersten Fälle von Blutkrebs auftauchten. Mittlerweile hat die Gegend um Geesthacht die weltweit höchste Leukämiedichte.

20.9.1986 – Neue Spezialeinheit wird vorgestellt

Seit Jahresbeginn wird eine knappe Hundertschaft der Bereitschaftspolizei darauf vorbereitet, aus einer Menge heraus ›Straftäter‹ festzunehmen und zugleich Beweise zu sichern. Noch im Herbst sollen diese BESI-Einheiten zum ersten Mal zum Einsatz kommen: »Für die Startbahneinsätze heißt dies, die Spezialisten werden sich außerhalb der Mauer in lockerer Formation aufhalten; durch Funkkontakt wird eine straffe Führung garantiert. Die Ausrüstung der Beamten soll Mobilität garantieren, Schutzschilde sind nicht vorgesehen.« FR vom 20.8.1986

Oktober 1986 – Ermittlungsverfahren gegen Hanauer Atomanlagen

Die Staatsanwaltschaft Hanau beginnt mit Ermittlungen gegen die Hanauer Atomanlagen wegen Beihilfe zum illegalen Betrieb einer atomtechnischen Anlage durch Unterlassen. Verdächtigt werden die drei wichtigsten Atombeamten im Wirtschaftsministerium sowie der Geschäftsführer von Alkem.

7.10.1986 – Brandanschlag auf die Hanauer Fa. Nuklear Ingenieur Service

Eine Sachschaden von 100.000 DM verursacht ein Brandanschlag auf die Hanauer Firma ›Nuklear Ingenieur Service‹. Auf der Hauswand hinterlassen die möglichen Täter die Parole: ›Tod der Atom-Mafia‹

16.- 18.10.1986 – Blockade-Tage rund um die WAA in Wackersdorf

»Mit weiteren Strassensperren, brennenden Barrikaden, spontanen Protestkundgebungen und Anschlägen auf Stromleitungen haben am Freitag Gegner der Wiederaufbereitungsanlage Wackersdorf ihre Blockadeaktionen im Großraum Schwandorf fortgesetzt.« NT vom 18.10.1986

1886 – Bundesweiter Aufruf, durch massive Sabotageaktionen der Stromtrassen das Atomprogramm zu Fall zu bringen

Unter dem Motto: »So wie sie liegen, stehen sie richtig!« werden Strommasten gefällt. Diese Widerstandsform erreicht ein Aktionsniveau, das es in der Geschichte der Bundesrepublik zuvor noch nicht gab. Überall fallen Strommasten, im Umkreis großer und kleiner Städte, in Ballungszentren und auf dem Land, ganz im Norden und ganz im Süden. Die Jahresbilanz: »Allein im letzten Jahr attackierten die Gewalttäter 164 Strommasten.« Der Spiegel 46/1987

8.11.1986 – Entwaffnung eines Beamten in Zivil am Rande der Hanau-Demonstration

Bundesweite Großdemonstration gegen die Atompolitik, insbesondere gegen die Plutoniumfabriken Alken-Nukem in Hanau: »Gewaltige und phantasievolle Demonstration gegen die atomare Materialschmiede in Hanau, ihre internationale Verflechtungen und ihre militärische Funktion, gegen die nukleare Unterdrückung der ›Dritten Welt‹ und gegen die atomare Aufrüstung, die auf der Atomenergie basiert, gegen den Versuch der BRD-Regierung, nach Tschernobyl den Widerstand gegen die Atomenergie mit Giftgas und Gummigeschossen, mit Schlägertrupps in Uniform und Massenfestnahmen einzuschüchtern und über Medienkampagnen in gut und schlecht, friedfertig und gewalttätig zu spalten.« (Aufruftext)

Prominente Redner auf der Abschlusskundgebung sind Karl-Heinz Roth und Robert Jungk. Während der Abschlusskundgebung vor den Toren von Alkem-Nukem werden zwei Beamte in Zivil ›enttarnt‹, ein Beamter wird entwaffnet.

Im Zuge des Startbahnprozesses stellt ein ballistisches Gutachten fest, dass die Waffe, die bei Andreas Eichler gefunden wurde, identisch ist mit der Waffe, die einem Zivilbeamten in Hanau abgenommen wurde.

2.11.1986 – Nachtaktionen im Rahmen des 5. Jahrestages der Hüttendorfräumung

Ca. 300-400 Menschen beteiligen sich an dieser Nachtaktion. Sie beginnt mit einem Fackelzug vom SKG-Heim/Walldorf durch den Wald bis zur Mauer. Dann kehrt ein Teil der TeilnehmerInnen um und tritt symbolisch den Rückzug an.

Die Polizei fällt auf das Täuschungsmanöver herein, das Kleingruppen dazu nutzen, die Mauer anzugreifen.

1.1.1987 – Der § 129 wird von einer kriminellen zu einer terroristischen Vereinigung (129a) aufgerüstet

Von nun an werden auch Anschläge gegen die öffentliche Infrastruktur (z.B. Strommastaktionen) in den Straftatkatalog einer ›terroristischen Vereinigung‹ eingereiht.

31.1. 4.2.1987 – Antiimperialistischer Kongress an der FH Frankfurt

Der Widerspruch zwischen autonomen und antiimperialistischen Gruppierungen wird handgreiflich. Am ›Tag der sozialen Bewegungen‹ lehnen StartbahngegnerInnen den Sicherheitscheck am Eingang ab. Es kommt zu Rangeleien.

Januar 1987 – Detonation in der Atomfabrik ›Nukem-Hobeg‹

Im Gebäude der ›Nukem-Hobeg‹ kommt es zu einem »Atomunfall«. Arbeiter werden radioaktiv verseucht. Der Vorfall wird vertuscht bzw. als »Panne« bagatellisiert. In der Plutonium-Fabrik wird hoch angereichertes, also waffenfähiges Plutonium hergestellt. »Als das von der Explosion zerstörte Gebäude in Hanau 2003 abgerissen und nach den entsprechenden Entsorgungsrichtlinien abgetragen wurde, war die Beteiligung der örtlichen Behörden unvermeidbar. NUKEM-Ingenieur Paul Börner äußerte während dieser Arbeiten gegenüber einem Beamten: ›Jetzt, wo es verjährt ist, kann ich es Ihnen ja sagen: Das ist das Gebäude, das uns damals hochgegangen ist.‹ Protokolliert ist diese Aussage in den Akten der Hanauer Staatsanwaltschaft.« Junge Welt vom 17.05.2006

9.2.1987 – Rot-grüne Landesregierung platzt

Die Grünen beschließen, aus der hessischen Regierungskoalition auszutreten, wenn die Vorabgenehmigungen für das Hanauer Nuklearunternehmen Alkem nicht revidiert werden. Die SPD hält am Atomkurs fest und feuert den Umweltminister Joschka Fischer (Grüne).

5.4.1987 – Vorgezogene Landtagswahlen in Hessen

Ergebnis der Stimmenauszählung:

CDU	42,1	Prozent
SPD	40,2	Prozent
Grüne	9,4	Prozent
FDP	7,8	Prozent

Die rot-grüne Landesregierung wurde durch eine schwarz-gelbe abgelöst.

April 1987 – Ermittlungen gegen ›Transnuklear‹

Der Tochterfirma von ›Nukem‹ wird Bestechung von rund 100 Mitarbeitern von deutschen Atomkraftwerken und Elektrizitätskonzernen vorgeworfen, um lukrative Entsorgungsaufträge zu erhalten. Während der Ermittlungen sterben zwei Verdächtige.

14.4.1987 – Dritter Jahrestag der Startbahneröffnung

»Im Wald (...) griffen nach Polizeiangaben rund 160 Personen die dort (auf einer Brücke, d.V.) postierten Beamten – beauftragt, Startbahngegner nach Waffen und geschossen zu untersuchen – an. ›Als die Angreifer nur noch etwa fünf Meter den vorübergehend, zurückweichenden Beamten gegenüberstanden, einzelne abgedrängte Beamte direkt aus unmittelbarer Nähe mit Steinschleudern und Wurfgeschossen angegriffen wurden, konnten sich vier Beamte nur dadurch erwehren, dass sie unter dem Aspekt der Notwehr ihre Pistolen in die Hand nahmen.‹« FR vom 14.4.1987

17.6.1887 – Brandanschlag auf das Umspannwerk Kelsterbach

In einem Schreiben bekennen sich ›Revolutionäre Zellen‹ zu diesem Anschlag. Der Sachschaden beträgt nahezu 800.000 Mark.

29.8.1987 – Ein Strommast in Mörfelden wird gefällt

Der Sachschaden wird mit 46.000 DM angegeben.

10.10.1987

Der schleswig-holsteinische Ministerpräsident Uwe Barschel lässt seine Familie in Gran Canaria zurück und fliegt nach Genf. Am selben Tag trifft der für den Verfassungsschutz und den BND arbeitenden Werner Maus, mit seiner Frau und einem Unbekannten, in Genf ein.

11.10.1987

Der schleswig-holsteinische Ministerpräsident Uwe Barschel wird im Genfer Hotel ›Beau Rivage‹ um 12.30 Uhr tot in der Badewanne gefunden. Um 12.51 Uhr verlässt die Familie Maus mit einem Charterflug Genf und landet in Frankfurt. Die Untersuchungen über den (freiwilligen/gewaltsamen) Tod von Uwe Barschel verlaufen mit großer Professionalität im Sande, während sich der Verdacht, dass Uwe Barschel in Waffengeschäfte verwickelt gewesen sei, bis heute hält.

25.10.1987 – Vorbereitungstreffen

Letztes Vorbereitungstreffen zum 6. Jahrestag der Hüttendorfräumung in der Gaststätte ›Neue Welt‹ in Walldorf.

1.11.1987 – 300.Sonntagsspaziergang

Die ›BI gegen die Flughafenerweiterung/Rhein-Main‹ ruft für 14 Uhr zum 300. Sonntagsspaziergang gegen die Startbahn West auf. Er führt vom SKG-Heim in Walldorf zum Tor 31 an der Okriftlerstrasse und richtet sich gegen weitere Ausbaupläne der hessischen Landesregierung.

2.11.1987 – 41 Hektar Wald für Flughafen-Erweiterung

»Da wankt die nur ein Jahr alte Vorhersage. Nun ist doch Widerstand zu erwarten. Ausbaustufen verändert.« FR vom 2.11.1987

Entgegen allen Zusagen sollen nun doch 41 Hektar Wald zugunsten des neuen Terminal Ost gerodet werden.

2.11.1987 – Schüsse an der Startbahn West

»Sechs Jahre nachdem die Polizei im November 1981 die 70 Hütten der Startbahngegner im Wald bei Walldorf dem Erdboden gleichgemacht hatte, riefen die Unentwegten des Startbahn-Widerstands zu einem Fackelzug auf. Etwa 250 Demonstranten kamen am frühen Montagabend in Walldorf zusammen, der größere Teil zivil gekleidet. Die anderen – überwiegend in Autos aus dem Ruhrgebiet, aus Freiburg, Bonn und Berlin angereist – trugen Schwarz: schwere Stiefel, enge Hosen, dicke Lederjacken, Sturmhauben. Gegen 18.30 Uhr marschierten die Demonstranten nach Mörfelden, bekamen Fackeln und rückten zur Startbahn vor. Die Spitze bildeten Pioniere, die eine aus Brettern und Balken gezimmerte Brücke aus dem Wald trugen. Ihnen folgte die ›Sicherungsgruppe‹ mit leicht entflammbarem Material – Autoreifen, Matratzen, Holzbalken –, dazu Stacheldraht und eine Sirene. Vieles war vorher in Erddepots gebunkert worden. Über Megaphone wurden die Marschierenden instruiert: ›Bei Aufheulen der Sirene – Rückzug! Die Sicherungsgruppe übernimmt dann Barrikadenbau und Schutz vor Nachsetzen der Polizei.‹ Kontakt hielten die Unkenntlichen im dunklen Wald untereinander durch Zuruf verabredeter Code-Wörter: ›Stachelschwein, Kuba, Schweinebucht.‹

Wie sich bald herausstellte, gab es in der Marschkolonne neben den Brücken- und den Barrikadenbauern noch eine dritte Spezialgruppe: die ›Scharfschützen‹. Anfangs sah es noch nach üblichem Geplänkel aus: Die Polizei erklärte über Lautsprecher den ›Aufzug‹ für aufgelöst und verkündete ›die sofortige Vollziehung dieser Verfügung‹, die Demonstranten warfen Steine und Knallkörper. Darauf reagierten die Ordnungskräfte unüberlegt mit einem Ausfall. Da wirkte es plötzlich, als wäre die grüne Streitmacht in eine vorsätzliche Falle der Schwarzen gegangen. Während die dunkelgekleideten Demonstranten flink und schattengleich im nahen Gehölz verschwanden, folgte ihnen unbeholfen die Kavalkade der beiden Polizeihundertschaften, schwer an Helmen, Schilden, Funkgeräten und Knüppeln schleppend.

Brennende Strohballen, die die flüchtenden Demonstranten angezündet hatten, illuminierten die Streitmacht, von oben flutete das Scheinwerferlicht eines Polizeihubschraubers, der über der Wiese kreiste. ›Wie weithin leuchtende Zielscheiben sind wir mit unseren weißen Helmen durch das Gelände marschiert‹, kritisierte anderntags ein junger Bereitschaftspolizist. Dreimal war er schon von Steinen getroffen worden, als die Truppe noch einmal einen Ausfall auf die Demonstranten machte. Da, so hörten Polizisten, hätte einer in dem Waldstück das Kommando ›Scharfschützen – Feuer!‹ gebrüllt. ›Plötzlich pfiff es um uns herum, Steine, Stahlkugeln, Leuchtspurgeschosse. Aber da war noch ein anderes Pfeifen. Plötzlich kippte einer von uns um.‹

Es war der 23jährige Polizeimeister Thorsten Schwalm aus dem Dörfchen Wasenberg im Nordhessischen. ›Da oben‹, sagt ein Kollege aus der 11. Hundertschaft Mühlheim, ›gibt es nicht viel Arbeit, wenn man nix findet, dann geht man halt zur Polizei.‹ Seit vier Jahren war Schwalm dabei, ohne sonderliche Begeisterung. ›Man reißt seinen Dienst runter‹, hatte er im heimatlichen Dorf beim Doppelkopf erzählt. Der Polizist starb während der Nacht zum Dienstag in der Frankfurter Universitätsklinik an den Folgen eines Bauchschusses.

Ein paar Meter neben ihm war ein anderer Beamter zusammengebrochen. Der 44jährige Klaus Eichhöfer hatte an diesem Abend die 16. Hundertschaft aus Hanau ins Feld geführt, weil der planmäßige Hundertschaftsführer erkrankt war. Der Polizeihauptkommissar stand zwischen den brennenden Heuballen, mit dem Rücken zur Startbahn, und versuchte, einen Überblick über die Lage zu gewinnen, als ein Kollege neben ihm ›plötzlich ein Klatschen hörte, wie wenn ein Stein einen Helm trifft‹.

Eichhöfer ging in die Knie. ›Wir wollten ihn aufrichten, als er sagte ›Helft mir doch‹, dann klappte er ganz zusammen.‹ In der Flughafenklinik wurde ein Unterbauchschuß festgestellt. Der Hundertschaftsführer starb an inneren Blutungen.

Noch drei weitere Polizisten gingen mit Schußverletzungen zu Boden. Unter den Uniformierten brach Chaos aus. Die einen rannten weiter, andere blieben verstört stehen. ›Das war wie russisches Roulett‹, erinnert sich ein 28jähriger Kollege von Thorsten Schwalm und bekennt, daß sich seine Einstellung in dieser Nacht ›entscheidend‹ geändert habe. ›Ich mache keinen Unterschied zwischen den Startbahngegnern mehr. Die haben zwei von uns umgebracht – so sehe ich sie alle.‹ Schon in der Nacht schrien Polizisten festgenommene Demonstranten an: ›Killt die Schweine, bringt sie um!‹«

Angriffsziel: ›Bullenstaat‹, Stern vom 12.11.1987, S.27/28

3.11.1987

Andreas Eichler wird um 6 Uhr früh verhaftet. Folgende Gegenstände werden bei ihm beschlagnahmt: »Eine durchgeladene Pistole Sig-Sauer, ein mit fünf Schuss gefülltes Magazin, zwei leere Magazine, ein durchgeladenes Abschussgerät für Leuchtmunition, zwei Handfunkgeräte und eine Strumpfmaske, ein Paar Handschuhe mit Schmauchspuren.« Der Spiegel 46/1987

6.11.1987 – Ein weiterer Haftbefehl wird erlassen

»Wegen des dringenden Verdachts des gemeinsamen Polizistenmordes hat der Ermittlungsrichter beim Bundesgerichtshof Haftbefehl gegen Frank Hoffmann erlassen.« taz vom 11.11.1987

12.11.1987 – Freisprüche für Alkem und Genehmigungsbehörden

Obwohl die Vorabgenehmigungen für Alkem für rechtswidrig erklärt wurden, spricht das Landgericht in Hanau die angeklagten Geschäftsführer von Alkem und drei Sachbearbeiter der Genehmigungsbehörde vom Vorwurf frei, sich des »unerlaubten Betreibens einer kerntechnischen Anlage schuldig gemacht« bzw. »Beihilfe zum ungenehmigten Ändern einer kerntechnischen Anlage« geleistet zu haben.

14.11.1987 – Zwischensprung

»Eine ›moralische Offensive des gewaltfreien Protests‹ hat der Sprecher der Landtagsfraktion der hessischen Grünen, Joschka Fischer, als Reaktion auf den Mord an den beiden Polizisten verlangt. (...) Gewalttätige Proteste dienten dem Staat zur Verschärfung der Gesetze und der Repression. Als praktische Konsequenz aus dieser Kenntnis sei künftig jeder Startbahngegner aufgefordert, ›dazwischenzuspringen, wenn einer nach einer Zwille greift‹.« FR vom 14.11.1987

27.11.1987 Generalbundesanwalt teilt mit

»Der Generalbundesanwalt führt ein Ermittlungsverfahren gegen eine vor allem im Rhein-Main-Gebiet spätestens seit Mitte 1986 tätige kriminelle und später terroristische Vereinigung, die aus mindestens acht Personen besteht ... Dieser Vereinigung werden ferner der im Zusammenhang mit den Morden an der Startbahn West des Frankfurter Rhein-Main-Flughafens bereits in Untersuchungshaft sitzende Andreas Eichler sowie der wegen der genannten Morde gesuchte Frank Hoffmann zugerechnet.« Pressemitteilung vom 27.11.1987

3.12.1987 – Hausdurchsuchungswelle

Im Rhein-Main-Gebiet werden insgesamt 22 Wohnungen durchsucht. Als Grund wird die Suche nach dem flüchtigen Frank Hoffmann genannt. Dabei werden Türen und Fenster eingeschlagen, Pistolen gezückt, Telefonate mit Rechtsanwälten unterbunden.

Dezember 1987 – Aussageverweigerungskampagne

Die breit angelegten ›Anna und Arthur halten's Maul‹ Kampagne zielt sowohl auf eine Verweigerung von Aussagen, als auch auf die Rücknahme belastender Aussagen.

16.12.1987 – Flughafen-Ausbaupläne

Die Frankfurter Flughafen AG gibt auf einer Pressekonferenz ihre Ausbaupläne bis zum Jahr 2000 bekannt. Für einen neuen Terminal Ost werden fünf Milliarden Mark veranschlagt. Dafür sollen weitere 41 Hektar Mischwald gefällt werden.

26.1.1988 – Selbstmordversuch

Andreas Eichler unternimmt in der Untersuchungshaftanstalt Preungesheim einen Selbstmordversuch. Die Bundesanwaltschaft/BAW kommentiert diesen Selbsttötungsversuch als eine »realistische Einschätzung seiner Lage«.

10.3.1988 – Radio Preungesheim

»Pogoklänge und Grüsse von StartbahnkämpferInnen draußen an die Gefangenen nach drinnen passen in die akustische Landschaft um den Knast mit den

Isolationszellen so gut wie eine Metallsäge zum Anstaltsessen. ›Die haben einen Lautsprecherwagen‹, tönt es vergleichsweise schwach aus einem Knastlautsprecher.« taz vom 14.3.1988
Den Lautsprecherwagen suchte die Polizei vergebens.

18.3.1988 – Festnahme
Frank Hoffmann wird in Amsterdam festgenommen.

1988 – mörderisches Militärspektakel auf dem US-Stützpunkt Ramstein
Während der spektakulären Abschlussfigur der Flugshow - dem »durchstoßenen Herzen« - kollidieren drei der beteiligten Flugzeuge. Eines davon stürzt direkt in die Zuschauermenge. 70 Menschen werden getötet, über 450 Schaulustige zum Teil schwer verletzt.

1988 – Diskussionspapier ›kämpfender Waldfeen‹
»Was wir immer als unsere Stärke bezeichnet hatten, das Nebeneinander verschiedenster Gruppen, Einzelpersonen und Spektren aus der Region Rhein-Main in einer militanten Bewegung, die an vielen Punkten ihre Aktionsfähigkeit, ihre Fantasie und Zähigkeit unter Beweis gestellt hatte, die Nicht-Greifbarkeit unserer Strukturen für die Bullen, erwies sich jetzt als zentraler Punkt unserer Schwäche.«

Januar 1989 – Auslieferung
Frank Hoffmann wird an die Bundesrepublik Deutschland ausgeliefert.

23.2 1989 – Beginn der Startbahn-Prozesse
Prozessbeginn gegen Frank Hoffmann und Andreas Eichler und sieben weitere Angeklagte vor dem Oberlandesgericht/Staatsschutzsenat in Frankfurt:
Frank Hoffmann und Andreas Eichler werden wegen Mordes und Mitgliedschaft in einer terroristischen Vereinigung angeklagt.
Andreas Semisch, Rainer Hübner und Ingrid Then werden wegen Mitgliedschaft in einer terroristischen Vereinigung angeklagt.
Michael Kurth, Sigrun Gabriel, Ursula James, Michael Möller werden wegen Mitgliedschaft in einer kriminellen Vereinigung (›Revolutionäre Heimwerker‹) angeklagt. Ihnen wird die Beteiligung an Strommastaktionen vorgeworfen. Bis auf Andreas Sehmisch und Frank Hoffmann haben alle Einlassungen gemacht.
»Die unter wechselnder Tatbeteiligung von insgesamt mindestens 13 Tatverdächtigen begangenen Anschlägen verursachten einen Gesamtschaden von ca. 4,9 Millionen DM«, sagte der Minister. HPR 2/1988

2.3.1989 – Widerruf
Uschi James nimmt ihre am 25.11.1987 vor dem Ermittlungsrichter gemachten Aussagen zurück, bis auf das Geständnis der Tatbeteiligung am Strommastanschlag vom 26.8.1986.

13.4.1989 – Strommastverfahren werden abgetrennt

Die Verfahren gegen drei Angeklagte (Sigrun Gabriel,Ulrike James, Michael Möller) werden abgetrennt, nachdem sich alle bezüglich Strommastaktionen selbst belastet hatten. Im Gegenzug wird die Anklage wegen Mitgliedschaft in einer terroristischen Vereinigung fallen gelassen.

27.4.1989 – Urteile gegen Strommastaktionen

Das Oberlandesgericht fällt in dem abgetrennten Verfahren seine Urteile:
Sigrun Gabriel, die ihre Tatbeteiligung an beiden Strommastaktionen (Offenthal und Hasselroth) einräumte, erhält ein Jahr und zehn Monate zur Bewährung.
Michael Möller wird zu einem Jahr auf Bewährung verurteilt. Uschi James, die ihre Beteiligung an der Strommastaktion in Offenthal-Dreieich einräumte, wird nicht verurteilt.

16.5.1989 – Urteil gegen Strommastaktionen

In einem weiteren abgetrennnten Verfahren wird Mike Kurth zu anderthalb Jahren Freiheitsstrafe mit Bewährung verurteilt. Auch in diesem Verfahren wurde die Anklage wegen Mitgliedschaft in einer kriminellen Vereinigung fallen gelassen. Verurteilt wird er wegen der Beteiligung an der Strommastaktion in Hasselrod 1986 (›Störung von öffentlichen Betrieben‹) und wegen des Verstoßes gegen das Waffengesetz (Besitz einer Präzisionsschleuder).

November 1990 – Freispruch

Das Landgericht Frankfurt spricht in zweiter Instanz die Besatzung des Wasserwerfers, der 1985 Günter Saré überfuhr, vom Vorwurf der fahrlässigen Tötung frei.

4.12.1990 – Entlastungszeugen gegen Mordvorwurf – Nach zwei Jahren ein Alibi?

»Nach fast zwei Jahren Verhandlungsdauer sind im Frankfurter Prozeß um die tödlichen Schüsse auf zwei Polizeibeamte an der Startbahn West überraschend zwei Entlastungszeugen aufgetaucht. Der 29 Jahre alte Student Reinhard S. sagte am Dienstag vor dem Oberlandesgericht, er wisse, dass der wegen gemeinschaftlichen Mordes beschuldigte Frank Hoffmann (27) während der Demonstration am 2. November 1987 nicht geschossen habe. (...) Der andere Zeuge, ein EDV-Techniker aus Bonn, sagte, der Pistolenschütze sei ›der Statur nach‹ nicht Hoffmann gewesen, sondern ›eher‹ Eichler.« FR vom 5.12.1990

»Warum ›Arthur‹ auf einmal nicht mehr sein Maul hält, entnahm das Gericht – vorübergehend sichtlich irritiert – der Presse. Mitglieder einer ›autonomen L.U.P.U.S.-Gruppe‹ und der ›autonomen Prozeßbeobachter-Gruppe‹ bekannten in einem Interview mit der Zeitschrift Konkret, es handele sich dabei um ›einen Versuch, den Senat zu zwingen, sich mit den Lügen auseinanderzusetzen‹.« FR vom 13.3.1991

1991 – Rhein-Main-Airbase als Drehscheibe für den Krieg gegen den Irak

Der US-Luftwaffenstützpunkt in Frankfurt wird zum wichtigsten Umschlagsplatz in Europa für Waffen und Soldaten in den Irak.

17.1.1991 – Gericht lässt Mordvorwurf fallen

»Nach den Aussagen von drei Entlastungszeugen läßt der Senat den Mordvorwurf im Haftbefehl gegen Hoffmann fallen.« FR vom 16.3.1991

Trotz 23monatiger Verhandlungsdauer wird Frank Hoffmann nicht auf freien Fuß gesetzt. »Nach Ansicht der fünf Richter bleibt er nach wie vor dringend tatverdächtig, soweit ihm die Mitgliedschaft in einer terroristischen Vereinigung angelastet wird. Innerhalb einer Gruppe von Atomkraftgegnern, die nach dem Unglück von Tschernobyl aus Protest im Rhein-Main-Gebiet Strommasten umsägte, soll Hoffmann eine führende Rolle gespielt haben.« FR vom 19.1.1991

18.2.1991 – Plädoyer der Bundesanwaltschaft

In ihrem Plädoyer hält die Bundesanwaltschaft am Mordvorwurf fest. Sie fordert lebenslängliche Freiheitsstrafen für Andreas Eichler und Frank Hoffmann.

Februar 1991 – Prozess gegen ›Transnuklear‹ wird eröffnet

Vieles wurde in diesem Prozess angerissen: Die ›Entsorgung‹ hoch radioaktivem Materials durch schlichte Falschdeklarationen: »Bei Untersuchungen fand man in vielen Rückständen das extrem strahlende Plutonium und Kobalt 60.« Der Verdacht, dass atomwaffenfähiges Material an Libyen und Pakistan geliefert worden sei. All das sollte nicht bewiesen werden können. Selbst den Vorwurf des Betruges »ließ das Gericht gegen alle Angeklagten fallen, weil die Betreiber der Kernkraftwerke sich nicht betrogen fühlten, wie sie vor Gericht deutlich machten. Man sei froh gewesen, ›das Zeug loszuwerden‹, hatten Zeugen geäußert.« FAZ vom 26.1.2008

13.3.1991 – Arthur hält's Maul

»Nicht der Tod der Polizisten, sondern die umgesägten Masten waren es, die die höchsten deutschen Ankläger in Frankfurt auf den Plan gebracht hatten. Gerade erst zehn Monate galt der erweiterte Paragraf 129 a des Strafgesetzbuches. Ein zu Fall gebrachter Strommast war demnach nicht mehr wie früher nur als Sachbeschädigung zu ahnden. Dass auch eine solche Aktion bereits als terroristische Aktivität verfolgt werden kann, hatte vor allem der Generalbundesanwalt angestrebt. Seiner Behörde bot sich nun die erste große Gelegenheit, am Beispiel Startbahn zu demonstrieren, was der neue Paragraf wirklich wert ist. (...) ›Ohne diesen Paragrafen‹, meinte Bundesanwalt Volker Brinkmann in seinem Plädoyer, ›wären die Morde an der Startbahn nicht aufgeklärt worden‹. Tatsächlich hatten forcierte Ermittlungsmethoden wie eine umfassende Telefonüberwachung wichtige Hinweise erbracht. Doch der Vorsprung sollte wieder schrumpfen: Auf das forsche Vorgehen der Fahnder – auch Hunderte von Wohnungen wurden durchsucht – reagierten Teile der Startbahnbewegung mit einer Schweigekampagne nach dem Motto ›Arthur hält's Maul‹. Im Prozeß erwies sie sich als das größte Problem.« FR vom 13.3.1991

15.3.1991 – Urteile wegen Totschlag und Mitgliedschaft

»Im Frankfurter Startbahnprozeß um die tödlichen Schüsse auf zwei Polizeibeamte ist der 36jährige Andreas Eichler (...) zu 15 Jahren Freiheitsstrafe verurteilt worden. Sein Mitangeklagter Frank Hoffmann wurde vom Vorwurf eines Tötungsdelikts freigesprochen und bekam wegen Mitgliedschaft in einer kriminellen Vereinigung viereinhalb Jahre Freiheitsentzug, deren Rest nach drei Jahren Auslieferungs- und Untersuchungshaft zur Bewährung ausgesetzt wurde.« FR vom 16.3.1991

Frank Hoffmann wird wegen Beteiligung an Strommastaktionen, Andreas Eichler wegen Totschlages und als ›Rädelsführer einer kriminellen Vereinigung‹ verurteilt.

1991 – zweite rot-grüne Landesregierung in Hessen

Bündnis 90/Die Grünen erringen bei den hessischen Landtagswahlen 8,8 Prozent der Stimmen. Unter der rot-grünen Regierung wird Joschka Fischer stellvertretender Ministerpräsident und Staatsminister für Umwelt, Energie und Bundesangelegenheiten.

Im Juni 1991 ordnet Fischer die Teilstilllegung des Siemens-Brennelemente Werks in Hanau an. Im Dezember entzieht das Umweltministerium der Uranverarbeitung in Hanau die Betriebserlaubnis. Bundesumweltminister Klaus Töpfer (CDU) erzwingt mit einer bundesaufsichtsrechtlichen Weisung den Weiterbetrieb.

1991 – Untersuchungsausschüsse zu den Leukämiefällen

In Schleswig-Holstein und Niedersachsen beschäftigen sich zwei Untersuchungsausschüsse mit den Leukämiefällen. Die Untersuchungen konzentrieren sich auf das AKW Krümmel. Ermittlungen »in alle Richtungen«, die das nahe liegende staatliche Forschungszentrum GKSS einschließen, bleiben aus.

30.10.1991 – Es gibt keine leise Industriegesellschaft

»Ten years after: Flughafen Rhein-Main will wieder mehrere Hektar Wald abholzen – diesmal für ein neues Frachtzentrum.« taz vom 30.10.1991

2.11.1991 – parlamentarische Landebahn

Anlässlich des 10. Jahrestages der Hüttendorfräumung zieht die taz Bilanz: »Die ›Bewegungsmänner und -frauen‹ von damals sind heute Minister (Joschka Fischer und Iris Blaul) oder Stadträte (Dany Cohn-Bendit und Dirk Treber), Gemeindeparlamentarier oder Landtagsabgeordnete.« taz vom 2.11.1991

Auch der spätere Fraport-Chef Wilhelm Bender stellt ihnen ein hervorragendes Zeugnis aus: »Zu meiner Zeit als Vorstandsvorsitzender waren schon Joschka Fischer, Daniel Cohn-Bendit, Ruppert von Plottnitz, Tom Koenigs in dem Gremium - und ich sage Ihnen, die Zusammenarbeit war hervorragend.« FAZ vom 18.8.2006

1.8.1992 – Gedenkkreuze an der Startbahn West gestohlen

»Unbekannte haben in einem Waldstück an der Startbahn West die beiden Kreuze entwendet, die an den Tod zweier Polizeibeamter erinnerten (...) Neben den Kreuzen entwendeten die Diebe Blumen und zerschlugen zwei Tonschalen.« FR vom 1.8.1992

1993 – hessisches Forstgesetz

In das hessische Forstgesetz wird der »Bannwald« als höchste Schutzkategorie für einen Wald aufgenommen: »Eine unersetzliche Rodung und andere Nutzung sind verboten.« Zum Bannwald wird der überwiegende Teil des Frankfurter Stadtwaldes erklärt.

1993 – BGH bestätigt Urteile im Startbahn-Prozess

Der Bundesgerichtshof/BGH verwirft den Revisionsantrag der Anklagebehörde. Sie forderte weiterhin eine Verurteilung wegen Mordes: »Die Verurteilung wegen Mordes lehnte das Gericht mit der Begründung ab, Eichler habe weder heimtückisch gehandelt noch gebe es Hinweise für ›niedrige Beweggründe‹. Diese Auffassung wurde vom Bundesgerichtshof bestätigt. Zu den Voraussetzungen heimtückischer Tötung gehöre die Arglosigkeit des Opfers. Angesichts der ›fortdauernden offenen Feindseligkeiten zwischen Polizei und Demonstranten sei diese vom Oberlandgericht ›rechtsfehlerfrei‹ verneint worden. Auch niedrige Beweggründe seien zu Recht abgelehnt worden. Die Erschießung der Polizeibeamten unterscheide sich ›in wesentlichen Punkten‹ von terroristischen Anschlägen, bei denen die Rechtsprechung niedrige Beweggründe bejaht habe. Auch die Revision Eichlers, der seine Verurteilung insgesamt angefochten hatte, wurde als unbegründet verworfen.« FR vom 27.2.1993

1993 – »deportation class« und verschlanktes Recht

Der Bundestag beschließt Grundgesetzänderung zum Asylrecht. Die Flucht auf dem Landweg wird de facto durch Schaffung »sicherer Drittstaaten«, mit denen sich die BRD umgibt, verunmöglicht. Flüchtlinge, die via Flugzeug kommen, werden so behandelt, als hätte ihre Einreise nicht stattgefunden. Sie werden im exterritorialisierten Transitraum, im Knast-Gebäude 587, gefangen gehalten. Für sie gilt der verkürzte Rechtsweg (›Flughafen(schnell)verfahren‹)

1994 – Startbahnbewegung – reloaded

»Rund 50 schwarz vermummte Personen haben gestern nachmittag die Umsperrungen zur Startbahn West des Frankfurter Flughafens überwunden, an verschiedenen Stellen Feuer gelegt und sich ein Gefecht mit der Polizei geliefert. Nach Auskunft von Polizeisprecher Karl-Heinz Wagner handelte es sich um den ›schlimmsten Zwischenfall seit Jahren‹. Der Sachschaden sei sehr hoch. Zwei

Stromverteilerkästen seien ausgebrannt, zwei weitere erheblich beschädigt. In mehrere Kabelschächte seien Molotow-Cocktails geworfen worden. Die Täter hätten außerdem ein angrenzendes, 100 Hektar großes Waldstück und zwei Fluggastbrücken, die zur Zeit der Auseinandersetzungen um die Startbahn zu Überwachungstürmen umfunktioniert worden seien, in Brand gesetzt.« FAZ vom 2.5.1994

»Wegen der Brandanschläge wurde die Startbahn von 16.30 bis 17 Uhr gesperrt.« FR vom 2.5.1994

1.2.1995 – „Kabel zerstört - Computer auf Rhein-Main lahmgelegt" (FNP vom 2.2.1995)

Eine Gruppe namens 'Keine Verbindung e.V.' zerstört mehrere Glasfaserkabel im Bereich des Frankfurter Flughafens, bringt diese Aktion mit dem dortigen „Internierungslager" in Verbindung und fordert dessen Schließung und „Bleiberecht für Alle".

Oktober/November 1997 – eine neue Piste

Lufthansa Vorstandsvorsitzender Jürgen Weber wiederholt die Forderung nach einer weiteren Piste in Frankfurt. Erste Informationsveranstaltungen der Bürgerinitiativen führen zwischen November 1997 und März 1998 zur Gründung von acht weiteren Bürgerinitiativen.

1998 – Nicht aushaltbar

Frankfurts Oberbürgermeisterin Petra Roth (CDU) erklärt, dass »die Region« einen zweiten Startbahn-West-Konflikt »nicht aushalten« (FR vom 11.8.2006) würde.

5.3.1998 – ein neues BI-Bündnis

Unter Beteiligung von grünen Landes- und Kommunalpolitikern, Vertreter(n)Innen von Naturschutzverbänden wird in Frankfurt ein neues Bündnis der Bürgerinitiativen gegründet. Ihr Name ist gleichzeitig die zentrale Forderung: **›Kein Flughafenausbau – Für ein Nachtflugverbot‹**. Ende des Jahres Ende sind bereits 26 Gruppen im Rhein-Main Gebiet zusammengeschlossen, die sich gegen den weiteren Ausbau des Flughafens in Frankfurt, WI-Erbenheim und Egelsbach wenden. Die hessische Landesregierung schlägt ein bedeutungsloses Mediationsverfahren vor, und das Bündnis der Bürgerinitiativen stellt Forderungen:

* das Ergebnis muss offen sein, damit auch eine Nulllösung möglich ist

* das Ergebnis muss bindend für die Landesregierung sein

* der Konfliktgegenstand (geplante Baumaßnahme) muss in der Mediation benannt sein

Nachdem sich die hessische Landesregierung weigert, auf diese Minimalvoraussetzungen einzugehen, erklärt das Bündnis der Bürgerinitiativen Ende September 1998, dass es unter diesen Voraussetzungen nicht bereit ist, daran teilzunehmen.

1999 – Zwischen Mediation und Durchmarsch

Im hessischen Landtagswahlkampf Februar 1999 erklärt die alte und neue Koalition aus SPD, CDU und FDP ihr »Ja« zum weiteren Flughafenausbau.

Bündnis 90/Die Grünen nuancieren ihr JEIN: Sie lehnen eine Nordbahn im Stadtwald ab und halten sich gegenüber Ausbauplänen in Wiesbaden Erbenheim oder einer Erweiterung der Landekapazitäten auf dem existierenden Gelände der FRAPORT bedeckt.

1999 – Serientäter in der CDU – Abschreckung funktioniert nicht

Kaum wächst Gras über die illegalen Geldkonten der CDU in den 80er Jahren, werden neue Depots angelegt. Die kriminelle Energie bleibt, nur Ort und Tarnung verschieben sich: Es werden Konten in Lichtenstein und Luxemburg angelegt und als »jüdische Vermächtnisse« verschleiert.

2000 – Masterplan der FRAPORT

Der Generalausbauplan 2000-2015 fordert eine neue, 2,8 Kilometer lange Landebahn Nordwest, die mitten durch den Kelsterbacher Wald geschlagen werden soll.

2000 – SPD sagt ›Ja‹ zum Ausbau des Frankfurter Flughafens

Auf ihrem Parteitag spricht sich die hessische SPD für den weiteren Flughafenausbau aus - unter den Vorgaben des Mediationsergebnisses. Damit liegt sie voll auf Linie mit der rot-grünen Regierungspolitik in Bonn. Diese hat in dem von ihr herausgegebenen Luftverkehrsplan 2000 einen forcierten Ausbau *aller* Flughäfen gefordert.

16.9.2000 – Großdemonstration in der Landeshauptstadt Wiesbaden

Mehr als 10.000 Personen demonstrieren gegen die neuen Ausbaupläne des Frankfurter Flughafens.

2001 – Fraport AG geht an die Börse

Im Rahmen der Privatisierung öffentlichen Eigentums wird die FAG in eine Aktiengesellschaft umgewandelt. Zug um Zug verkauft der Bund seinen 26-prozentigen Anteil. Die Stadt Frankfurt behält ca. 29, das Land Hessen ca. 26 Prozent seiner Anteile an Fraport: »Ich begrüße sehr, daß das Land Hessen und die Stadt Frankfurt, die beiden großen Anteilseigner, im Konsortialvertrag von 2001 gesagt haben, daß sie mindestens zehn Jahre die Mehrheit an der Fraport AG halten wollen - auch um den Ausbau sicherzustellen. Das schätzen auch internationale Investoren.« Wilhelm Bender, Fraport-Chef, FAZ vom 18.8.2006

17.10.2001 – Verhaftung des Kommissariatsleiters und Leiters der Staatsschutzabteilung in Bad Homburg, KHK Tietze

Wegen des Verdachts der Bestechlichkeit wird KHK Walter Tietze im Polizeipräsidium Bad Homburg festgenommen. Bis zum 1.11.2001 sitzt er in Untersuchungshaft.

Dezember 2002 – Nachtflugverbot

»Der Fraport-Aufsichtsrat bindet den Ausbau definitiv an ein Nachtflugverbot.« FR vom 19.12.2007

28.3.2003 – Blockade der US-Airbase Rhein-Main

Gegen den völkerrechtswidrigen Angriffskrieg gegen den Irak demonstrieren mehr als 40 Menschen mit einer Sitzblockade vor der US-Luftwaffenbasis Rhein-Main, einem Dreh- und Angelpunkt des Truppentransports und der Truppenversorgung während des zweiten Irakkrieges.

September 2003 – Philippis Verabschiedungsfeier

Nach 38 Dienstjahren wird Hans Robert Philippi, mittlerweile mit vier goldenen Sternen dekoriert, in den Ruhestand verabschiedet. Polizeipräsident Günter Hafner charakterisiert den scheidenden Leitenden Polizeidirektor so: »Hans Robert Philippi war ein hoher Uniformträger ohne uniformiertes Denken und mit viel Courage und Integrationskraft.« Der Kronberger Bote, eine Lokalzeitung sekundiert brav: » Auch zwanzig Jahre später ist Philippi noch stolz darauf, mit seinen Spezialkräften das damals legendäre Hüttendorf im Mörfeldener Wald ohne die prognostizierten Auseinandersetzungen in einem Überraschungscoup eingenommen und besetzt zu haben.« www.hochtaunus.de/kb

Die Knüppelorgie in der Rohrbachstraße 1981, die er als Einsatzleiter der ›Spezialkräfte‹ befehligte, schadete ihm, dem »höchsten Uniformträger des Polizeipräsidiums Südosthessen« nicht im Geringsten.

07.5.2004 – KHK Walter Tietze zu zwei Jahren verurteilt

»Zu zwei Jahren Haft auf Bewährung hat das Frankfurter Landgericht einen Hauptkommissar verurteilt, der Dienstgeheimnisse gegen Bares an ehemalige Kollegen weitergegeben hat. Gegen die drei ebenfalls angeklagten Mitarbeiter einer Sicherheitsfirma verhängte die Strafkammer Bewährungsstrafen von 21 und 18 Monaten sowie eine Geldstrafe von 1800 Euro, wie die Staatsanwaltschaft am Montag mitteilte.« FR vom 11.5.2004

2004 – ›Fachkommission Leukämie‹ tritt zurück

Nach über elfjähriger Tätigkeit stellt die ›Fachkommission Leukämie‹ ihren Abschlussbericht der Öffentlichkeit vor: »Auf Dachböden der Samtgemeinde Elbmarsch wurden Plutoniumisotope und Americium festgestellt, deren Zusammenhang ausschließt, dass es sich um den durch Fallout der früheren Atomtests verursachten Background handelt. Diese Transurane können jedoch auch nicht aus dem KKK-Betrieb stammen.« (Abschlussbericht der schleswig-holsteinischen ›Fachkommission Leukämie‹ vom 15.9.2004, S.1) Aufgrund der Lokalität des Ereignisses kommen auch Folgewirkungen des Reaktorunfalls in Tschernobyl nicht in Betracht. Übrig bleiben »geheim gehaltene kerntechnische Sonderexperimente auf dem GKSS-Gelände«.

Der Versuch, dieser Spur zu folgen, stößt auf massiven Widerstand - vom eigenen Auftraggeber. Sechs der acht Kommissionsmitglieder erklären daraufhin ihren Rücktritt: »Wir haben das Vertrauen in diese Landesregierung verloren.«

2005 – Schließung der US-Rhein-Main-Airbase

Die US-Air-Base mit einer Fläche von ca. 300 Hektar wird an die Fraport zurückgegeben.

11.9.2005 – Rodungsarbeiten zugunsten der A 380 Werft

Zwei Kletterern der ›Aktionsgemeinschaft für Natur und Umwelt‹ gelingt es, sich auf Bäumen in dem massiv bewachten Gelände festzusetzen. Dort harren sie neun Tage und Nächte in ca. zwölf Metern Höhe aus, bis sie aufgeben. Auch die höchste Schutzkategorie im hessischen Forstgesetz, der ›Dammwald‹, hat gegen die höchste Kategorie am Standort Deutschland, Kapital-Expansion, nichts zu melden. Insgesamt 115 Hektar - größtenteils Bannwald - werden gerodet.

September 2005ff – Anhörung zum Bau einer Landebahn im Kelsterbacher Wald

»Im September 2005 begann der Erörterungstermin zu dem, bei einer Investitionssumme von 3,4 Milliarden Euro derzeit größten Infrastrukturprojekt in Deutschland. Mehr als 125.000 Menschen aus der Rhein-Main-Region - auch diese Zahl ist ein Rekord - hatten Einwendungen wegen zu hoher Lärmbelastung, zu starker Eingriffe in die Natur oder eines zu hohen Risikos, Flugzeuge könnten in das Chemiewerk Ticona stürzen.« FAZ vom 8.9.2006

»Jeden ersten Sonntag im Monat bietet die Bürgerinitiative IGEL ab 14.30 Uhr beim Waldhäuschen am Mönchwaldsee am Wider-Stand die Möglichkeit, sich mit Informationen zum Flughafenausbau zu versorgen, Gedanken auszutauschen oder einfach nur einmal Dampf abzulassen.« BI Info Nr. 62

Für die neue Landebahn sollen weitere 200 Hektar ›Bannwald‹ fallen.

8.3.2006 – Flughafenausbau »im Plan«

»Die Nachfrage nach Starts und Landungen (...) übersteige das Angebot in Frankfurt um zehn bis 15 Prozent, sagte der stellvertretende Vorstandsvorsitzende Manfred Schölch. Zurzeit liegt die Kapazitätsgrenze in Frankfurt bei 83 Flugbewegungen in der Stunde.

Für Flughafenchef Bender folgt daraus, dass ›wir uns ein Zaudern rund um den geplanten Ausbau nicht leisten können‹. Prosperierende Branchen müßten in Deutschland mehr Chancen für Wachstum erhalten. (...) Bender sprach sich für eine Änderung des deutschen Planungs- und Genehmigungsrechts aus, um Großvorhaben schneller realisieren zu können. Abgesehen davon sieht Bender den Ausbau ›im Plan‹. Das Planfeststellungsverfahren soll im nächsten Jahr abgeschlossen sein, die Inbetriebnahme der neuen Landebahn ist für Ende 2009 geplant. Damit soll die Kapazität um etwa 50 Prozent steigen.« FR vom 8.3.2006

27.3.2006 – Einwände ›abgearbeitet‹

Die öffentliche Erörterung von rund 127 000 Einwendungen gegen den Flughafenausbau wird nach 101 Tagen beendet.

12.5.2006 – Heinz Herbert Karry – 25. Todestag

»An Karrys Grab spekulierte Ministerin über die Mörder.

Vize-Regierungschefin Karin Wolff nennt einen Zusammenhang mit der Startbahn-Auseinandersetzung ›ganz offensichtlich‹.

Heinz Herbert Karry ist unvergessen, selbst in China. An seinem 25. Todestag wurde dort die Delegation von Ministerpräsident Roland Koch (CDU) auf den umtriebigen FDP-Politiker mit den guten Auslandskontakten angesprochen, der zehn Jahre lang hessischer Wirtschaftsminister gewesen war. Am 11. Mai 1981 war Karry in Frankfurt erschossen worden.« FR vom 12.5.2006

08.6.2006 – Rhein-Main-Airbase – Drehscheibe für illegale Verschleppungen

»Der Ermittler des Europarates, der Schweizer Parlamentarier Dick Marty, kommt zu dem Schluss, Regierungsstellen in Deutschland und 13 anderen europäischen Staaten hätten bei der Verschleppung Terrorverdächtiger durch den US-Geheimdienst CIA aktiv geholfen oder zumindest davon gewusst. ›Es ist nun klar, (...) dass die Behörden in einigen europäischen Ländern aktiv an diesen unrechtmäßigen Aktivitäten der CIA beteiligt waren‹, erklärte der Schweizer. In Deutschland seinen Flughäfen in Frankfurt am Main und Ramstein Ausgangspunkt geheimer Operationen gewesen.« FR vom 8.6.2006

13.7.2006 – Frankfurt/Main ist jetzt schwarz-grün

»Fast vier Monate nach der Kommunalwahl wählte das Stadtparlament in der Nacht zum Freitag neue hauptamtliche Stadträte von CDU und Grünen und machte damit den Machtwechsel im Rathaus perfekt. Danach hat die Frankfurter Stadtregierung erstmals eine weibliche Doppelspitze: Jutta Ebeling von den Grünen wurde zur Bürgermeisterin und damit zur Stellvertreterin von Oberbürgermeisterin Petra Roth (CDU) gewählt. Sicherheitsdezernent wurde der CDU-Rechtsaußen Boris Rhein - mit den Stimmen der Grünen.« Junge Welt vom 15.7.2006

20.7.2006 – »Marsch durch die Institutionen« – Marsch, marsch ins Körbchen...

»FR: Frau Bürgermeisterin (Jutta Ebeling), Sie gehören zur 68er-Generation, haben an vielen Demonstrationen teilgenommen und vor 25 Jahren mit vielen anderen Menschen gegen den Bau der Startbahn 18 West des Frankfurter Flughafens protestiert. Ist die Position der Bürgermeisterin heute für Sie auch eine späte Versöhnung mit diesem Staat?

Jutta Eberling: Ich glaube tatsächlich, dass Schwarz-Grün in Frankfurt auch ein Projekt der Versöhnung ist.« FR vom 20.7.2006

22.7.2006 – Stahlhelm und Blauhelm sind kompatibel

Die schwarz-grüne Ära startet mit dem Abriss der denkmalgeschützten Flügelbauten der Großmarkthalle in Frankfurt zugunsten der Europäischen Zentralbank/EZB und der Rodung eines Waldstückes für das Parkhaus am Air Rail Center des Frankfurter Flughafens.

31.7.2006 – grüne Preisfrage und Kopfgeldpauschale

Was es kostet, das bisherige ›Jein‹ der Grünen in ein herzzerreißendes ›Ja‹ zu verwandeln, weiß der ehemalige Koalitionspartner und SPD-Fraktionschef im hessischen Landtag, Jürgen Walter, genau: »Wenn die Frankfurter Grünen für drei Stadträte bereit sind, ihren Widerstand aufzugeben, dann bekomme ich die Zustimmung der Landes-Grünen zum Ausbau (des Flughafens, d.V.) für einen zusätzlichen Staatssekretär.« FAZ vom 31.7.2006

02.8.2006 – Holger Börner ist tot

»Mit Respekt und Dankbarkeit nimmt Fraport AG Abschied von Ministerpräsident a.D. Holger Börner.

Die Aufwärtsentwicklung des Frankfurter Flughafens ist eng mit dem Namen des verstorbenen Regierungschefs verbunden. Mit Augenmaß und Weitsicht, aber auch mit politischer Entschlossenheit und persönlichem Mut hat er den Bau der Startbahn West durchgesetzt. Mit seinem den Menschen dienenden Engagement hat er nicht nur die führende Rolle des Frankfurter Flughafens in Deutschland gestärkt, sondern auch für die Schaffung neuer Arbeitsplätze gesorgt und den wirtschaftlichen Aufschwung im Rhein-Main-Gebiet gesichert ..... Wir werden Holger Börner ein ehrendes Andenken bewahren. Dr. Wilhelm Bender, Vorstandsvorsitzender der Fraport AG.« Anzeige vom 4.8.2006

14.8.2006 – Märchenstunde am Flughafen

»Flughafen - Märchen sollen Kulturen verbinden. Am Frankfurter Flughafen leben alte Märchen neu auf: In acht Sprachen sind an diesem Montag Geschichten von Rotkäppchen und Rapunzel zu hören.« FR vom 14.8.2006

Ob dort auch das Märchen von der Jobmaschine Flughafen erzählt wird, ist nicht bekannt.

08.09.2006 – Anno Dazumal

»Pressemeldungen

Fraport präsentiert Waldleben anno dazumal.

Am kommenden Sonntag gehen mit einem großen Köhlerfest die von der Fraport erstmals veranstalteten Köhlertage auf dem Jugendzeltplatz ›Wildpark‹ im Wald zwischen Mörfelden und Groß-Gerau zu Ende. Seit zehn Tagen fanden dort unter fachkundiger Anleitung der Flughafen-Försterin Petra Habeck waldpädagogische Exkursionen für Schulklassen und kreative Spiele statt, bei denen Kinder und Jugendliche das Waldleben vor 200 Jahren und das alte Köhler-Handwerk kennen lernen konnten. Am Sonntag gibt es, begleitet von mittelalterlicher Musik, nochmals Waldführungen der Flughafen-Försterin und Präsentationen mittelalterlicher Handwerksberufe, bevor um 17 Uhr der am 31. August angezündete Meiler abgetragen und die darin entstandene Holzkohle freigelegt werden kann.«

2001-2006 – Fraport-Aktie verdoppelt ihren Wert

Die Ausbaupläne finden nicht nur bei den Parteien Zuspruch. Auch die Aktionäre setzen ganz auf Gewinn. Seit ihrem Börsengang 2001 verdoppelt die Aktie ihren Wert von 35 auf ca. 60 Euro. Diese spekulieren nicht nur auf die Zukunft. Sie profitieren von massiven Lohnsenkungen, verschlechterten Arbeitsbedingungen für Fraport-Angestellte und Outsourcing-Strategien. Die dadurch erzielten Kostensenkungen bezahlen die Beschäftigten mit prekären Lohn- und Arbeitsverhältnissen (wie bei ›Gate Gourmet‹).

15/18.9.2006 – staatliches Schleusersystem

»Die Landesregierung hat einen weiteren Schritt zum geplanten Ausbau des Frankfurter Flughafens getan. Nach Mitteilung von Wirtschaftsminister Alois Rhiel (CDU) stellte das Kabinett die entsprechenden Änderungen im Planwerk fest. Die Überarbeitung war nötig geworden, nachdem der Verwaltungsgerichtshof bestimmte Abwägungen in der alten Fassung als unzureichend bezeichnet hatte. Ministerpräsident Roland Koch (CDU) will den Landtag über den Landesentwicklungsplan abstimmen lassen und dem Ausbau des Flughafens dadurch eine möglichst starke Legitimation verschaffen. (...)

Der Landesentwicklungsplan legt unter anderem die Flächen fest, die zum Bau der umstrittenen neuen Landebahn im Nordwesten erforderlich sind. Er liefert aber auch die Grundlage für den weiteren Ausbau der Autobahnen A 3, A 5, A 60 und A 67, die die Verkehrsströme bewältigen müssen, die ein größerer Flughafen mit sich bringt.« FAZ vom 15.9.2006

Interview mit Raunheims Bürgermeister Thomas Jühe (SPD):

FAZ: »Beim Erörterungstermin haben Sie von einer ›engen Kumpanei‹ zwischen Fraport und der Planfeststellungsbehörde gesprochen. Was genau meinen Sie damit?«

Jühe: »Schauen Sie sich doch die Nordwestbahn-Konstruktion einmal genau an: Man braucht Brücken über die Autobahn, die trotzdem keine optimale Anbindung an den Flughafen schaffen, in Kelsterbach geht ein Gewerbegebiet weitgehend verloren, das Caltex-Gelände kann nicht so entwickelt werden, wie es nach der Bebauungsplanung eigentlich vorgesehen war. Wenn ich ein so prekäres Projekt beginne, dann muß ich mir doch wohl sicher sein, dass von behördlicher Seite ein sehr, sehr großes Wohlwollen besteht.« FAZ vom 18.9.2006

11./12.4.2007 – Illegale, atomare Aktivitäten nahe Geesthacht

Anhörung im Ausschuss für Soziales, Gesundheit, Frauen und Familie des niedersächsischen Landtages in Hannover.

Prof. Vladislav P. Mironov, angesehener Atomphysiker der Sacharov Umweltuniversität in Minsk bestätigt, dass die rund um Geestacht gefundenen Mikrokügelchen aus hochangereichertem atomaren Material bestehen. Weiterhin führt er aus, dass dieses waffenfähige Atommaterial weder mit einem ›Fallout‹, noch durch den Normalbetrieb eines AKWs erklärt werden könne. Die einzige Nuklearanlage, die kugelförmigen Brennstoff hergestellt hatte, ist Alkem-Nukem in Hanau.

26.4.2007 – Anti-Lärmpaket

»Der Anti-Lärm-Pakt für den Ausbau des Frankfurter Flughafens nimmt Gestalt an. In dieser Woche wird eine ›Absichtserklärung‹ der Beteiligten präsentiert, in der die betroffenen Kommunen erhebliche Zugeständnisse an den Flughafen-Betreiber Fraport in Aussicht stellen.« FR vom 26.4.2007

Obwohl nicht einmal die darin aufgeführten passiven Schallschutzmaßnahmen von Fraport alleine getragen werden sollen, bietet diese Vorlage im Gegenzug den Verzicht des Klageweges aller daran beteiligten Kommunen an.

11.8.2007 – Faules Angebot

Der RDF-Vorsitzende des Regionalen Dialog Forums (RDF), Professor Wörner, stellt den Vertretern der betroffenen Kommunen sein Programm zur Reduzierung des Fluglärms in der Region vor. Für das Jahr 2020 errechnet er, dass der Flughafenbetreiber Fraport den Fluglärm um zwei Dezibel senken werde. Als ein Anwesender darauf verweist, dass durch den technischen Fortschritt an Treibwerken und Tragflächen ohnehin alle zehn Jahre der Lärm um ein Dezibel reduziert werde, platzt das Angebot wie eine Seifenblase - worauf der RDF-Vorsitzende seinen Rücktritt androht.

4.10.2007 – Was Lärm ist, bestimmen wir ...

»Die gute Nachricht zuerst: Die fünf städtischen Fluglärm-Messstellen, an denen zukünftig der Lärm in der Stadt gemessen und online im Internet einzusehen ist, werden in den nächsten Tagen geliefert. Die schlechte Botschaft: Der Flughafenbetreiber Fraport verweigert Umweltdezernentin Manuela Rottmann weiterhin Auskünfte zu den von Fraport erhobenen Daten in Oberrad und an der Oberschweinstiege.« FR vom 4.10.2007

Bisher war das Messen des Fluglärmes ein Monopol der Fraport.

11.10.2007 – Stille Nacht und das Märchen vom Nachtflugverbot

Für die Zeit von 23 Uhr abends bis 5 Uhr morgens gilt das Nachtflugverbot. So viel zur Theorie. Nun die Wirklichkeit: »Insgesamt flogen über das Jahr (2006) verteilt 19.145 Flugzeuge zwischen 23 und 5 Uhr von und nach Frankfurt. Rechnet man die Nacht im weiteren Sinne (von 22 bis 6 Uhr), dann erhöht sich die Zahl auf mehr als 50.000.« FR vom 11.10.2007

30.10.2007 – Robin Wood

»Robin Wood bietet Wald-Kletterwochenende für Familien und Kletterer.

Von Samstag, den 3.11.07 bis einschließlich Sonntag, den 4.11.07 ist Robin Wood von 10 bis 18 Uhr im Kelsterbacher Wald und bietet sachkundig

Kletterübungen in den Bäumen und Informationen für interessierte Kletterer und Familien mit ›Kind und Kegel‹. Robin Wood hat kindertaugliche Ausrüstung dabei. Kinder und Erwachsene die einmal den Blick aus den Baumkronen kennen lernen wollen, sind an diesem Wochenende in unserem Kelsterbacher Wald bestens aufgehoben. Die IGEL-BI und weitere BIs aus dem Bündnis der Bürgerinitiativen gegen den Flughafenausbau werden während dieser Zeit gegen eine kleine Spende ein Angebot von warmen Getränken, Kuchen und Infos über den Flughafenausbau bereit halten. Mit den von der IGEL-BI an diesem Wochenende gesammelten Spenden wird die Arbeit von Robin Wood unterstützt. Am Sonntag zwischen 14 und 17 Uhr wird die IGEL-BI außerdem ihren monatlichen WIDER-Stand neben dem Infostand von Robin Wood öffnen.«

8.12.2007 – Atomkraftwerke und Leukämie

»Das Bundesamt für Strahlenschutz (BfS) hatte die epidemiologische Studie vorgelegt. In der Untersuchung des deutschen Kinderkrebsregisters sei bei Kindern in der Umgebung der 16 Standorte deutscher Atomkraftwerke statistisch eine erhöhte Erkrankungshäufigkeit für Krebs festgestellt worden, hieß es. Forscher des Instituts für Medizinische Biometrie, Epidemiologie und Informatik der Universität Mainz hätten in der Studie festgestellt, dass im Fünf-Kilometer-Umkreis der Reaktoren zwischen 1980 und 2003 insgesamt 37 Kinder neu an Leukämie (Blutkrebs) erkrankt sind. Im statistischen Durchschnitt wären in diesem Untersuchungszeitraum lediglich 17 Fälle zu erwarten gewesen. Bei der Untersuchung eines möglichen Zusammenhangs zwischen Leukämie und Kernkraftwerken sind verschiedene Studien in der Vergangenheit zu widersprüchlichen Schlussfolgerungen gelangt.« FR vom 8.12.2007

19.12.2007 – Mehr Koch – weniger Schlaf

»Hessen genehmigt den Ausbau des Frankfurter Flughafens und duldet dabei Ausnahmen beim versprochenen Nachtflugverbot. Wirtschaftsminister Alois Rhiel (CDU) unterzeichnete am Dienstag in Wiesbaden den Planfeststellungsbeschluss für eine vierte Piste und ein drittes Terminal. Die seit zehn Jahren umstrittene Vier-Milliarden-Euro-Investition soll Deutschlands einzigen Weltflughafen in der Spitzengruppe der acht bedeutendsten internationalen Drehkreuze halten. Anrainerkommunen und Naturschützer haben bereits Klagen angekündigt. Hessens SPD-Chefin Andrea Ypsilanti warf der Landesregierung Wortbruch beim Nachtflugverbot vor.« FR vom 19.12.2007

Literaturhinweise

Zur autonomen Geschichte (einschließlich Vorlauf)

Gerufene Helden, Ein Handbuch zur Eroberung der Macht, Paco Ignacio Taibo II, 1968, Verlag Libertäre Assoziation/Schwarze Risse, 1997

Die Glücklichen, ein Schelmenroman, Paul Peter Zahl, Verlag Das Neue Berlin, 1976

Der kurze Sommer der Anarchie, Hans Magnus Enzensberger, Suhrkamp Verlag, 1977

Planet der Habenichtse, Ursula K. LeGuin, Verlag Das Neue Berlin, 1987

Die Unsichtbaren, Nanni Balestrini, Weismann Verlag, 1988

Feuer und Flamme, Geronimo, Edition ID-Archiv, 1990

Drei zu Eins, Texte von Ingrid Strobl, Klaus Viehmann u.a., autonome L.U.P.U.S. Gruppe, Edition ID-Archiv, 1993

Die Früchte des Zorns, Texte und Materialien zur Geschichte der Revolutionären Zellen und der Roten Zora, Edition ID-Archiv, 1993

Die goldene Horde, Primo Moroni, Nanni Balestrini, Schwarze Risse/Rote Strasse, 1994

Q, Luther Blissett, Piper, 2002

Autonome in Bewegung, A.G. Grauwacke, Association A, Berlin 2003

Der schwarze Stern der Tupamaros, Gerhard Seyfried, Eichborn Berlin, 2004

Operation 1653, Bernd Langer, Plättners Verlag Berlin, 2004

(autonome) Geschichte wird gemacht, es geht (so) voran, Stand autonomer Bewegung, autonome L.U.P.U.S.-Gruppe, 1986, http://wolfwetzel.wordpress.com, unter Texte/militante Geschichte

Antimperialismus neu bestimmen, autonome L.U.P.U.S.-Gruppe, 1986, Schwarzer Faden, SF-23 (1/87)

Zu Atompolitiken

Der Atomskandal, Klaus Traube, rororo aktuell,

Der Atomstaat, Robert Jungk, 1977

Erinnerungen, Franz Josef Strauß, 1991, S.343 bzw. S.347 (geheimes Atomabkommen 1959)

Der Griff zur Bombe - Westdeutsche Plutoniumpolitik 1954-84, KB Gruppe Lüneburg, Hamburg 1984

Nuklearzentrum Hanau, Neue Hanauer Zeitung/IUH/Atomexpress, Nr12/1984

Atomzentrum Hanau : Tödliche Geschäfte, Initiativgruppe Umweltschutz Hanau/ Neue Hanauer Zeitung, 1986

Anschläge, Sabotage, Widerstand - eine Chronologie, AK Nr.277 vom 15.12.1986

Atomforschung in Geesthacht - Schleichwege zur Atombombe?, Hamburger Arbeitsgruppe ›Atomwaffenverzicht ins Grundgesetz‹, 1989

Alkem-Nukem-Verfahren, Urteil des Landgericht Hanau vom 12.11.1987, abgedruckt in: NJW 1988, Heft 9, 571-577

Tschernobyl ist überall, 2006, http://wolfwetzel.wordpress.com, unter Texte/Atompolitik,

Ein fast perfektes Verbrechen,2006, http://wolfwetzel.wordpress.com, unter Texte/ Atompolitik

Die ungeklärten Ursachen für die weltweit größte Leukämiedichte in der Elbmarsch - ein selbst gemachtes Rätsel, 2007, http://wolfwetzel.wordpress.com, unter Texte/Atompolitik

Zum Startbahn-Konflikt

Das Dorf im Flörsheimer Wald, Horst Karasek, Sammlung Luchterhand, 1981

Der starke Staat, Alexander Schubert (Hrg.) Buntbuch Verlag, Hamburg, 1983

Keine Startbahn West, BI gegen die Flughafenerweiterung Frankfurt am Main, Verlag 2000, 1981

Region im Widerstand - Zur Geschichte des Konflikts um die Startbahn 18 West, Heinrich Krobbach, SP-Verlag, Marburg 1985

Nur wer sich bewegt, spürt seine Fesseln, Hg. Bürgerinitiative gegen die Flughafenerweiterung Frankfurt Rhein-Main, Verlag 2000, 1982

Auf dem Pflaster fließt das Blut, Arbeiterkampf (ak) vom 21. Oktober 1985

Wir müssen unsere Kampfperspektive erweitern, Auszug aus der Rede von Karl-Heinz Roth auf der Hanau-Demonstration 1986, in: AK Nr.276 vom 17.11.1986

Das sind die Todesplätze, Bandabschrift der Rede von Robert Jungk auf der Hanau-Demonstration 1986, in: AK Nr.276 vom 17.11.1986

Thesen zur Startbahnbewegung, autonome LUPUS-Gruppe, Militanzdebatte am 4.5.1987, www.wolfwetzel.wordpress.com

Es gibt keine Taktik ohne Menschlichkeit, Interview mit Lia, Lupus (fürs autonome) und Leo (fürs anarchistische Spektrum) innerhalb der Startbahnbewegung, Arbeiterkampf (ak) vom 26.11.1987

Plattform autonomer Gruppen zum Startprozess, 1989, unter:www.wolfwetzel.wordpress.com

Die unerträgliche Normalität eines politischen Prozesses, autonome LUPUS-Gruppe, 1989, www.wolfwetzel.wordpress.com

Repression ist kein Unwetter, autonome LUPUS-Gruppe, 1990, ak Nr.314 vom 8.1.1990

Jetzt rede ich, Arthur!, Interview mit Konkret 01/1991

Turbulenzen, Widerstand gegen den Ausbau des Rhein-Main-Flughafens: Geschichte, Fakten, Facetten, Hrsg. Redaktionsgruppe Schwarzspecht, Trotzdem Verlagsgenossenschaft, Garfenau, 2002

Quellen

Archivraum des Rathauses Mörfelden, Westendstraße 8, 64546 Mörfelden-Walldorf

Sonderarchiv des Heimatmuseums Walldorf, Langstraße 96, Mörfelden-Walldorf

AKU - Arbeitskreis Umwelt Wiesbaden, Rüdesheimer Str. 19 65197 Wiesbaden

www.aku-wiesbaden.de

BI Info – Bündnis der Bürgerinitiativen ›Kein Flughafenausbau – Für ein Nachtflugverbot von 22-6 Uhr‹, Bündnis der Bürgerinitiativen, Aktueller Stand der Ausbau-Auseinandersetzung, viele Hintergrundinformationen und Kontakte: www.flughafen-bi.de

Aktiv gegen Abschiebung, Protest und Widerstand gegen den Abschiebe-Tatort Nr. 1 : Airport Frankfurt: www.aktivgegenabschiebung.de

Interessengemeinschaft gegen Fluglärm: www.ig-fluglaerm.de

Internetseite zum ›Nordbahn-Variante‹: www.nordbahn.de

›Anti-Atom-Aktuell‹. Die gemeinsame Zeitung der Initiativen gegen Atomanlagen. Berichte, Analysen und Diskussionen aus der Anti-Atom-Bewegung: www.anti-atom-aktuell.de

Web-Seite der FRAPORT www.ausbau.flughafen-frankfurt.de

Offizielle Zusammenfassung der Erörterung in der Stadthalle Offenbach www.rp-darmstadt.hessen

Personenregister

Polizeikräfte

Hans Robert Philippi, Leiter des SEK Frankfurt, Räumung des Hüttendorfes, Einsatzleiter in der Rohrbachstraße 1981, 1986 wird er freigesprochen. Danach Leiter der Inspektion West. 2003 wird der Leitende Polizeidirektor Philippi, mittlerweile mit vier goldenen Sternen dekoriert, in den Ruhestand verabschiedet.

Wilfried Reichert, Kommandant des WAWE 9, der 1985 Günter Saré überfuhr. Das Landgericht Frankfurt spricht 1990 in zweiter Instanz die Besatzung des Wasserwerfers vom Vorwurf der fahrlässigen Tötung frei.

Walter Tietze, K41/42, Staatsschutzabteilung im Polizeipräsidium Frankfurt für ›Politisch motivierte Kriminalität‹: »Seine Aufgabe war vor allem die Überwachung der radikalen Gegner des Ausbaues der Startbahn West. Wegen dieser langjährig ausgeübten Tätigkeit stufte (ihn) das Hessische Landeskriminalamt schließlich als gefährdet ein. Er wurde für zwei Jahre nach Gießen abgeordnet. Dann wurde er zur Polizeidirektion nach Bad Homburg versetzt.« Dort übte er die Funktion des stellvertretenden Kommissariatsleiters und des Leiters der Staatsschutzabteilung aus. 2001 wurde er wegen des Verdachts der Bestechlichkeit im Polizeipräsidium Bad Homburg festgenommen und verbrachte mehrere Monate in U-Haft. Vorgeworfen wurde ihm, polizeiinterne Informationen an die Frankfurter Sicherheitsfirma ›KDM-Sicherheitsconsulting Germany‹ verkauft zu haben: »Das Pikante an dem Fall: Tietze hat sich als Politiker in Nidda stets als Vorkämpfer für Recht und Ordnung hervorgetan.« (FR vom 24.10.2001) 2004 wird der geständige KHK Tietze »wegen Bestechlichkeit in 27 Fällen« zu zwei Jahren auf Bewährung verurteilt.

Klaus Eichhöfer, 43 Jahre, PHK und Hundertschaftsführer

Thorsten Schwalm, 23 Jahre, Beamter bei der Bereitschaftspolizei in Mühlheim

Nobert Nedela, stellvertretender Leiter der Abt. Staatsschutz im LKA Wiesbaden und Leiter der ›Soko 18 West‹, danach Landespolizeipräsident

Soko 18 West, eine rund 100 Mitarbeiter starke Sonderkommission im Hessischen Landeskriminalamt in Wiesbaden, die zur Aufklärung der tödlichen Schüsse am 2.11.1987 eingerichtet wurde

Startbahnbefürworter

Herbert Karry, hessischer Wirtschaftsminister wurde am 11. Mai 1981 in seiner Wohnung getötet. Es existiert ein Bekennerschreiben der Revolutionären Zellen (RZ), die sich zu diesem Anschlag bekennen und gleichzeitig den unbeabsichtigt tödlichen Ausgang bedauern.

Ekkehard Gries, hessischer Innenminister/FDP

Holger Börner, hessischer Ministerpräsident/SPD

StartbahnaktivistInnen

Andreas Eichler, geb. 1955, Werbegrafiker

Frank Hoffmann, geb. 1963, Student

Andreas Sehmisch, geb. 1958

Michael Kurth, geb. 1955, Drucker, arbeitete in einem Umweltladen

Klaus Malorny, geb. 1935, Goldschmiedemeister, Restaurateur und Fotograf, Mitglied in der BI-Niederrad

Elke Malorny, geb. 1939, Goldschmiedin, Mitglied der BI-Niederrad

Michael Wilk, geb. 1956, Schmied, Arzt, Mitarbeit im Anarchistischen Forum Wiesbaden und Arbeitskreis Umwelt/AKU in Wiesbaden sowie im Bündnis der Bürgerinitiativen gegen den Flughafenausbau

Ursula James, geb. 1939, Sekretärin, Mitglied in der BI

Peter Paschke, geb. 1949, Elektriker, Mitglied in der BI

Siegrun Gabriel, geb. 1940, Mitglied in der BI-Bornheim

Fred T., geb. 1959, Schlosser

Volker Goll, geboren 1961, Ausbildung als Reprofotograf, AG-Waldverteidigung (1981), BI Frankfurt-Westend (1982/83), Delegierter im Delegiertenrat Mörfelden/Walldorf

Fiktive Personen

Clara

Johan

Personen der Zeitgeschichte

Robert Jungk, Zukunftsforscher, geb. 1913, Redner auf der Hanau-Demonstration 1986

Karl Heinz Roth, Historiker und Arzt, Redner auf der Hanau-Demonstration 1986

Ulrike Meinhof, Journalistin für ›Konkret‹, Mitglied der RAF, 1976 im Hochsicherheitstrakt in Stuttgart-Stammheim umgekommen

Danksagung

Ich möchte Elke, Ina, Klaus, Micha, Peter, Fritz, Reini, Uschi, Susanne, Volker und all denen, die namentlich nicht erwähnt werden möchten, dafür danken, dass sie mir für Interviews, Gespräche und Nachfragen zur Verfügung standen.

Ich möchte insbesondere Carmen, Jana und Kalle dafür danken, dass sie die Quote an Rechtschreibfehlern reduzierten und mir bei der Überarbeitung der Texte halfen.

Ich möchte ganz besonders Elke und Klaus danken. Sie standen mir nicht nur stundenlang für Gespräche zur Verfügung. Ihnen habe ich auch die Bilder zu verdanken, die in diesem Buch den einzelnen Kapiteln vorangestellt sind.

Mein Dank gilt ebenso Kristina, die die Demonstrationsroute vom 2.11.1987 so wunderbar layoutet hat.

Gleiches gilt für Dirk, der mir eine Homepage geschenkt hat und mit dem ich zusammen immer wieder einmal der Lust fröne, Texte und Bilder in audiovisuellen Video-Clips zum Laufen zu bringen.

Ein spezieller Dank gilt auch Fritz. Bereits vor Jahren sponnen wir immer und immer wieder an der Idee, die Geschichte der Startbahnbewegung aufzuschreiben.
Das Konzept dieses Buches ist diesen vielen Überlegungen zu verdanken.

Der Wunsch, die Geschichte der Startbahnbewegung und der 80er Jahre nicht als persönliche Reminiszenz und Anekdote zu erzählen, war eins der entscheidenden Motive, dieses Buch zu schreiben.
Die über fünfzehn Romanfiguren geben mehr als ihre persönlichen Erinnerungen wieder. In der Summe bieten sie die Möglichkeit, Teil des kollektiven Gedächtnisses zu werden.

25.03.2008

Über den Autor

Wolf Wetzel war Autor der autonomen L.U.P.U.S.-Gruppe, die seit 1986 Bewegungsgeschichte mit operaistischen Theorien verknüpfte (Startbahnbewegung 1980 -1991, Anti-Golfkriegskampagne 1991, Kampagne gegen die Abschaffung des Asylrechts 1993, Aufruf zur Blockade des grünen Sonderparteitages zum Krieg gegen die Bundesrepublik Jugoslawien 1999 usw.)

Co-Autor von

Geschichte, Rassismus und das Boot - Wessen Kampf gegen welche Verhältnisse, Edition ID-Archiv, Berlin 1992

Lichterketten und andere Irrlichter - Texte gegen finstere Zeiten, Edition ID-Archiv, Berlin 1994

Autor von

Die Hunde bellen...Von A bis (R)Z. Eine Zeitreise durch die 68er Revolte und die militanten Kämpfe der 70er bis 90er Jahre, Unrast-Verlag, Münster 2001

Krieg ist Frieden, Über Bagdad, Srebrenica, Genua, Kabul nach..., Unrast-Verlag, Münster 2002

Buchbeiträge in

›Sie warn die Antideutschesten der deutschen Linken‹, Gerhard Hanloser (Hrsg.), Unrast-Verlag, Münster 2004

›Soziale Bewegungen im globalisierten Kapitalismus - Bedingungen für emanzipative Politik zwischen Konfrontation und Anpassung‹, Engelke, Klein, Wilk (Hrsg.), Trotzdem Verlag, Frankfurt 2005

›Süßes für Konsumenten - bittere Last für die Dritte Welt‹, Mönkediek, Rolf (Hrsg.), Sozio-Publishing, Belm-Vehrte, 2007

Publizistische Beiträge u.a. in

Tageszeitung *›Junge Welt‹*, Wochenzeitung *›Freitag‹*,

Züricher Wochenzeitung *›WOZ‹*, Monatszeitschrift *›Analyse und Kritik‹*

Homepage: www.wolfwetzel.wordpress.com
Dort befinden sich unter der Rubrik: Buch/Tödliche Schüsse verschiedene Dokumente, auf die im Buch Bezug genommen werden.
Außerdem ist dort eine vollständige Chronologie rund um die Startbahnbewegung abgelegt.

autonome L.U.P.U.S.-Gruppe

Die Hunde bellen ... Von A bis RZ

Eine Zeitreise durch die 68er Revolte und die militanten Kämpfe der 70er bis 90er Jahre

190 Seiten | 13 EUR [D] | ISBN 3-89771-408-6

Ein Beitrag gegen das aktuelle Staatsbegräbnis der 68er und eine Aufarbeitung militanter Politik. Hier wird nicht nur ein Horizont an Erfahrungen sichtbar, der sich mit der Macht des Faktischen nicht versöhnte. In ihm wird auch das lebendig, was sich dem, was ist, nicht beugen will.

Wolf Wetzel

Krieg ist Frieden

Über Bagdad, Srebrenica, Genua, Kabul nach ...

232 Seiten | 14 EUR [D] | ISBN 3-89771-419-1

Weder die USA noch die Alliierten haben in den letzten 50 Jahren Krieg geführt, um Terror und Gewalt zu bekämpfen, sondern um das Monopol darauf zu behaupten. Ein Monopol auf Terror und Zerstörung, das Voraussetzung dafür ist, imperiale und kapitalistische Interessen auch ganz ›friedlich‹ durchzusetzen.

Ramor Ryan

Clandestinos

Unterwegs im Widerstand

256 S. | 16,80 EUR [D] | ISBN 978-3-89771-030-6

›Clandestinos‹ ist sowohl eine Abenteuergeschichte als auch eine inoffizielle Chronik moderner globaler Widerstandsbewegungen. Von den wuselnden Hausbesetzungen Mitte der 90er Jahre in Ost-Berlin zur Faszination in den Zapatistischen Autonomen Gebieten, über ein kroatisches Rainbow-Camp im Anschluss an die G8-Proteste in Genua, die idealistischen Ambitionen eines kurdischen Guerilla-Lagers, die Widersprüche Cubas und den neoliberalen Albtraum des Nachkriegs-Mittelamerika entdecken wir eine im Wandel begriffene Welt, die dafür kämpft, neu erschaffen zu werden.